深圳市人文社会科学重点研究基地成果
国家高端智库综合开发研究院（中国·深圳）出品

中国金融中心指数（CFCI）报告（第十四期）

走进重庆

China's Financial Center Index (CFCI 14)
Zooms in Chongqing

彭晓钊　张　祥◎著

中国经济出版社
CHINA ECONOMIC PUBLISHING HOUSE
北京

图书在版编目（CIP）数据

中国金融中心指数（CFCI）报告（第十四期）：走进重庆 / 彭晓钊，张祥 著 .—北京：中国经济出版社，2023.4

ISBN 978-7-5136-7269-6

Ⅰ.①中… Ⅱ.①彭… ②张… Ⅲ.①金融事业-研究报告-中国②地方金融事业-研究报告-重庆 Ⅳ.①F832

中国国家版本馆 CIP 数据核字(2023)第 050942 号

责任编辑 赵静宜
责任印制 马小宾
封面设计 久品轩

出版发行 中国经济出版社
印 刷 者 河北宝昌佳彩印刷有限公司
经 销 者 各地新华书店
开　　本 710mm×1000mm 1/16
印　　张 20
字　　数 307 千字
版　　次 2023 年 4 月第 1 版
印　　次 2023 年 4 月第 1 次
定　　价 88.00 元
广告经营许可证 京西工商广字第 8179 号

中国经济出版社 网址 www.economyph.com **社址** 北京市东城区安定门外大街 58 号 **邮编** 100011

本版图书如存在印装质量问题，请与本社销售中心联系调换(联系电话：010-57512564)

报告摘要

中国金融中心指数(CFCI)构建了一套适应我国金融中心发展特点的竞争力评价体系①,旨在跟踪研究我国金融中心发展状况,为相关决策部门提供政策优化的参考依据,为社会各界提供我国金融中心建设的前沿观察窗口。首期 CFCI 于 2009 年发布,其后每年更新 1 次。

第 14 期 CFCI 使用了 4 级架构共计 95 项指标,涵盖金融产业绩效、金融机构实力、金融市场规模和金融生态环境等 4 个方面,对我国 36 个具有代表性的金融中心城市综合发展情况进行了全面、深入的竞争力评估。本期新增海口、太原、呼和浩特、贵阳和兰州 5 个样本城市。

以下是本期核心观点摘要:

1. 综合竞争力排名

- 综合竞争力 TOP 10 分别是上海、北京、深圳、广州、杭州、成都、重庆、南京、天津和武汉。

表 1　第 14 期 CFCI 综合竞争力 TOP 10

城市	CFCI 14		CFCI 13		变化	
	得分	排名	得分	排名	得分	排名
上海	312. 12	1	305. 35	1	▲6. 77	—
北京	277. 56	2	262. 08	2	▲15. 48	—
深圳	182. 24	3	175. 35	3	▲6. 89	—
广州	88. 92	4	85. 48	4	▲3. 44	—

① 详见附录“中国金融中心指数评价方法”。

续表

城市	CFCI 14		CFCI 13		变化	
	得分	排名	得分	排名	得分	排名
杭州	76.81	5	70.96	5	▲5.85	—
成都	67.29	6	63.66	6	▲3.63	—
重庆	67.07	7	62.35	7	▲4.72	—
南京	66.74	8	61.82	8	▲4.92	—
天津	61.73	9	61.62	9	▲0.11	—
武汉	59.28	10	53.68	10	▲5.60	—

• 随着新冠肺炎疫情防控形势趋稳向好,本期中国金融中心整体保持较强的增长势头,36 个金融中心中有 28 个金融中心均实现了不同程度的得分增长,仅 3 个金融中心的综合竞争力得分出现小幅减少。

• 京、沪、深继续占据得分增长领头羊的地位,不过得分增幅较上期明显回落。其中,北京得分增长重回全国第 1,本期得分增长 15.48 分;上海和深圳继续保持全国前 3 的增幅,但得分增幅有所回落,两者得分增长较上期分别减少了 4.76 分和 15.96 分。

• 在 33 个区域金融中心中,广州继续保持领跑态势,杭州、成都、重庆、南京、武汉、苏州实现加速追赶态势,本期得分与广州之间的得分差距实现了不同程度的缩小。

2. 金融产业绩效排名

• 金融产业绩效 TOP 10 分别是北京、上海、深圳、广州、杭州、南京、重庆、成都、天津和苏州。

表 2　第 14 期 CFCI 金融产业绩效 TOP 10

城市	CFCI 14		CFCI 13		变化	
	得分	排名	得分	排名	得分	排名
北京	343.16	1	317.40	1	▲25.76	—
上海	282.27	2	297.23	2	▼14.96	—
深圳	217.71	3	215.61	3	▲2.10	—
广州	144.62	4	134.03	4	▲10.59	—
杭州	127.81	5	119.59	5	▲8.22	—

续表

城市	CFCI 14		CFCI 13		变化	
	得分	排名	得分	排名	得分	排名
南京	123.27	6	117.85	6	▲5.42	—
重庆	115.46	7	111.56	7	▲3.90	—
成都	113.73	8	110.07	8	▲3.66	—
天津	100.99	9	108.80	9	▼7.81	—
苏州	97.33	10	88.01	12	▲9.32	▲2

- 本期7个城市分项排名上升,13个城市排名下降,16个城市排名不变。其中,分项排名提升最快的是合肥,上升了10个名次,国内排名第19位;排名降幅最快的是沈阳,下降了14个名次,本期国内排名第34。
- 本期36个城市中有21个城市得分实现正增长,仅10个城市得分出现小幅减少。其中,本期得分增长最显著的前3个城市分别是北京、合肥和厦门,较上期分别增长25.76分、15.01分和13.39分;本期得分减少最显著的前3个城市是上海、沈阳和郑州,较上期分别减少14.96分、12.50分和9.56分。
- 随着我国在统筹疫情防控和经济社会发展上不断取得成功,本期各地金融业复苏进程进一步加快,金融业对地方经济社会稳增长的服务支持作用进一步突显。2021年,36个金融中心的金融业增加值总和为5.69万亿元,占当年全国金融业增加值的比重达到了62.4%,比重较5年前提高了5.6%,保持在历史高位水平。

3. 金融机构实力排名

- 金融机构实力TOP 10分别是北京、上海、深圳、广州、杭州、天津、重庆、成都、武汉和南京。

表3 第14期CFCI金融机构实力TOP 10

城市	CFCI 14		CFCI 13		变化	
	得分	排名	得分	排名	得分	排名
北京	482.23	1	451.91	1	▲30.32	—
上海	309.68	2	288.01	2	▲21.67	—

续表

城市	CFCI 14		CFCI 13		变化	
	得分	排名	得分	排名	得分	排名
深圳	236.10	3	234.90	3	▲1.20	—
广州	59.47	4	57.03	4	▲2.44	—
杭州	58.81	5	55.80	5	▲3.01	—
天津	56.15	6	54.28	6	▲1.87	—
重庆	50.43	7	49.70	7	▲0.73	—
成都	40.09	8	36.44	8	▲3.65	—
武汉	37.36	9	35.22	10	▲2.14	▲1
南京	36.69	10	35.93	9	▲0.76	▼1

- 因疫情影响减弱、市场复苏等原因,2021年国内主要金融机构发展恢复,本期仅5个城市金融机构实力得分出现小幅减少,其他城市得分均实现正增长。

- 本期得分增长排名前3的是北京、上海和成都,分别增长了30.32分、21.67分和3.65分。其中,北京、上海较国内其他城市的分差优势扩大明显,显示国内金融机构资源进一步向全国性金融中心加速集聚。

- 36个金融中心集聚了国内绝大部分金融机构资源。截至2021年底,36个金融中心金融机构总资产规模占全国比重超过四分之三。其中,银行业机构总资产约占全国总量的76%,保险业机构总资产占全国的94%,法人证券公司总资产占全国的97%,公募基金资产管理规模占全国的85%。

4. 金融市场规模排名

- 金融市场规模TOP 10分别是上海、深圳、北京、大连、郑州、广州、杭州、苏州、南京和武汉。

表4　第14期CFCI金融市场规模排名TOP 10

城市	CFCI 14		CFCI 13		变化	
	得分	排名	得分	排名	得分	排名
上海	467.42	1	450.33	1	▲17.09	—
深圳	136.18	2	118.04	2	▲18.14	—
北京	52.67	3	55.77	3	▼3.10	—
大连	46.47	4	35.70	4	▲10.77	—
郑州	36.54	5	22.19	6	▲14.35	▲1
广州	24.48	6	24.98	5	▼0.50	▼1
杭州	21.49	7	15.72	7	▲5.77	—
苏州	17.62	8	14.78	8	▲2.84	—
南京	16.84	9	10.12	13	▲6.72	▲4
武汉	14.63	10	14.61	9	▲0.02	▼1

● 得益于注册制提速、退市新规施行、北交所设立等资本市场系列改革深化推进，本期多数城市资本市场利用水平得分出现了较大程度的增长。其中，25个金融中心的金融市场规模得分实现增长，仅6个城市得分出现小幅减少。

● 2021年，36个金融中心合计拥有A股市场上市公司3089家，占全国总量的66%，全年新增A股市场首发上市公司350家，约占当年全国总量的73%，全年股票市场融资总和达到11465亿元，约占全国总量的68%。

● 本期得分增长最多的前3个城市是深圳、上海和郑州，分别增长了18.14分、17.09分和14.35分。2021年，深交所主板与中小板合并正式实施，形成主板与创业板互补发展格局。上海几乎集聚了所有全国性金融市场，其中2021年沪市上市公司总市值、筹资额分别位列全球第3位和第2位。郑州商品期货交易所全年成交额达到了107.95万亿元，较上年同比增长80%。

● 33个区域金融中心中杭州、苏州在资本市场利用方面有亮眼表现。2021年，杭州和苏州全年新增IPO上市公司数分别达到38家和32家，年末A股上市公司数分别达到199家和175家，各项指标分别排名全国第4和第5,仅次于3大全国性金融中心。

5. 金融生态环境排名

● 金融生态环境排行榜TOP 10分别是北京、上海、广州、深圳、成都、武汉、杭州、重庆、南京和苏州。

表5　第14期CFCI金融生态环境排名TOP 10

城市	CFCI 14		CFCI 13		变化	
	得分	排名	得分	排名	得分	排名
北京	185.24	1	180.01	1	▲5.23	—
上海	176.69	2	176.93	2	▼0.24	
广州	137.41	3	136.16	3	▲1.25	
深圳	123.41	4	116.20	4	▲7.21	
成都	111.90	5	105.16	5	▲6.74	
武汉	110.04	6	94.26	7	▲15.78	▲1
杭州	105.40	7	98.30	6	▲7.10	▼1
重庆	99.91	8	83.93	12	▲15.98	▲4
南京	99.04	9	91.20	8	▲7.84	▼1
苏州	93.22	10	86.78	9	▲6.44	▼1

● 本期国内多数城市金融生态环境得分实现大幅增长,36个金融中心中仅2个得分出现减少。其中,得分增长最快的3个城市是重庆、武汉和南京,分别增长了15.98分、15.78分和7.84分;仅长沙和上海得分出现小幅减少。

● 本期36个金融中心金融生态环境得分增长的止跌回升,显示出新冠肺炎疫情等对金融人才环境、商业环境的影响趋于减弱,特别是因此前宏观经济相关指标总量减少、增速放缓导致的评分下降因素均实现了逆转。本期36个金融中心2021年GDP平均增速达到了7.6%,较上年同期平均高出4.5个百分点,其中35个城市GDP增速指标大幅高于上年同期。

● 受疫情影响较直接的地方政府债务、国际旅游收入等指标仍面临较大评分下降压力。本期2021年36个城市地方政府债务规模达到了

35.9 万亿元，总量较上年度增长了 16%，地方政府负债率均值达到了 106%，较上年度增长了 13 个百分点。

6. 不同地域金融中心竞争格局

● 上海、北京、深圳 3 大全国性金融中心综合竞争力得分增长速度明显高于区域中心平均水平，领先优势呈现出逐年扩大趋势。其中，上海与北京两者间分差在逐步缩小，而深圳与上海和北京的差距有逐渐拉大的趋势。

● 东北地区金融中心综合竞争力已整体落后于全国平均水平，本期除大连外，长春、沈阳、哈尔滨的综合竞争力得分全部低于 33 个区域金融中心平均值，且呈现分差逐渐拉大的趋势。

● 北部沿海地区金融中心综合竞争力整体水平差异明显，天津市处于全国领先水平，济南、青岛处于全国平均水平，石家庄则落后于全国平均水平。石家庄近年来与天津、济南、青岛得分差距缩小，金融中心综合竞争力排名上升明显。

● 东部沿海地区金融中心综合竞争力整体水平差异明显，杭州、南京、苏州处于全国领先水平，宁波、温州、无锡排名相对靠后。杭州、南京、苏州金融中心综合竞争力得分增速也快于宁波、温州、无锡，差距有所拉大。

● 南部沿海地区金融中心广州一枝独秀、全国排名第 4 位，福州、厦门、海口金融中心综合竞争力均低于 33 个区域金融中心平均水平。

● 中部地区整体水平与 33 个区域金融中心基本持平，武汉、郑州发展齐头并进，综合竞争力显著高于长沙、合肥和南昌。本期武汉综合全国排名第 10、中部地区排名第 1，郑州则全国排名第 12、中部地区排名第 2。

● 西部地区金融中心成、渝双城领跑，本期两者综合竞争力分别排名全国第 6 和第 7。西安紧随其后，综合竞争力全国排名第 13 位、西部地区排名第 3。昆明、南宁、乌鲁木齐、贵阳和兰州综合实力相对薄弱，较前 3 者有较大差距。

7. 走进重庆金融中心

• 本期指数走进崛起中的国家西部金融中心——重庆。作为经略西南水道的通商裕国重镇,重庆见证并参与了近代中国金融发展史的兴衰变化,在历史变迁和时代演进中实现了金融业的发展和突破。新中国成立后,伴随着改革开放,重庆金融在服务自身和区域经济社会发展中实现扩张,形成了对整个西南地区乃至长江上、中、下游流域的金融集聚和辐射能力。进入新时代,重庆金融业由规模扩张转向高质量发展,正朝着国家西部金融中心建设新征程大步迈进。

• 重庆坚持以服务实体经济为导向,持续发力“金融科技”“科创金融”“普惠金融”“农村金融”“绿色金融”等特色金融领域,引导更多金融资源优先配置数字经济、创新驱动、民营小微、乡村振兴、绿色低碳等重点领域和关键环节,着力构建产业金融中心、贸易金融中心、绿色金融中心、科创金融中心、普惠金融中心、数字金融中心“六大中心”,形成了一批具有全国示范效应的金融发展创新模式和服务,创下了多个全国、西部“第一”或“率先”。

• 10 年来,重庆金融中心综合竞争力得分翻番,综合排名稳步提升,国内与国际影响力显著提升。本期重庆金融中心综合竞争力全国排名第 7 位,在 33 个区域金融中心中排名第 4。其中,金融机构实力国内排名第 5、区域金融中心排名第 2,金融产业绩效国内排名第 7、区域金融中心排名第 4。

目录 CONTENTS

上篇　中国金融中心评价报告

下篇 重庆金融中心发展报告

上篇

中国金融中心评价报告

第一章　中国金融中心竞争力评价

1.1　综合竞争力

1.1.1　综合竞争力整体排名

本期36个金融中心城市综合竞争力排名依次是：上海、北京、深圳、广州、杭州、成都、重庆、南京、天津、武汉、苏州、郑州、西安、大连、长沙、青岛、济南、福州、合肥、宁波、厦门、无锡、太原、石家庄、南昌、南宁、海口、沈阳、哈尔滨、长春、昆明、贵阳、乌鲁木齐、兰州、温州和呼和浩特。

其中，海口、太原、呼和浩特、贵阳和兰州为本期新增样本城市。

1.1.2　综合竞争力排名变化情况

- 本期整体排名变化不大，36个金融中心中有14个城市排名维持不变，10强榜单成员与上期高度一致，排名维持不变。
- 本期排名上升幅度最大的是石家庄，较上期提升3个名次，上升至榜单第24位。本期排名降幅最大的是沈阳和昆明，均较上期下跌了6个名次，分别排名第28和第31。

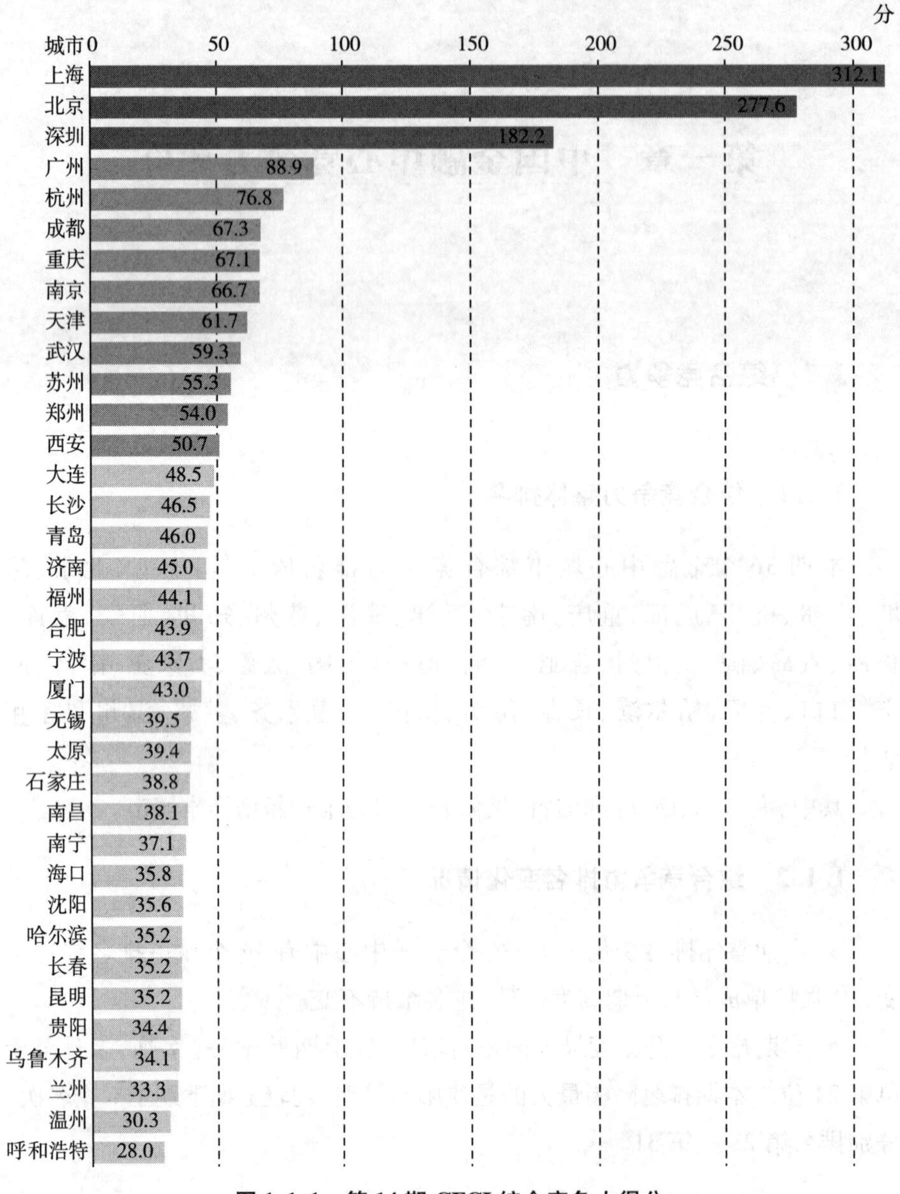

图 1.1.1　第 14 期 CFCI 综合竞争力得分

表 1.1.1　第 14 期 CFCI 综合竞争力排行榜

城市	CFCI 14		CFCI 13		变化	
	得分	排名	得分	排名	得分	排名
上海	312.12	1	305.35	1	▲6.77	—
北京	277.56	2	262.08	2	▲15.48	—
深圳	182.24	3	175.35	3	▲6.89	—
广州	88.92	4	85.48	4	▲3.44	—
杭州	76.81	5	70.96	5	▲5.85	—
成都	67.29	6	63.66	6	▲3.63	—
重庆	67.07	7	62.35	7	▲4.72	—
南京	66.74	8	61.82	8	▲4.92	—
天津	61.73	9	61.62	9	▲0.11	—
武汉	59.28	10	53.68	10	▲5.60	—
苏州	55.28	11	51.06	12	▲4.22	▲1
郑州	53.95	12	52.27	11	▲1.68	▼1
西安	50.67	13	50.71	13	▼0.04	—
大连	48.53	14	44.60	15	▲3.93	▲1
长沙	46.54	15	45.83	14	▲0.71	▼1
青岛	45.95	16	44.55	16	▲1.40	—
济南	44.98	17	42.06	17	▲2.92	—
福州	44.06	18	41.59	19	▲2.47	▲1
合肥	43.92	19	38.01	21	▲5.91	▲2
宁波	43.68	20	41.97	18	▲1.71	▼2
厦门	43.04	21	39.40	20	▲3.64	▼1
无锡	39.53	22	36.42	24	▲3.11	▲2
太原	39.43	23	—	—	新	新
石家庄	38.77	24	35.29	27	▲3.48	▲3
南昌	38.09	25	35.79	26	▲2.30	▲1
南宁	37.05	26	36.49	23	▲0.56	▼3
海口	35.76	27	—	—	新	新
沈阳	35.62	28	37.74	22	▼2.12	▼6
哈尔滨	35.22	29	32.68	29	▲2.54	—
长春	35.20	30	34.20	28	▲1.00	▼2
昆明	35.19	31	36.06	25	▼0.87	▼6

续表

城市	CFCI 14		CFCI 13		变化	
	得分	排名	得分	排名	得分	排名
贵阳	34.43	32	—	—	新	新
乌鲁木齐	34.12	33	31.83	30	▲2.29	▼3
兰州	33.31	34	—	—	新	新
温州	30.30	35	27.63	31	▲2.67	▼4

1.1.3 综合竞争力得分变化情况

- 随着新冠肺炎疫情防控形势趋稳向好,本期中国金融中心整体保持较强的增长势头,36 个金融中心中有 28 个金融中心实现了不同程度的得分增长,仅 3 个金融中心的综合竞争力得分出现小幅减少。

- 京、沪、深继续占据得分增长领头羊的地位,不过得分增幅较上期明显回落。其中,北京得分增长重回全国第 1,本期得分增长 15.48 分;上海和深圳继续保持全国前 3,但得分增幅有所回落,两者得分增长较上期分别少增 4.76 分和 15.96 分。

- 在 33 个区域金融中心中,广州继续保持领跑态势,本期得分增长 3.44 分,大幅领先国内其他区域金融中心。杭州、成都、重庆、南京、武汉、苏州实现加速追赶态势,本期得分增长均超过广州,与广州之间的得分差距实现了不同程度的缩小。

- 杭州金融中心综合竞争力已经较排名在其之后的区域金融中心有明显优势,本期综合竞争力分差优势已经扩大到将近 10 分。

- 成都、重庆、南京 3 者金融中心综合竞争力得分相差无几,几乎保持齐头并进态势。

- 相对来说,天津发展有所失速,已经从最初领先成都、重庆、南京的地位,下滑到当前与 3 者有较大差距的水平。不过,本期天津得分增长实现了由负转正。

- 武汉、苏州、郑州和西安综合竞争力水平较为接近,4 者较其他区域金融中心也已形成了较为明显的梯度竞争优势,不过本期武汉、苏州综合竞争力得分保持大幅增长,有拉大同郑州、西安差距的趋势。

- 大连、长沙、青岛、济南、福州等城市最大分差在10%左右，整体发展水平相对较接近，存在赶超排名靠前区域金融中心的发展基础；
- 其他综合竞争力得分不足40分的区域金融中心，各中心间的分差基本维持在1%~3%，得分轻微波动就容易引起排名的变化，区域金融中心竞争愈加激烈。

1.2　金融产业绩效

金融产业对一个城市的社会经济发展有着重要的推动力，根据产业经济的乘数理论，这一推动力的大小依赖于金融产业的直接产出，以及金融产业所控制的金融资源。CFCI评价体系从产出带动水平和业务发展水平两个评价维度评估各金融中心的金融产业绩效。

1.2.1　金融产业绩效整体排名

本期36个金融中心城市金融产业绩效分项排名分别是：北京、上海、深圳、广州、杭州、南京、重庆、成都、天津、苏州、西安、武汉、郑州、石家庄、太原、海口、济南、厦门、合肥、福州、长沙、青岛、乌鲁木齐、南宁、宁波、无锡、兰州、哈尔滨、南昌、大连、贵阳、昆明、长春、沈阳、温州和呼和浩特。

表1.2.1　第14期CFCI金融产业绩效排名与得分变化

城市	CFCI 14		CFCI 13		变化	
	得分	排名	得分	排名	得分	排名
北京	343.16	1	317.40	1	▲25.76	—
上海	282.27	2	297.23	2	▼14.96	—
深圳	217.71	3	215.61	3	▲2.10	—
广州	144.62	4	134.03	4	▲10.59	—
杭州	127.81	5	119.59	5	▲8.22	—
南京	123.27	6	117.85	6	▲5.42	—
重庆	115.46	7	111.56	7	▲3.90	—
成都	113.73	8	110.07	8	▲3.66	—
天津	100.99	9	108.80	9	▼7.81	—

续表

城市	CFCI 14		CFCI 13		变化	
	得分	排名	得分	排名	得分	排名
苏州	97. 33	10	88. 01	12	▲9. 32	▲2
西安	89. 08	11	91. 54	10	▼2. 46	▼1
武汉	84. 09	12	77. 98	13	▲6. 11	▲1
郑州	80. 69	13	90. 26	11	▼9. 57	▼2
石家庄	79. 24	14	70. 15	17	▲9. 09	▲3
太原	75. 51	15	—	—	新	新
海口	75. 22	16	—	—	新	新
济南	75. 01	17	68. 18	19	▲6. 83	▲2
厦门	74. 30	18	60. 92	25	▲13. 38	▲7
合肥	73. 55	19	58. 54	29	▲15. 01	▲10
福州	72. 68	20	66. 56	21	▲6. 12	▲1
长沙	72. 31	21	75. 21	15	▼2. 90	▼6
青岛	71. 11	22	75. 94	14	▼4. 83	▼8
乌鲁木齐	69. 56	23	68. 42	18	▲1. 14	▼5
南宁	68. 54	24	72. 30	16	▼3. 76	▼8
宁波	68. 52	25	66. 40	22	▲2. 12	▼3
无锡	67. 84	26	60. 64	26	▲7. 20	—
兰州	64. 69	27	—	—	新	新
哈尔滨	64. 50	28	60. 48	27	▲4. 02	▼1
南昌	64. 36	29	62. 42	24	▲1. 94	▼5
大连	60. 95	30	57. 81	30	▲3. 14	—
贵阳	59. 74	31	—	—	新	新
昆明	59. 38	32	65. 09	23	▼5. 71	▼9
长春	57. 34	33	59. 10	28	▼1. 76	▼5
沈阳	55. 58	34	68. 08	20	▼12. 50	▼14
温州	53. 11	35	44. 12	31	▲8. 99	▼4
呼和浩特	44. 95	36	—	—	新	新

1. 2. 2　金融产业绩效排名变化情况

• 本期 7 个城市分项排名上升,13 个城市排名下降,16 个城市排名不变。其中,分项排名提升幅度最大的是合肥,上升了 10 个名次,国内排名第 19;排名降幅最大的是沈阳,下降了 14 个名次,本期国内排名第 34。

• 本期前 10 上榜城市中,分项排名前 9 的成员与上期完全一致。苏州

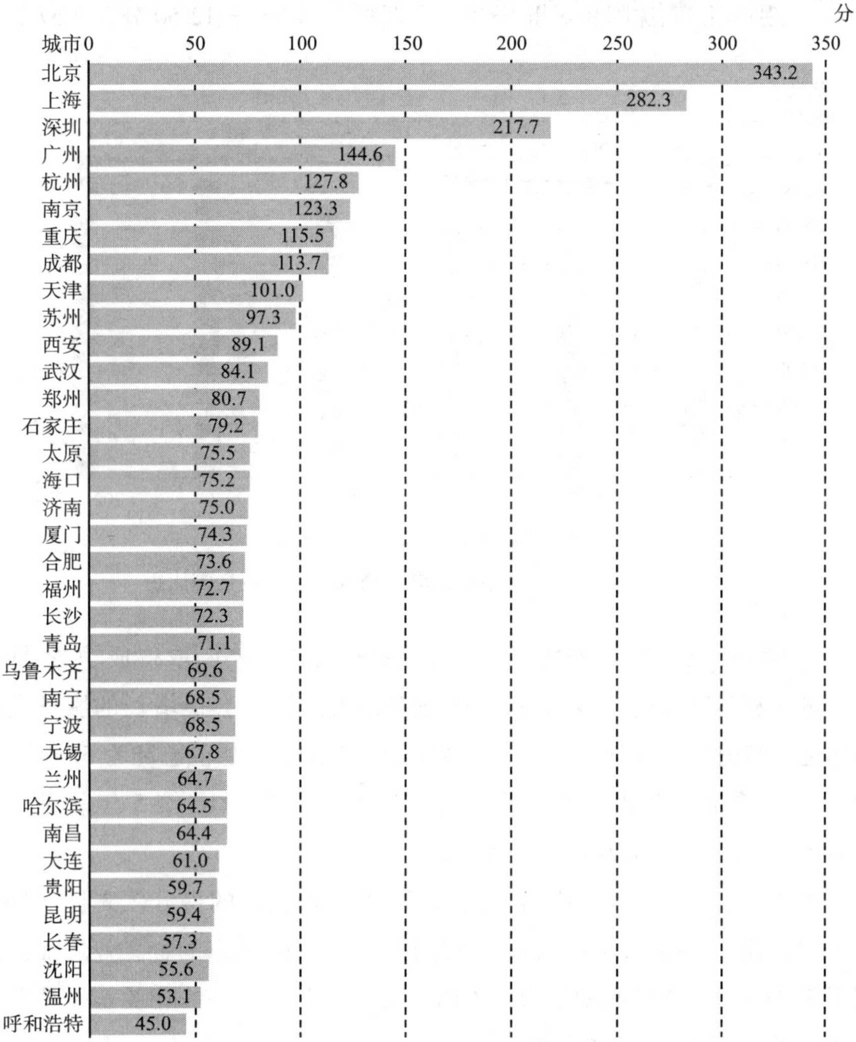

图 1.2.1　第 14 期 CFCI 金融产业绩效排名

为前 10 榜单新晋成员，本期排名上升 2 位，国内排名第 10；上期前 10 榜单成员西安，本期跌出 10 强，排名下滑 1 名至国内第 11。

1.2.3　产业绩效得分变化情况

- 本期 36 个城市中有 21 个城市得分实现正增长，仅 10 个城市得分出现小幅减少。其中，本期得分增长幅度最显著的前 3 个城市分别是北京、合肥和厦门，分别较上期增长 25.76 分、15.01 分和 13.38 分；本期得分减少幅度最显著的前 3

个城市分别是上海、沈阳和郑州,分别较上期减少 14. 96 分、12. 50 分和 9. 57 分。

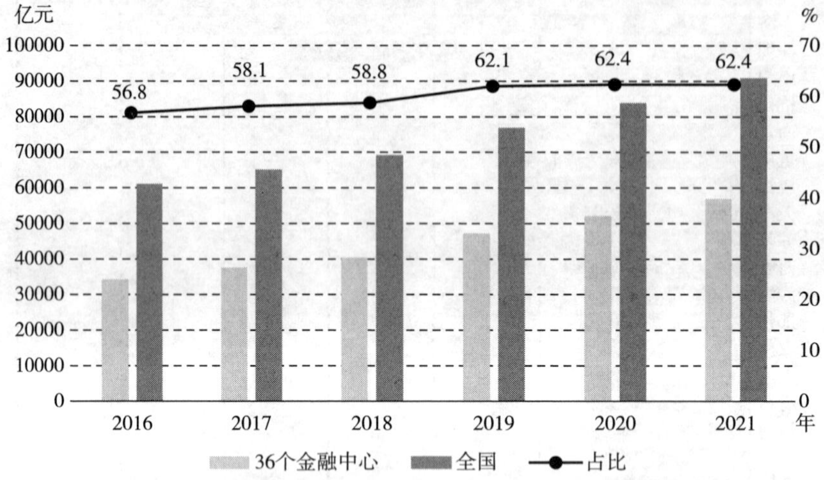

图 1. 2. 2　36 个金融中心金融业增加值之和占全国比重

• 随着我国在统筹疫情防控和经济社会发展上不断取得成功,本期各地金融业复苏进程进一步加快,金融业对地方经济社会稳增长的服务支持作用进一步突显。2021 年,36 个金融中心的金融业增加值总和为 5. 69 万亿元,占当年全国金融业增加值的比重达到了 62. 4%,比重较 5 年前提高了 5. 6 个百分点,保持在历史高位水平。

• 从金融产业绩效的城市竞争来看,北京较上海的得分领先优势进一步加大,巩固了自身分项排名第 1 的地位。2021 年,北京的金融业增加值达到了 7604 亿元,金融业增加值占 GDP 比重达到了 18. 9%,相关金融从业人员达到了 66 万人,排名全国第 1。

• 值得注意的是,遭受过新冠肺炎疫情冲击之后的武汉,连续两年保持强劲复苏反弹势头,本期金融产业绩效分项排名继续上升 1 位,分项全国排名第 12。在金融业增加值、存款余额、贷款余额、证券交易额、保费收入等关键业务发展指标均保持较大幅度增长。

1. 3　金融机构实力

有影响力的金融机构的集聚对于推动金融创新和城市金融业的发展能

够起到支撑性作用,一个城市金融机构的综合实力很大程度上反映了这个城市的金融竞争力。CFCI 评价体系主要从银行、保险、证券以及地方金融组织 4 个方面评估各金融中心的法人金融机构实力。

1.3.1 金融机构实力整体排名

本期 36 个金融中心城市金融机构实力分项排名依次是北京、上海、深圳、广州、杭州、天津、重庆、成都、武汉、南京、福州、西安、长沙、宁波、郑州、济南、长春、合肥、苏州、哈尔滨、青岛、大连、石家庄、沈阳、厦门、南宁、南昌、昆明、贵阳、无锡、太原、温州、乌鲁木齐、海口、呼和浩特和兰州。

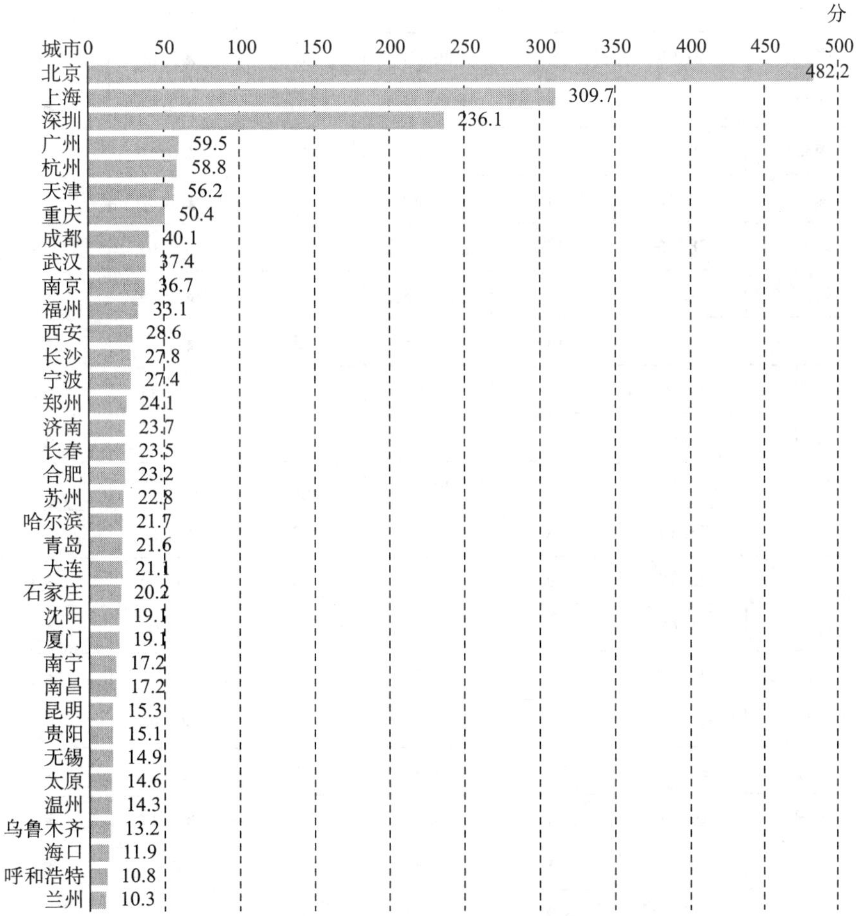

图 1.3.1 第 14 期 CFCI 金融机构实力排名

表 1.3.1 第 14 期 CFCI 金融机构实力排名与得分变化

城市	CFCI 14		CFCI 13		变化	
	得分	排名	得分	排名	得分	排名
北京	482.23	1	451.91	1	▲30.32	—
上海	309.68	2	288.01	2	▲21.67	—
深圳	236.10	3	234.90	3	▲1.20	—
广州	59.47	4	57.03	4	▲2.44	—
杭州	58.81	5	55.80	5	▲3.01	—
天津	56.15	6	54.28	6	▲1.87	—
重庆	50.43	7	49.70	7	▲0.73	—
成都	40.09	8	36.44	8	▲3.65	—
武汉	37.36	9	35.22	10	▲2.14	▲1
南京	36.69	10	35.93	9	▲0.76	▼1
福州	33.12	11	31.82	11	▲1.30	—
西安	28.56	12	27.89	12	▲0.67	—
长沙	27.77	13	24.25	14	▲3.52	▲1
宁波	27.40	14	26.18	13	▲1.22	▼1
郑州	24.06	15	22.95	17	▲1.11	▲2
济南	23.69	16	22.50	19	▲1.19	▲3
长春	23.51	17	20.23	21	▲3.28	▲4
合肥	23.17	18	22.57	18	▲0.60	—
苏州	22.75	19	23.36	16	▼0.61	▼3
哈尔滨	21.69	20	19.60	22	▲2.09	▲2
青岛	21.60	21	18.70	23	▲2.90	▲2
大连	21.14	22	24.10	15	▼2.96	▼7
石家庄	20.16	23	16.87	26	▲3.29	▲3
沈阳	19.11	24	20.25	20	▼1.14	▼4
厦门	19.07	25	18.40	24	▲0.67	▼1

续表

城市	CFCI 14		CFCI 13		变化	
	得分	排名	得分	排名	得分	排名
南宁	17.20	26	14.61	29	▲2.59	▲3
南昌	17.17	27	15.52	27	▲1.65	—
昆明	15.31	28	15.20	28	▲0.11	—
贵阳	15.12	29	—	—	新	新
无锡	14.86	30	16.91	25	▼2.05	▼5
太原	14.56	31	—	—	新	新
温州	14.32	32	13.98	30	▲0.34	▼2
乌鲁木齐	13.18	33	13.23	31	▼0.05	▼2
海口	11.85	34	—	—	新	新
呼和浩特	10.75	35	—	—	新	新
兰州	10.30	36	—	—	新	新

1.3.2　金融机构实力排名变化情况

- 本期9个金融中心的排名小幅上升，9个金融中心排名小幅下降，13个金融中心的排名维持不变。
- 本期分项排名上升幅度最大的是长春，上升4个名次，全国排名第17；本期分项排名降幅最大的是大连，下降7个名次，全国排名第22。

1.3.3　金融机构实力得分变化情况

- 受疫情影响减弱、市场复苏等影响，2021年国内主要金融机构发展恢复，本期仅5个城市金融机构实力得分出现小幅减少，其他城市得分均实现正增长。
- 本期得分增长排名前3的是北京、上海和成都，分别增长了30.32分、21.67分和3.65分。其中，北京、上海较国内其他城市的分差优势扩大明显，显示国内金融机构资源进一步向全国性金融中心加速集聚。

1.3.4　典型城市金融机构实力表现

- 36个金融中心集聚了国内绝大部分金融机构资源。截至2021年底，

36 个金融中心金融机构总资产规模占全国比重超过四分之三。其中,银行业机构总资产约占全国总量的 76%,保险业机构总资产占全国的 94%,法人证券公司总资产占全国的 97%,公募基金资产管理规模占全国的 85%。

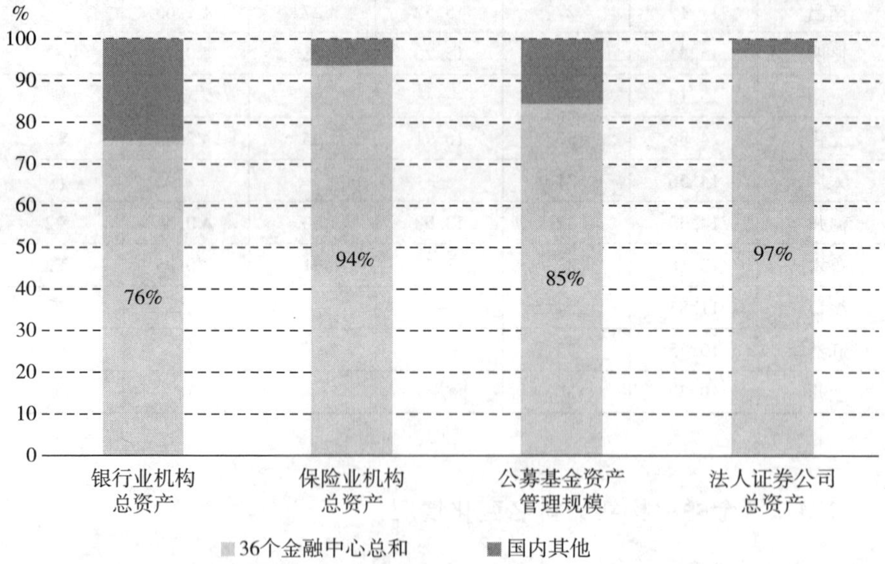

图 1.3.2　36 个金融中心金融机构资产规模全国占比

- 33 个区域金融中心中,广州、重庆、杭州和天津表现得相对突出,法人金融机构的规模、数量和种类基本处于同一水平,4 者金融机构实力处于第一发展梯队。
- 相对来说,成都、武汉、南京的金融机构实力要低一层级,在区域金融中心中处于第二发展梯队。

1.4　金融市场规模

金融市场的规模和交易活跃程度是吸引和汇聚金融交易者、金融机构和金融人才的重要因素,对于提升城市金融辐射力起着至关重要的作用。CFCI 评价体系主要从货币市场、股票市场、债券市场、黄金外汇及衍生品市场、资本市场利用等维度评估各金融中心发展情况。

1.4.1　金融市场规模整体排名

本期36个金融中心城市金融市场规模分项排名依次是上海、深圳、北京、大连、郑州、广州、杭州、苏州、南京、武汉、合肥、成都、长沙、宁波、无锡、天津、重庆、青岛、石家庄、西安、南昌、乌鲁木齐、南宁、济南、福州、厦门、沈阳、贵阳、哈尔滨、太原、昆明、海口、长春、兰州、呼和浩特和温州。

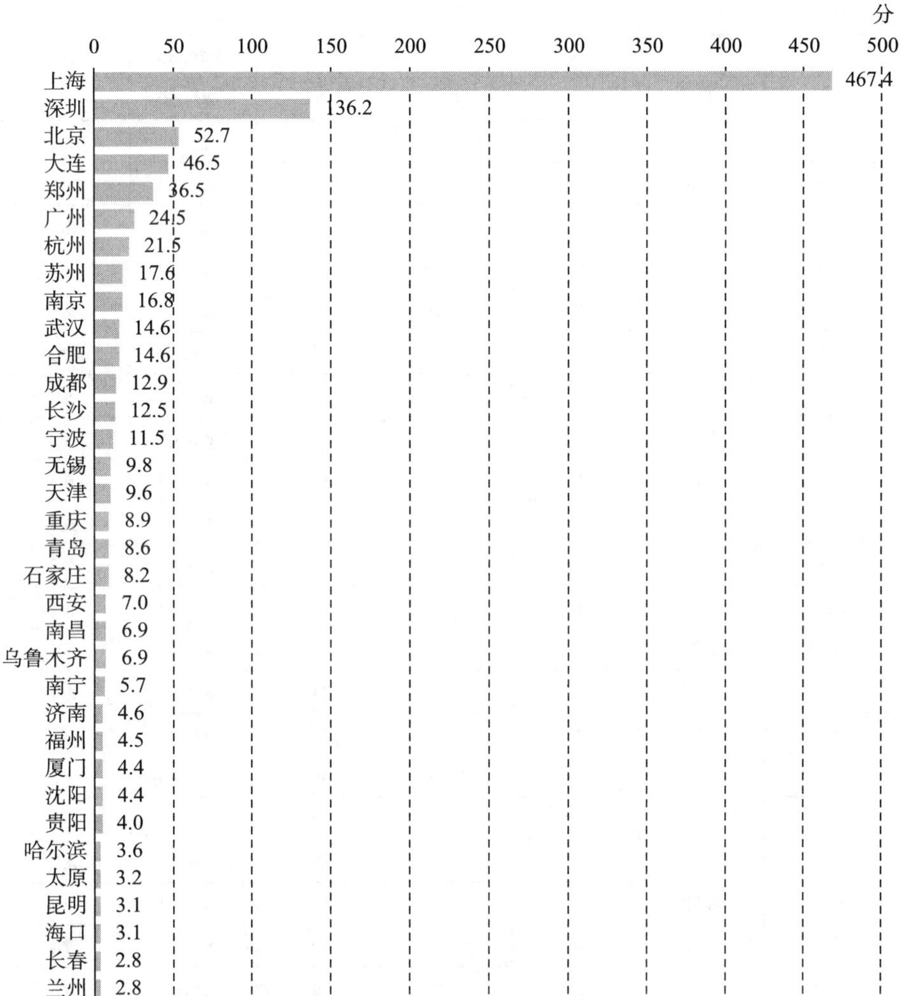

图1.4.1　第14期CFCI金融市场规模排名

表 1.4.1 第 14 期 CFCI 金融市场规模排名与得分变化

城市	CFCI 14		CFCI 13		变化	
	得分	排名	得分	排名	得分	排名
上海	467.42	1	450.33	1	▲17.09	—
深圳	136.18	2	118.04	2	▲18.14	—
北京	52.67	3	55.77	3	▼3.10	—
大连	46.47	4	35.70	4	▲10.77	—
郑州	36.54	5	22.19	6	▲14.35	▲1
广州	24.48	6	24.98	5	▼0.50	▼1
杭州	21.49	7	15.72	7	▲5.77	—
苏州	17.62	8	14.78	8	▲2.84	—
南京	16.84	9	10.12	13	▲6.72	▲4
武汉	14.63	10	14.61	9	▲0.02	▼1
合肥	14.59	11	10.20	12	▲4.39	▲1
成都	12.93	12	12.16	10	▲0.77	▼2
长沙	12.54	13	9.39	14	▲3.15	▲1
宁波	11.47	14	11.46	11	▲0.01	▼3
无锡	9.84	15	8.59	16	▲1.25	▲1
天津	9.63	16	8.32	17	▲1.31	▲1
重庆	8.86	17	8.77	15	▲0.09	▼2
青岛	8.63	18	6.70	19	▲1.93	▲1
石家庄	8.23	19	7.81	18	▲0.42	▼1
西安	6.97	20	6.58	21	▲0.39	▲1
南昌	6.94	21	6.58	20	▲0.36	▼1
乌鲁木齐	6.93	22	2.48	30	▲4.45	▲8
南宁	5.70	23	3.89	27	▲1.81	▲4
济南	4.56	24	4.06	26	▲0.50	▲2
福州	4.52	25	4.48	23	▲0.04	▼2
厦门	4.43	26	5.66	22	▼1.23	▼4
沈阳	4.43	27	4.36	24	▲0.07	▼3
贵阳	3.95	28	—	—	新	新
哈尔滨	3.61	29	4.19	25	▼0.58	▼4
太原	3.20	30	—	—	新	新

续表

城市	CFCI 14		CFCI 13		变化	
	得分	排名	得分	排名	得分	排名
昆明	3.11	31	2.03	31	▲1.08	—
海口	3.09	32	—	—	新	新
长春	2.82	33	3.13	28	▼0.31	▼5
兰州	2.81	34	—	—	新	新
呼和浩特	2.62	35	—	—	新	新
温州	1.97	36	2.91	29	▼0.94	▼7

1.4.2　金融市场规模排名变化情况

• 本期排名上升的城市有 11 个,排名下降的城市有 13 个。其中,排名上升幅度最大的是乌鲁木齐,提升 8 个名次,本期全国排名第 22;排名下降幅度最大的是温州,下滑 7 个名次,全国排名第 36。

• 本期排名前 10 的城市中,除了上海、深圳、北京、大连、郑州、广州等国内少数几个具备全国性金融市场的城市外,杭州、苏州、南京、武汉等上榜城市则主要凭借在资本市场利用以及区域股权交易市场方面的突出表现,跻身本期 10 强行列。

1.4.3　金融市场规模得分变化情况

• 得益于注册制提速、退市新规施行、北交所设立等资本市场系列改革深化推进,本期多数城市资本市场利用水平得分出现了较大程度的增长。其中,25 个金融中心的金融市场规模得分实现增长,仅 6 个城市得分出现小幅减少。

• 本期得分增长最多的前 3 个城市是深圳、上海和郑州,分别增长了 18.14 分、17.09 分和 14.35 分。

• 2021 年 A 股市场首发上市公司达到 481 家,年末上市公司总数达到 4685 家,全年 A 股市场股权融资总额达 16743 亿元。其中,36 个金融中心合计拥有 A 股市场上市公司 3089 家,占全国总量的 66%,全年新增 A 股市场首发上市公司 350 家,约占当年全国总量的 73%,全年股票市场融资总和达到11465亿元,约占全国总量的68%。

1.4.4 典型城市金融市场表现

• 上海的金融市场得分超过了其他30个金融中心的得分总和。目前,上海集聚了包括货币市场、股票市场、债券市场、黄金市场、外汇市场、衍生品市场等在内的几乎所有全国性金融市场。其中,2021年沪市上市公司总市值、筹资额分别位列全球第3、第2。

• 本期深圳金融市场规模分项得分较上期继续保持较快增长,得分增长排名第1位。2021年,深交所主板与中小板合并,形成主板与创业板互补发展格局。2021年,深市上市公司达到2578家、总市值39.6万亿元,全年新增上市公司224家、股票市场累计成交额达到144万亿元,市值规模、市场交易量指标均位居全球前列。

• 2021年,北京迎来了国内第3个全国性证券交易所——北京证券交易所,全年公开发行股票11只、筹资21亿元。北交所将聚焦服务创新型中小企业,实现与沪深交易所错位发展。不过,与北交所形成对比的是"新三板"市场连续3年出现萎缩,年末市场挂牌公司家数进一步萎缩至6932家,较上年末减少1255家。

• 郑州依靠商品期货市场的亮眼表现,本期继续保持分项得分两位数增长,分项排名上升1位,全国排名第5。2021年,郑州商品期货交易所全年成交额达到了107.95万亿元,较上年同比增长80%。

• 除此之外,33个区域金融中心中杭州、苏州在资本市场利用方面有亮眼表现。2021年,杭州和苏州全年新增IPO上市公司数分别达到38家和32家,年末A股上市公司数分别达到199家和175家,各项指标分别排名全国第4位和第5位,仅次于3大全国性金融中心。

1.5 金融生态环境

城市金融业发展不仅仅有赖于金融产业本身,更与城市社会经济发展的各个方面息息相关。城市金融业发展的外部环境统称为金融生态环境,是城市金融竞争力的解释性因素。CFCI评价体系中,金融生态环境主要通过金融人才环境、商业环境以及国际化程度来衡量，是对金融中心发展潜力和发展后劲的反映。

1.5.1　金融生态环境整体排名

本期36个金融中心城市金融生态环境分项排名依次是北京、上海、广州、深圳、成都、武汉、杭州、重庆、南京、苏州、青岛、西安、济南、天津、郑州、厦门、长沙、无锡、宁波、大连、太原、南昌、合肥、福州、昆明、沈阳、贵阳、南宁、兰州、长春、呼和浩特、海口、温州、哈尔滨、乌鲁木齐和石家庄。

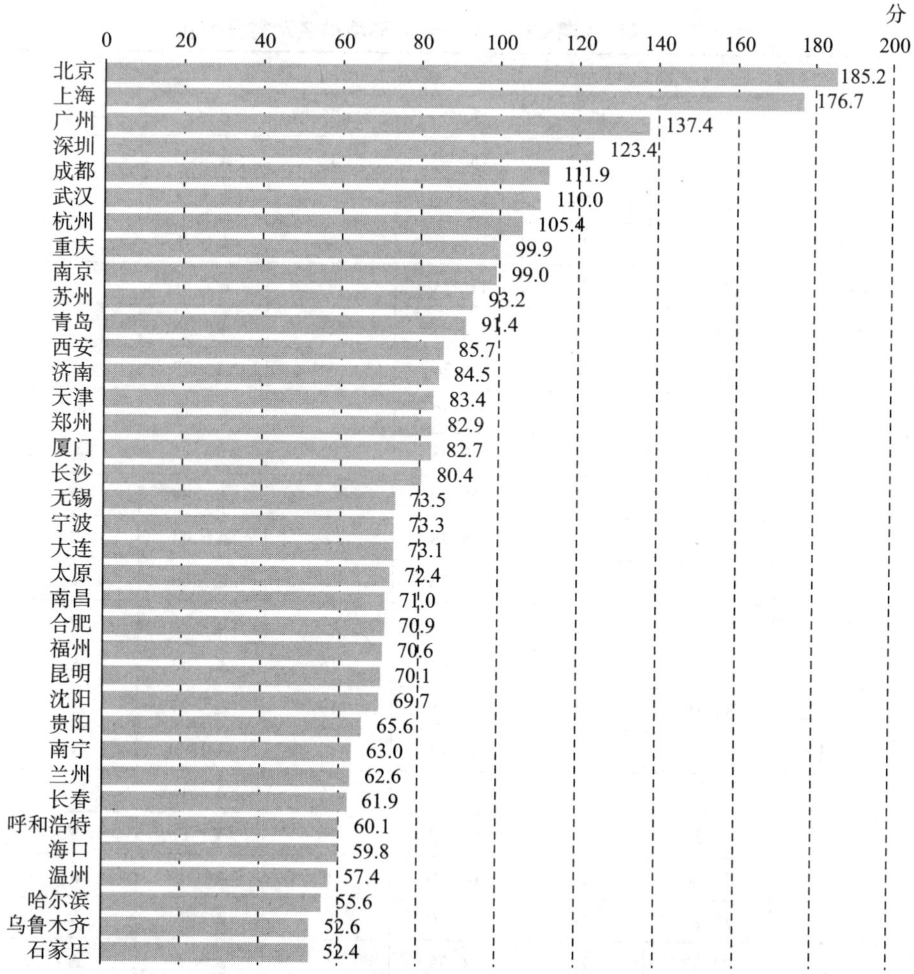

图1.5.1　第14期CFCI金融生态环境排名

1.5.2 金融生态环境排名变化情况

• 榜单前5名成员格局相对稳固,排名与上期维持不变,重庆首次跻身前10。

• 本期36个金融中心中7个城市排名上升,6个城市排名维持不变,18个城市排名下降。

• 本期无锡排名上升幅度最大,排名上升5个名次,排在全国第18;相对来说,石家庄排名降幅明显,本期排名下滑7个名次,排在全国第36。

表1.5.1 第14期CFCI金融生态环境排名及得分变化

城市	CFCI 14		CFCI 13		变化	
	得分	排名	得分	排名	得分	排名
北京	185.24	1	180.01	1	▲5.23	—
上海	176.69	2	176.93	2	▼0.24	—
广州	137.41	3	136.16	3	▲1.25	—
深圳	123.41	4	116.20	4	▲7.21	—
成都	111.90	5	105.16	5	▲6.74	—
武汉	110.04	6	94.26	7	▲15.78	▲1
杭州	105.40	7	98.30	6	▲7.10	▼1
重庆	99.91	8	83.93	12	▲15.98	▲4
南京	99.04	9	91.20	8	▲7.84	▼1
苏州	93.22	10	86.78	9	▲6.44	▼1
青岛	91.41	11	85.72	10	▲5.69	▼1
西安	85.67	12	84.42	11	▲1.25	▼1
济南	84.47	13	80.93	15	▲3.54	▲2
天津	83.36	14	78.15	17	▲5.21	▲3
郑州	82.94	15	82.14	13	▲0.80	▼2
厦门	82.71	16	80.53	16	▲2.18	—
长沙	80.35	17	82.03	14	▼1.68	▼3
无锡	73.50	18	66.10	23	▲7.40	▲5
宁波	73.28	19	69.50	18	▲3.78	▼1
大连	73.07	20	66.79	21	▲6.28	▲1
太原	72.37	21	—	—	新	新

续表

城市	CFCI 14		CFCI 13		变化	
	得分	排名	得分	排名	得分	排名
南昌	71.00	22	65.35	24	▲5.65	▲2
合肥	70.94	23	66.37	22	▲4.57	▼1
福州	70.58	24	67.89	20	▲2.69	▼4
昆明	70.08	25	69.04	19	▲1.04	▼6
沈阳	69.73	26	64.17	25	▲5.56	▼1
贵阳	65.58	27	—	—	新	新
南宁	63.03	28	61.79	26	▲1.24	▼2
兰州	62.62	29	—	—	新	新
长春	61.92	30	59.45	27	▲2.47	▼3
呼和浩特	60.05	31	—	—	新	新
海口	59.79	32	—	—	新	新
温州	57.42	33	54.67	28	▲2.75	▼5
哈尔滨	55.63	34	50.71	30	▲4.92	▼4
乌鲁木齐	52.57	35	48.37	31	▲4.20	▼4
石家庄	52.38	36	51.42	29	▲0.96	▼7

1.5.3　金融生态环境得分变化情况

• 本期国内多数城市金融生态环境得分实现大幅增长，36 个金融中心中仅 2 个得分出现减少。其中，得分增长幅度最大的 3 个城市是重庆、武汉和南京，分别增长了 15.98 分、15.78 分和 7.84 分；仅长沙和上海得分出现小幅减少。

• 本期 36 个金融中心金融生态环境得分增长止跌回升，显示出新冠肺炎疫情等对金融人才环境、商业环境的影响趋于减弱，特别是因此前宏观经济相关指标总量减少、增速放缓导致的评分下降因素均实现了逆转。36 个金融中心 2021 年 GDP 平均增速达到了 7.6%，较上年同期平均高出 4.5 个百分点，其中 35 个城市 GDP 增速指标大幅高于上年同期。不过，值得注意的是，受疫情影响较直接的地方政府债务、国际旅游收入等指标仍面临较大评分下降压力。

1.5.4 典型城市金融生态环境表现

- 占据分项榜单前 4 的北、上、广、深 4 大一线城市,除上海外金融生态环境得分均实现止跌回升,得分基本恢复至历史高位水平。其中,深圳得分增长最为显著。不过,作为制约深圳金融生态环境发展的最大短板——金融人才环境,长期受教育、医疗等公共服务资源不足以及房价过高等因素影响,本期得分显示改善不明显,分项排名下滑至第 28 名。

- 北京和上海的金融生态环境依然保持最优,两者在金融人才环境、商业环境和国际化程度方面,均是全国前 3 水平。其中,北京在金融人才环境和商业环境方面保持全国第 1 名,上海在国际化程度方面保持全国第 1 名。

- 33 个区域金融中心中,广州、成都、武汉和杭州得分表现相对优异,分项得分均突破了百分大关。其中,广州金融人才环境排名第 2、金融商业环境和国际化程度均排名第 4 位,成都金融商业环境和国际化程度均排名第 5 位,武汉金融人才环境升至第 4 位,杭州国际化程度排名第 6。

- 值得注意的是,各地政府负债率和债务率指标继续攀升,2021 年 36 个城市地方政府债务规模达到了 35.9 万亿元,总量较上年度增长了 16%,地方政府负债率均值达到了 106%,较上年度增长了 13 个百分点。

第二章　全国性金融中心评价

2.1　总体评价

按照CFCI分类方法，上海、北京和深圳拥有全国性金融交易市场，本地法人机构业务覆盖全国，具备调配全国金融资源功能，金融辐射力和影响力遥遥领先国内其他金融中心城市，是全国性金融中心。

2.1.1　全国性金融中心综合竞争力表现

表2.1.1　全国性金融中心在第14期CFCI中的评价结果

城市	综合竞争力		金融产业绩效		金融机构实力		金融市场规模		金融生态环境	
	得分	排名	得分	排名	得分	排名	得分	排名	得分	排名
上海	312.12	1	282.27	2	309.68	2	467.42	1	176.69	2
北京	277.56	2	343.16	1	482.23	1	52.67	3	185.24	1
深圳	182.24	3	217.71	3	236.10	3	136.18	2	123.41	4

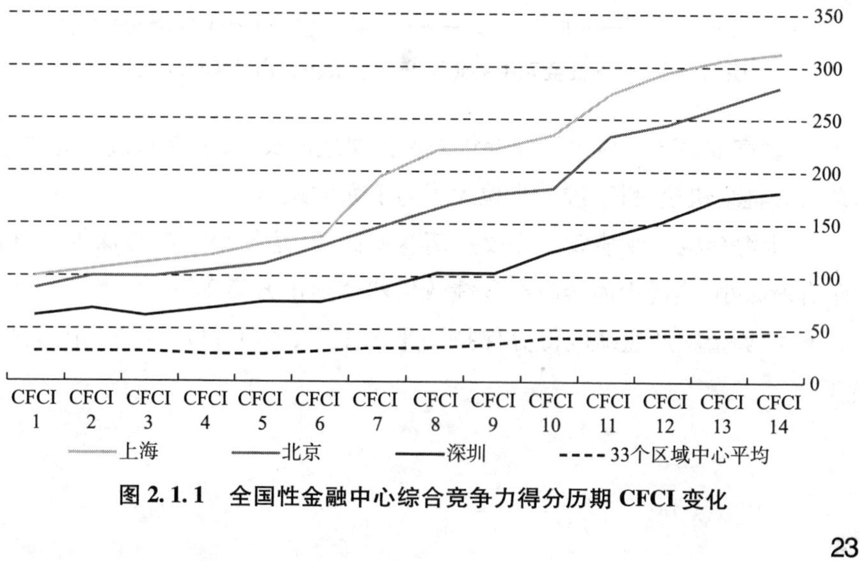

图2.1.1　全国性金融中心综合竞争力得分历期CFCI变化

• 与33个区域金融中心平均水平相比,上海、北京和深圳这3个全国性金融中心仍然保持绝对领先地位,沪、京、深3者综合竞争力优势十分明显,且呈现逐渐拉大趋势。

• 从近几期全国性金融中心综合竞争力得分来看,上海、北京的差距正逐步缩小,而深圳受自身规模和体量较小的影响,金融中心竞争力未有明显提升,追赶上海和北京的步伐相对缓慢,差距有逐渐拉大的趋势。

2.1.2 全国性金融中心金融产业绩效表现

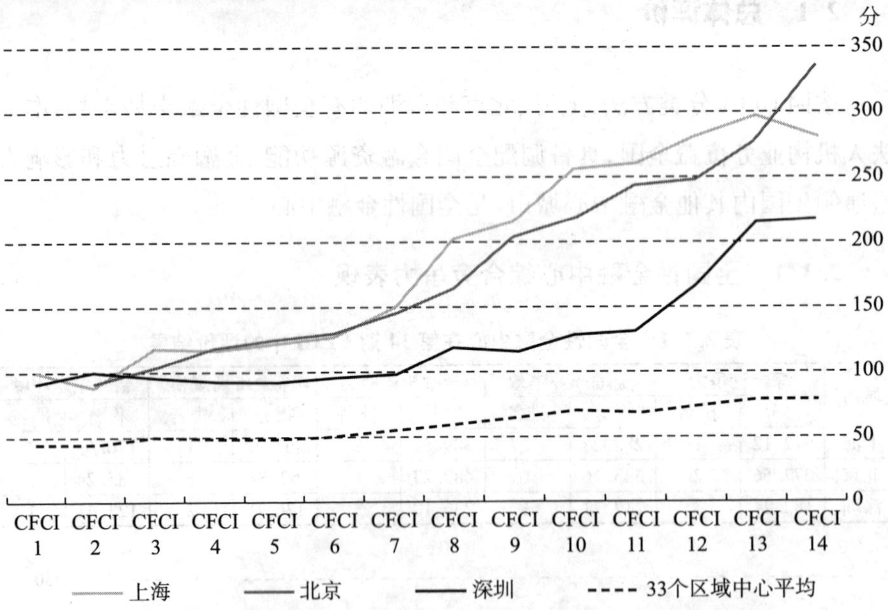

图 2.1.2 全国性金融中心金融产业绩效得分历期 CFCI 变化

• 北京金融产业绩效得分近年来保持快速增长,自上期超过上海之后,本期得分继续快速增长,进一步拉大了与上海的距离。

• 上海金融产业绩效得分较上期有所回落,这使得上海与深圳之间的差距有所减小,当前上海金融产业绩效仍然全国排名第2。

• 深圳金融产业绩效得分保持了平稳上升,本期217.71分,全国排名第3。

2.1.3　全国性金融中心金融机构实力表现

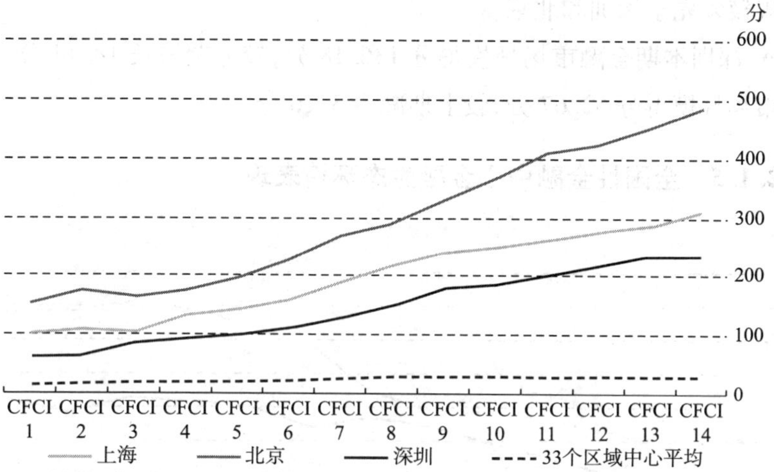

图 2.1.3　全国性金融中心金融机构实力得分历期 CFCI 变化

• 在金融机构实力方面，北京依托金融机构总部中心优势，金融机构实力得分一直领先于上海和深圳。

• 上海金融机构实力得分较上期增长 21.67 分，排名仍保持全国第 2。

• 深圳本期金融机构实力得分为 236.10 分，较上期增长 1.20 分，与北京和上海的差距还在进一步加大。

2.1.4　全国性金融中心金融市场规模表现

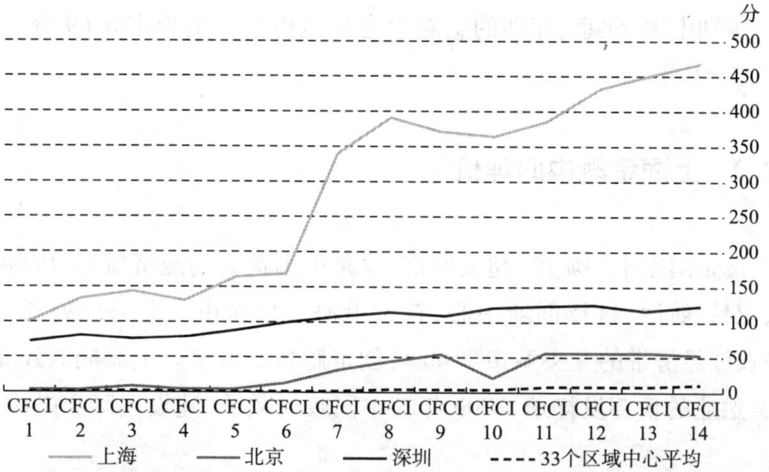

图 2.1.4　全国性金融中心金融市场规模得分历期 CFCI 变化

• 在金融市场规模方面,上海拥有较为健全的各类金融市场,因此金融市场规模领先于深圳和北京。

• 深圳本期金融市场规模得分 136. 18 分,较上期增长 18. 14 分。北京金融市场规模得分 52. 67 分,较上期减少 3. 10 分。

2. 1. 5　全国性金融中心金融生态环境表现

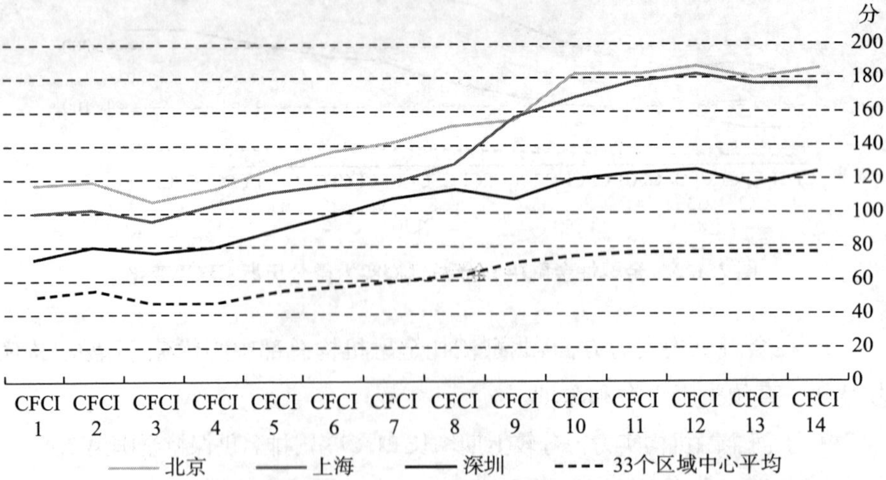

图 2. 1. 5　全国性金融中心金融生态环境得分历期 CFCI 变化

• 北京、上海金融生态环境优越,深圳公共服务短板凸显,因此在金融生态环境得分方面,上海和北京的差距并不大,但深圳与上海、北京的差距明显。本期上海、北京、深圳的金融生态环境得分分别为 176. 69 分、185. 24 分和 123. 41 分。

2. 2　上海金融中心评价

上海是国家中心城市、超大城市,也是中国最大的经济城市,国际经济、金融、贸易、航运、科技创新中心,首批沿海开放城市。上海地处长江入海口,是长江经济带的龙头城市、G60 科创走廊核心城市。上海同时还是近代中国金融业的重要发祥地,2009 年被中国政府赋予“建设国际金融中心”的使命。

2.2.1　上海金融中心综合竞争力表现

自首期进入 CFCI 榜单以来，上海金融中心综合竞争实力一直稳居全国第 1。根据第 14 期 CFCI 评价结果，上海金融中心综合竞争力得分为 312.12 分，较上期增长 6.77 分，如图 2.2.1 所示。

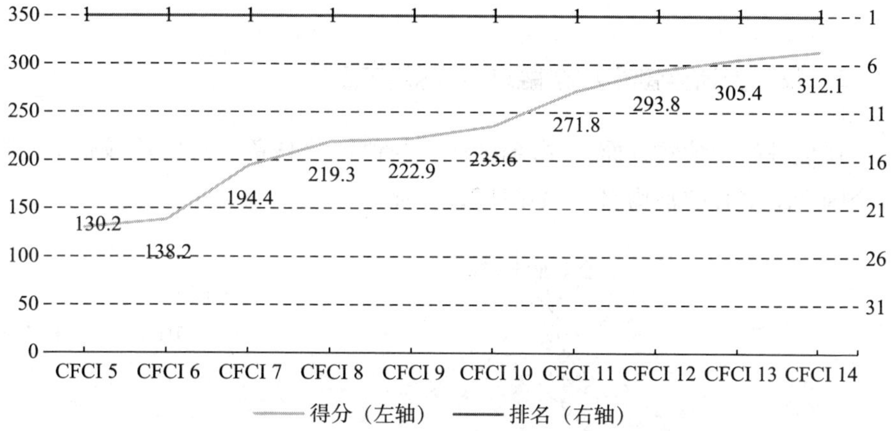

图 2.2.1　上海金融中心综合竞争力历期 CFCI 得分与排名

2021 年，上海金融业增加值为 7973.3 亿元，在地区生产总值中的比重达 18.5%；金融机构本外币存款余额达到 175831 亿元，本外币贷款余额达到 96032 亿元；全年保费收入 1971 亿元；年末保险深度达到 4.6%，保险密度达到人均 7917 元（常住人口统计口径）。

在本期 CFCI 指标评价方面，上海金融机构实力和金融市场规模的得分有所增长，其中金融机构实力得分增长 7.52%，金融市场规模得分增长 3.80%，排名与上期保持一致。此外，上海金融产业绩效得分较上期下降 5.03%，金融生态环境得分较上期小幅下降 0.14%，如表 2.2.1 所示。

表 2.2.1　上海在第 14 期 CFCI 中的评价结果

评价分类	CFCI 14 得分	同比上期得分	得分增幅	CFCI 14 排名	排名变化
金融产业绩效	282.27	-14.96	-5.03%	2	0
金融机构实力	309.68	21.67	7.52%	2	0
金融市场规模	467.42	17.09	3.80%	1	0

续表

评价分类	CFCI 14 得分	同比上期得分	得分增幅	CFCI 14 排名	排名变化
金融生态环境	176.69	-0.24	-0.14%	2	0
金融人才环境	10.82	0.36	3.44%	3	0
金融商业环境	14.42	1.80	14.31%	2	1
国际化环境	13.88	-2.22	-13.78%	1	0

2.2.2 上海金融中心金融产业绩效表现

在金融产业绩效方面,上海金融业增加值得分具备一定的比较优势,高于全国金融中心的平均水平,如图 2.2.2 所示。

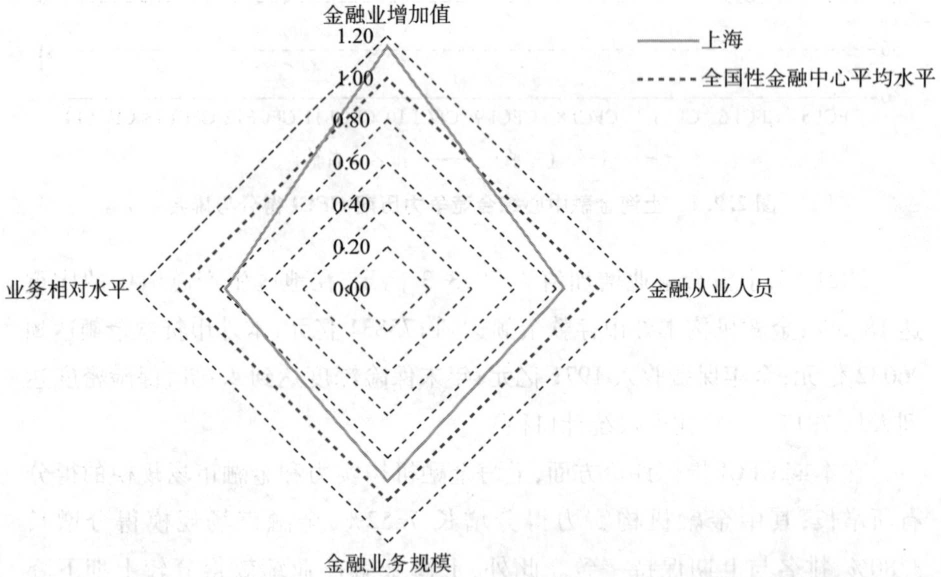

图 2.2.2 上海金融产业绩效与全国性金融中心平均水平的比较

- 2021 年,上海金融业实现增加值 7973.3 亿元,3 年平均增长率达到 9.2%,均超过北京和深圳。上海金融业增加值占地方生产总值的 18.5%,仅比北京低 0.4 个百分点。

- 金融从业人员方面,上海 2020 年金融从业人员数量达到 43.7 万人,3 年平均增长率为 7.1%,高于北京,但低于深圳。

• 金融业务规模方面，2021 年上海金融机构本外币存贷款余额与北京相差较小，但相对深圳较高。

• 与北京、深圳相比，上海保险深度和保险密度指标不具备优势，其中 2021 年保险深度为 4.6%，保险密度为人均 7917 元，远低于北京。

2.2.3　上海金融中心金融机构实力表现

在金融机构实力方面，上海仅在证券类机构发展方面具有较强的比较优势，而在银行类机构、保险类机构和地方金融组织方面均处于劣势地位，如图 2.2.3 所示。

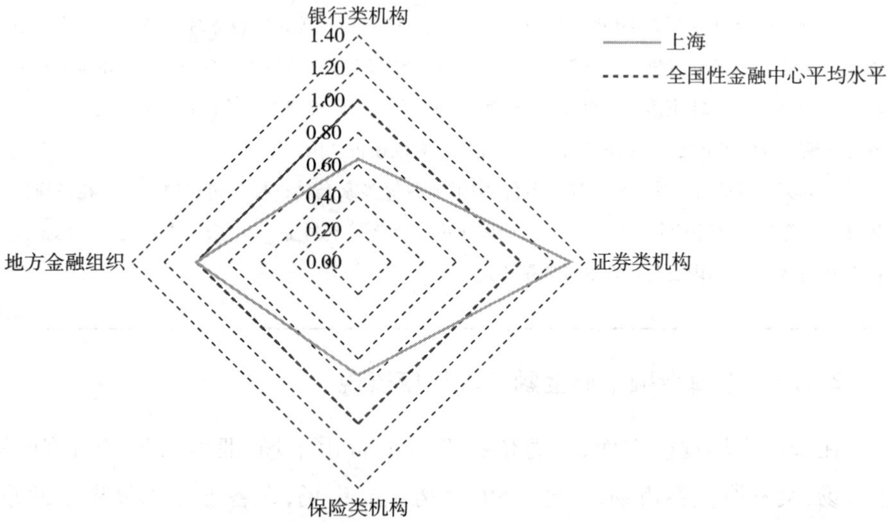

图 2.2.3　上海金融中心机构实力与全国性金融中心平均水平的比较

• 截至 2021 年，上海拥有 18 家本地法人证券机构，数量超过深圳和北京，但本地法人证券机构资产总规模略低于深圳，达到 2.93 万亿元。证券营业部数量为 789 个，证券公司专项业务子公司 13 家，均超过深圳和北京。

• 上海还拥有全国最多的公募基金公司，数量达到 61 家，约为北京的 3 倍、深圳的 2 倍，资产管理规模也超过北京和深圳。此外，上海期货公司数量、私募基金管理人数量和私募基金数量均位于全国第 1 位。

• 保险类机构方面，2021 年上海有 40 家本地法人保险公司，资产总额为 4.3 万亿元。

专栏 2.2.1　上海加快中外金融机构集聚

近年来,上海各类国际性、总部型、功能性金融机构不断集聚。除了银行、证券、保险、基金、信托等金融机构不断汇聚发展外,新开发银行、跨境银行间支付清算公司(CIPS)、全球清算对手方协会(CCP12)、城市商业银行清算公司等一批重要金融机构或组织落户上海。

1. 外资金融机构加快在上海布局。全国首家外资全资保险控股集团——安联(中国)保险集团正式开业;全国首批新设外资控股证券公司——野村东方国际证券、摩根大通证券(中国)获批开业;全国首家外资控股理财公司——东方汇理和中银理财公司成立的合资理财公司获批成立。全国首批获准开展第三方基金销售公司投顾试点——先锋领航和蚂蚁金服合资成立的先锋领航投顾(上海)投资咨询公司、全国首批获得银行间市场 A 类主承销商资格外资银行(法国巴黎银行)、全国首家获批扩大经营范围的保险经纪公司(韦莱保险经纪公司)等在沪落户。

2. 全球资管中心建设步伐明显加快。交通银行、中信银行等在沪设立理财子公司。全球资管规模排名前 10 的资管机构已全部在沪开展业务,全国 25 家外商独资私募证券投资基金管理人(WFOE PFM)中有 24 家落户上海,超过 30 家海外投资基金管理公司在沪设立。上海证券资管业务总规模占全国三分之一,保险资管公司受托资产总规模占全国一半以上。

3. 新兴金融业态快速发展。建信金科、中银金科等多家金融科技公司在沪设立。在沪融资租赁公司管理资产规模约 2.1 万亿元,占全国比重约 30%。支付宝等 50 余家支付机构将总部设在上海,上海成为国内支付产业的重要聚集地。

2.2.4　上海金融中心金融市场规模表现

在金融市场规模方面,上海依托健全的货币市场,股票市场,银行间债券市场,交易所债券市场,黄金、外汇及衍生品市场,在各方面均领先于北京和深圳,如图 2.2.4 所示。

- 在股票市场发展方面,截至 2021 年底,上海证券交易所上市公司数量达到 2037 家,上市公司总市值达到 51.97 万亿元,同期深圳证券交易所上市公司总市值仅为 39.64 万亿元。上海通过股票市场发行筹资额 8335.93 亿元,高于深圳的 7756 亿元。

- 在资本市场利用方面,上海本地 A 股上市公司数达 385 家,低于北京的 424 家,新三板挂牌公司数量排名全国性金融中心第 2 位,达到 516 家,年度新增 48 家 IPO 公司数。

- 在区域要素市场方面,上海区域股权市场挂牌公司达 848 家,市场筹资金额为 279.4 亿元,均高于北京和深圳。

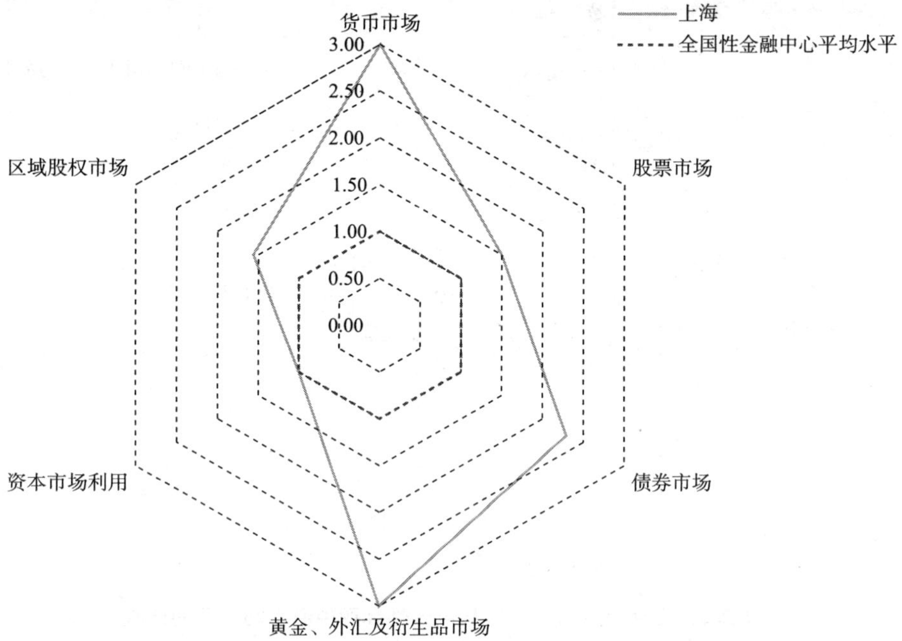

图 2. 2. 4　上海金融市场规模与全国性金融中心平均水平的比较

2. 2. 5　上海金融中心金融生态环境表现

在金融生态环境方面，上海在全国排名第 2 位，在金融人才环境和金融商业环境两个方面均有显著比较优势，如图 2. 2. 5 和图 2. 2. 6 所示。

- 上海在教育环境、医疗卫生、城市环境和生活质量方面竞争力优势明显。其中，上海 2021 年有 74 万名普通高等学校在校学生，普通高等学校和“双一流”高校分别达到 64 家和 15 家，尽管不及北京，但在全国仍属于一流水平。
- 在医疗卫生方面，上海 2021 年每万人拥有医院病床 57. 7 张，高于北京和深圳。
- 在城市环境方面，上海 2021 年空气优良率、每百万人城市轨道交通里程、日航班次数等指标均位于全国前列。
- 在生活质量方面，上海 2021 年金融从业人员平均年薪为全国最高水平，达到 33. 01 万元，住宅房价收入比在全国也处于较高水平。

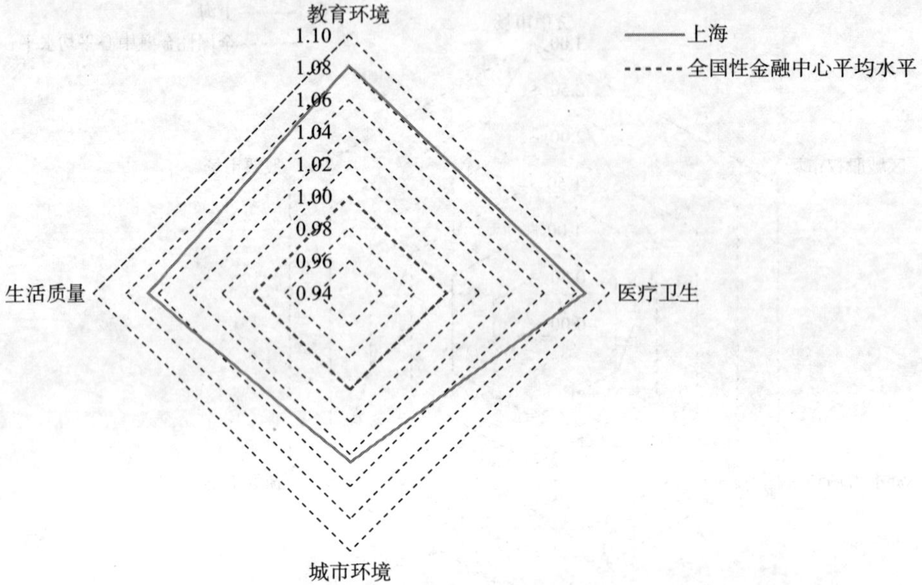

图 2.2.5　上海金融人才环境与全国性金融中心平均水平的比较

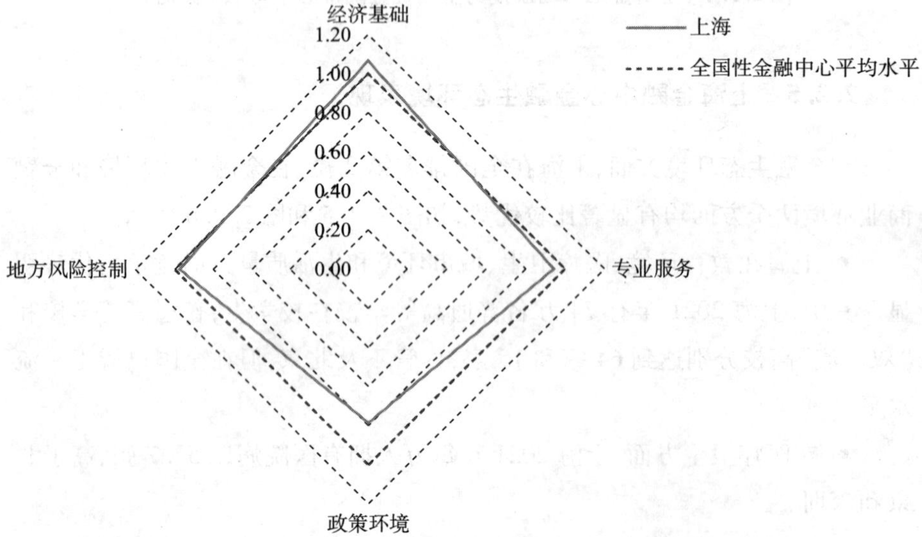

图 2.2.6　上海金融商业环境与全国性金融中心平均水平的比较

• 在商业环境方面,上海经济基础较好,但专业服务及政策环境方面的优势则相对不明显。其中,2021 年上海地区生产总值在全国金融中心排名第 1,人均地区生产总值也相对较高。

• 在专业服务方面,上海尽管在执业律师数、注册会计师(CPA)数、专业保险中介机构数量等方面位列全国前列,但与北京相比还存在较大差距。

• 国际化程度也是上海的重要优势,上海在机构国际化、经济外向度和国际影响力方面均在全国名列前茅。

2.3 北京金融中心评价

北京是中国的首都,也是中国金融的监管决策中心,中国金融监管机构和四大银行总部均集聚于此。金融业是北京最重要的支撑产业之一,“十四五”时期,北京提出要发挥作为国际科技创新中心和国家金融管理中心叠加优势,着力发展与首都“四个中心”功能定位相适应的现代化数字金融体系,构建金融科技创新中心。

2.3.1 北京金融中心综合竞争力表现

自首期进入 CFCI 榜单以来,北京金融中心综合竞争力仅次于上海,排名一直位于全国第 2 位。根据第 14 期 CFCI 评价结果,北京金融中心综合竞争力得分为 277.56 分,较上期增长 15.48 分,如图 2.3.1 所示。

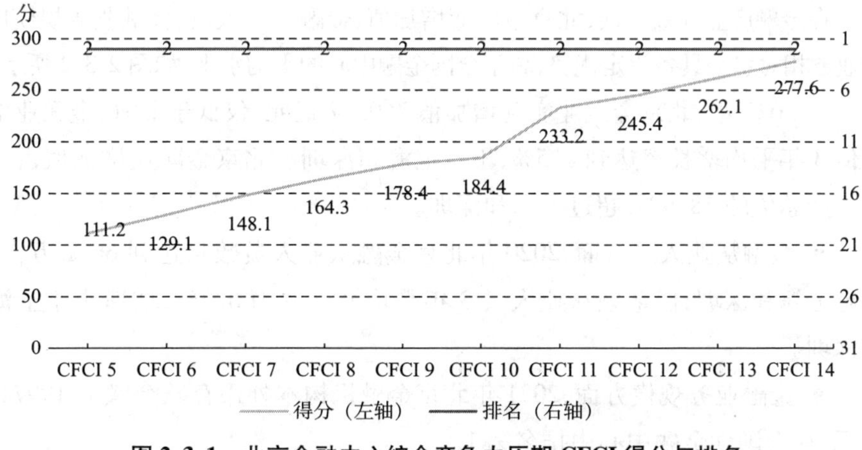

图 2.3.1 北京金融中心综合竞争力历期 CFCI 得分与排名

2021 年,北京金融业实现增加值 7603.7 亿元,占地区生产总值比重为 18.9%;金融机构本外币存款余额达到 199742 亿元,本外币贷款余额达到

89033 亿元;全年保费收入 2527 亿元;年末保险深度达到 6.3%,保险密度达到人均 11546 元(常住人口统计口径)。

表 2.3.1 北京在第 14 期 CFCI 中的评价结果

评价分类	CFCI 14 得分	同比上期得分	得分增幅	CFCI 14 排名	排名变化
金融产业绩效	343.16	25.76	8.12%	1	0
金融机构实力	482.23	30.32	6.71%	1	0
金融市场规模	52.67	-3.10	-5.56%	3	0
金融生态环境	185.24	5.23	2.91%	1	0
金融人才环境	12.78	-0.48	-3.63%	1	0
金融商业环境	16.55	1.96	13.41%	1	0
国际化环境	11.68	-0.32	-2.65%	2	0

在本期 CFCI 指标评价方面,北京金融产业绩效、金融机构实力、金融生态环境和金融商业环境的得分有所增长,其中金融产业绩效得分增长 8.12%,金融机构实力得分增长 6.71%,金融生态环境得分增长 2.91%,金融商业环境得分增长 13.41%,所有分项排名与上期保持一致。此外,北京金融市场规模得分较上期下降 5.56%。

2.3.2 北京金融中心金融产业绩效表现

在金融产业绩效方面,北京金融业增加值、金融从业人员、金融业务规模以及业务相对水平具备一定优势,高于全国金融中心的平均水平,如图 2.3.2 所示。

• 2021 年,北京金融业实现增加值 7603.7 亿元,仅低于上海,金融业增加值 3 年平均增长率达到 6.5%,不及上海和深圳。北京金融业增加值占地方生产总值的 18.9%,超过上海和深圳。

• 金融从业人员方面,2020 年北京金融从业人员数量达到 66.1 万人,远超上海和深圳,但金融从业人员 3 年平均增长率为 5.2%,增速小于上海和深圳。

• 金融业务规模方面,2021 年北京金融机构本外币存款余额为 199742 亿元,在全国性金融中心中排名第 1。

• 北京保险密度为全国性金融中心中最高的,2021 年达到 6.3%,保险密度也高于上海和深圳,达到 11546 元。

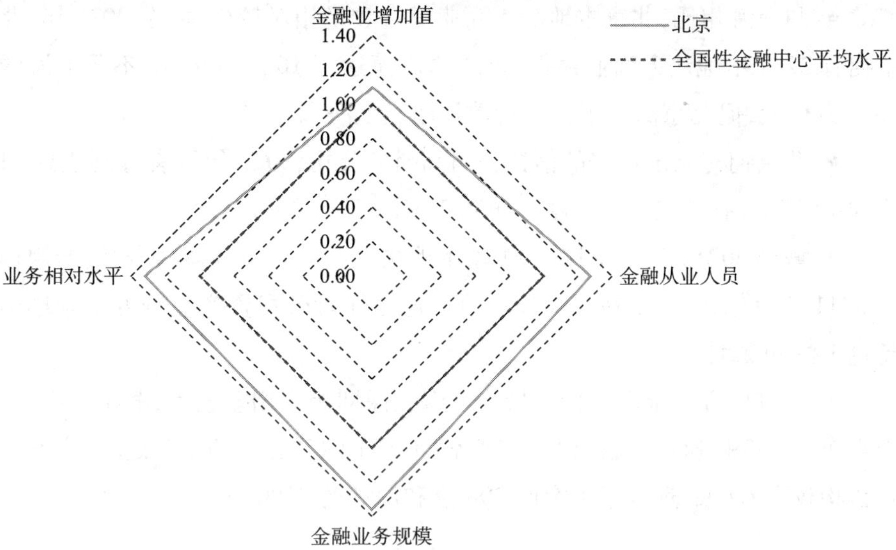

图 2. 3. 2　北京金融产业绩效与全国性金融中心平均水平的比较

2. 3. 3　北京金融中心金融机构实力表现

在金融机构实力方面,北京银行类机构和保险类机构发展具有较强的比较优势,而证券类机构和地方金融组织发展则处于相对劣势地位,如图 2. 3. 3 所示。

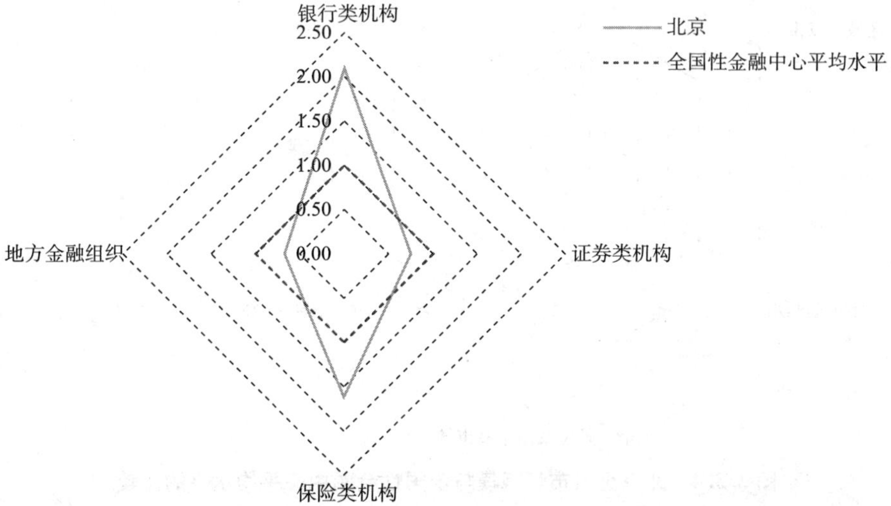

图 2. 3. 3　北京金融机构实力与全国性金融中心平均水平的比较

• 与上海相比,北京本地法人商业银行数量相对较少,截至 2021 年,北京拥有 22 家本地法人商业银行,资产总规模达到 16.3 万亿元,不及上海的 26.2 万亿元,但北京商业银行支行数量超过上海和深圳。

• 北京拥有全国最多的信托公司和财务公司,2021 年两者分别达到 11 家和 74 家,另有 7 家汽车金融公司和 3 家消费金融公司。

• 截至 2021 年,北京拥有 51 家本地法人保险公司,保险公司资产规模达到 11.4 万亿元,无论在保险公司数量还是保险公司资产总额方面均远远超过上海和深圳。

• 北京地方性金融机构数量与上海和深圳相比相差较大,截至 2022 年上半年,北京融资租赁机构仅有 128 家,不及上海和深圳的十分之一,商业保理机构仅有 60 家,远少于上海的 398 家和深圳的 2290 家。

2.3.4 北京金融中心金融市场规模表现

在金融市场规模方面,北京仅在资本市场利用方面具备一定的优势,如图 2.3.4 所示。

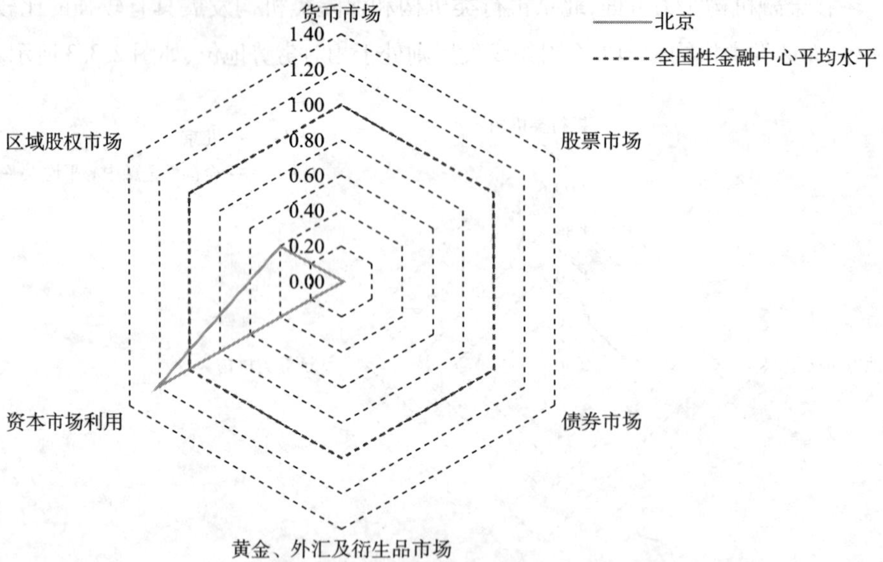

图 2.3.4 北京金融市场规模与全国性金融中心平均水平的比较

• 2021 年,北京本地 A 股上市公司达到 424 家,新三板挂牌公司达 898

家，均位于全国性金融中心首位。此外，直接融资水平也高于上海和深圳，截至 2021 年底，北京本地 A 股市场累积融资达到 25099 亿元。

● 北京证券交易所于 2021 年 9 月 3 日正式注册成立，截至 2021 年底，共有上市公司 82 家，上市公司总市值达 2723 亿元，股票市场成交金额达 1610 亿元。由于成立时间较晚，且主要服务于创新型中小企业，北京证券交易所与上海证券交易所和深圳证券交易所在市场规模方面还存在较大差距。

专栏 2.3.1　北京金融市场体系建设不断推进

经过多年发展，北京资本市场建设迈出重要步伐。当前，覆盖创新型企业全生命周期的资本市场综合服务体系已经建立，形成了以“交易所上市培育基地+区域性股权市场+综合服务平台”为支撑的上市公司孵化机制，以“战时+常态化”为特征的企业上市推进机制，以“钻石指数”为评价指标的科创企业筛选机制，以国际资本、国企资本、长期理财、保险资管、引导基金、养老社保等多元化机构投资者为主体的耐心资本长投机制，以培育新一代独角兽和隐形冠军企业为目标的被投企业服务机制，以股权投资、创业投资份额转让平台和“S 基金”为依托的创新资本退出机制。在科创板、创业板、精选层首批挂牌上市企业数量、融资规模均位列全国第 1，境内、外上市企业数量突破 500 家，直接融资规模和占比保持全国领先。

债券市场登记托管、交易结算、发行定价、信息披露等核心功能进一步强化，由银行间市场交易商协会、中央国债登记结算公司、北京金融资产交易所等在京债券市场重要基础设施承办的债券发行和登记托管债券占全国市场的 60% 以上，北京成为全国最大的债券发行定价和登记托管中心。银行业信贷资产登记流转中心、银行业理财登记托管中心在京设立，交易服务功能不断扩展。能源、电力、农产品等大宗商品交易平台体系初步形成，全国煤炭交易中心、北京电力交易中心启动运营，基础资产定价功能不断加强。

2.3.5　北京金融中心金融生态环境表现

在金融生态环境方面，北京在全国排名第 1 位，在金融人才环境和金融商业环境两个方面均有比较显著的优势，如图 2.3.5 和图 2.3.6 所示。

● 北京在教育环境、医疗卫生、城市环境方面竞争力优势明显。其中，北京 2021 年有 100.9 万名普通高等学校在校学生，普通高等学校和“双一流”高校分别达到 92 家和 34 家，在全国性金融中心位列第 1 位。

● 在医疗卫生方面，截至 2022 年上半年，北京拥有 17 家具备器官移植资质的医院，远高于其他城市。2021 年北京每万人拥有医院病床为 55.7 张，略低于上海但高于深圳。

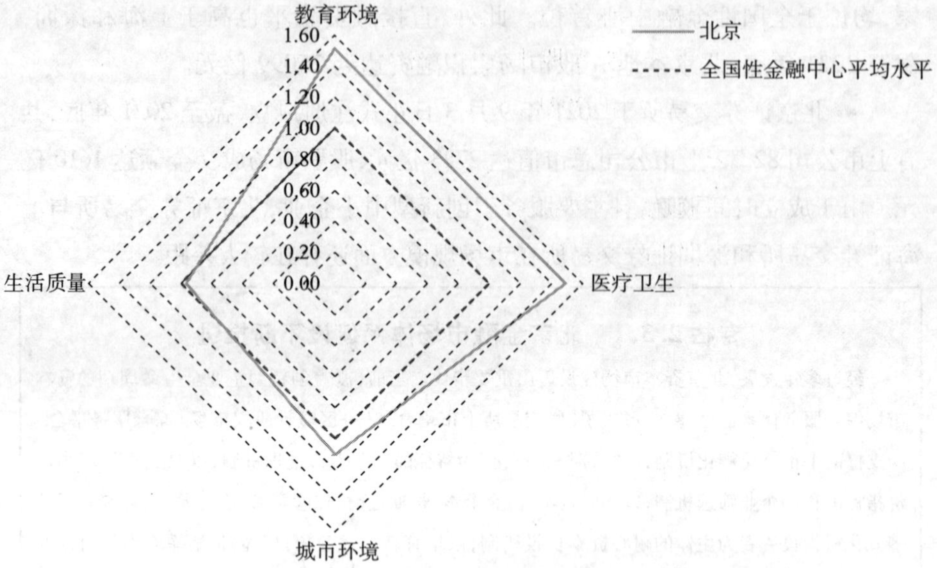

图 2.3.5　北京金融人才环境与全国性金融中心平均水平的比较

• 在城市环境方面,北京人均公园绿地面积为 16.2 平方米,超过上海和深圳。每百万人城市轨道交通里程达到 39.1 公里,高于上海和深圳。

• 在生活质量方面,北京 2020 年金融从业人员年均薪酬低于上海和深圳。

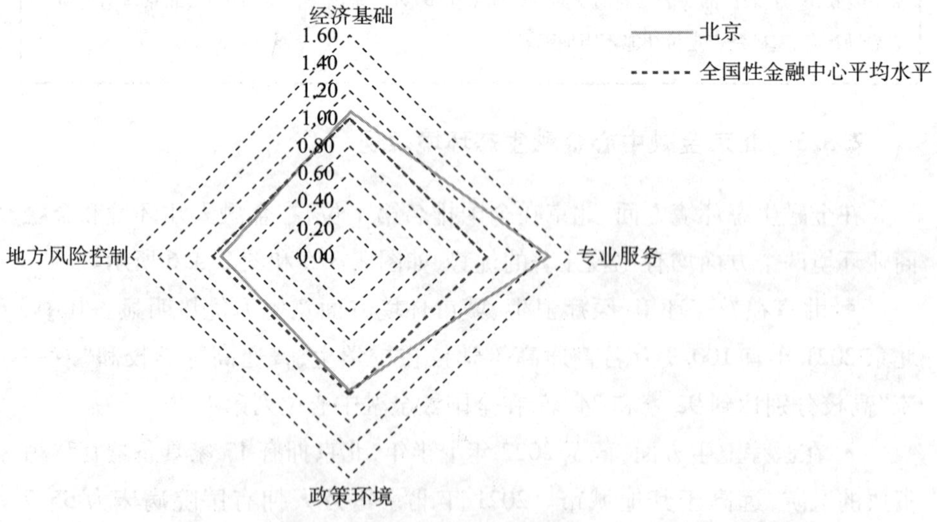

图 2.3.6　北京金融商业环境与全国性金融中心平均水平的比较

● 在商业环境方面，北京的主要优势体现在专业服务领域。截至2022年上半年，北京共有执业律师41396人；2020年注册会计师（CPA）为13042人；2020年专业保险中介机构数为838家，均高于上海和深圳。

● 北京经济基础较好，2021年北京地区生产总值在全国金融中心排名第2，人均地区生产总值排名第1。

● 在国际化程度方面，北京外资金融机构营业性机构数仅少于上海，但远超过深圳；在经济外向度方面，北京与上海的差距正在逐渐缩小。

2.4　深圳金融中心评价

改革开放40多年以来，深圳发展成为具有重要影响力的全国性金融中心，深圳金融业已成为全市支柱产业，金融综合实力不断提升，金融组织体系更加健全，金融市场规模显著增强。“十四五”时期，深圳提出要着力打造全球创新资本形成中心、全球金融科技中心、全球可持续金融中心、国际财富管理中心，助力深圳建设有影响力的全球金融创新中心。

2.4.1　深圳金融中心综合竞争力表现

自首期进入CFCI榜单以来，深圳金融中心综合竞争力快速提升，不断拉开了与其他区域性金融中心的距离，但与上海、北京金融中心的综合竞争力相比，仍有较大差距。根据第14期CFCI评价结果，深圳金融中心综合竞争力得分为182.24，较上期增长6.89分，综合竞争力全国排名第3。

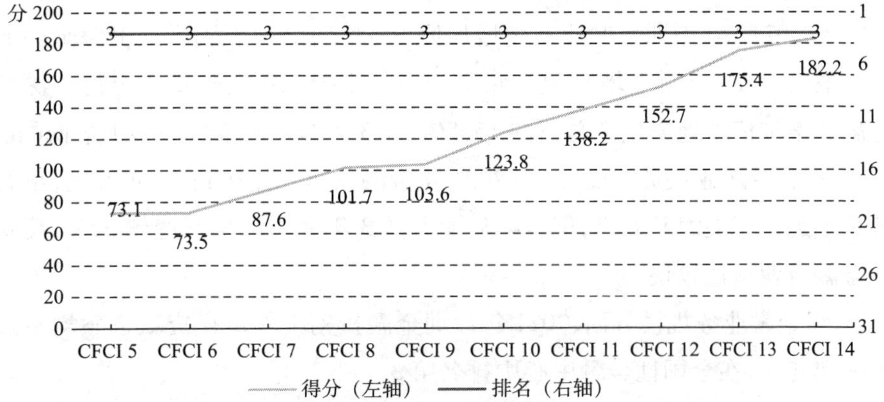

图2.4.1　深圳金融中心综合竞争力历期CFCI得分与排名

2021年,深圳金融业增加值达4738.8亿元,占地区生产总值的比重达15.5%;金融机构本外币存款余额达到175831亿元,本外币贷款余额达到96032亿元;全年保费收入达1971亿元;年末保险深度达到4.7%,保险密度达到人均7917元(常住人口统计口径)。

表2.4.1 深圳在第14期CFCI中的评价结果

评价分类	CFCI 14得分	同比上期得分	得分增幅	CFCI 14排名	排名变化
金融产业绩效	217.71	2.10	0.97%	3	0
金融机构实力	236.10	1.20	0.51%	3	0
金融市场规模	136.18	18.14	15.37%	2	0
金融生态环境	123.41	7.21	6.20%	4	0
金融人才环境	6.79	-0.26	-3.69%	26	-2
金融商业环境	13.86	1.19	9.41%	3	-1
国际化环境	6.67	0.66	11.02%	3	1

在本期CFCI指标评价方面,深圳金融产业绩效、金融机构实力、金融市场规模和金融生态环境得分均有所增长,其中金融产业绩效得分增长0.97%,金融机构实力得分增长0.51%,金融市场规模得分增长15.37%,金融生态环境得分增长6.20%,以上分项排名与上期保持一致。

2.4.2 深圳金融中心金融产业绩效表现

在金融产业绩效方面,深圳在金融业增加值、金融从业人员、金融业务规模和业务相对水平各方面发展均落后于上海和北京,如图2.4.2所示。

• 2021年,深圳金融业实现增加值4738.8亿元,不到同期上海金融业增加值的60%,金融业增加值3年平均增长率为8.6%,也低于上海。深圳金融业增加值占地方生产总值的15.5%,为3大全国性金融中心中最低的。

• 金融从业人员方面,深圳2020年金融从业人员达到26.4万人,尽管数量上远低于上海和北京,但金融从业人员3年平均增长率达到32%,反映出金融行业增速较快。

• 金融业务规模方面,2021年深圳金融机构本外币存贷款余额均不及上海和北京,在全国性金融中心中排名第3。

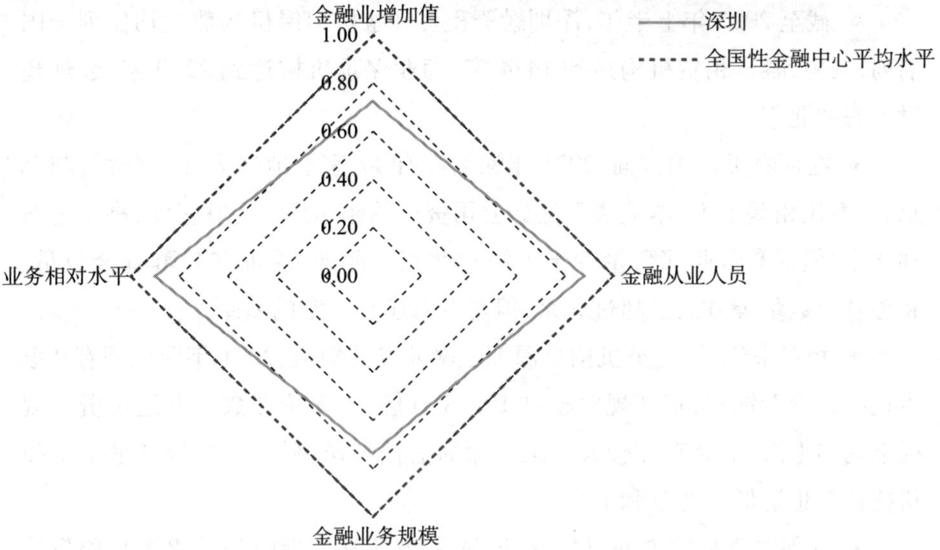

图 2. 4. 2　深圳金融产业绩效与全国性金融中心平均水平的比较

- 深圳保险密度和保险深度均高于上海，但与北京相比还有较大差距。

2. 4. 3　深圳金融中心金融机构实力表现

在金融机构实力方面，深圳仅在地方金融组织发展方面具备一定的优势，而银行类机构和保险类机构的发展则是重要短板，如图 2. 4. 3 所示。

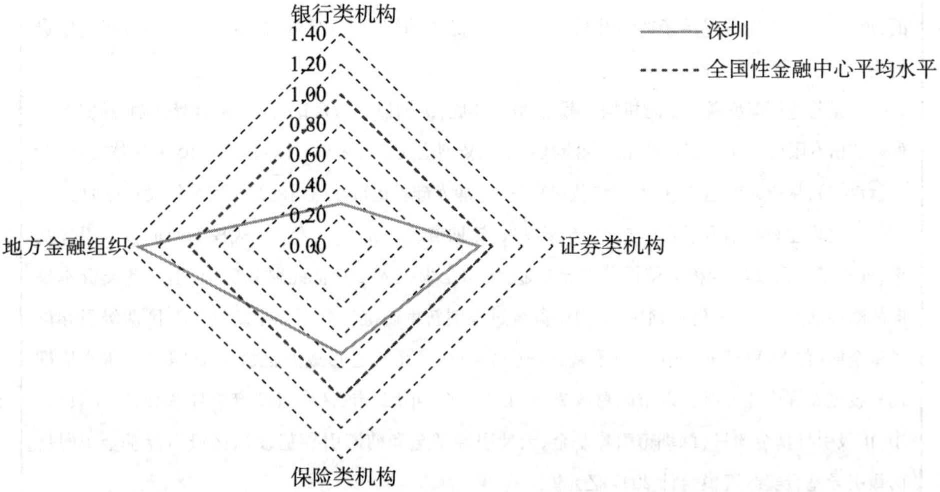

图 2. 4. 3　深圳金融机构实力与全国性金融中心平均水平的比较

• 截至2022年上半年,深圳融资租赁和融资担保机构数量均位列全国前列,其中,融资租赁机构达到1474家,商业保理机构达到2290家,远远超过上海和北京。

• 在证券类机构方面,2021年深圳拥有17家本地法人证券公司,与北京、上海比相差不大,本地法人证券公司资产总额达到31400亿元,高于上海和北京,但证券营业部数量少于上海和北京。此外,深圳在公募基金数量、私募基金数量等方面已超过北京,但与上海还有一定的差距。

• 相对来说,银行类机构是深圳金融业发展短板,2021年深圳拥有9家本地法人商业银行,资产规模超过15.38万亿元,无论在数量上还是资产规模上均与上海、北京存在较大差距。深圳信托公司、财务公司等其他信贷类机构数量也远低于北京和上海。

• 在保险类机构方面,尽管深圳只有20家法人保险公司、8家保险资管公司,但资产规模达到5.3万亿元,超过上海,仅次于北京。

专栏2.4.1 深圳推动科技金融创新发展

近年来,深圳加大金融支持科技创新产业发展力度,积极打造科技金融创新示范高地。

一是优化科技金融法治环境。2020年8月,深圳出台《深圳经济特区科技创新条例》(以下简称《条例》),是我国首部覆盖科技创新全生态链的地方性法规,《条例》提出基础研究投入不低于市级科研资金的30%,明确“同股不同权”要求。同时,提出推动知识产权证券化,推进以知识产权运营未来收益权为底层资产发行知识产权证券化产品。企业成功发行知识产权证券化产品的,市、区人民政府可以给予适当补贴。证券化产品中的知识产权许可在税收管理中被视为融资行为。

二是打造创新型科技金融机构。截至2021年底,深圳设立微众银行、招联消费金融、易安财产保险股份有限公司和众惠财产相互保险社4家创新型法人金融机构。同时,设立65家科技支行(含专营机构),从业人数达2100人;“科技银行”——浦发硅谷银行在国内的第2家分行设在深圳。

三是设立科技引导基金。自2016年以来,深圳市政府成立“千亿级”规模的政府投资引导基金,成立了“百亿级”规模天使投资引导基金,年均至少投入100亿元财政资金,引导各类资本投向战略性新兴产业、硬科技领域,全力服务全过程创新生态链。据不完全统计,市、区两级引导母子基金群(约5800亿元)+国资母子基金群(约4500亿元),已形成万亿级资金“源源不断”地推动科技创新和产业升级。以市区财政为例:截至2021年底,市、区两级政府引导基金共14只,其中,市级引导基金3只(深圳市引导基金、天使引导基金和前海引导基金),区级引导基金10只;两级引导基金实缴规模合计2047亿元。

2.4.4　深圳金融中心金融市场规模表现

在金融市场规模方面，深圳在股票市场和区域股权市场发展方面具备一定的优势，如图 2.4.4 所示。

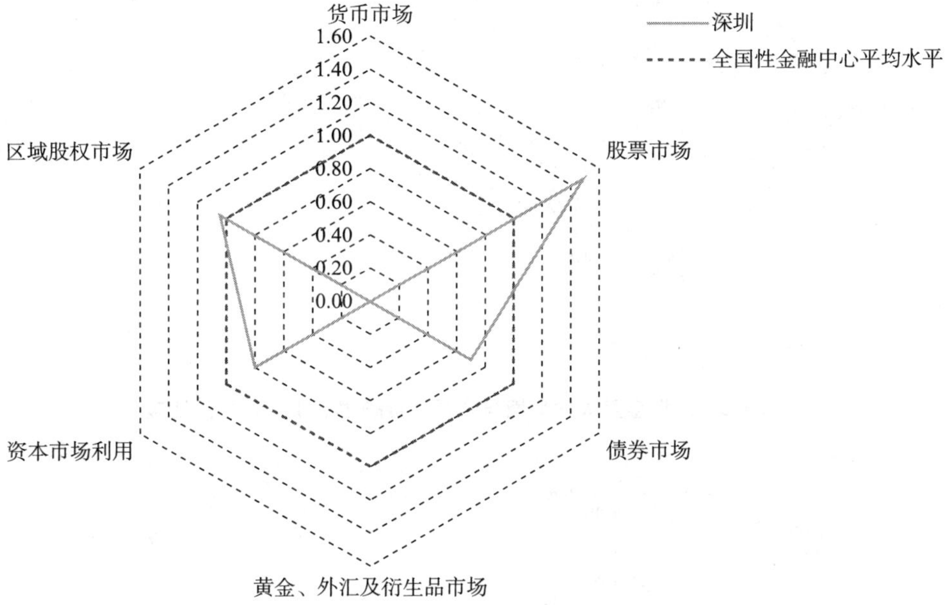

图 2.4.4　深圳金融市场规模与全国性金融中心平均水平的比较

- 2021 年，深圳交易所上市公司达到 2578 家，超过上海和北京，但交易所上市公司市值水平低于上海。
- 截至 2021 年底，深圳交易所债券市场现券交易额为 11.94 万亿元，低于上海交易所债券市场现券交易额。
- 在区域股权交易市场方面，2019 年深圳通过区域股权交易市场筹集资金达到 206.1 亿元，高于北京。
- 在资本市场利用方面，2021 年深圳本地 A 股上市公司达 372 家，新三板挂牌公司达 347 家，与北京和上海相比还有一定的差距。

2.4.5　深圳金融中心金融生态环境表现

在金融生态环境方面，深圳在全国排名第 4，与北京和上海相比，深圳金融人才环境和金融商业环境优势均不突出，如图 2.4.5 和图 2.4.6 所示。

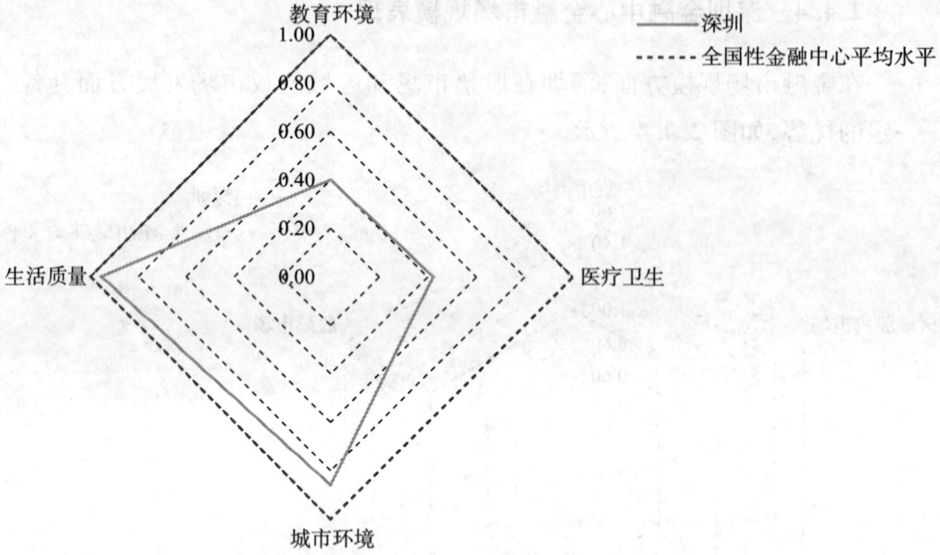

图 2.4.5　深圳金融人才环境与全国性金融中心平均水平的比较

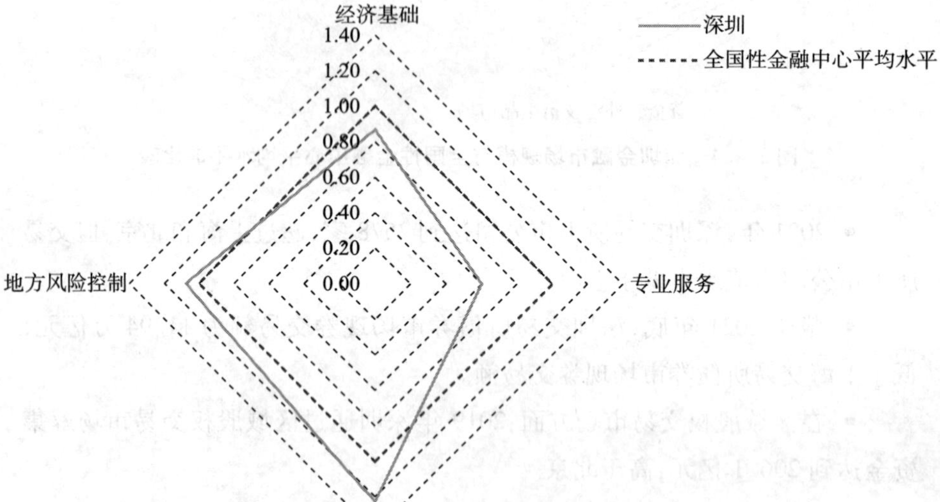

图 2.4.6　深圳金融商业环境与全国性金融中心平均水平的比较

• 在人才环境方面,与上海和北京相比,深圳教育环境和医疗卫生的短板突出,截至 2021 年,深圳普通高等学校在校学生数仅为 14.5 万人,普通高等学校和“双一流”高校分别只有 8 家和 1 家。2021 年深圳每万人拥有医院病床为 33.3 张，远低于北京和上海。深圳仅在空气质量优良率、城市交通健康指数等方面优于上海和北京。

- 在商业环境方面，深圳在政策环境及地方风险控制方面具备一定的优势。其中，2021 年深圳地方政府负债率和地方政府债务率分别为 8.5%和 61%，均低于上海和北京。专业服务发展是深圳的短板，2022 年上半年深圳执业律师为 19996 人，2020 年注册会计师（CPA）为 3542 人，2020 年专业保险中介机构为 430 家，远低于上海和北京。

- 在国际化程度方面，深圳与上海、北京还存在一定的差距，体现为外资机构数量、实际利用 FDI 等较少，但深圳 2021 年在进出口总额、接待入境旅游者人数等方面具备一定的优势。

第三章 东北地区金融中心评价

3.1 总体评价

东北地区由黑龙江、辽宁和吉林3个省份组成,总面积为79万平方公里,地区边境线与俄罗斯、朝鲜相接,且邻近韩国,东北地区是我国知名的重工业制造基地、农业生产基地。地区内有4个城市提出了明确的金融中心定位,分别是长春、大连、哈尔滨和沈阳。

3.1.1 东北地区金融中心综合竞争力表现

表 3.1.1 东北区域金融中心在第14期CFCI中的评价结果

城市	综合竞争力		金融产业绩效		金融机构实力		金融市场规模		金融生态环境	
	得分	排名	得分	排名	得分	排名	得分	排名	得分	排名
大连	48.53	14	60.95	30	21.14	22	46.47	4	73.07	20
沈阳	35.62	28	55.58	34	19.11	24	4.43	27	69.73	26
哈尔滨	35.22	29	64.50	28	21.69	20	3.61	29	55.63	34
长春	35.20	30	57.34	33	23.51	17	2.82	33	61.92	30

• 东北地区金融中心综合竞争力已整体落后于全国平均水平,本期除大连外,3个金融中心的综合竞争力得分全部低于33个区域金融中心平均值,且呈现分差逐渐拉大的趋势。

• 大连金融中心在东北区域排名第1、在全国排名第14,本期综合竞争力得分48.53分,较上期增长3.93分,与33个区域金融中心平均得分分差由上期的1.68分进一步扩大至本期的2.01分。

• 沈阳金融中心在东北区域排名第2、在全国排名第28,较上期大幅下降6位,本期综合竞争力得分35.62分,较上期减少2.12分。

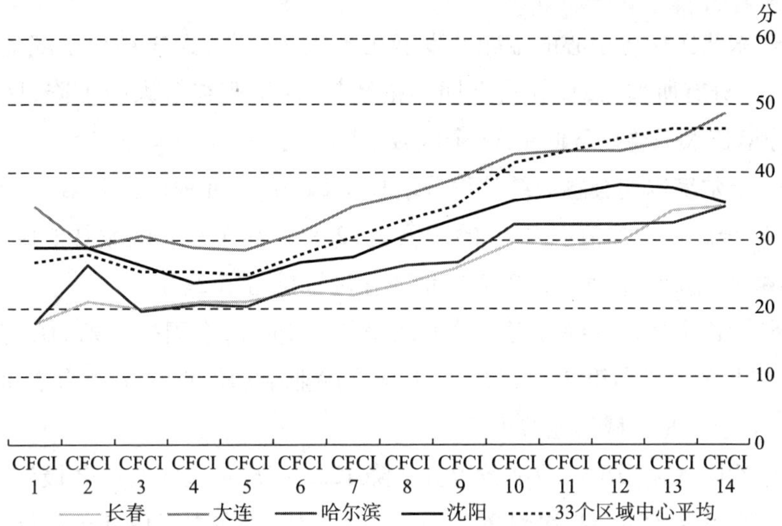

图 3.1.1 东北区域金融中心历期 CFCI 综合竞争力得分

- 哈尔滨本期综合竞争力得分较上期增长 2.54 分，在东北区域排名第 3、全国排名第 29。
- 长春本期综合竞争力得分较上期增长 1.00 分，在东北区域排名第 4、在全国排名第 30。

3.1.2 东北地区金融中心金融产业绩效表现

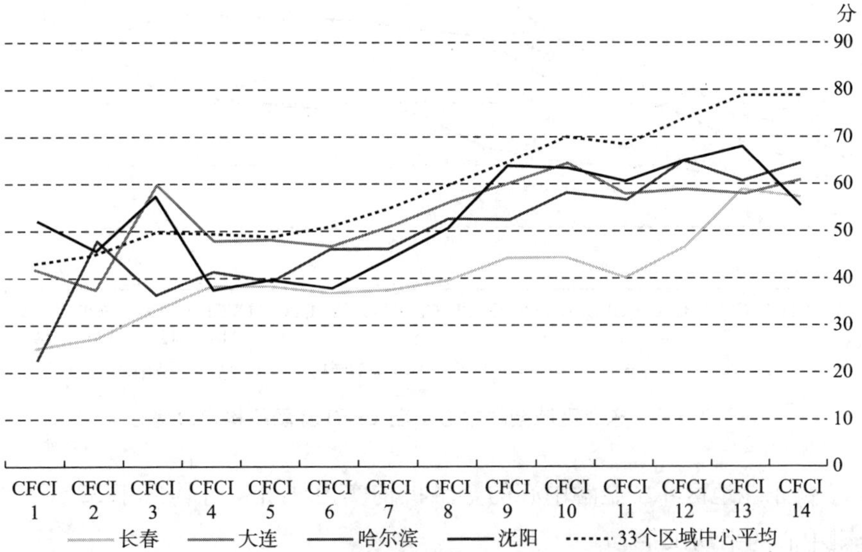

图 3.1.2 东北区域金融中心历期 CFCI 金融产业绩效得分

• 东北区域各中心的金融业发展出现较大分化,大连和哈尔滨金融产业绩效得分有所增长,长春较上期小幅增长,而沈阳得分大幅下降,区域整体得分增长水平要显著低于33个区域金融中心平均水平。

• 哈尔滨本期金融业绩效得分增长4.02分,东北地区排名第3、全国排名第28,金融业增加值占GDP的比重达12.8%,高于东北区域其他城市,同时,金融业增加值增速达到3.7%,增速在区域排名第2。

• 大连金融产业绩效得分较上期增长3.14分,全国排名第30,与上期持平,东北区域排名第3。2021年,大连金融业增加值近3年平均增速仅为1.8%,低于东北区域其他城市。

• 沈阳本期金融产业绩效得分下降12.50分,东北区域排名最后,全国排名下滑14名至第34,沈阳2021年金融业增加值在本区域处于最低水平,金融业增加值占GDP比重也低于其他城市。

3.1.3 东北地区金融中心金融机构实力表现

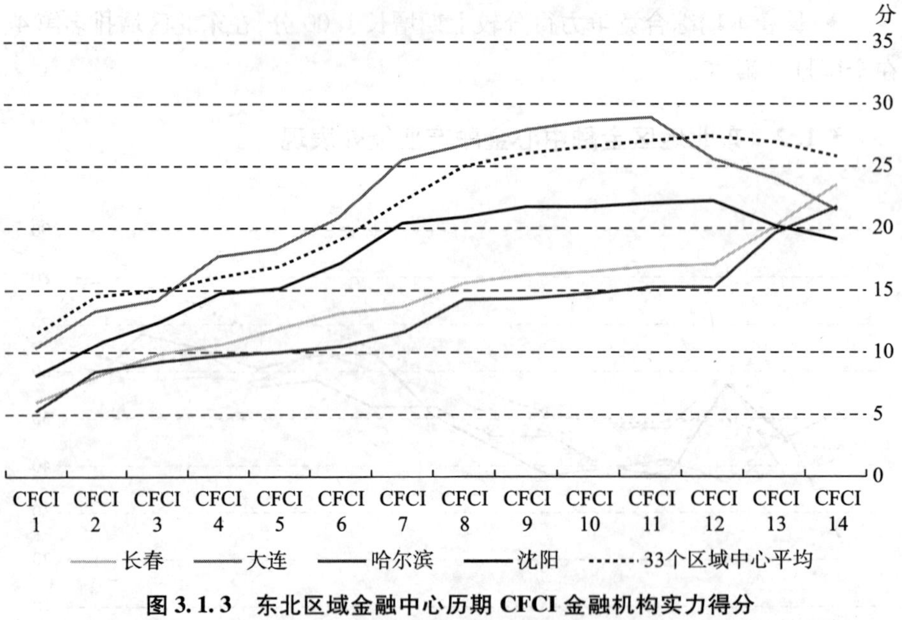

图3.1.3 东北区域金融中心历期CFCI金融机构实力得分

• 东北地区4个金融中心的金融机构实力评价得分均低于33个区域金融中心的平均水平。

• 大连金融机构实力得分已经连续 3 期减少，较同区域其他城市其领先优势正在减小。本期大连金融机构实力评价得分 21.14 分，与上期相比减少 2.96 分，全国排名第 22，较上期下滑 7 个名次。

• 沈阳本期金融机构实力得分再次小幅减少，在东北区域已低于其他城市，分项排名全国排第 24、东北区域排第 4。

• 长春与哈尔滨的金融机构实力有所提升，本期两者得分均实现正增长，分别排在全国第 17 和第 20，分别较上期上升 4 个名次和 2 个名次。

3.1.4　东北地区金融中心金融市场规模表现

• 大连拥有大连商品期货交易所，是国内少数几个具有全国性金融市场的区域金融中心，2021 年大连商品期货市场成交额达到 140.35 万亿元。

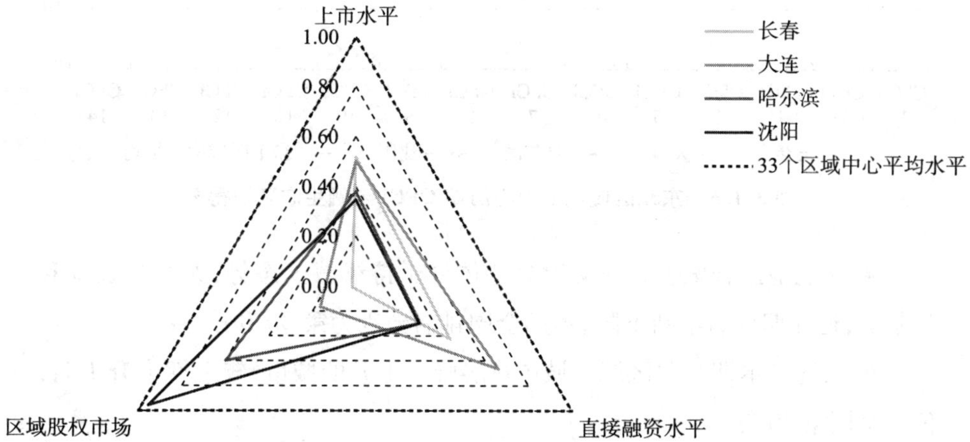

图 3.1.4　东北区域金融中心资本市场利用水平对比

• 在资本市场利用方面，东北区域的 4 个金融中心分项得分基本低于全国 33 个区域金融中心平均水平。

• 4 个东北区域金融中心的上市公司的数量相差无几，均没有超过 30 家，同期 33 个区域金融中心平均值为 60 家。

• 2021 年，长春新增了 4 家境内上市公司，大连年度新增股票融资规模 65.6 亿元，在东北区域排名第 1。

3.1.5 东北地区金融中心金融生态环境表现

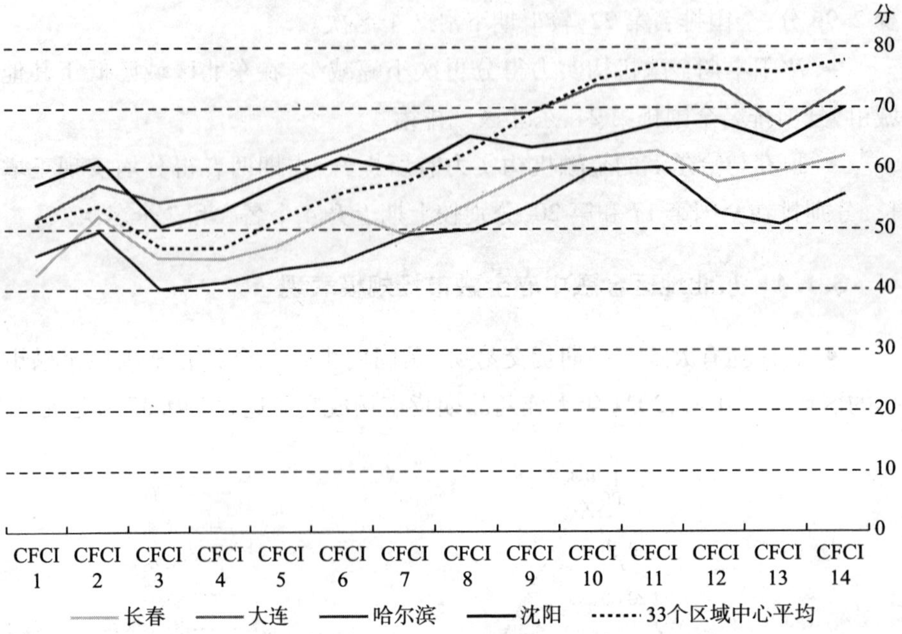

图 3.1.5 东北区域金融中心历期 CFCI 金融生态环境得分

- 东北地区金融生态环境得分整体处于持续减少态势,尤其是长春和哈尔滨,近几期排名不断下降,本期全国排名分别为第 30 和第 34。
- 大连是本期东北区域 4 城中排名唯一上升的城市,较上期上升 1 名,位列全国第 20 位。
- 沈阳本期金融生态环境得分增加 5.56 分,排名下滑 1 名至全国第 26。
- 哈尔滨的金融生态环境得分与 33 个区域金融中心平均水平的差距十分明显,分差已经扩大至 50%左右,本期哈尔滨全国排名第 34。

3.2 大连金融中心评价

大连是辽宁省副省级市、计划单列市,位于我国辽宁省辽东半岛南端,地处黄、渤海之滨,背依中国东北腹地,与山东半岛隔海相望,是中国东部沿海重要的经济、贸易、港口、工业、旅游城市。2009 年,大连市印发《大连区域性金融中心建设规划(2009—2030年)》,提出要建设区域性金融中心。

3.2.1　大连金融中心综合竞争力表现

从往期得分与排名来看,大连金融中心综合竞争力得分保持稳中有进的态势,但全国排名却不断下降,直至第10期开始稳定在第14名左右。究其原因是,大连近年来金融业发展与其他区域金融中心相比增速较慢。本期大连综合竞争力得分增长幅度相对较大,排名较上期上升1名,排在全国第14。

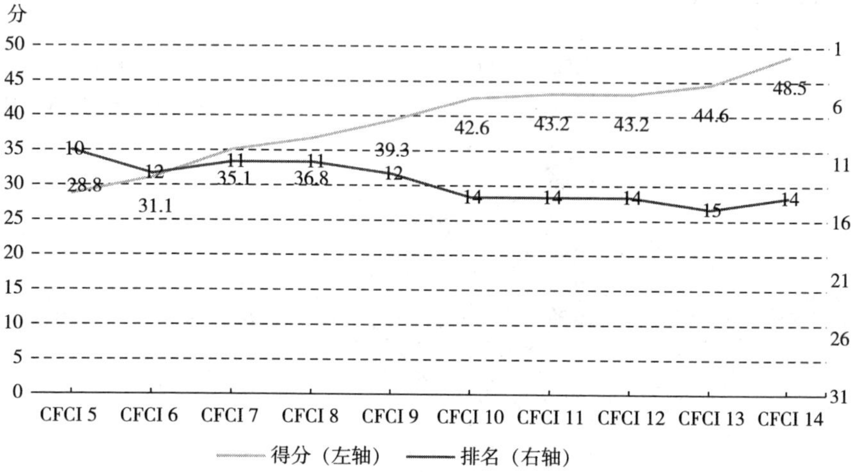

图3.2.1　大连金融中心综合竞争力历期CFCI得分与排名

2021年,大连市金融业实现增加值669.9亿元,同比增长1.8%,占地方生产总值的8.6%;年度新增股票融资额达65.6亿元,年末本外币存款余额达到17082亿元,本外币贷款余额达到13540亿元;全年保费收入达378亿元;年末保险深度达到4.8%,保险密度达到人均5088元(常住人口统计口径)。

表3.2.1　大连在第14期CFCI中的评价结果

评价分类	CFCI 14得分	同比上期得分	得分增幅	CFCI 14排名	排名变化
金融产业绩效	60.95	3.14	5.43%	30	0
金融机构实力	21.14	-2.96	-12.28%	22	-7
金融市场规模	46.47	10.77	30.17%	4	0
金融生态环境	73.07	6.28	9.40%	20	1
金融人才环境	7.40	-0.21	-2.75%	26	-6
金融商业环境	6.82	1.20	21.37%	23	0
国际化环境	1.95	0.40	25.66%	16	1

在本期 CFCI 指标评价方面,大连金融市场规模和金融生态环境的得分有所增长,其中金融市场规模得分增长 30.17%,排名保持不变,金融生态环境得分增长 9.40%,排名上升 1 位,金融机构实力得分较上期减少 12.28%,排名下降 7 位,如表 3.2.1 所示。

3.2.2 大连金融中心金融产业绩效表现

在金融产业绩效方面,大连金融从业人员在东北区域具有一定的优势,如图 3.2.2 所示。

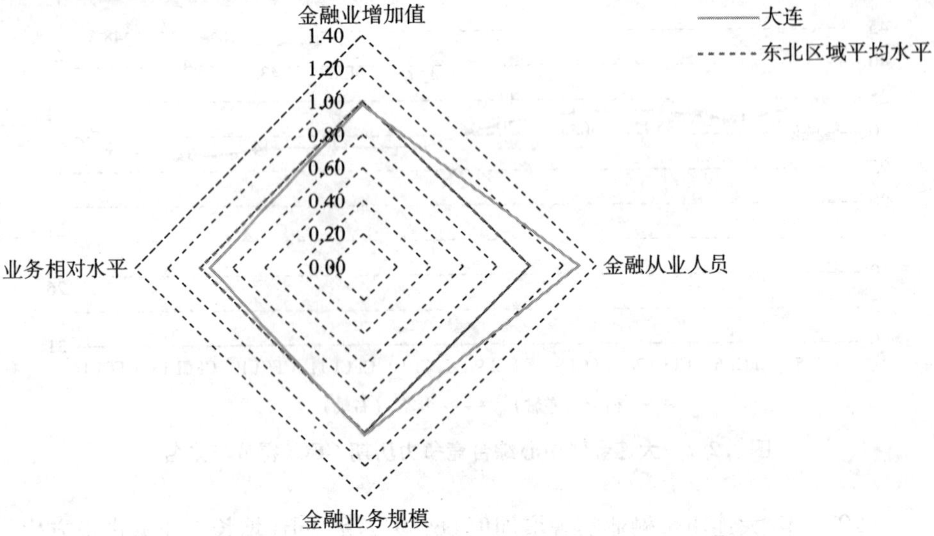

图 3.2.2 大连金融产业绩效同东北地区平均水平的比较

- 2020 年,大连金融从业人员达到 8.5 万人,高于同区域内其他城市,金融从业人员占常住人口的比例也是区域内最高的。
- 2021 年,大连金融业增加值为 669.9 亿元,占地区生产总值的比重为 8.6%,仅次于哈尔滨。
- 大连保费收入 378 亿元,仅略低于哈尔滨,在区域内位列第 2。
- 大连的保险密度排名也是区域内最高的,达到人均 5088 元。

3.2.3　大连金融中心金融机构实力表现

在金融机构实力方面,大连保险类机构发展远远领先区域平均水平,保险类机构实力也处于领先地位,如图 3.2.3 所示。

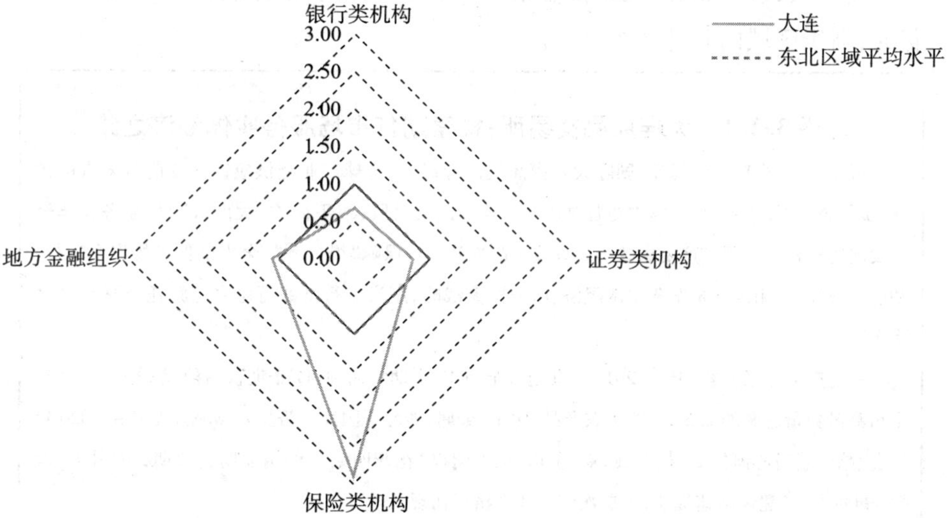

图 3.2.3　大连金融机构实力与东北地区平均水平的比较

- 大连拥有 4 家本地法人保险公司,为区域内其他城市的 2 至 4 倍,2021 年本地法人保险公司资产规模达到 2751 亿元,远高于区域内其他城市。
- 大连的地方金融组织发展良好,截至 2022 年上半年,大连融资租赁、融资担保机构数量均位于区域前列,尤其是融资租赁机构数量多于其他 3 地数量之和。
- 证券类机构方面,2021 年,大连本地法人期货公司数量为东北区域第 1,达到 13 家;私募基金管理人数量及私募基金数量位列区域第 1。
- 银行类机构是大连金融机构发展的短板。截至 2021 年底,大连仅有 2 家本地法人商业银行,商业银行资产总额及分支数量在区域内也不及其他城市。

3.2.4　大连金融中心金融市场规模表现

在金融市场规模方面,大连在 36 个城市中排名第 4,东北地区排名第 1。

大连商品交易所是经国务院批准的4家期货交易所之一,也是中国东北地区唯一的期货交易所。2021年,大连商品期货市场交易额达到140.35万亿元,这是大连金融市场规模全国领先的重要原因。

在资本市场利用方面,2021年大连本地A股上市公司30家,新三板挂牌公司55家,在东北区域均排名第1;本地A股市场累计融资额达到1577.6亿元,高于区域内其他3个城市。

专栏3.2.1 大连商品交易所:探索期货市场服务实体经济之路

近年来,受全球疫情暴发、国际大宗商品震荡等影响,全球产业链供应链面临前所未有的挑战,实体企业对风险管理的需求更加强烈。大连商品交易所(以下简称“大商所”)以服务实体经济发展为使命,高标准、严要求统筹打好疫情防控和运行保障“组合拳”,全力确保市场安全运行、功能有效发挥,用高质量服务实体经济、服务国家战略,用实际行动践行总书记嘱托、践行“国之大者”。

一是产品体系扩容创新。2012年底至今上市12个期货品种、11个期权品种,是之前近20年上市品种数量总和的2.5倍,覆盖农产品、化工、金属、能源等国民经济主要领域。尤其在2020年后,生猪期货潜心研发20载终“圆梦”上市,化工期权“花开四朵”,棕榈油期货及期权对外开放,“一圈两中心”建设增速提质,多层次产品体系格局初现。

二是市场规模“双倍增长”,结构明显改善。据大商所提供的数据显示,2021年大商所成交量和日均持仓量分别为24亿手、1055万手,较2012年分别增长274%、320%,成交量居全球第9位,已成为我国重要的期货交易中心和全球重要的农产品、塑料、煤炭和铁矿石期货市场。2012—2021年,参与大商所交易的法人客户从5389户增至2.48万户,法人客户日均持仓量从111万手增至703万手,涨幅分别为361%、532%,持仓占比从44%增至67%。

三是市场功能不断提升。2021年,13个主要品种套期保值效率超90%,15个主要品种期现价格相关性超90%,参与大商所市场交易的企业超过1.1万家,日均持仓量约550万手,较2017年分别增长2倍和1倍。

与此同时,大商所首倡的“保险+期货”模式连续7年被写入中央一号文件,实现了“小农户”与“大市场”的有效衔接。宏观部门利用大商所市场信息研判经济形势,辅助宏观调控决策。2021年在国际大宗商品价格大涨的背景下,大商所铁矿石、棕榈油等期货价格及涨幅均小于现货、境外,有效助力保供稳价大局。

3.2.5 大连金融中心金融生态环境表现

在金融生态环境方面,大连在36个城市中排名第20,东北地区排名第

1，在城市环境、经济基础、政策环境、地方风险控制及国际化程度等方面具有优势，如图 3.2.4、图 3.2.5 和图 3.2.6 所示。

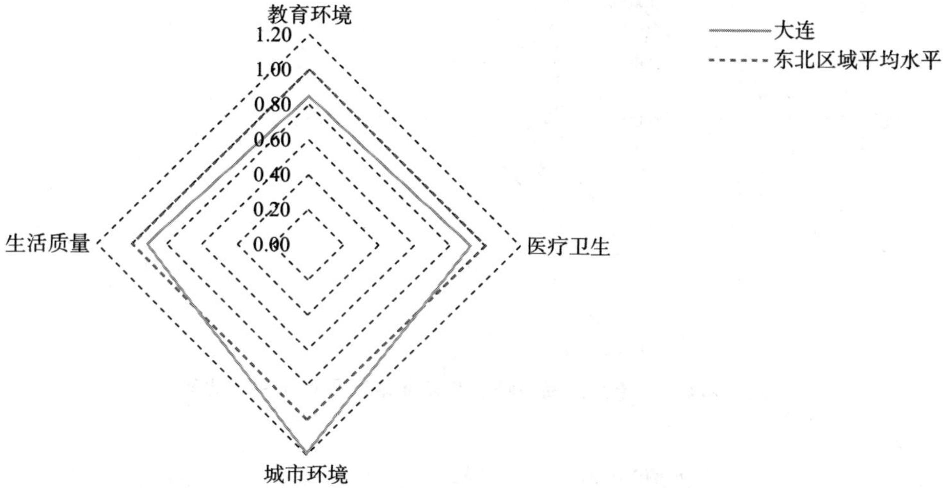

图 3.2.4 大连金融人才环境与东北地区平均水平的比较

• 2021 年，大连城市交通健康指数为 58.2%，与沈阳同时位列区域第 1，每百万人城市轨道交通里程达到 30.2 公里，高于区域内其他城市。

• 2021 年，大连经济基础各项指标均位于区域内前列，其中地区生产总值达 7826 亿元，人均地区生产总值达 105292 元，均位列区域内第 1。地区生产总值增速达到 8.2%，也高于区域内其他城市。

• 在地方风险控制方面，大连 2021 年地方政府负债率仅为 31.3%，地方政府债务率为 332%，远低于区域内其他城市。

• 大连在机构国际化、国际影响力和经济外向度等展现国际化程度方面，均领先于区域内其他城市。

• 2021 年，大连外资金融机构营业性机构为 21 家，仅次于沈阳，区域排名第 2；2020 年大连外资金融机构驻华代表处为 5 家，高于区域内其他城市。

• 2021 年，大连当年实际利用外资总额和进出口总额均大幅领先区域内其他城市，分别达到 16.7 亿美元和 658.6 亿美元。

• 大连国际航班联通城市 11 个，与沈阳同时位列区域内第 1。

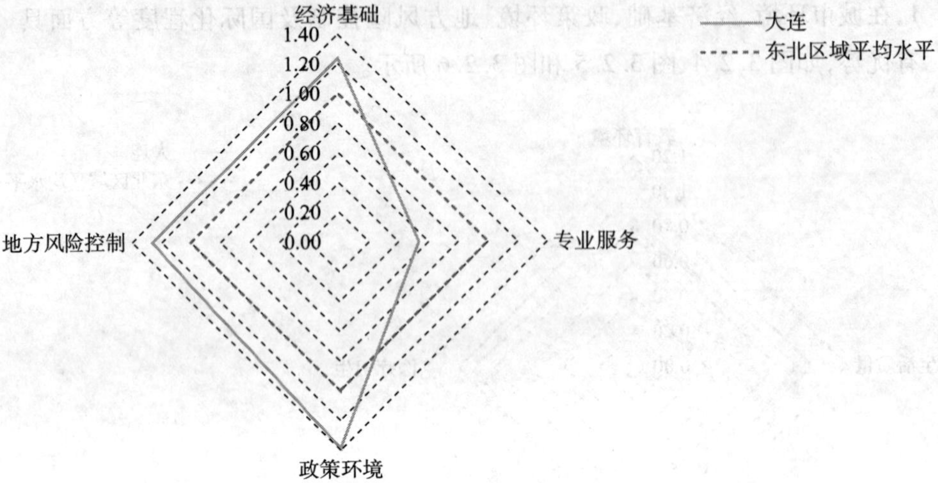

图 3.2.5　大连金融商业环境与东北地区平均水平的比较

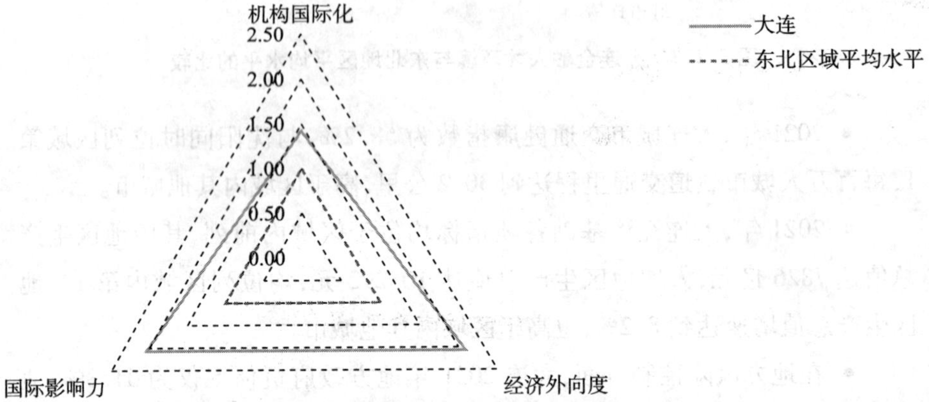

图 3.2.6　大连国际化程度与东北地区平均水平的比较

3.3　沈阳金融中心评价

沈阳是辽宁省省会、副省级城市、特大城市、沈阳都市圈核心城市,是东北地区重要的中心城市、先进装备制造业基地和国家历史文化名城。2005年8月,辽宁省委和沈阳市政府在《关于进一步扩大对外开放的实施意见》中明确指出:“沈阳金融商贸开发区要大力发展现代服务业,形成产业积聚,成为东北地区的金融中心。”

3.3.1　沈阳金融中心综合竞争力表现

从往期得分与排名来看，沈阳金融中心综合竞争力得分呈现先升后降态势，全国排名也不断下降。当前国内金融中心整体处于"不进则退"竞争态势，沈阳等东北区域金融中心发展整体下降现象较为突出。本期沈阳综合竞争力得分下降2.12分，排名下降6名，排在全国第28位，如图3.3.1所示。

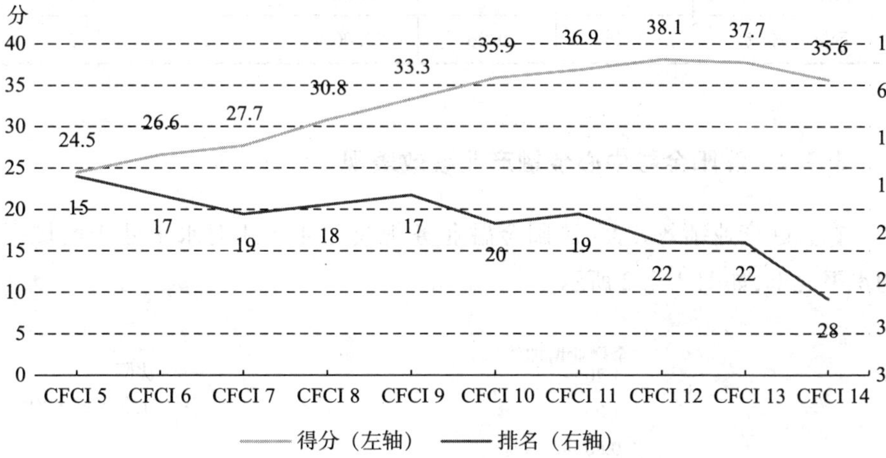

图3.3.1　沈阳金融中心综合竞争力历期CFCI得分与排名

2021年，沈阳市金融业实现增加值513.3亿元，同比增长3.2%，占地方生产总值的7.1%；年度新增股票融资额达48.8亿元，年末本外币存款余额达到19375亿元，本外币贷款余额达到19230亿元；全年保费收入357亿元；年末保险深度达到4.9%，保险密度达到人均3912元（常住人口统计口径）。

在本期CFCI指标评价方面，沈阳金融市场规模和金融生态环境的得分有所增长，其中金融市场规模得分增长1.61%，金融生态环境得分增长8.66%，但金融市场规模排名下降3位，金融生态环境排名下降1位。而沈阳金融产业绩效得分较上期减少12.50分，排名大幅下降14名；金融机构实力排名也下降4名，如表3.3.1所示。

表 3.3.1 沈阳在第 14 期 CFCI 中的评价结果

评价分类	CFCI 14 得分	同比上期得分	得分增幅	CFCI 14 排名	排名变化
金融产业绩效	55.58	-12.50	-18.36%	34	-14
金融机构实力	19.11	-1.14	-5.63%	24	-4
金融市场规模	4.43	0.07	1.61%	27	-3
金融生态环境	69.73	5.56	8.66%	26	-1
金融人才环境	8.13	-0.15	-1.80%	14	-1
金融商业环境	6.07	1.12	22.59%	27	1
国际化环境	1.24	0.26	27.00%	22	3

3.3.2 沈阳金融中心金融产业绩效表现

在金融产业绩效方面,沈阳金融业务规模和业务相对水平处于区域平均水平之上,如图 3.3.2 所示。

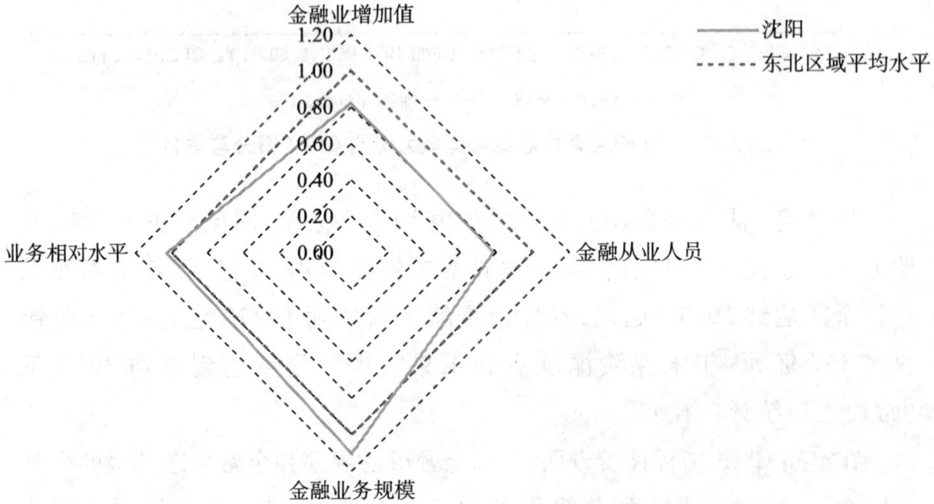

图 3.3.2 沈阳金融产业绩效同东北地区平均水平的比较

- 2021 年,沈阳金融机构本外币存贷款余额位列区域第 1,其中,金融机构本外币存款余额达 19375 亿元,本外币贷款余额达 19230 亿元。
- 沈阳本地证券交易量 2021 年达到 3.91 万亿元,高于区域内其他城市。

• 相比之下,沈阳金融业增加值仅有 513.3 亿元,在区域内不及其他城市;2020 年金融业从业人员为 7 万人,仅高于长春。

3.3.3　沈阳金融中心金融机构实力表现

在金融机构实力方面,沈阳仅在证券类机构实力单项略高于区域平均水平,在银行类机构、保险类机构和地方金融组织方面均处于劣势地位,如图 3.3.3 所示。

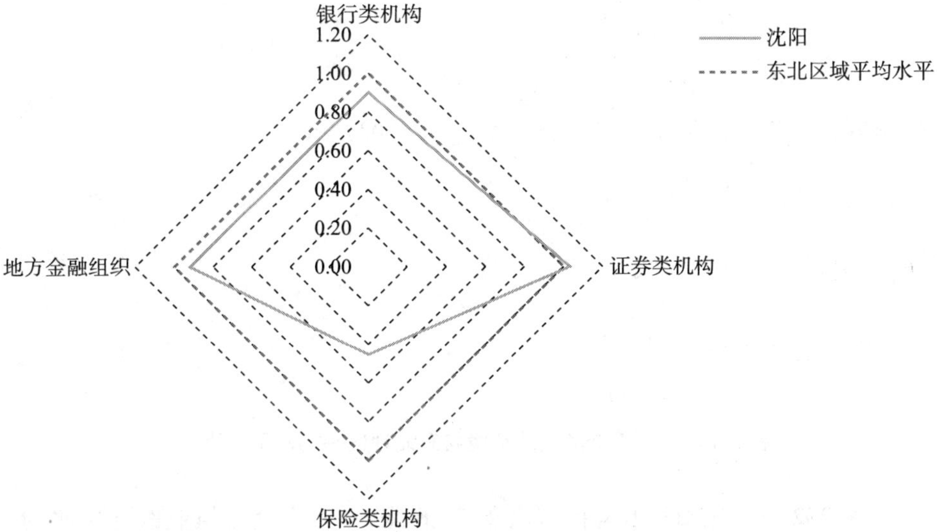

图 3.3.3　沈阳金融机构实力与东北地区平均水平的比较

• 沈阳拥有 2 家本地法人证券公司,证券公司资产总规模为 119 亿元,位列区域第 3;沈阳证券公司营业部 98 个,高于区域内其他 3 个城市。

• 截至 2022 年上半年,沈阳小额贷款机构和融资担保机构分别为 74 家和 89 家,均位列区域第 2。

• 尽管沈阳只有 5 家本地法人商业银行,不及哈尔滨和长春,但本地法人商业银行资产总规模达到 1.33 万亿元,处于区域内首位。

3.3.4 沈阳金融中心金融生态环境表现

在金融生态环境方面,沈阳在36个城市中排名第26位,东北地区排名第2位,在医疗卫生、城市环境、专业服务及环境政策方面具有优势,如图3.3.4和图3.3.5所示。

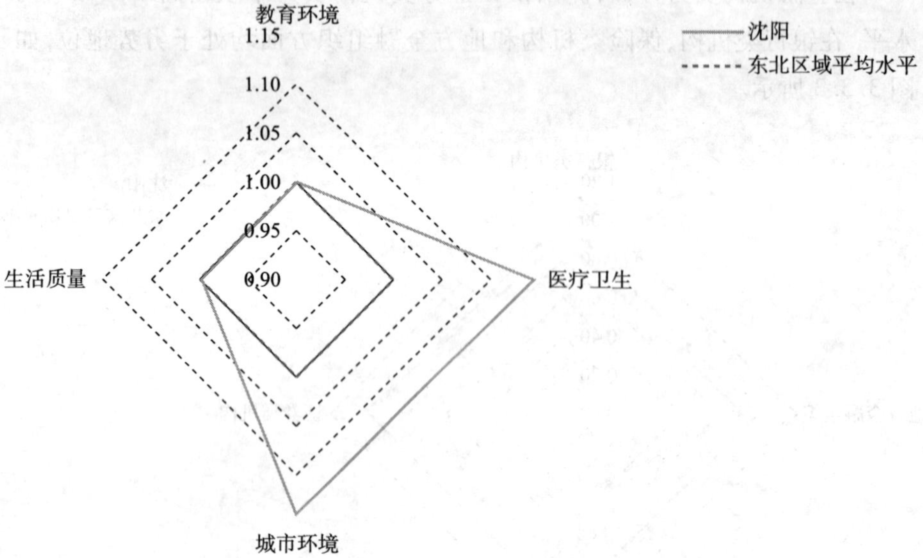

图3.3.4 沈阳金融人才环境与东北地区平均水平的比较

- 2021年,沈阳每万人拥有病床74.6张,每万人拥有执业医师执照的为36.9人,均位列区域第2。
- 2020年沈阳人均公园绿地面积为9平方米,高于区域内其他城市;2021年,沈阳空气质量优良率、城市交通健康指数和每百万人城市轨道交通里程数均仅次于大连,区域排名第2。
- 沈阳专业服务领域优势突出,2022年上半年执业律师为6484人,远高于区域内其他城市;专业保险中介机构达到535家,位列区域第1。
- 在国际化程度方面,沈阳拥有区域内最多的外资金融机构营业数,达到29家;2021年实际利用FDI总额及进出口总额仅次于大连,区域内排名第2。

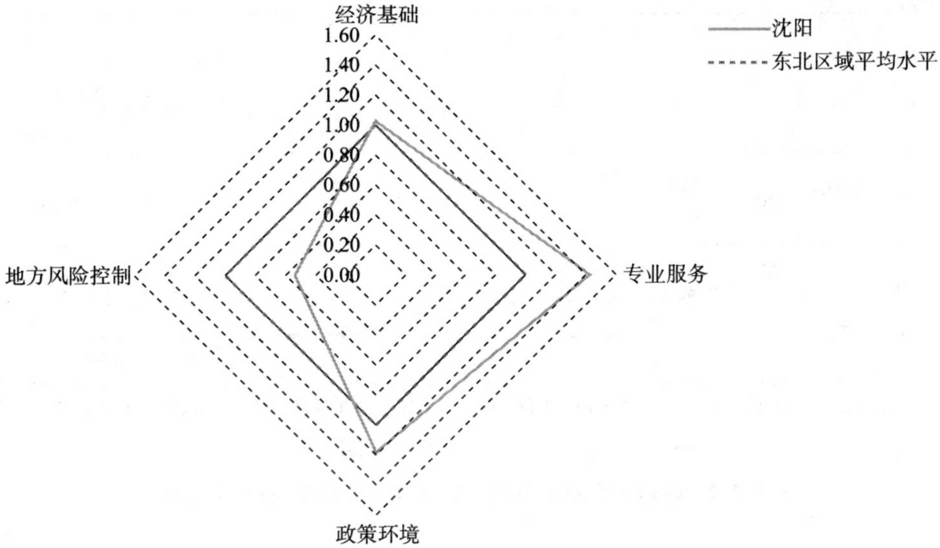

图 3.3.5　沈阳金融商业环境与东北地区平均水平的比较

3.4　哈尔滨金融中心评价

哈尔滨地处东北亚中心位置,被誉为欧亚大陆桥的明珠,是黑龙江省省会,中国东北部的政治、经济、文化中心,我国著名的历史文化名城和旅游城市,素有“天鹅项下的珍珠”之美称。2008 年,哈尔滨市政府出台了《哈尔滨市关于进一步促进金融业发展的若干意见》,提出将用 10 至 15 年把哈尔滨建设成为“金融机构集聚、金融市场发达、金融信息灵敏、金融设施先进、金融服务高效的立足黑龙江、面向东北亚的区域性金融中心”。

3.4.1　哈尔滨金融中心综合竞争力表现

从往期得分与排名来看,哈尔滨金融中心综合竞争力得分持续上升,但全国排名一直下降,与其他东北区域金融中心类似,由于全国其他区域金融中心发展速度较快,哈尔滨金融中心发展整体下降现象较为突出。本期哈尔滨综合竞争力得分增长 2.54 分,排名维持不变,排在全国第 29 位。

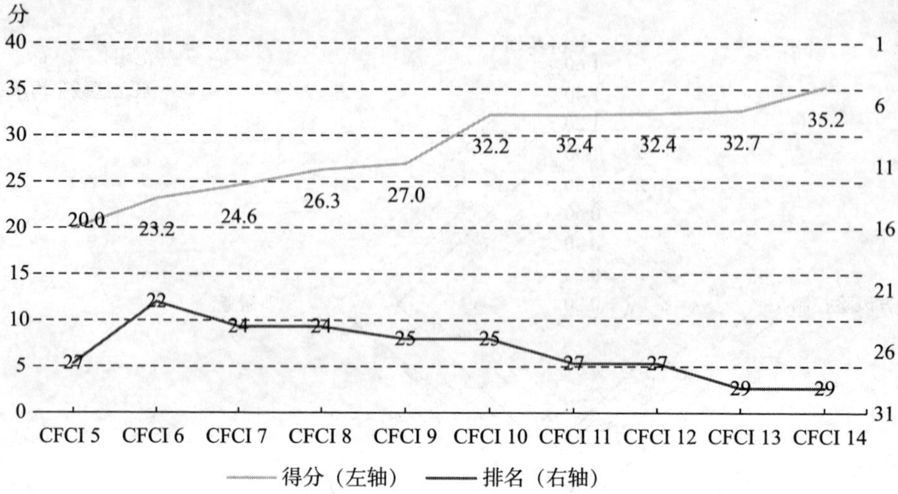

图 3.4.1　哈尔滨金融中心综合竞争力历期 CFCI 得分与排名

2021 年,哈尔滨市金融业实现增加值 682.9 亿元,增长 3.7%,占地方生产总值的 12.8%;年末本外币存款余额达到 14655 亿元,本外币贷款余额达到 13840 亿元;全年保费收入 357 亿元;年末保险深度达到 7.1%,保险密度达到人均 3859 元(常住人口统计口径)。

表 3.4.1　哈尔滨在第 14 期 CFCI 中的评价结果

评价分类	CFCI 14 得分	同比上期得分	得分增幅	CFCI 14 排名	排名变化
金融产业绩效	64.50	4.02	6.65%	28	-1
金融机构实力	21.69	2.09	10.66%	20	2
金融市场规模	3.61	-0.58	-13.84%	29	-4
金融生态环境	55.63	4.92	9.70%	34	-4
金融人才环境	7.44	0.01	0.12%	23	-1
金融商业环境	4.24	0.89	26.59%	35	-5
国际化环境	0.64	0.19	42.96%	29	-1

在本期 CFCI 评价方面,哈尔滨金融产业绩效、金融机构实力和金融生态环境的得分有所增长,其中金融机构实力得分增长 10.66%,排名上升 2 位。

3.4.2　哈尔滨金融中心金融产业绩效表现

在金融产业绩效方面,哈尔滨金融业增加值和业务相对水平处于区域平均水平之上,如图 3. 4. 2 所示。

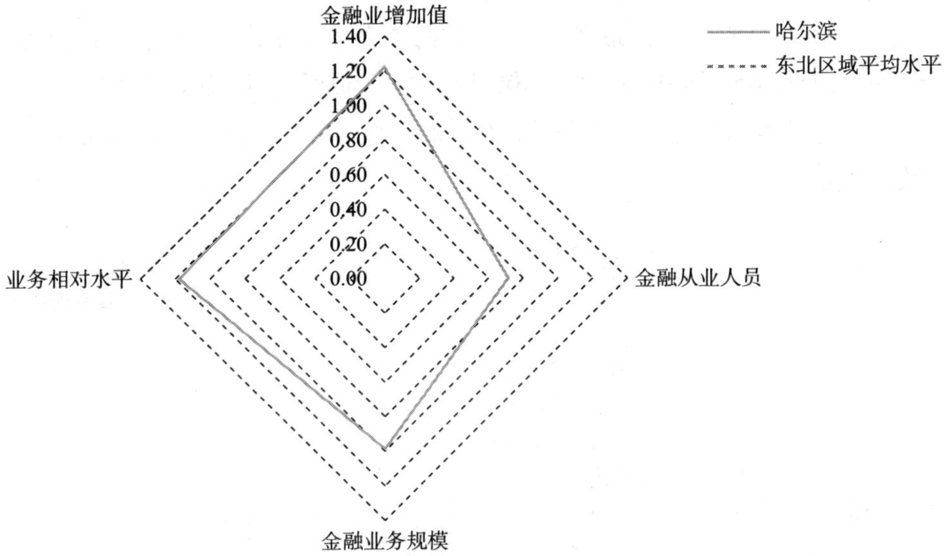

图 3. 4. 2　哈尔滨金融产业绩效同东北地区平均水平的比较

- 2021 年,哈尔滨市金融业实现增加值 682. 9 亿元,占地方生产总值的 12. 8%,二者均位于区域第 1 位,但金融业增加值 3 年增速低于长春。
- 尽管 2021 年哈尔滨金融机构本外币存贷款余额在区域内不及其他 3 个城市,但其与地方生产总值的比重却位于区域第 1 位。此外,哈尔滨保险深度达到 7. 1%,远高于区域内其他城市。
- 相比之下,金融从业人员是哈尔滨金融产业绩效发展的短板,2020 年金融从业人员为 7. 7 万人,3 年平均增长率为-1. 9%。

3. 4. 3　哈尔滨金融中心金融机构实力表现

在金融机构实力方面,哈尔滨仅在银行类机构实力单项略高于区域平均水平,在证券类机构、保险类机构和地方金融组织方面均处于劣势地位,如图 3. 4. 3 所示:

- 哈尔滨拥有 12 家本地法人商业银行,为区域内本地法人商业银行数量最多的城市,商业银行资产总规模达到 10005 亿元,仅次于沈阳;商业银行支行数量也高于区域内其他城市。

• 哈尔滨拥有1家本地法人证券公司,证券公司资产总规模为301亿元;哈尔滨证券公司营业部达到78个,仅次于沈阳。

• 哈尔滨拥有区域内最多的小额贷款机构,2022年上半年小额贷款机构达到86家,融资租赁、融资担保和商业保理机构数量却远低于区域内其他城市。

• 保险类机构是哈尔滨金融业发展的短板,2021年仅有1家本地法人保险机构。

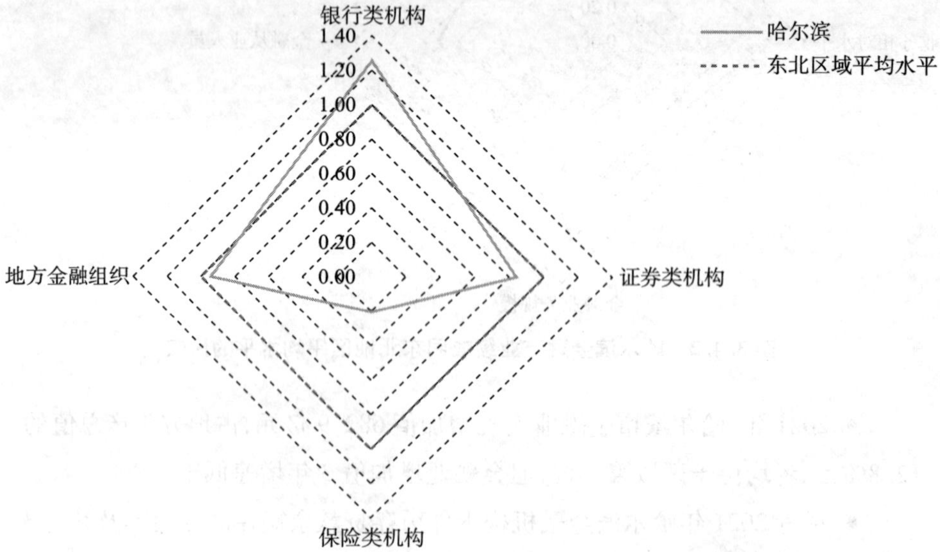

图 3.4.3 哈尔滨金融机构实力与东北地区平均水平的比较

3.4.4 哈尔滨金融中心金融生态环境表现

在金融生态环境方面,哈尔滨在36个城市中排名第34,东北地区排名最末,仅在教育环境领域具备一定的优势,如图3.4.4所示。

• 哈尔滨拥有区域内最多的普通高校在校学生,2021年达到59.2万人,普通高等学校数量及"双一流"大学数量均位列区域第1位。

• 在生活质量方面,哈尔滨2021年住宅房价收入比为4.1,低于区域内其他城市。

• 在医疗卫生方面,哈尔滨2021年每万人拥有医院病床数为77.8张,排名区域第1位。

• 城市环境是哈尔滨发展的短板,2020年哈尔滨人均公园绿地面积为

5.1 平方米，低于区域内其他城市；2021 年空气优良率也不如区域内其他城市，每百万人城市轨道交通里程仅为 7.9 公里，远低于大连和沈阳。

- 在国际化程度方面，哈尔滨无论是外资金融机构数量还是经济外向度，均在区域内处于劣势水平。

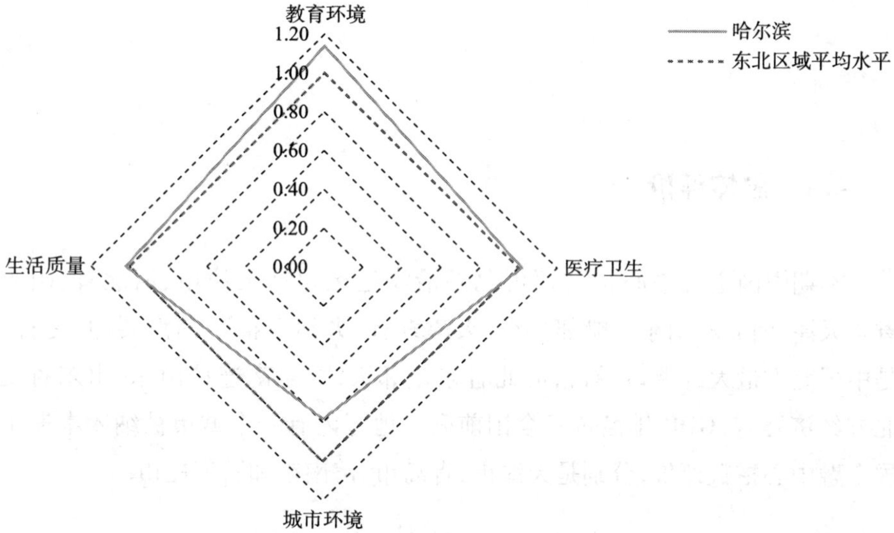

图 3.4.4　哈尔滨金融人才环境与东北地区平均水平的比较

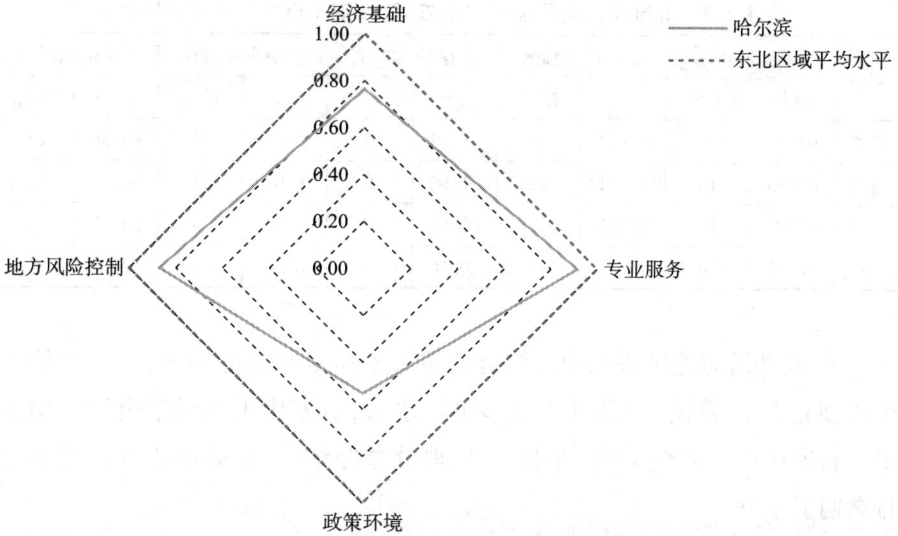

图 3.4.5　哈尔滨金融商业环境与东北地区平均水平的比较

第四章　北部沿海地区金融中心评价

4.1　总体评价

本期中国金融中心指数评价北部沿海地区包括天津市、河北省、山东省。天津、河北和山东均毗邻渤海；天津素有“九河下梢”“河海要冲”之称，是中国北方最大的港口城市；河北省东毗邻天津，东南连接山东；山东省是北方经济强省，GDP 排名位于全国前列。地区内有 4 个城市被纳入本期中国金融中心指数评价，分别是天津市、青岛市、济南市和石家庄市。

4.1.1　北部沿海地区金融中心综合竞争力表现

表 4.1.1　北部沿海地区金融中心在第 14 期 CFCI 中的评价结果

城市	综合竞争力		金融产业绩效		金融机构实力		金融市场规模		金融生态环境	
	得分	排名	得分	排名	得分	排名	得分	排名	得分	排名
天津	61.73	9	100.99	9	56.15	6	9.63	16	83.36	14
青岛	45.95	16	71.11	22	21.60	21	8.63	18	91.41	11
济南	44.98	17	75.01	17	23.69	16	4.56	24	84.47	13
石家庄	38.77	24	79.24	14	20.16	23	8.23	19	52.38	36

• 北部沿海地区金融中心综合竞争力整体水平差异明显，天津市处于全国领先水平，济南、青岛处于全国平均水平，石家庄则落后于全国平均水平。石家庄近年来与天津、济南、青岛得分差距缩小，金融中心综合竞争力排名明显上升。

• 天津本期金融中心综合竞争力在北部沿海地区排名第 1、在全国排名第 9，排名与上期持平；本期综合竞争力得分 61.73 分，较上期增长 0.11

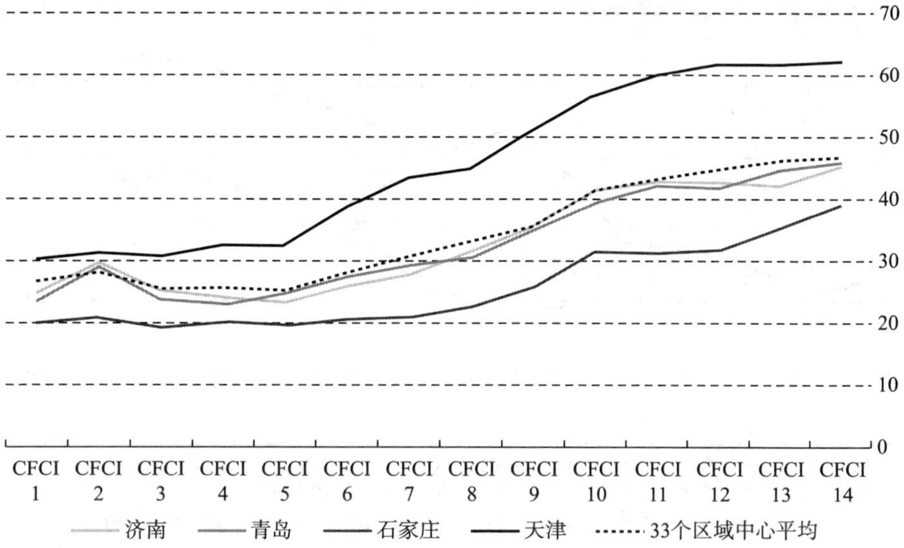

图 4. 1. 1　北部沿海地区金融中心历期 CFCI 综合竞争力得分

分。近 3 年天津金融中心综合竞争力得分被南京、重庆超越，排名从第 7 下滑至第 9。

• 青岛金融中心在北部沿海地区排名第 2、在全国排名第 16，排名与上期持平；本期综合竞争力得分 45. 95 分，较上期增长 1. 40 分。近 3 年青岛金融中心综合竞争力得分上升快于济南，排名上也反超济南。

• 济南金融中心在北部沿海地区排名第 3、在全国排名第 17，排名与上期持平；本期金融中心综合竞争力得分 44. 98 分，较上期增长 2. 92 分。

• 石家庄金融中心在北部沿海地区排名第 4、在全国排名第 24；本期金融中心综合竞争力得分 38. 77 分，较上期增长 3. 48 分。

4. 1. 2　北部沿海地区金融中心金融产业绩效表现

• 北部沿海地区各中心的金融业发展出现较大分化，济南和石家庄金融产业绩效得分增长，天津和青岛得分减少。

• 天津本期分项得分下降 7. 81 分，分项排名在北部沿海地区位于第 1 位、在全国排第 9，有被排名第 10 的苏州赶超的趋势。天津市金融从业人员 3 年平均增长率为-9%，其他北部沿海地区金融中心均为增长；金融机构本外币存款余额、贷款余额等业务量指标增长也慢于其他北部沿海地区金融中心。

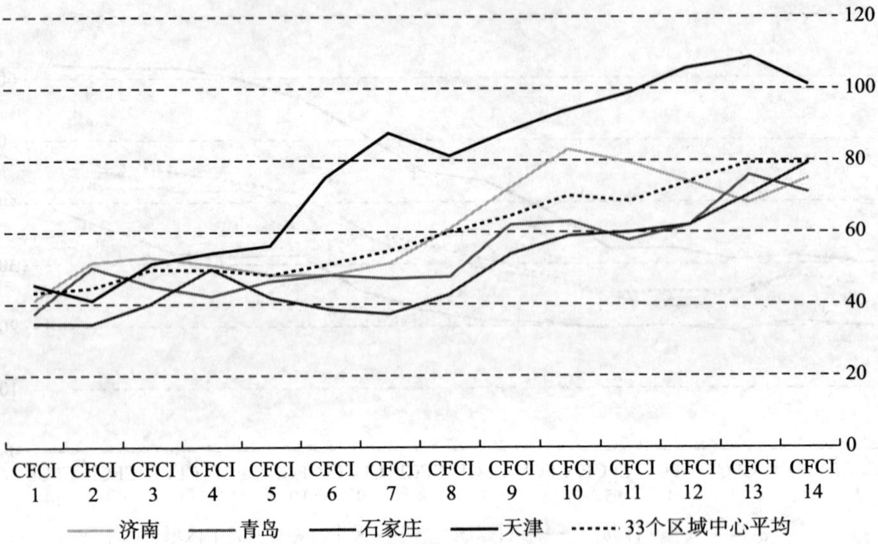

图 4.1.2　北部沿海地区金融中心历期 CFCI 金融产业绩效得分

• 济南、青岛、石家庄金融产业绩效得分接近,石家庄近年金融产业绩效得分上升较快,其排名至北部沿海地区第 2,全国第 14 位。石家庄金融从业人员 3 年平均增长率为 19.3%;金融机构本外币存款余额与 GDP 之比为 276.6%,为北部沿海地区金融中心第 1。

4.1.3　北部沿海地区金融中心金融机构实力表现

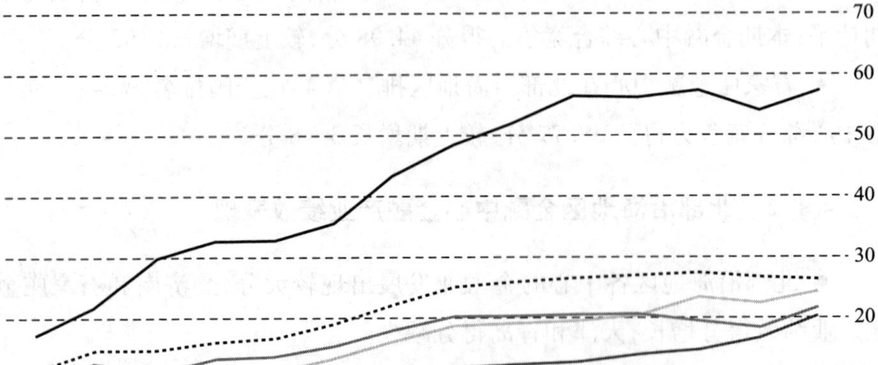

图 4.1.3　北部沿海地区金融中心历期 CFCI 金融机构实力得分

● 北部沿海地区4个金融中心的金融机构实力评价得分均小幅增长，济南、青岛、石家庄得分与全国平均差距缩小。

● 天津金融机构实力得分56.15分，与上期相比上升1.87分，全国排名第6。

● 济南、青岛、石家庄得分接近，全国排名分别为第16、第21和第23。

4.1.4　北部沿海地区金融中心金融市场表现

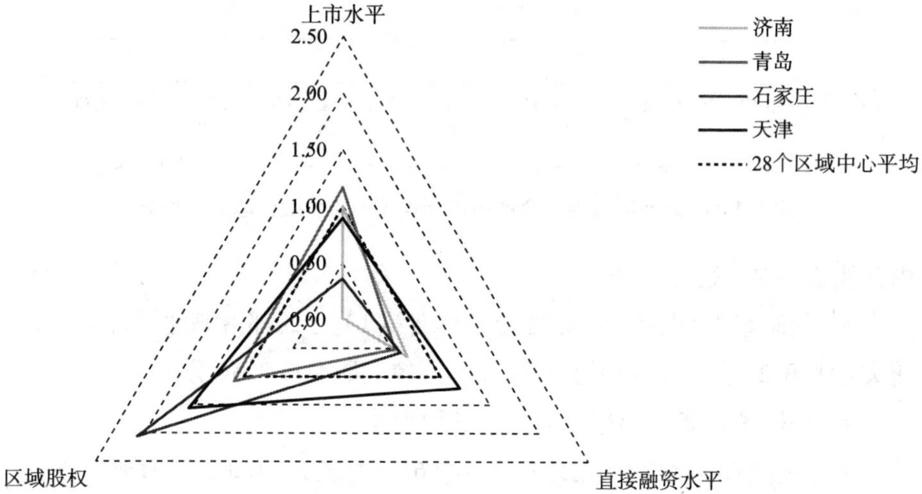

图4.1.4　北部沿海地区金融中心金融市场规模对比

● 本期北部沿海地区金融中心金融市场规模表现均低于全国平均水平，天津、青岛、石家庄分别排第16、18、19位，济南得分较低，排名第24。

● 济南、青岛年度新增IPO公司数表现突出，2021年济南新增IPO公司7家，青岛新增IPO公司11家。

● 石家庄区域股权市场方面在北部沿海地区中表现突出，区域股权市场拥有的挂牌公司达4056家，市场筹资金额达153.9亿元。

4.1.5　北部沿海地区金融中心金融生态环境表现

● 本期北部沿海地区金融生态环境得分均出现上升，济南、青岛、天津得分高于全国平均。北部沿海地区金融生态环境排名整体略有下滑，被国

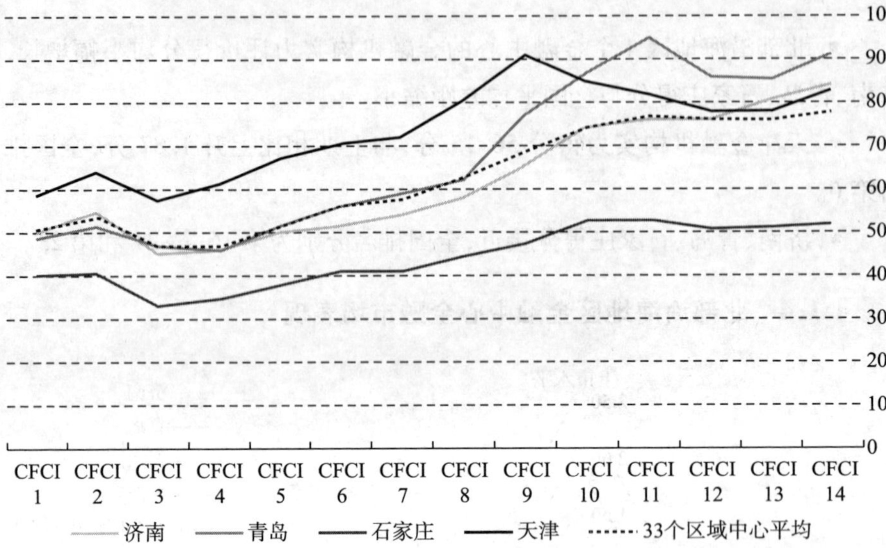

图 4.1.5　北部沿海地区金融中心历期 CFCI 金融生态环境得分

内其他金融中心赶超。

- 济南金融生态环境本期在全国排名第 13,在北部沿海地区排名第 2,比去年上升 2 名;本期分项得分 84.47 分,较上期增长 3.54 分。
- 济南、青岛近 3 年违约债券余额均为 0。
- 青岛 2021 年实际利用外资总额为 61.7 亿美元,为北部沿海地区第 1。

4.2　天津金融中心评价

天津是中国 4 大直辖市之一,地处华北平原北部沿海部,海河流域下游,东临渤海,西靠首都北京,素有“九河下梢”“河海要冲”之称。天津凭借优越的地理位置和交通条件,成为连接国内外、联系南北方、沟通东西部的重要枢纽,是中国北方最大的港口城市。

4.2.1　天津金融中心综合竞争力表现

从往期得分与排名来看,天津金融中心综合竞争力得分与排名存在背离,特别是近几期,在得分不断上升的同时,全国排名却在不断下降。究其原因,天津近年来金融业发展增速较其他区域金融中心要慢。10 年间,天津的综合竞争力得分接近翻倍，上升了 29.4 分，在本期中综合竞争力得分为 61.73 分。

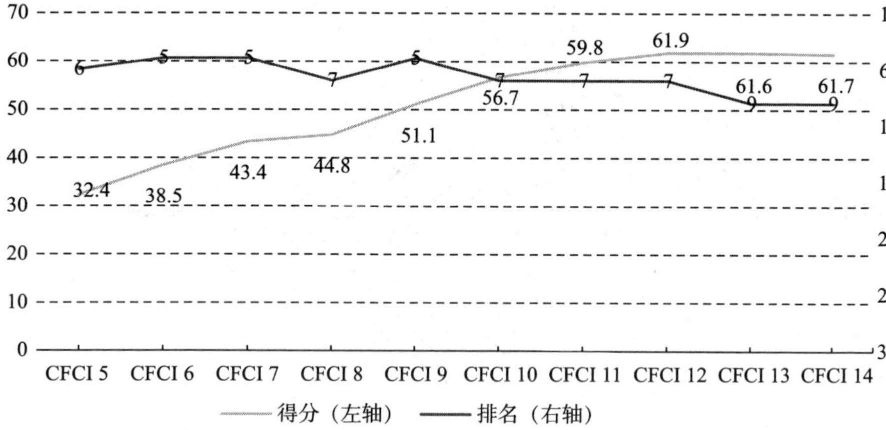

图 4.2.1　天津金融中心综合竞争力历期 CFCI 得分与排名

本期 CFCI 天津综合竞争力得分小幅上升 0.11 分，排名第 9，与上期持平。天津在金融市场规模得分实现大幅增长，单项排名上升 1 位；金融生态环境得分增长 6.67%，排名上升 3 位。

表 4.2.1　天津在第 14 期 CFCI 中的评价结果

评价分类	CFCI 14 得分	同比上期得分	得分增幅	CFCI 14 排名	排名变化
金融产业绩效	100.99	-7.81	-7.18%	9	0
金融机构实力	56.15	1.87	3.45%	6	0
金融市场规模	9.63	1.31	15.75%	16	1
金融生态环境	83.36	5.21	6.67%	14	3
金融人才环境	7.88	-0.08	-1.02%	19	-3
金融商业环境	7.10	0.83	13.18%	20	0
国际化环境	3.47	0.41	13.31%	8	0

4.2.2　天津金融中心金融产业绩效表现

在金融产业绩效方面，天津金融业增加值和金融业务规模在北部沿海地区具有优势，如图 4.2.2 所示。

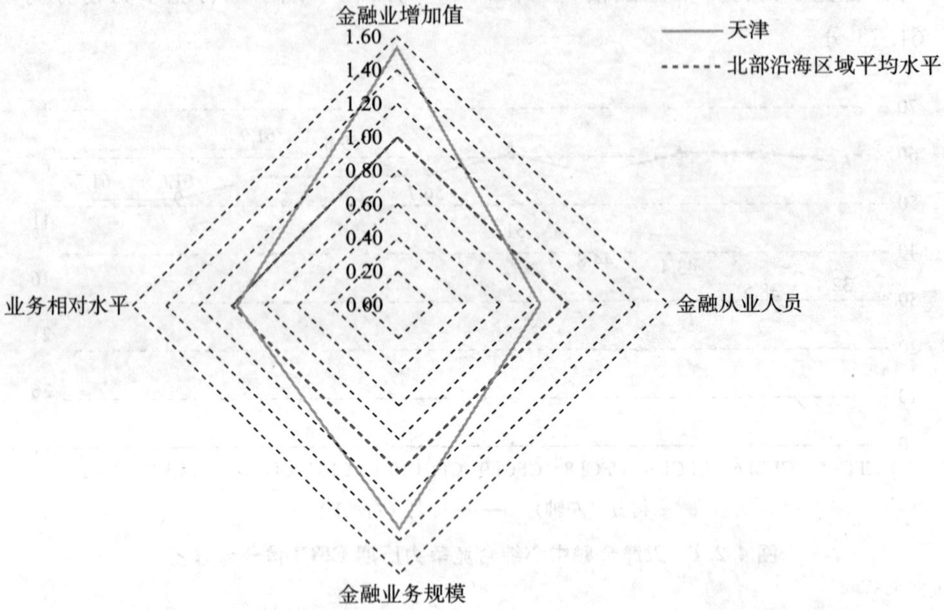

图 4.2.2　天津金融产业绩效同北部沿海地区平均水平的比较

• 2021 年,天津金融业实现增加值 2153.2 亿元,为北部沿海地区金融中心第 1,是区域内其他金融中心同期数值的 2 倍以上;金融业增加值 3 年平均增长率为 3.7%。

• 2020 年,天津金融从业人员总数为 18 万人,为北部沿海地区金融中心第 1;金融从业人员 3 年平均增长率为-9.0%,差于区域内其他金融中心。

• 2021 年,天津金融机构本外币存款余额为 35903 亿元,金融机构本外币贷款余额为 41054 亿元,均为北部沿海地区金融中心第 1。

4.2.3　天津金融中心金融机构实力表现

在金融机构实力表现方面,天津金融机构实力表现在北部沿海地区中远远领先区域平均水平,如图 4.2.3 所示。

• 天津拥有本地法人商业银行 7 家,少于济南和石家庄;2021 年本地法人商业银行资产总规模达 3 万亿元,为区域内第 1。

• 天津的小额贷款机构数量、融资租赁机构数量、融资担保机构数量、商业保理机构数量均为区域内第 1。

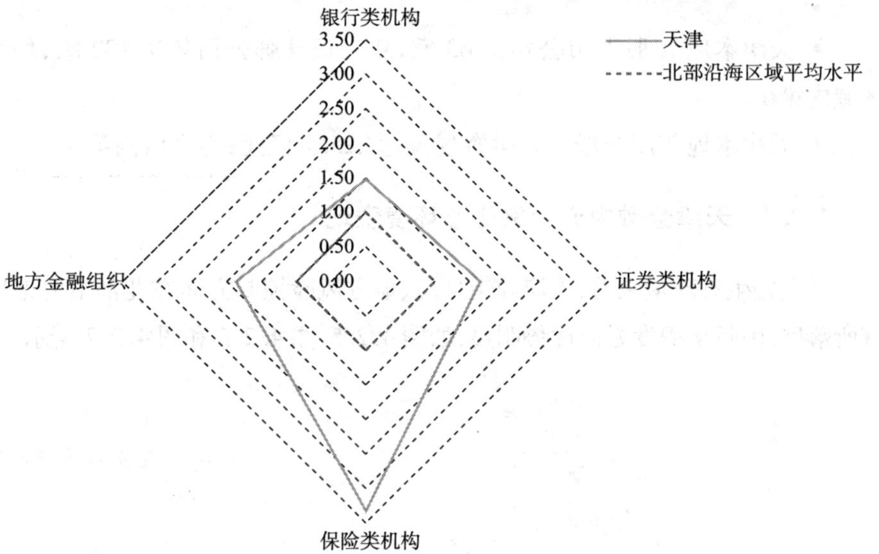

图 4. 2. 3　天津金融机构实力与北部沿海地区平均水平的比较

• 天津拥有本地法人保险公司 7 家，2021 年本地法人保险公司资产规模达 7522 亿元，规模实力仅次于北京、深圳和上海。

4. 2. 4　天津金融中心金融市场规模表现

在金融市场规模方面，天津在北部沿海地区中处于领先水平，如图 4. 2. 4 所示。

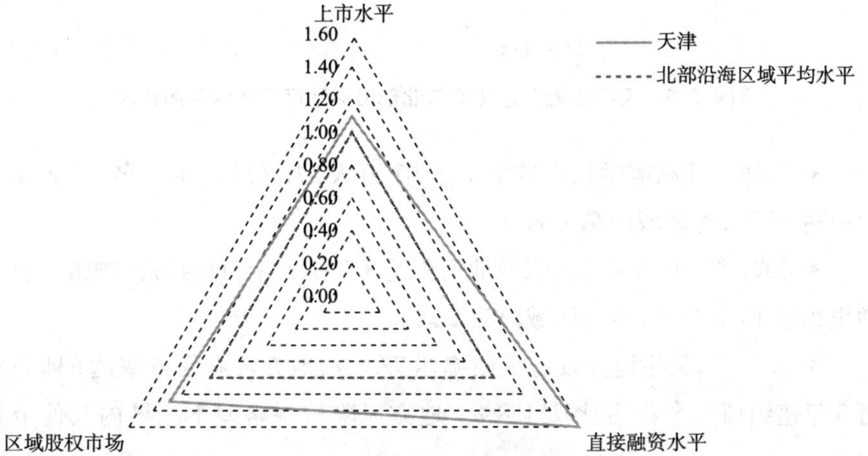

图 4. 2. 4　天津金融市场规模与北部沿海地区平均水平的比较

• 天津本地 A 股上市公司达 63 家,新三板挂牌公司数达 132 家,均为区域内第 1。

• 天津本地年度新增股票融资规模达 225.7 亿元,为区域内第 1。

4.2.5 天津金融中心金融生态环境表现

从金融生态环境来看,天津政策环境、地方风险控制方面在北部沿海地区有所落后,国际化程度方面优势明显,如图 4.2.5、图 4.2.6 和图 4.2.7 所示。

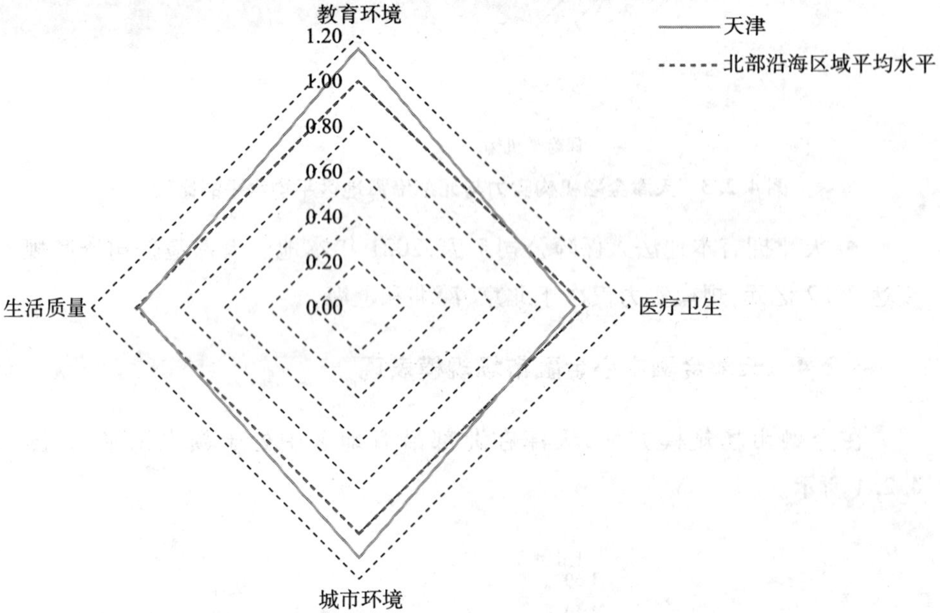

图 4.2.5 天津金融人才环境与北部沿海地区平均水平的比较

• 天津普通高等学校在校学生达 67 万人,为区域内第 2 名;普通高等学校达 57 所,为区域内第 1 名。

• 2021 年,天津人均公园绿地面积达 8.7 平方米,每百万人城市轨道交通里程达 19.8 公里,均为区域内第 2 名。

• 2021 年,天津地方政府负债率达 72.8%,地方政府债务率达 534.2%,近 3 年违约债券余额占比达 1.8%。地方风险控制略差于区域内其他金融中心。

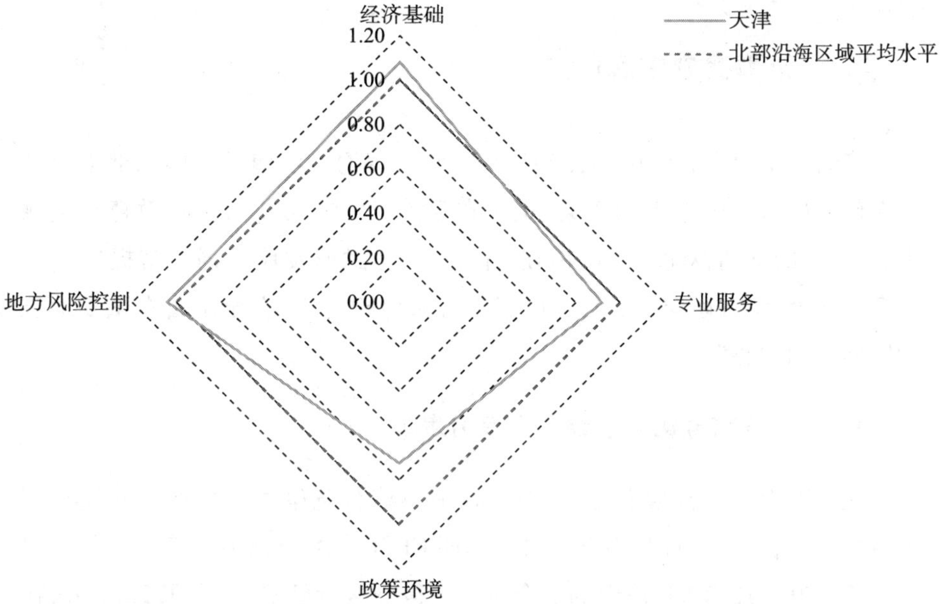

图 4.2.6　天津金融商业环境与北部沿海地区平均水平的比较

- 天津拥有外资金融营业性机构 46 家,为区域内第 1 名。
- 2021 年,天津当年实际利用外资总额达 53.89 亿美元,为区域内第 2 名,略少于青岛。

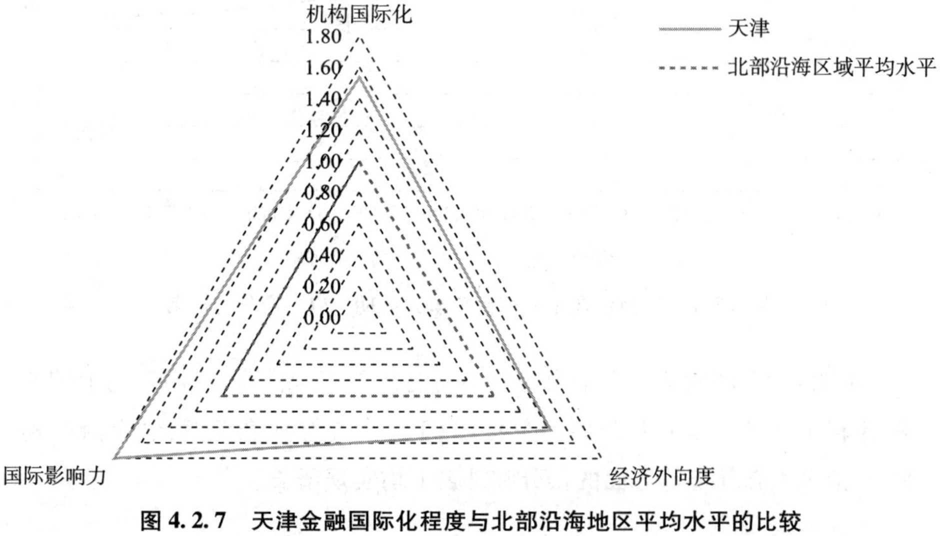

图 4.2.7　天津金融国际化程度与北部沿海地区平均水平的比较

4.3 济南金融中心评价

济南位于山东省的中部,南依泰山,北跨黄河。济南是中国东部沿海经济文化大省——山东省的省会,是全省政治、经济、文化、科技、教育和金融中心,重要的交通枢纽。济南市在"十一五"金融业发展规划中就提出,"经过5年努力,将济南建设成为与区域中心城市相适应,在全国占有重要地位的区域金融中心"。

4.3.1 济南金融中心综合竞争力表现

从往期得分与排名来看,济南金融中心综合竞争力得分在近几期没有维持快速增长,全国排名略有下降。本期CFCI济南金融中心综合竞争力得分企稳上升。10年间,济南的综合竞争力得分接近翻倍,上升了22.1分,在本期中综合竞争力得分为44.98分。

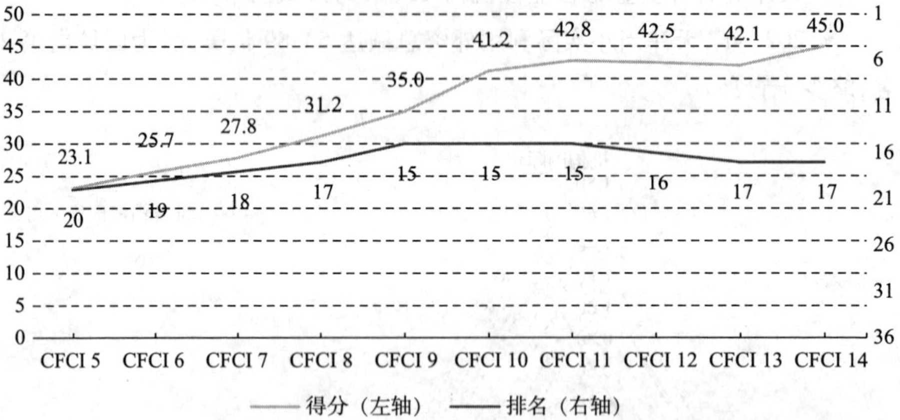

图4.3.1 济南金融中心综合竞争力历期CFCI得分与排名

本期CFCI济南综合竞争力得分小幅上升2.92分,排名第17,与上期持平,逆转了排名持续下滑趋势。本期CFCI济南在金融产业绩效、金融机构实力、金融生态环境等方面的得分和排名上均实现增长。

表 4.3.1　济南在第 14 期 CFCI 中的评价结果

评价分类	CFCI 14 得分	同比上期得分	得分增幅	CFCI 14 排名	排名变化
金融产业绩效	75.01	6.83	10.02%	17	2
金融机构实力	23.69	1.19	5.29%	16	3
金融市场规模	4.56	0.50	12.32%	24	2
金融生态环境	84.47	3.54	4.37%	13	2
金融人才环境	8.17	0.05	0.65%	12	2
金融商业环境	9.15	0.57	6.60%	12	-3
国际化环境	1.39	0.16	13.46%	19	3

4.3.2　济南金融中心金融产业绩效表现

在金融产业绩效方面，济南金融业增加值和金融业务规模处在北部沿海地区平均水平，如图 4.3.2 所示。

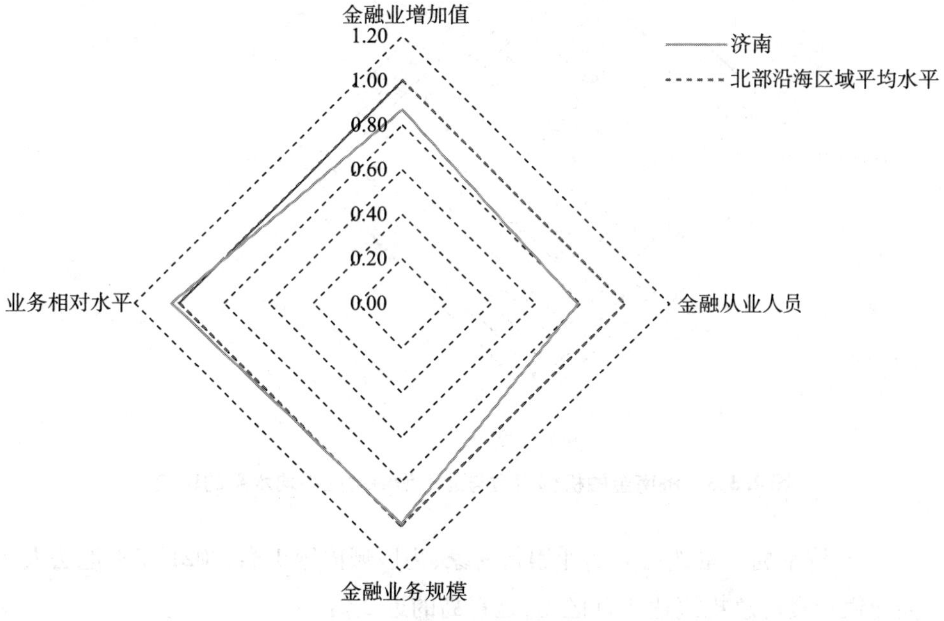

图 4.3.2　济南金融产业绩效同北部沿海地区平均水平的比较

• 2021 年，济南金融业实现增加值 991 亿元，与青岛接近；金融业增加值 3 年平均增长率达 7.9%，为区域内第 1 名；金融业增加值占当地 GDP 的比例达 8.7%,低于青岛和石家庄。

• 2020 年,济南金融从业人员总数达 9.28 万人;金融从业人员 3 年平均增长率达 2.8%;均为区域内第 3 名。

• 2021 年,济南金融机构本外币存款余额达 23437 亿元,金融机构本外币贷款余额达 23313 亿元,均为区域内第 2 名。

• 2021 年,济南保险密度达人均 6411 元,为区域内第 1 名。

4.3.3 济南金融中心金融机构实力表现

在金融机构实力方面,济南金融机构实力在北部沿海地区中落后于天津,略优于青岛、石家庄,与全国平均水平①接近,如图 4.3.3 所示。

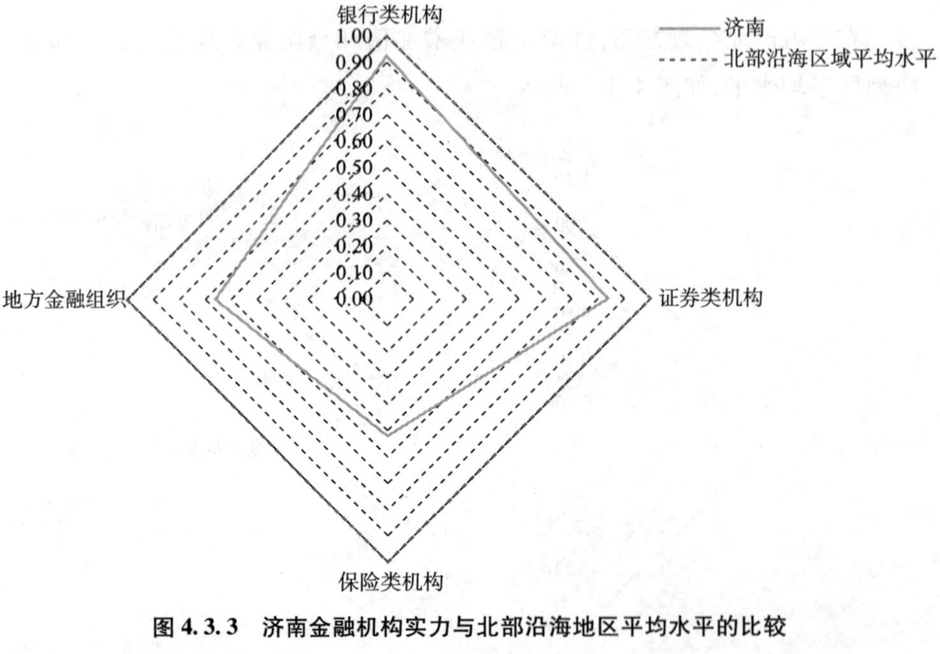

图 4.3.3 济南金融机构实力与北部沿海地区平均水平的比较

• 济南拥有本地法人商业银行 9 家,为区域内第 1 名;2021 年本地法人商业银行资产总规模达 2 万亿元,是青岛的近 2 倍。

• 济南本地法人证券公司资产总规模达 2047 亿元,为区域内第 1 名。

① 全国平均水平 = 1。

• 济南拥有本地法人保险公司 3 家,2021 年本地法人保险公司资产规模达 195 亿元。

4.3.4　济南金融中心金融市场规模表现

在金融市场规模方面,济南在区域股权市场方面劣势明显,如图 4.3.4 所示。

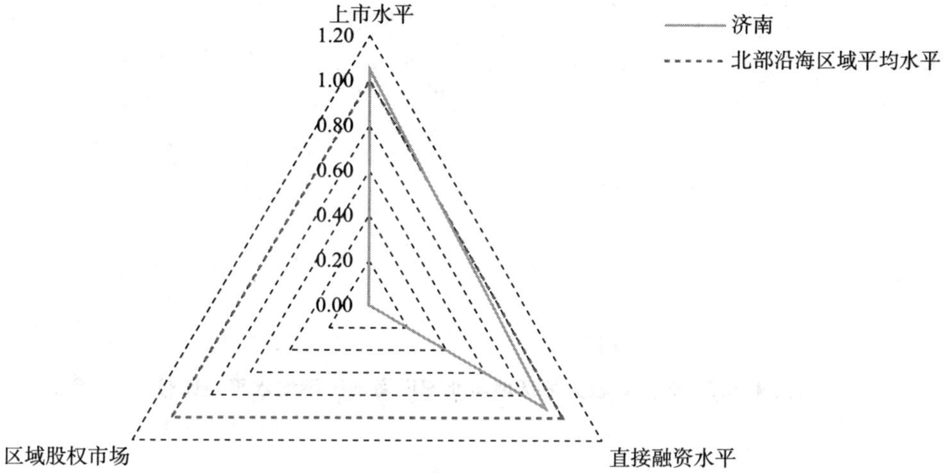

图 4.3.4　济南金融市场规模与北部沿海地区平均水平的比较

• 济南本地 A 股上市公司 42 家,新三板挂牌公司 112 家;2021 年新增 A 股上市公司 7 家。

• 济南本地年度新增股票融资规模达 125.4 亿元,为区域内第 2 名。

4.3.5　济南金融中心金融生态环境表现

从金融生态环境来看,济南政策环境方面优势明显,国际化程度稍显不足,如图 4.3.5、图 4.3.6 和图 4.3.7 所示。

• 2021 年,济南普通高等学校在校学生达 90 万人,为区域内第 1 名。

• 2021 年,济南每万人拥有医院病床 63 张,为区域内第 1 名。

• 2021 年,济南金融业发展促进政策支持力度、产业政策友好度均为区域内第 1 名。

• 2021 年,济南当年实际利用外资总额达 26.6 亿美元,不足青岛、天津的二分之一。

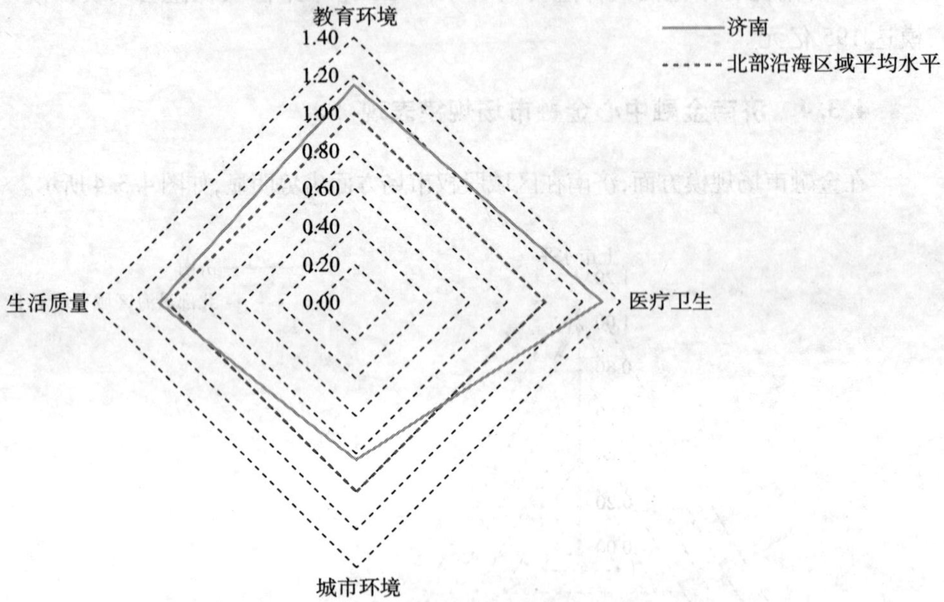

图 4.3.5　济南金融人才环境与北部沿海地区平均水平的比较

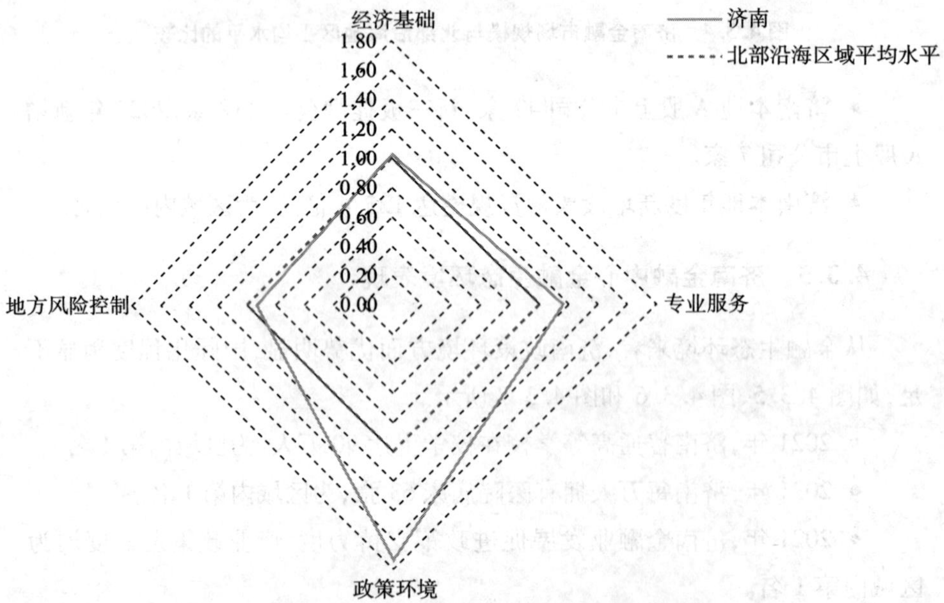

图 4.3.6　济南金融商业环境与北部沿海地区平均水平的比较

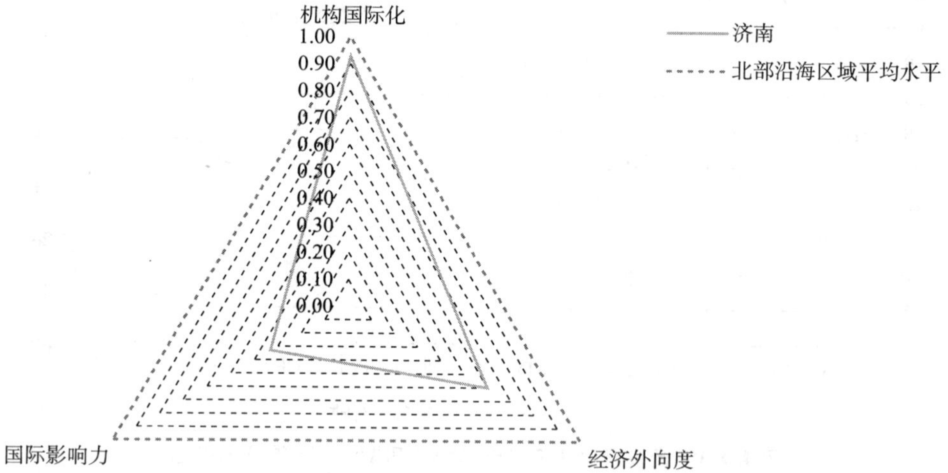

图 4.3.7　济南金融国际化程度与北部沿海地区平均水平的比较

4.4　青岛金融中心评价

青岛市位于山东半岛南端，是中国重要的经济中心城市和沿海开放城市，是国家级历史文化名城和风景旅游、度假胜地。青岛在 2004 年就提出建设区域性金融中心。

4.4.1　青岛金融中心综合竞争力表现

从往期得分与排名来看，青岛金融中心综合竞争力得分与排名存在背离，在得分不断上升的同时，全国排名却有所下滑。究其原因，青岛近年来金融业发展较其他区域金融中心要慢。10 年间，青岛金融中心综合竞争力得分上升了 21.3 分，在本期中综合竞争力得分为 45.95 分。

本期 CFCI 青岛综合竞争力得分小幅上升 1.40 分，排名第 16，与上期持平。青岛在金融机构实力得分上实现较大幅度增长，单项排名上升 2 位；金融产业绩效得分下降 6.36%，排名下滑了 8 位。

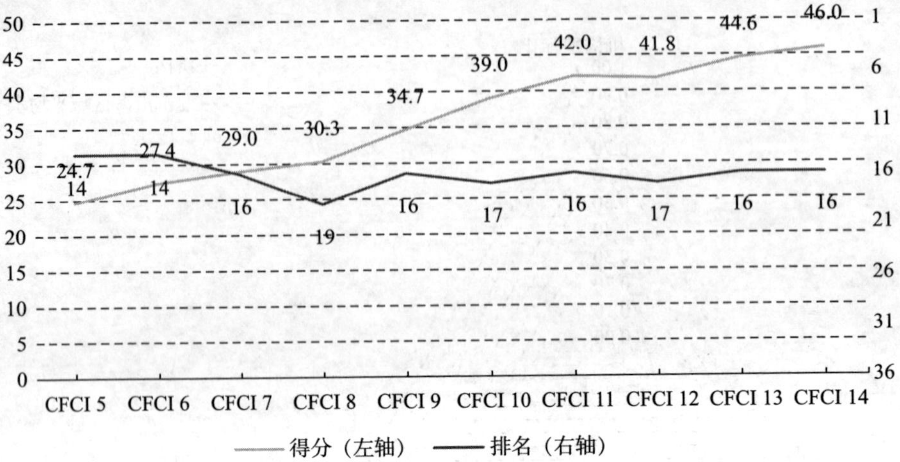

图 4.4.1　青岛金融中心综合竞争力历期 CFCI 得分与排名

表 4.4.1　青岛在第 14 期 CFCI 中的评价结果

评价分类	CFCI 14 得分	同比上期得分	得分增幅	CFCI 14 排名	排名变化
金融产业绩效	71.11	-4.83	-6.36%	22	-8
金融机构实力	21.60	2.90	15.51%	21	2
金融市场规模	8.63	1.93	28.81%	18	1
金融生态环境	91.41	5.69	6.64%	11	-1
金融人才环境	7.73	-0.03	-0.37%	21	-3
金融商业环境	9.17	0.85	10.20%	11	-1
国际化环境	3.34	0.44	15.17%	10	-1

4.4.2　青岛金融中心金融产业绩效表现

在金融产业绩效方面,青岛金融从业人员在北部沿海地区具有优势,如图 4.4.2 所示。

- 2021 年,青岛金融业实现增加值 933 亿元,金融业增加值 3 年平均增长率达 7.8%,均与济南接近。
- 2020 年,青岛金融从业人员总数达 11.4 万人,金融从业人员 3 年平均增长率达 12.5%,均为区域内第 2 名。
- 2021 年,青岛本地证券交易量达 7.09 万亿元,为区域内第 1 名。

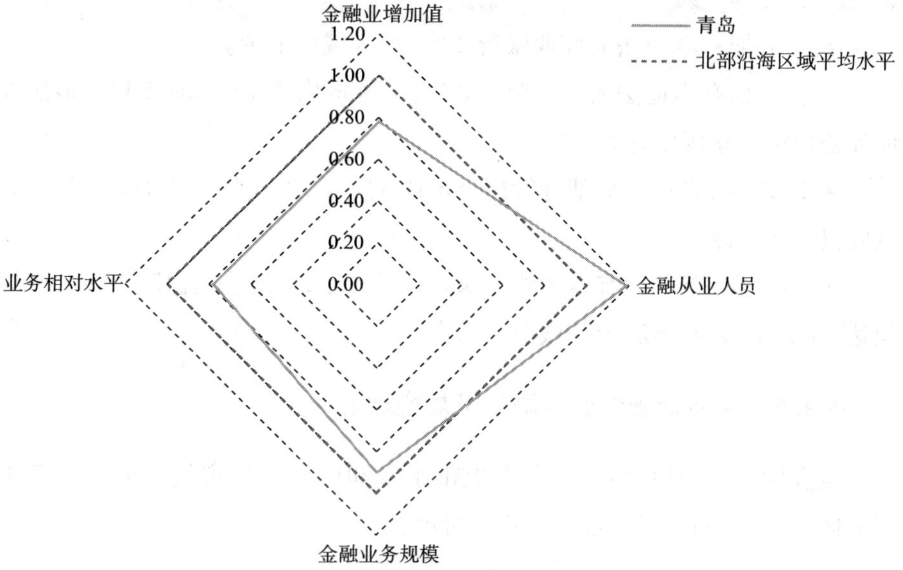

图 4.4.2　青岛金融产业绩效同北部沿海地区平均水平的比较

4.4.3　青岛金融中心金融机构实力表现

从金融机构实力来看，青岛在保险类机构方面稍有欠缺，如图 4.4.3 所示。

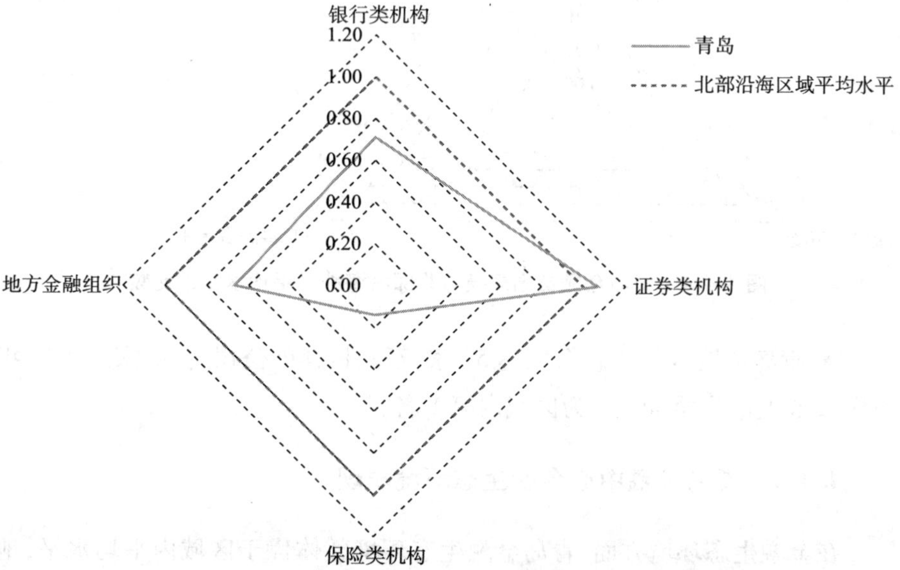

图 4.4.3　青岛金融机构实力与北部沿海地区平均水平的比较

• 青岛拥有本地法人商业银行 2 家,为区域内最少。

• 青岛拥有本地法人证券公司 2 家,为区域内第 1 名;2021 年本地法人证券公司资产总规模达 518 亿元。

• 2021 年,青岛私募基金管理公司达 437 家,私募基金达 1923 只,在区域内仅次于天津。

• 2021 年,青岛拥有本地法人保险公司 1 家,本地法人保险公司资产规模达 24 亿元,大幅落后于区域内平均水平。

4.4.4 青岛金融中心金融市场规模表现

从金融市场规模来看,青岛在上市水平和区域股权市场方面在北部沿海地区中处于领先地位,如图 4.4.4 所示。

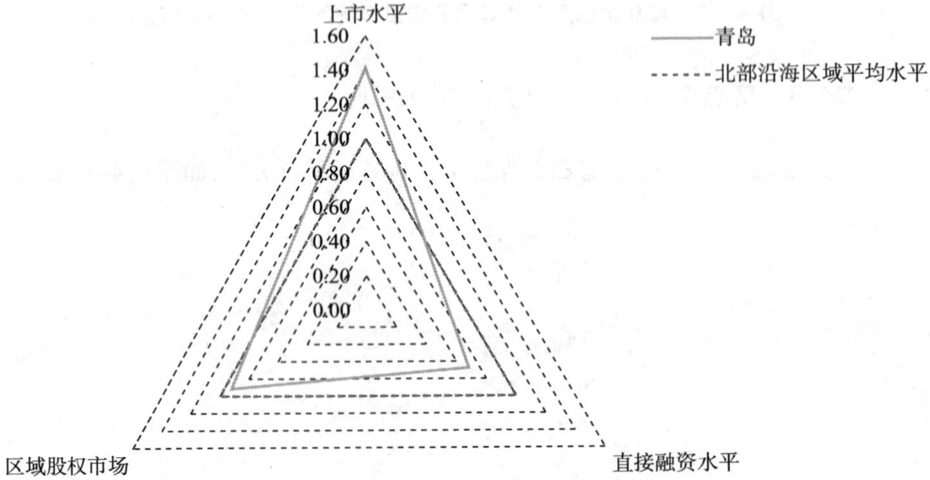

图 4.4.4 青岛金融市场规模与北部沿海地区平均水平的比较

• 青岛本地 A 股上市公司达 57 家,新三板挂牌公司达 65 家。2021 年新增 A 股上市公司 11 家,为区域内第 1 名。

4.4.5 青岛金融中心金融生态环境表现

在金融生态环境方面,青岛金融生态环境整体优于区域内平均水平,地方风险控制和国际化程度在北部沿海地区优势明显,如图 4.4.5、图 4.4.6

和图 4. 4. 7 所示。

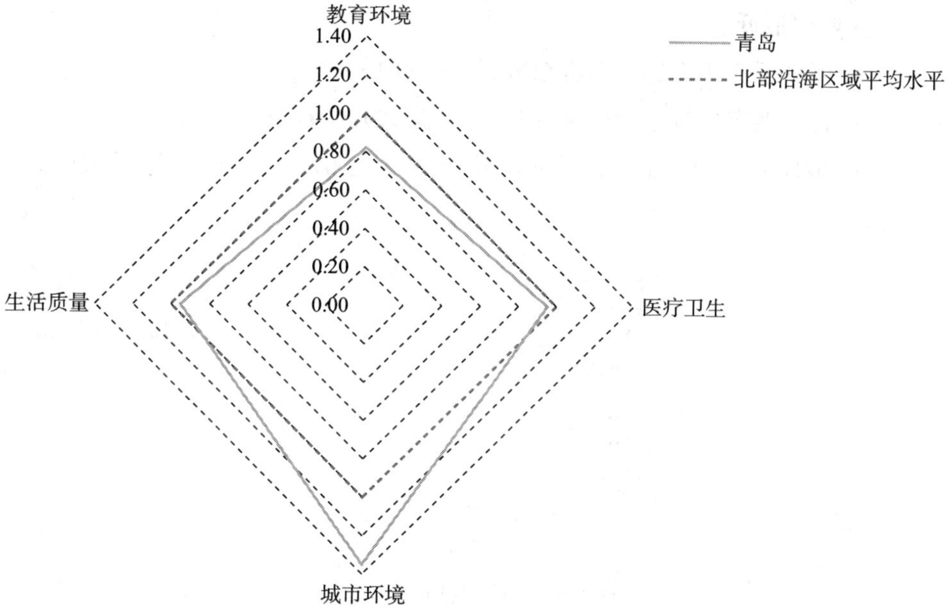

图 4. 4. 5　青岛金融人才环境与北部沿海地区平均水平的比较

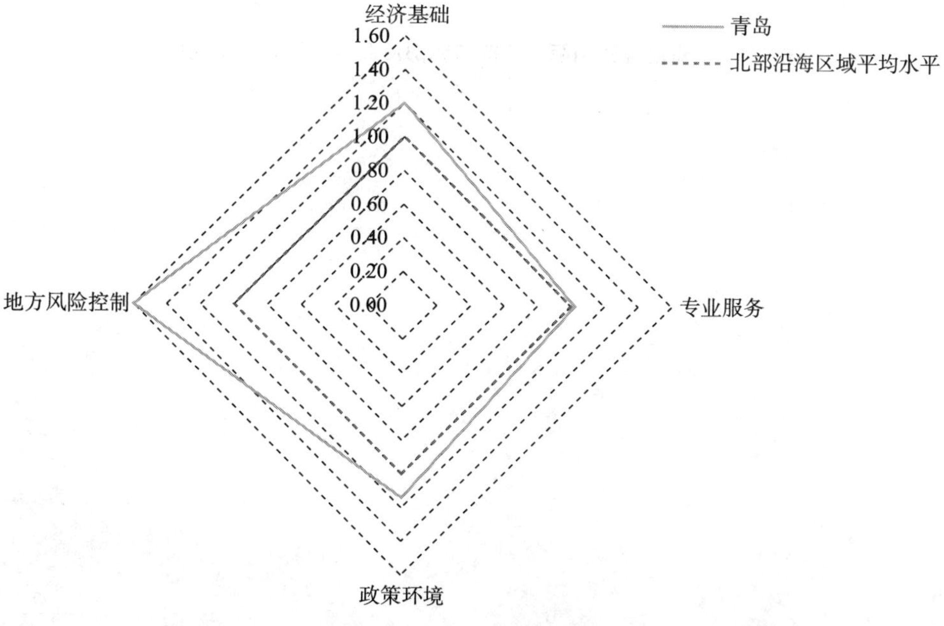

图 4. 4. 6　青岛金融商业环境与北部沿海地区平均水平的比较

• 2021 年,青岛地方政府负债率达 39.6%,地方政府债务率达 410%,均为区域内最低。

• 青岛近 3 年无违约债券余额,为区域内最好。

• 青岛拥有外资金融营业性机构 30 家,为区域内第 2 名。

• 2021 年,青岛当年实际利用外资总额达 61.7 亿美元,为区域内第 1 名。

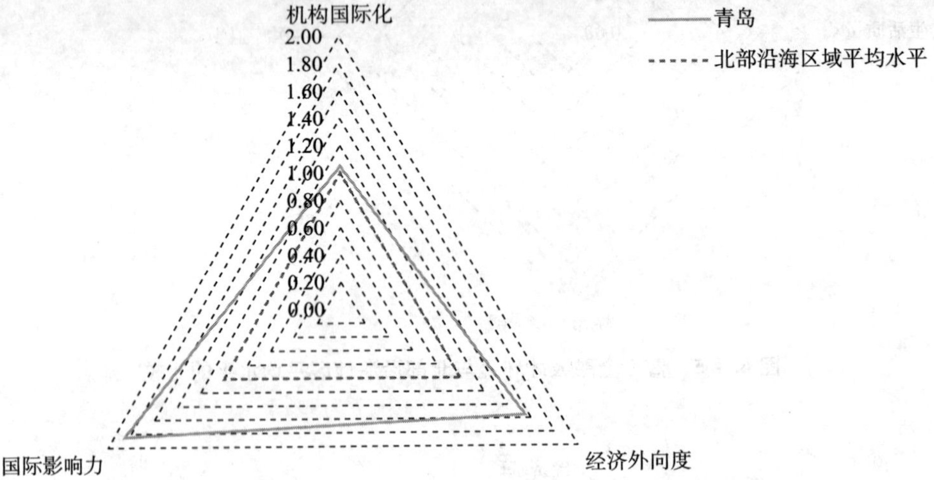

图 4.4.7 青岛金融国际化程度与北部沿海地区平均水平的比较

第五章 东部沿海地区金融中心评价

5.1 总体评价

本期中国金融中心指数评价东部沿海地区包括江苏省和浙江省。江苏省、浙江省位于长江三角洲地区，与上海、安徽共同构成长江三角洲城市群；江苏、浙江也是全国经济强省，2021 年 GDP 全国排名分别为第 2 和第 4。地区内有 6 个城市被纳入本期中国金融中心指数评价，分别是杭州市、南京市、苏州市、宁波市、无锡市和温州市。

5.1.1 东部沿海地区金融中心综合竞争力表现

表 5.1.1 东部沿海地区金融中心在第 14 期 CFCI 中的评价结果

城市	综合竞争力		金融产业绩效		金融机构实力		金融市场规模		金融生态环境	
	得分	排名	得分	排名	得分	排名	得分	排名	得分	排名
杭州	76.81	5	127.81	5	58.81	5	21.49	7	105.40	7
南京	66.74	8	123.27	6	36.69	10	16.84	9	99.04	9
苏州	55.28	11	97.33	10	22.75	19	17.62	8	93.22	10
宁波	43.68	20	68.52	25	27.40	14	11.47	14	73.28	19
无锡	39.53	22	67.84	26	14.86	30	9.84	15	73.50	18
温州	30.30	35	53.11	35	14.32	32	1.97	36	57.42	33

- 东部沿海地区金融中心综合竞争力整体水平差异明显，杭州、南京、苏州处于全国领先地位，宁波、温州、无锡排名相对靠后。杭州、南京、苏州金融中心综合竞争力得分增速也快于宁波、温州、无锡，差距有所扩大。
- 杭州、南京金融中心在东部沿海地区排名前 2、在全国分别排名第 5、第 8，排名与上期持平。

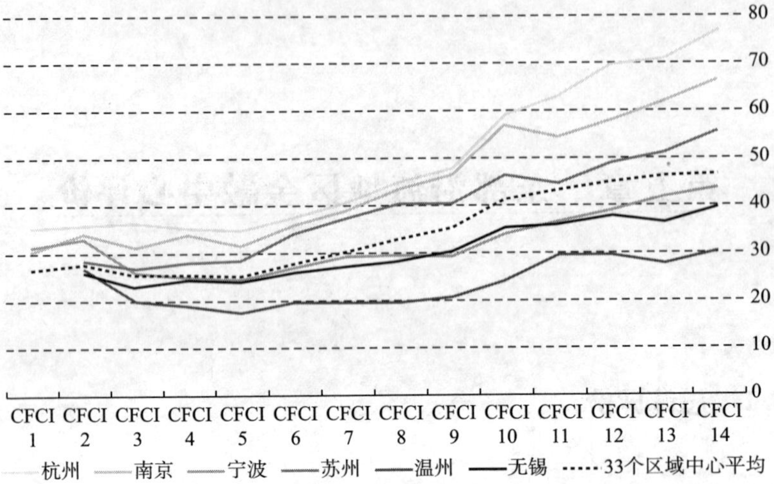

图 5.1.1　东部沿海地区金融中心历期 CFCI 综合竞争力得分

- 苏州金融中心在东部沿海地区排名第 3、在全国排名第 11,排名上升 1 名;本期综合竞争力得分 55.28 分,较上期增长 4.22 分。近 3 年苏州金融中心综合竞争力得分上升较快,排名上反超郑州、西安。
- 无锡金融中心在东部沿海地区排名第 5、在全国排名第 22,排名上升 2 名;本期综合竞争力得分 39.53 分,较上期增长 3.11 分。

5.1.2　东部沿海地区金融中心金融产业绩效表现

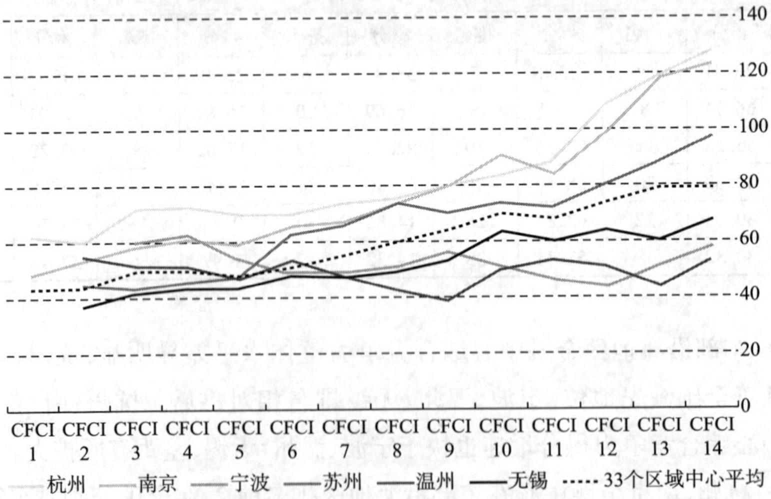

图 5.1.2　东部沿海地区金融中心历期 CFCI 金融产业绩效得分

- 本期东部沿海地区各中心的金融产业绩效得分均为增长。
- 宁波、温州得分与排名出现背离，金融产业绩效排名小幅下滑。
- 苏州表现较好，金融产业绩效得分上升 9.32 分，金融产业绩效排名上升 2 名至第 10。

5.1.3　东部沿海地区金融中心金融机构实力表现

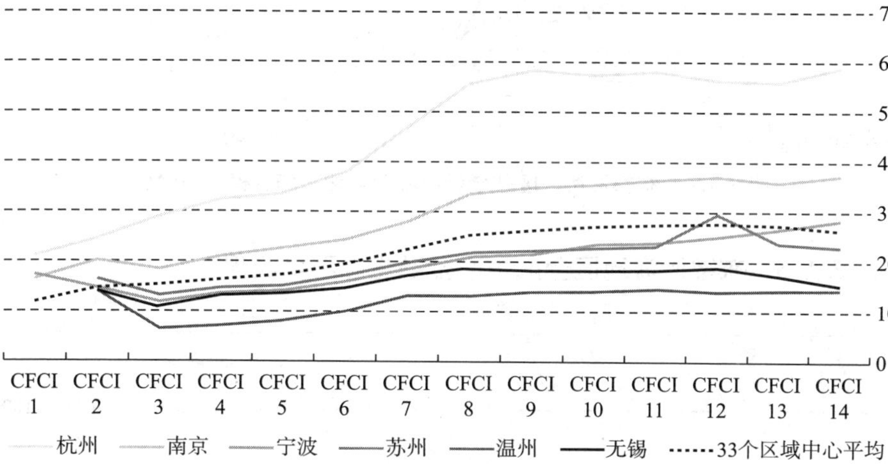

图 5.1.3　东部沿海地区金融中心历期 CFCI 金融机构实力得分

- 东部沿海地区 6 个金融中心的金融机构实力评价得分与上期基本持平，排名有所下滑。
- 杭州金融机构实力大幅超过东部沿海地区其他金融中心，本期得分 58.81 分，同比上升 3.01 分，全国排名第 5。
- 南京金融机构实力得分 36.69 分，同比上升 0.76 分，全国排名第 10，较上期下滑 1 个名次，被武汉市赶超。

5.1.4　东部沿海地区金融中心金融市场表现

- 本期东部沿海地区金融中心金融市场表现出现分化，杭州、苏州、南京大幅增长，无锡小幅增长，宁波、温州小幅下滑。
- 南京在区域股权市场发展方面表现强劲，杭州、苏州在上市水平方面更为突出。

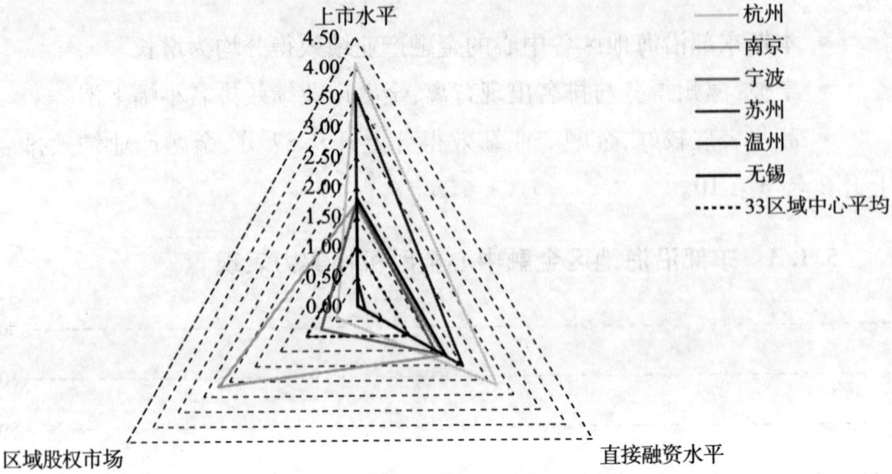

图 5.1.4　东部沿海地区各金融中心的金融市场规模分项对比

5.1.5　东部沿海地区金融中心金融生态环境表现

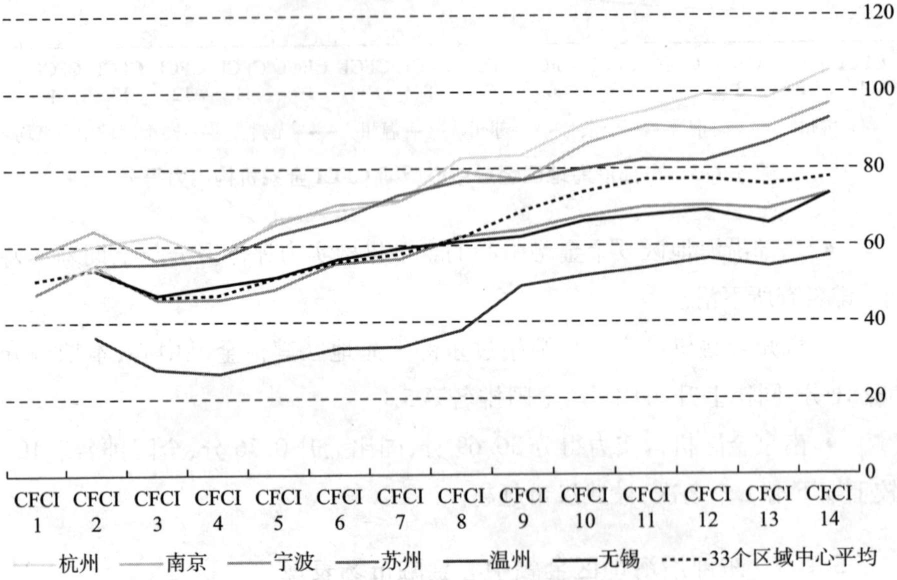

图 5.1.5　东部沿海地区金融中心历期 CFCI 金融生态环境得分

- 本期东部沿海地区各中心的金融生态环境得分均为增长。
- 杭州金融生态环境得分 105.40 分，同比上升 7.10 分，排名全国第 7，较上期下滑 1 个名次。

• 南京、苏州金融生态环境全国排名分别为第 9、第 10，排名较上期均下滑 1 个名次。

• 无锡金融生态环境得分 73. 50 分，同比上升 7. 40 分，全国排名第 18 位，较上期上升 5 个名次。

5. 2　杭州金融中心评价

杭州是浙江省省会，地处中国华东地区、钱塘江下游、东南沿海、浙江北部、京杭大运河南端；杭州是首批国家历史文化名城，以“东南名郡”著称于世；杭州因风景秀丽，素有“人间天堂”的美誉。杭州在 2005 年就提出“努力把杭州建设成金融机构齐全、金融市场发达、金融辐射功能强劲的‘长三角’区域性金融中心，成为上海国际金融市场的重要组成部分”。

5. 2. 1　杭州金融中心综合竞争力表现

从往期得分与排名来看，杭州金融中心综合竞争力得分稳步上升，排名有波动，总体维持在 5~7 名。10 年间，杭州的综合竞争力得分翻倍，上升了 42. 0 分，在本期中综合竞争力得分为 76. 81 分。

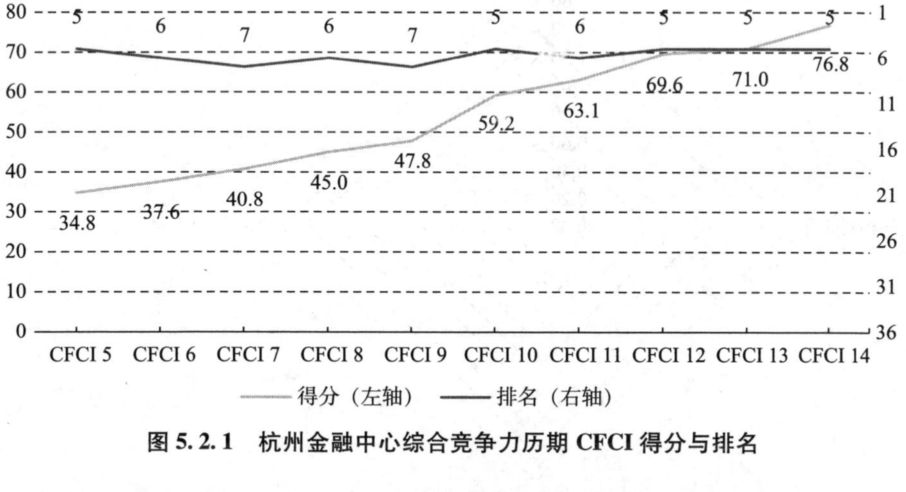

图 5. 2. 1　杭州金融中心综合竞争力历期 CFCI 得分与排名

本期 CFCI 杭州综合竞争力得分大幅上升 5. 85 分，全国排名第 5，与上期持平。杭州在金融产业绩效、金融机构实力、金融市场规模和金融生态环境的得分上均实现增长。其中,金融市场规模得分大幅增长 36.70%,在东部沿海地区优势明显。

表 5.2.1　杭州在第 14 期 CFCI 中的评价结果

评价分类	CFCI 14 得分	同比上期得分	得分增幅	CFCI 14 排名	排名变化
金融产业绩效	127.81	8.22	6.87%	5	0
金融机构实力	58.81	3.01	5.39%	5	0
金融市场规模	21.49	5.77	36.70%	7	0
金融生态环境	105.40	7.10	7.22%	7	−1
金融人才环境	8.58	−0.40	−4.46%	10	−2
金融商业环境	10.39	1.13	12.26%	8	−1
国际化环境	4.37	0.84	23.73%	6	0

5.2.2　杭州金融中心金融产业绩效表现

在金融产业绩效方面,杭州金融业增加值、金融业务规模和业务相对水平在东部沿海地区具有优势,如图 5.2.2 所示。

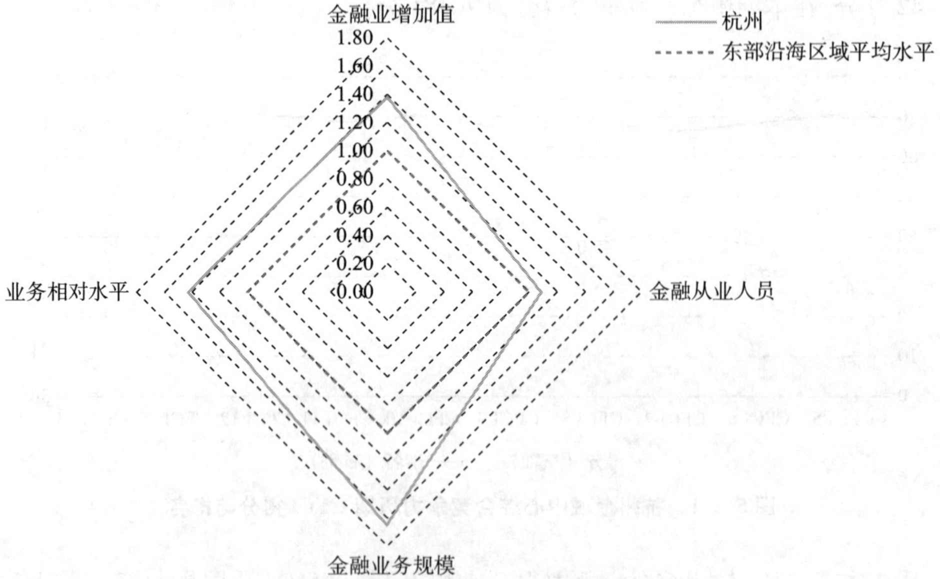

图 5.2.2　杭州金融产业绩效同东部沿海地区平均水平的比较

• 2021 年,杭州金融业实现增加值 2189.0 亿元,金融业增加值 3 年平均增长率达 8.7%,均为区域内第 1 名。

• 2020 年,杭州金融从业人员总数达 11.6 万人,为区域内第 1 名。

• 2021 年,杭州金融机构本外币存款余额达 61044 亿元,金融机构本外币贷款余额达 56275 亿元,均为区域内第 1 名。

5.2.3　杭州金融中心金融机构实力表现

在金融机构实力方面,杭州在东部沿海地区中远远领先区域平均水平,如图 5.2.3 所示。

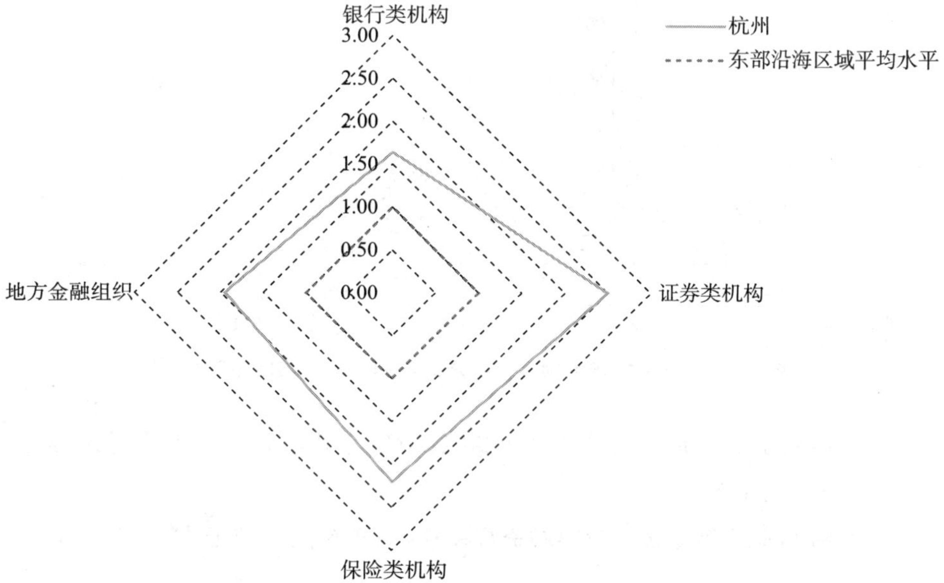

图 5.2.3　杭州金融机构实力与东部沿海地区平均水平的比较

• 杭州拥有本地法人商业银行 11 家,仅次于温州;2021 年本地法人商业银行资产总规模达 5 万亿元,为区域内第 1 名。

• 杭州拥有本地法人信托公司 4 家、本地法人财务公司 7 家,均为区域内第 1 名。

• 杭州私募基金管理公司 1510 家,私募基金达 8980 只,均为区域内第 1 名。

• 杭州拥有本地法人保险公司 3 家;本地法人保险公司资产规模达 1577 亿元,均为区域内第 1 名。

5.2.4 杭州金融中心金融市场规模表现

在金融市场规模方面,杭州上市水平在东部沿海地区中处于领先水平,如图 5.2.4 所示。

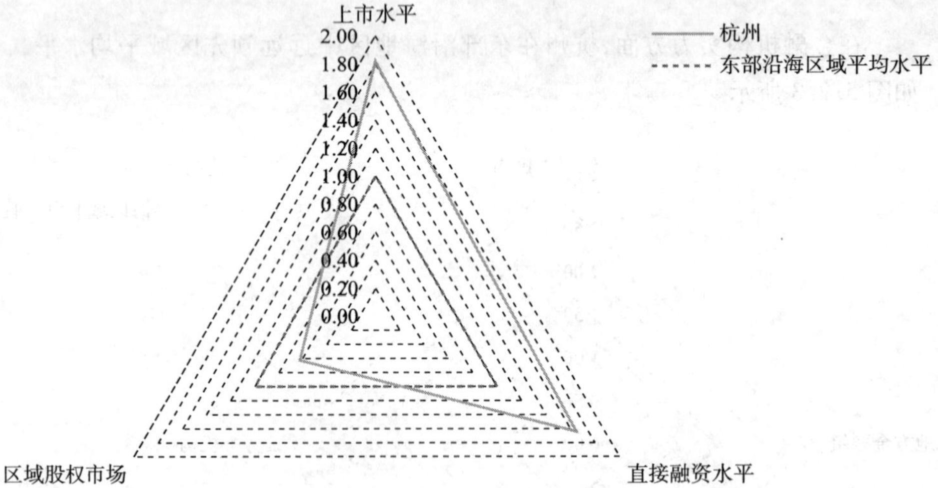

图 5.2.4 杭州金融市场规模与东部沿海地区平均水平的比较

• 杭州本地 A 股上市公司达 199 家,2021 年新增 A 股上市公司 38 家,均为区域内第 1 名。

• 杭州本地年度新增股票融资规模达 3562.6 亿元,为区域内第 2 名。

5.2.5 杭州金融中心金融生态环境表现

在金融生态环境方面,杭州在专业服务和国际化程度优势明显,如图 5.2.5、图 5.2.6 和图 5.2.7 所示。

• 杭州 2021 年执业律师达 1.2 万人,2020 年注册会计师(CPA)达 3771 人,均为区域内第 1 名。

• 杭州 2021 年每万人拥有医院病床 69 张,为区域内第 1 名。

• 2021 年,杭州地方政府负债率达 100%,地方政府债务率达 759%,近 3 年违约债券余额为 0。

- 杭州拥有外资金融营业性机构 39 家，区域内仅次于南京。
- 2021 年，杭州当年实际利用 FDI 总额达 81.7 亿美元，为区域内第 1 名。

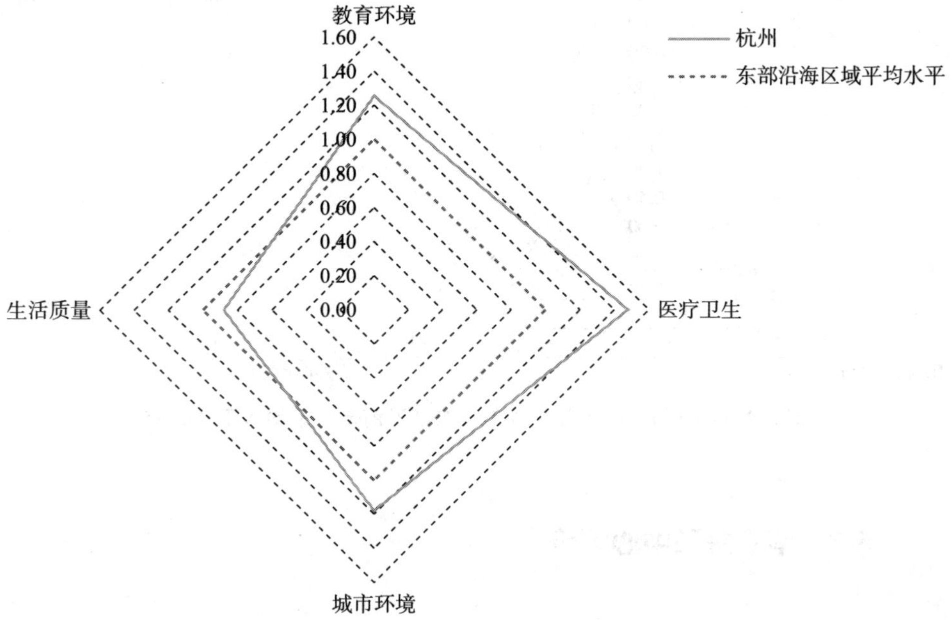

图 5.2.5　杭州金融人才环境与东部沿海地区平均水平的比较

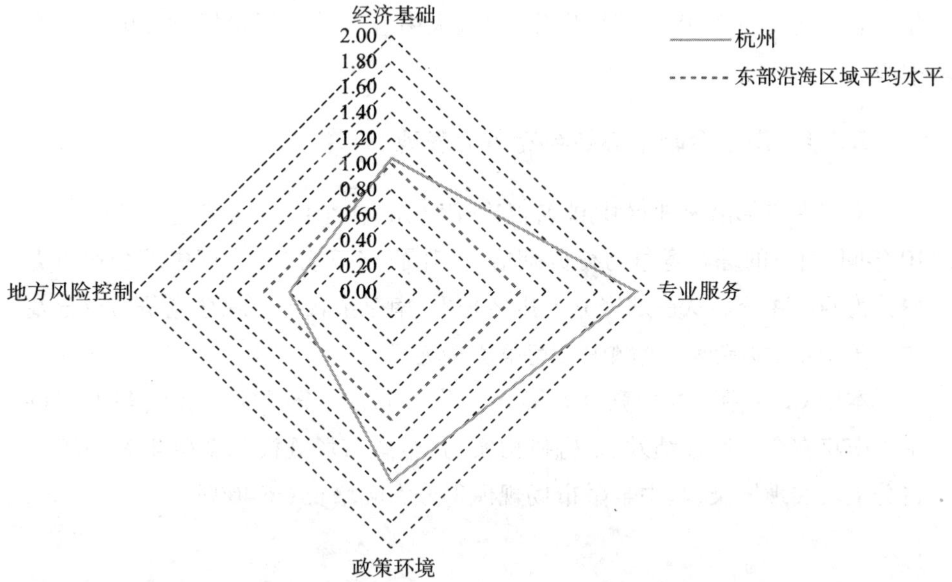

图 5.2.6　杭州金融商业环境与东部沿海地区平均水平的比较

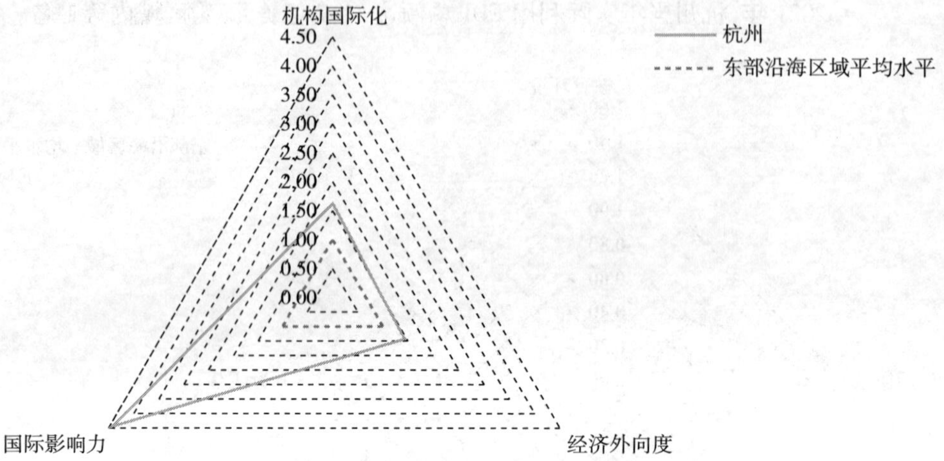

图 5.2.7　杭州金融国际化程度与东部沿海地区平均水平的比较

5.3　南京金融中心评价

南京是江苏省省会,地处中国东部、长江下游、濒江近海,是长三角辐射带中西部地区发展的国家重要门户城市,长期是中国南方的政治、经济、文化中心。南京在 2005 年就提出建设“五大中心”,其中便包括建设区域金融中心。

5.3.1　南京金融中心综合竞争力表现

南京在东部沿海地区中排名仅次于杭州,在全国排名稳定在 7~9 名。10 年间,南京的综合竞争力得分翻倍,上升了 34.7 分,在本期中综合竞争力得分为 66.74 分。从往期得分与排名来看,南京金融中心综合竞争力得分基本处于稳步上升趋势,金融中心竞争优势突显。

本期 CFCI 南京综合竞争力得分上升 4.92 分,全国排名第 8,与上期持平。南京在金融产业绩效、金融机构实力、金融市场规模和金融生态环境的得分上均实现增长,其中金融市场规模得分大幅增长 66.40%。

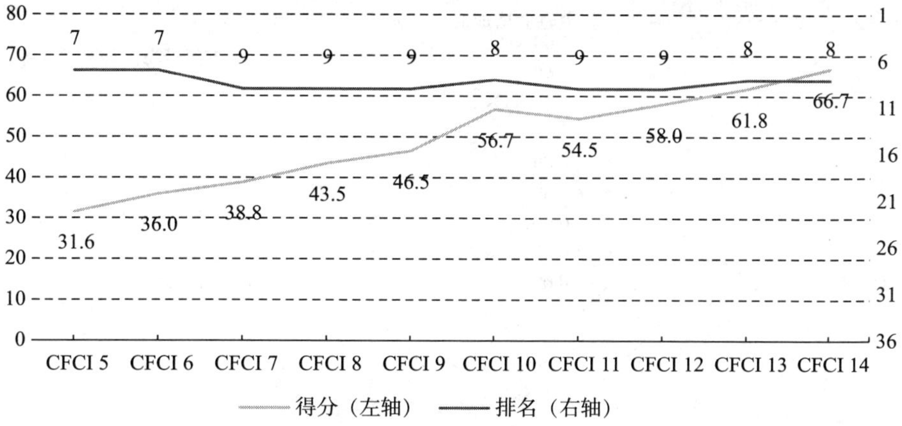

图 5.3.1　南京金融中心综合竞争力历期 CFCI 得分与排名

表 5.3.1　南京在第 14 期 CFCI 中的评价结果

评价分类	CFCI 14 得分	同比上期得分	得分增幅	CFCI 14 排名	排名变化
金融产业绩效	123.27	5.42	4.60%	6	0
金融机构实力	36.69	0.76	2.12%	10	-1
金融市场规模	16.84	6.72	66.40%	9	4
金融生态环境	99.04	7.84	8.60%	9	-1
金融人才环境	9.58	-0.21	-2.13%	5	1
金融商业环境	9.10	1.26	16.13%	13	-1
国际化环境	3.25	0.68	26.53%	11	0

5.3.2　南京金融中心金融产业绩效表现

在金融产业绩效方面，南京金融业增加值、金融业务规模和业务相对水平在东部沿海地区具有优势，如图 5.3.2 所示。

- 2021 年，南京金融业实现增加值 2044.4 亿元，为区域内第 2 名，略少于杭州；金融业增加值 3 年平均增长率达 6.9%。
- 2020 年，南京金融从业人员总数达 7.4 万人；金融从业人员 3 年平均增长率达 8.9%，为区域内第 2 名。
- 2021 年，南京金融机构本外币存款余额达 44709 亿元，金融机构本外币贷款余额达 43305 亿元，均为区域内第 2 名。
- 2021 年，南京本地证券交易量与 GDP 之比为 2267%，为区域内第 1 名。

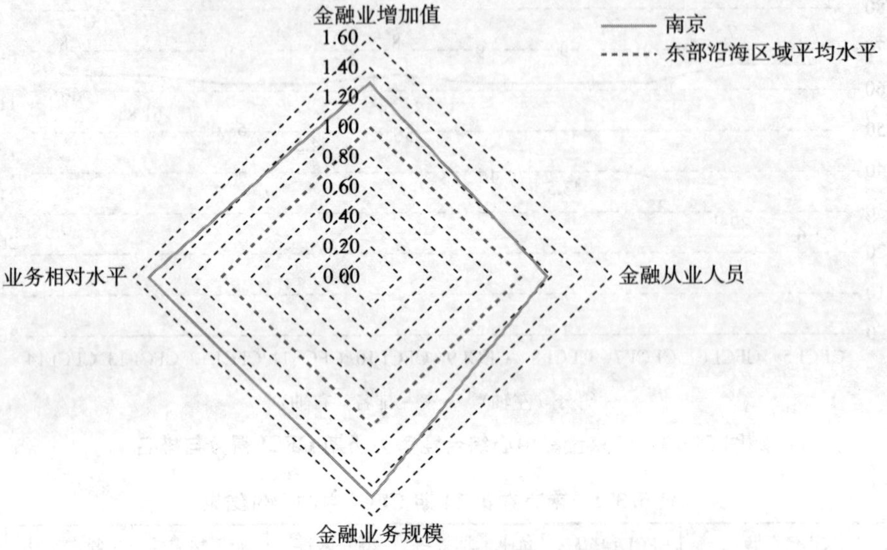

图 5.3.2　南京金融产业绩效同东部沿海地区平均水平的比较

5.3.3　南京金融中心金融机构实力表现

南京金融机构实力在银行、证券、保险类机构方面有明显优势,如图 5.3.3 所示。

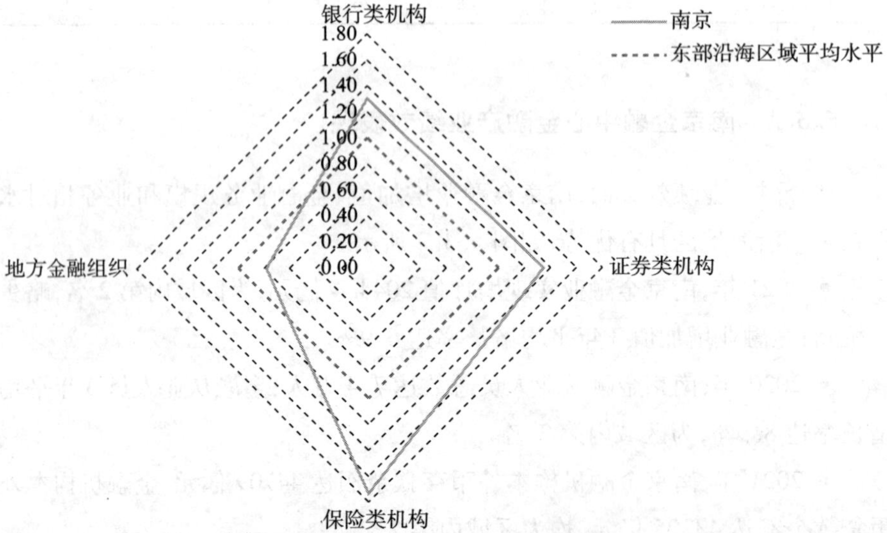

图 5.3.3　南京金融机构实力与东部沿海地区平均水平的比较

• 南京拥有本地法人商业银行 9 家;2021 年本地法人商业银行资产总规模达 4.7 万亿元,为区域内第 2 名。

• 南京拥有本地法人证券公司 2 家;2021 年本地法人证券公司资产总规模达 8584 亿元,为区域内第 1 名。

• 南京拥有本地法人保险公司 3 家;本地法人保险公司资产规模达 875 亿元,为区域内第 2 名。

5.3.4　南京金融中心金融市场规模表现

在金融市场规模方面,南京区域股权市场在东部沿海地区中处于领先水平,如图 5.3.4 所示。

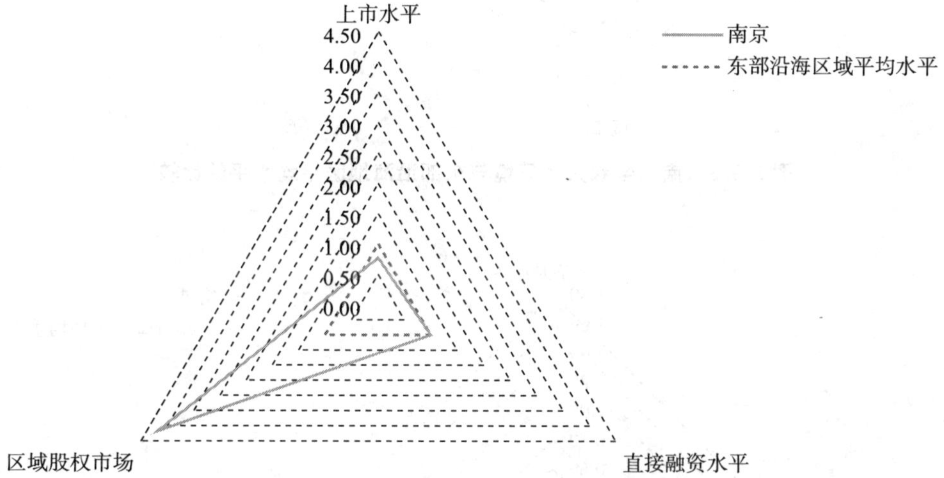

图 5.3.4　南京金融市场规模与东部沿海地区平均水平的比较

• 南京本地 A 股上市公司达 105 家,新三板挂牌公司达 129 家,处于区域内平均水平。

• 南京区域股权市场拥有的挂牌公司达 9551 家,市场筹资金额达 48.3 亿元,均为区域内第 1 名。

5.3.5　南京金融中心金融生态环境表现

在金融生态环境方面,南京专业服务、教育环境、城市环境和金融国际化程度在东部沿海地区具有优势,如图 5.3.5、图 5.3.6 和图 5.3.7 所示。

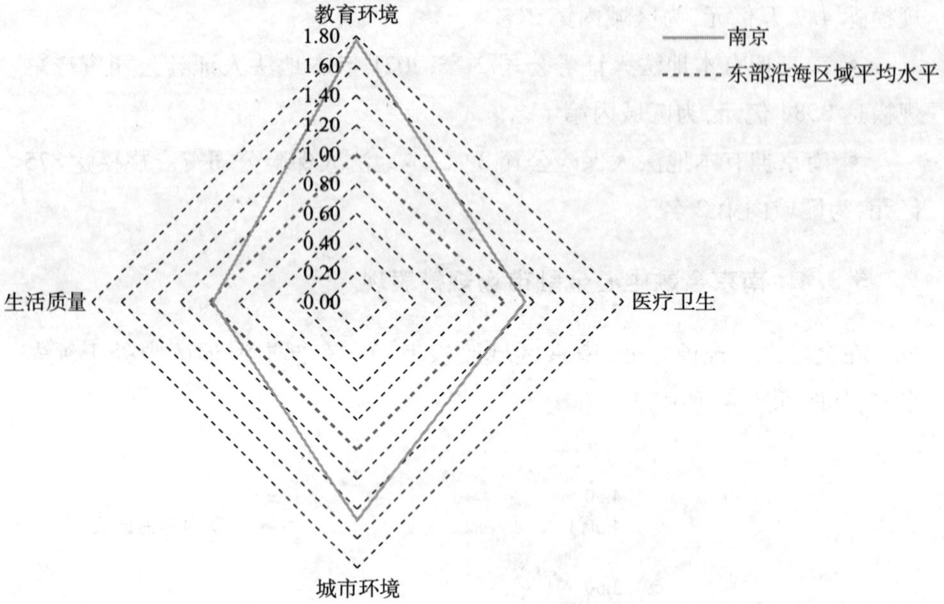

图 5.3.5　南京金融人才环境与东部沿海地区平均水平的比较

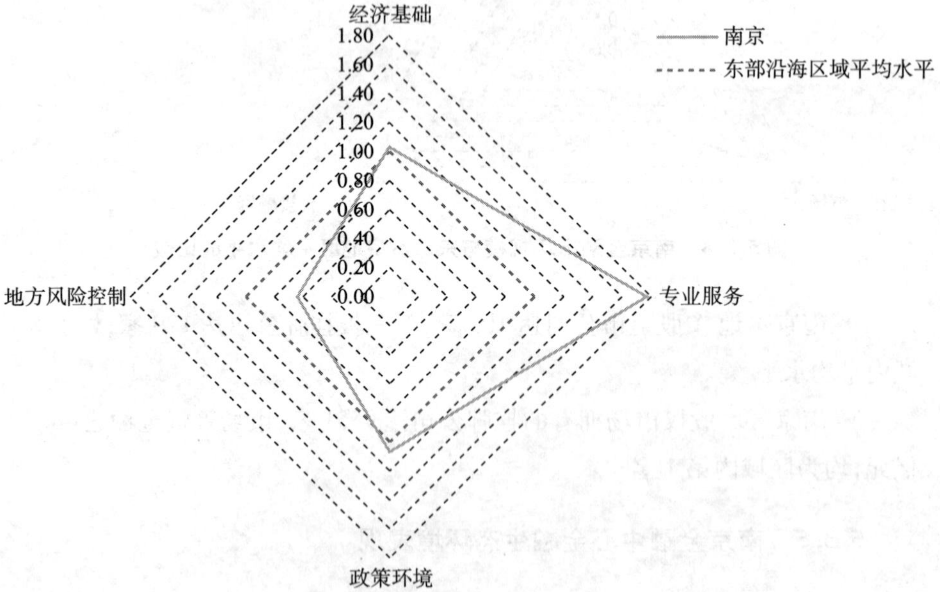

图 5.3.6　南京金融商业环境与东部沿海地区平均水平的比较

• 2021 年,南京普通高等学校在校学生 96 万人,普通高等学校 51 所,均为区域内第 1 名。

• 2021 年,南京人均公园绿地面积达 11.8 平方米,每百万人城市轨道交通里程达 47.0 公里,均为区域内第 1 名。

• 南京 2021 年执业律师将近 1 万人,2020 年注册会计师(CPA)3454 人,均为区域内第 2 名。

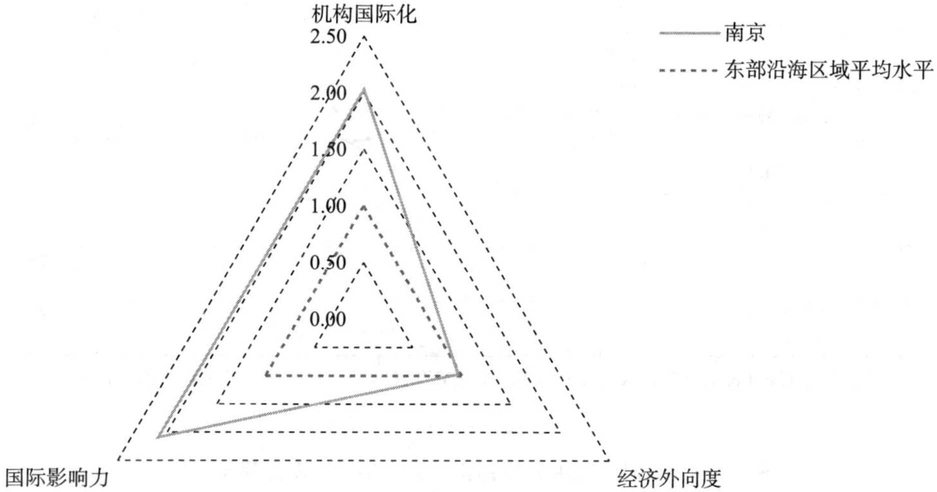

图 5.3.7　南京金融国际化程度与东部沿海地区平均水平的比较

• 南京拥有各类外资金融营业性机构 50 家,金融机构国际化水平为区域第 1 名。

• 南京整体国际影响力也远超区域平均水平,在接待入境旅游者人数、国际航班连通城市数以及金融中心国际知名度等方面均表现优秀,区域内排名仅次于杭州。

5.4　苏州金融中心评价

苏州位于长江三角洲中部、江苏省东南部,东傍上海,南接浙江。苏州是首批国家历史文化名城之一,是中国私家园林的代表,有“人间天堂”的美誉。苏州在金融业“十二五”发展规划中提出“建设‘对接上海、服务苏州、延伸辐射’的苏州区域金融中心”。

5.4.1 苏州金融中心综合竞争力表现

从往期得分与排名来看,苏州金融中心综合竞争力得分稳步上升,仅在CFCI 11 出现下滑;苏州金融中心综合竞争力排名存在波动,整体维持在10~13 名。10 年间,苏州的综合竞争力得分接近翻倍,上升了 26.6 分,在本期中综合竞争力得分为 55.28 分。

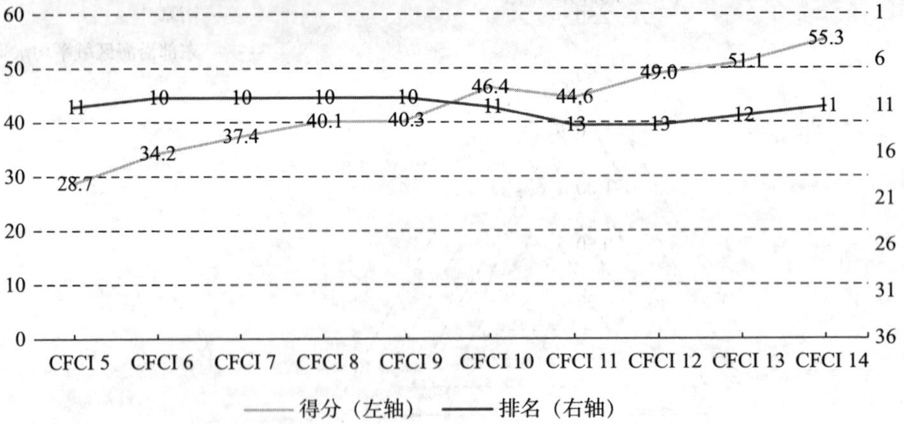

图 5.4.1 苏州金融中心综合竞争力历期 CFCI 得分与排名

本期苏州 CFCI 综合竞争力得分上升 4.22 分,排名第 11,比上期上升 1 名。苏州在金融产业绩效、金融市场规模和金融生态环境的得分上实现增长,其中金融产业绩效得分增长 10.59%,单项排名上升 2 位。

表 5.4.1 苏州在第 14 期 CFCI 中的评价结果

评价分类	CFCI 14 得分	同比上期得分	得分增幅	CFCI 14 排名	排名变化
金融产业绩效	97.33	9.32	10.59%	10	2
金融机构实力	22.75	-0.61	-2.61%	19	-3
金融市场规模	17.62	2.84	19.22%	8	0
金融生态环境	93.22	6.44	7.42%	10	-1
金融人才环境	6.77	-0.03	-0.46%	29	-3
金融商业环境	10.69	1.09	11.34%	6	0
国际化环境	3.18	0.37	13.15%	12	-2

5.4.2　苏州金融中心金融产业绩效表现

在金融产业绩效方面,苏州金融业增加值和金融从业人员在东部沿海地区具有优势,如图 5.4.2 所示。

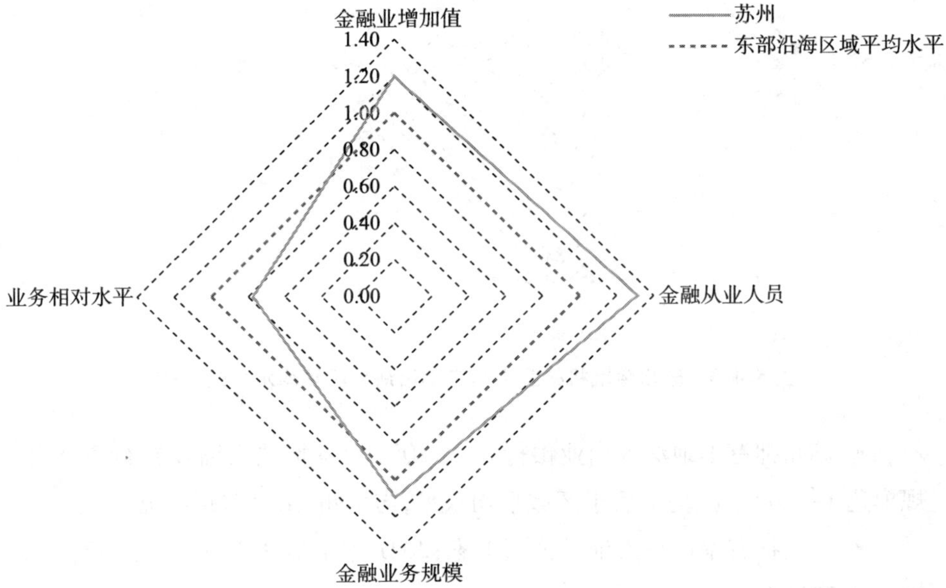

图 5.4.2　苏州金融产业绩效同东部沿海地区平均水平的比较

- 2021 年,苏州金融业实现增加值 1970.9 亿元,为东部沿海地区金融中心第 3 名,与杭州、南京接近;金融业增加值 3 年平均增长率达 8.3%。
- 2020 年,苏州金融从业人员总数达 8.9 万人,为区域内第 2 名;金融从业人员 3 年平均增长率达 12.5%,为区域内第 1 名。
- 2021 年,苏州金融机构本外币存款余额达 41600 亿元,金融机构本外币贷款余额达 40800 亿元,均为区域内第 3 名。

5.4.3　苏州金融中心金融机构实力表现

在金融机构实力方面,苏州在东部沿海地区中略低于区域平均水平,如图 5.4.3 所示。

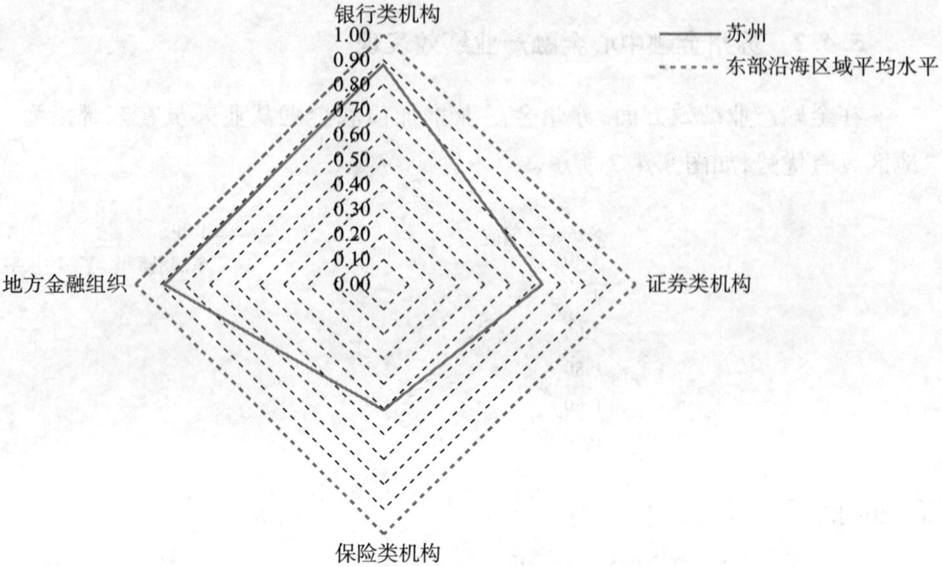

图 5.4.3　苏州金融机构实力与东部沿海地区平均水平的比较

• 苏州拥有本地法人商业银行 6 家,2021 年本地法人商业银行资产总规模达 1.2 万亿元,均落后于区域平均水平,与杭州、南京差距明显。

• 苏州拥有本地法人证券公司 1 家;2021 年本地法人证券公司资产总规模达 2047 亿元。

• 苏州拥有本地法人保险公司 1 家;2021 年本地法人保险公司资产规模达 262 亿元。

5.4.4　苏州金融中心金融市场规模表现

在金融市场规模方面,苏州上市水平和直接融资水平在东部沿海地区中处于领先水平,如图 5.4.4 所示。

• 苏州本地 A 股上市公司达 175 家,2021 年新增 A 股上市公司 32 家,均为区域内第 2 名;新三板挂牌公司 267 家,为区域内第 1 名。

5.4.5　苏州金融中心金融生态环境表现

在金融生态环境方面,苏州的地方风险控制和经济外向度在东部沿海地区具有优势,如图 5.4.5、图 5.4.6 和图 5.4.7 所示。

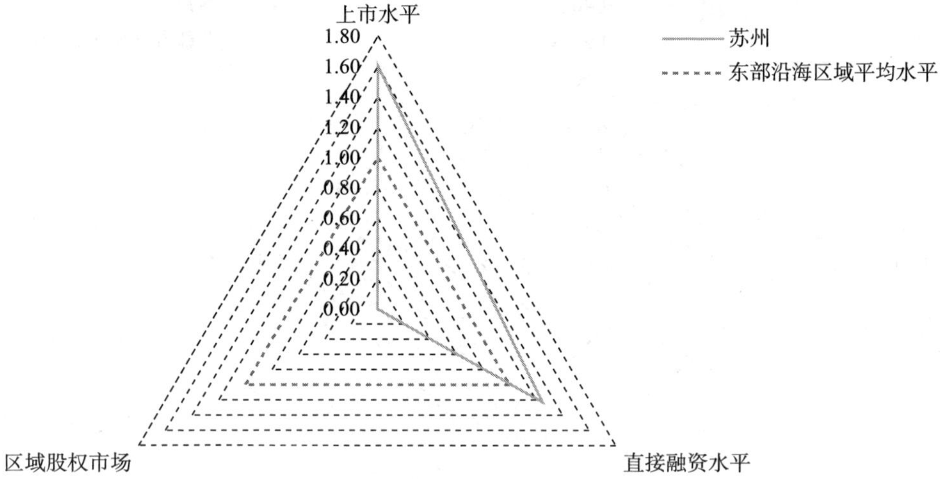

图 5.4.4　苏州金融市场规模与东部沿海地区平均水平的比较

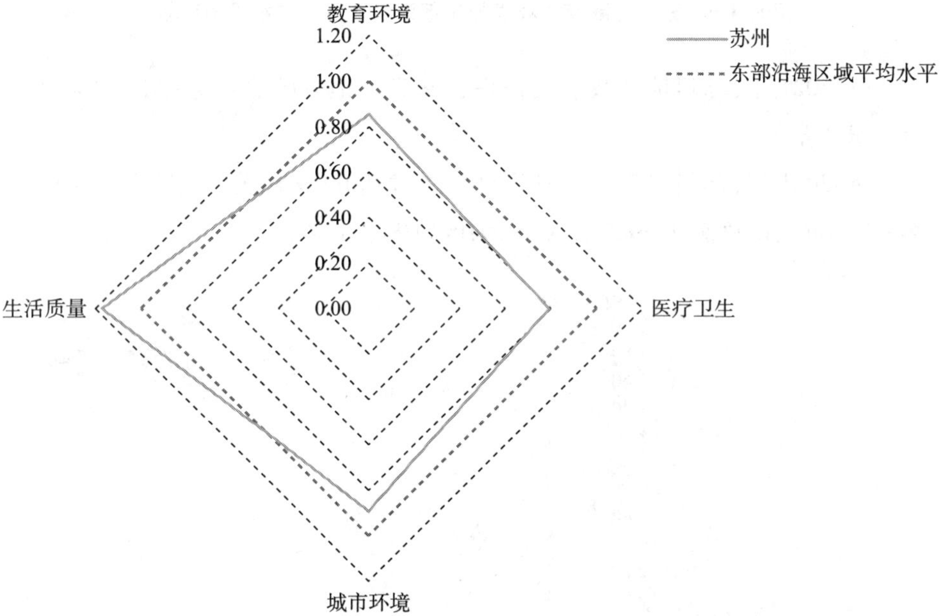

图 5.4.5　苏州金融人才环境与东部沿海地区平均水平的比较

- 苏州普通高等学校 25 所，普通高等学校在校学生 26.3 万人。
- 2021 年，苏州每万人拥有的执业医师数达 31 人，为区域内第 1 名。

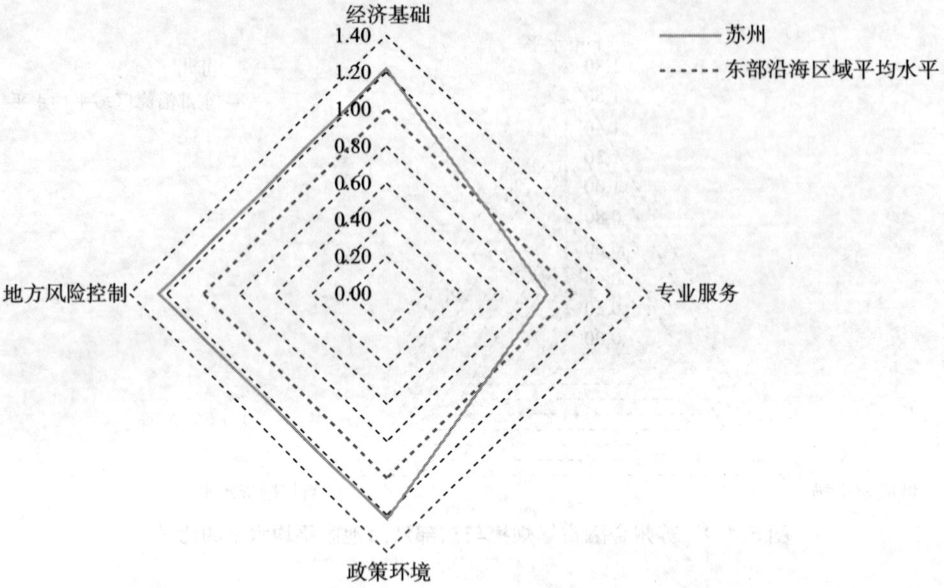

图 5.4.6　苏州金融商业环境与东部沿海地区平均水平的比较

• 2021 年,苏州地方政府负债率达 9.3%,地方政府债务率达 84%,均为区域内最低。

• 2021 年,苏州当年实际利用外资总额达 69.9 亿美元,为区域内第 2 名;当年进出口总额达 3927 亿美元,为区域内第 1 名。

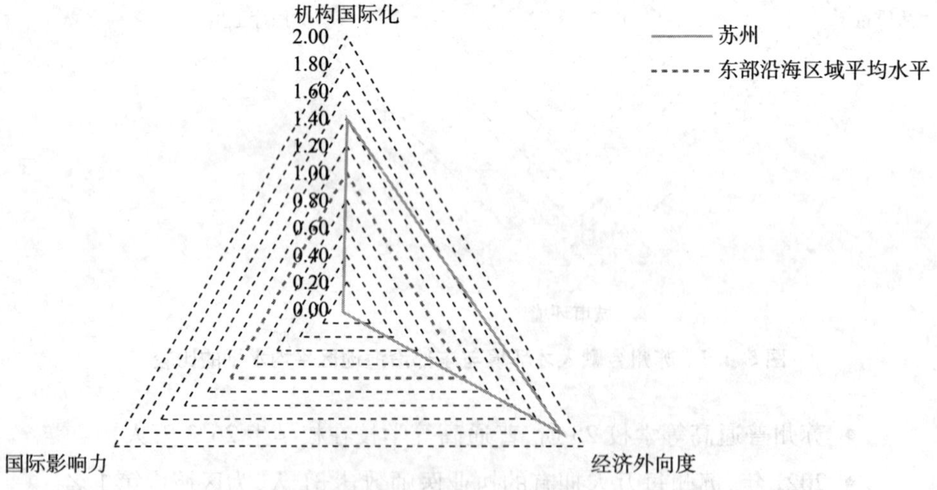

图 5.4.7　苏州金融国际化程度与东部沿海地区平均水平的比较

5.5　宁波金融中心评价

宁波是浙江省辖地级市、副省级市、计划单列市，是中国东南沿海重要的港口城市、长江三角洲南翼经济中心。宁波在2005年就定位建设区域金融中心。

5.5.1　宁波金融中心综合竞争力表现

从往期得分与排名来看，宁波金融中心综合竞争力得分保持稳步提升，排名有所提高但存在波动，基本保持在国内前20的水平。10年间，宁波金融中心综合竞争力得分累计上升了19.6分。

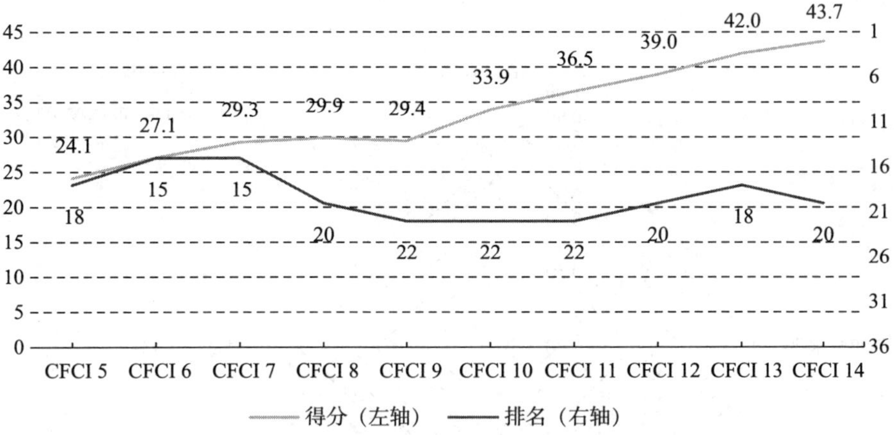

图5.5.1　宁波金融中心综合竞争力历期CFCI得分与排名

本期CFCI宁波综合竞争力得分为43.68分，上升1.71分，排名第20，比上期下降2名。宁波在金融产业绩效、金融机构实力、金融市场规模和金融生态环境的得分上均实现增长，但相应单项排名却都出现下滑，原因可能在于增速不及兄弟城市。

表5.5.1　宁波在第14期CFCI中的评价结果

评价分类	CFCI 14 得分	同比上期得分	得分增幅	CFCI 14 排名	排名变化
金融产业绩效	68.52	2.12	3.19%	25	-3
金融机构实力	27.40	1.22	4.66%	14	-1

续表

评价分类	CFCI 14 得分	同比上期得分	得分增幅	CFCI 14 排名	排名变化
金融市场规模	11.47	0.01	0.09%	14	-3
金融生态环境	73.28	3.78	5.44%	19	-1
金融人才环境	6.35	-0.42	-6.27%	34	-7
金融商业环境	8.34	1.04	14.32%	15	1
国际化环境	1.54	0.22	16.46%	17	1

5.5.2 宁波金融中心金融产业绩效表现

在金融产业绩效方面,宁波在区域内和全国都相对落后,如图 5.5.2 所示。

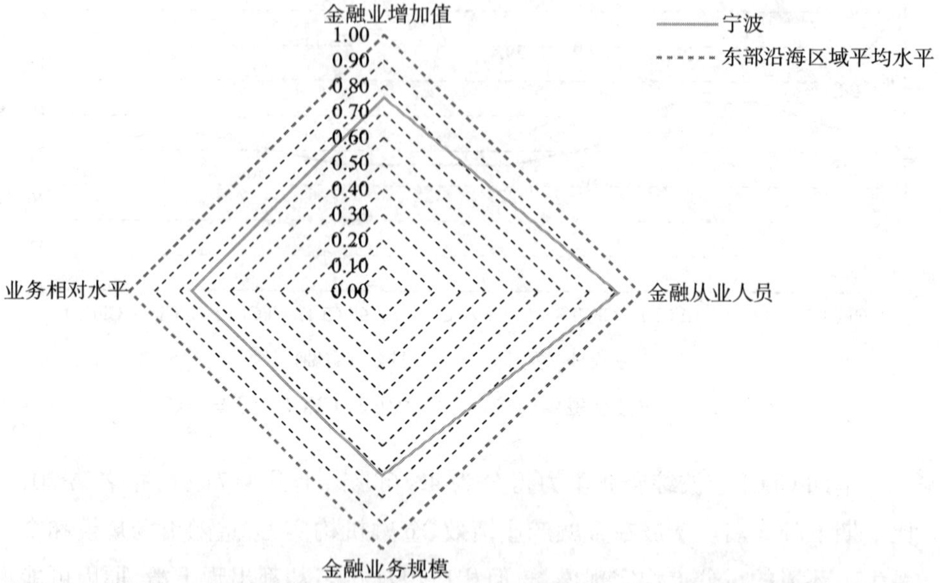

图 5.5.2 宁波金融产业绩效同东部沿海地区平均水平的比较

- 2021 年,宁波金融业实现增加值 1062.7 亿元,金融业增加值 3 年平均增长率达 7.9%。
- 2020 年,宁波金融从业人员总数达 8.5 万人;金融从业人员占常住人口比重达 0.9%,为区域内第 2 名。

• 2021年，宁波保险深度仅为2.6%，保险密度为人均3930元，不但在东部沿海金融中心中处于垫底水平，在全国36个金融中心城市中也相对处于末位。

5.5.3 宁波金融中心金融机构实力表现

在金融机构实力方面，宁波与东部沿海区域平均水平接近，如图5.5.3所示。

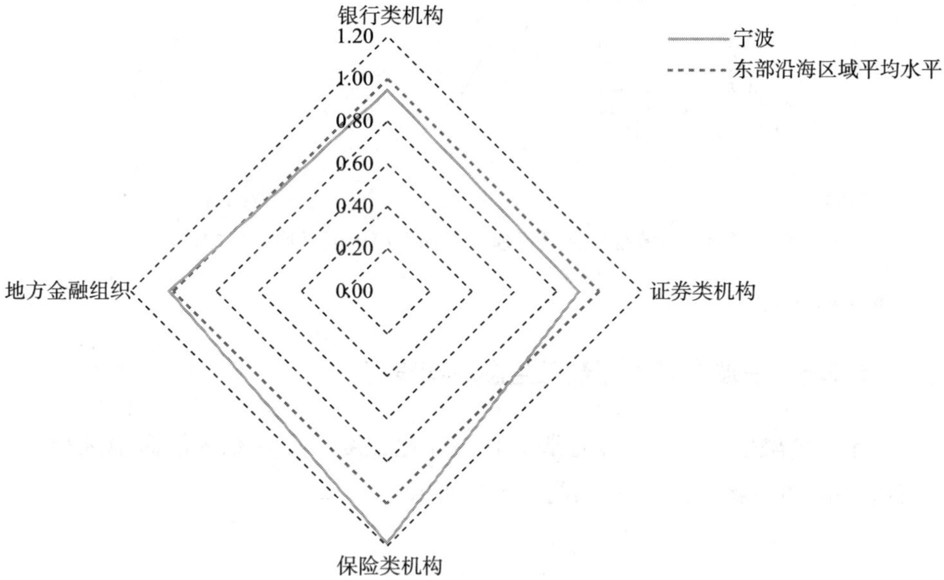

图5.5.3 宁波金融机构实力与东部沿海地区平均水平的比较

• 宁波拥有本地法人商业银行11家，为区域内第2名；2021年本地法人商业银行资产总规模达2.7万亿元，为区域内第3名。

• 2021年，宁波私募基金管理机构达791家，私募基金达5023只，为区域内第2名，仅次于杭州。

• 2021年，宁波拥有本地法人保险公司1家、保险资管法人1家，法人保险公司资产规模达17亿元，大幅落后于区域平均水平。

5.5.4 宁波金融中心金融市场规模表现

在金融市场规模方面，宁波处于东部沿海地区平均水平，如图5.5.4所示。

• 宁波本地A股上市公司107家，2021年新增A股上市公司13家，为

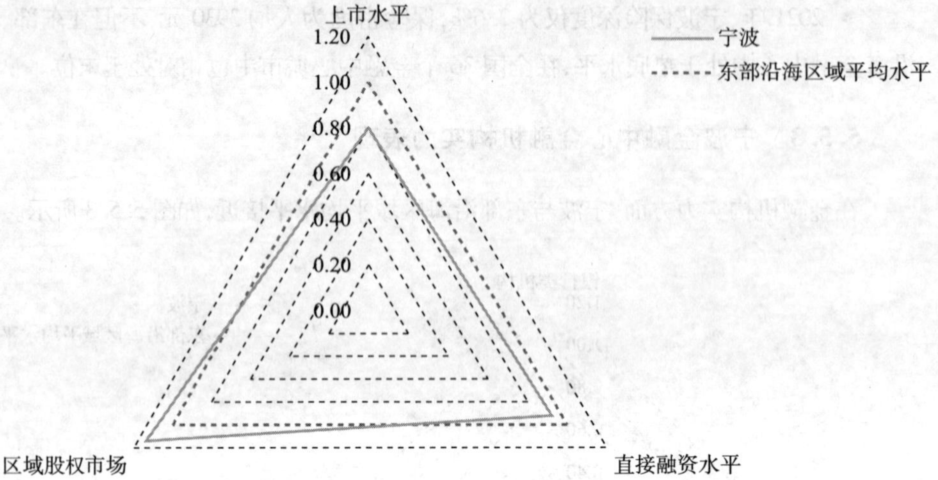

图 5.5.4　宁波金融市场规模与东部沿海地区平均水平的比较

区域内第 3 名。

5.5.5　宁波金融中心金融生态环境表现

宁波金融生态环境在专业服务和国际化程度方面在东部沿海地区相对落后,如图 5.5.5、图 5.5.6 和图 5.5.7 所示。

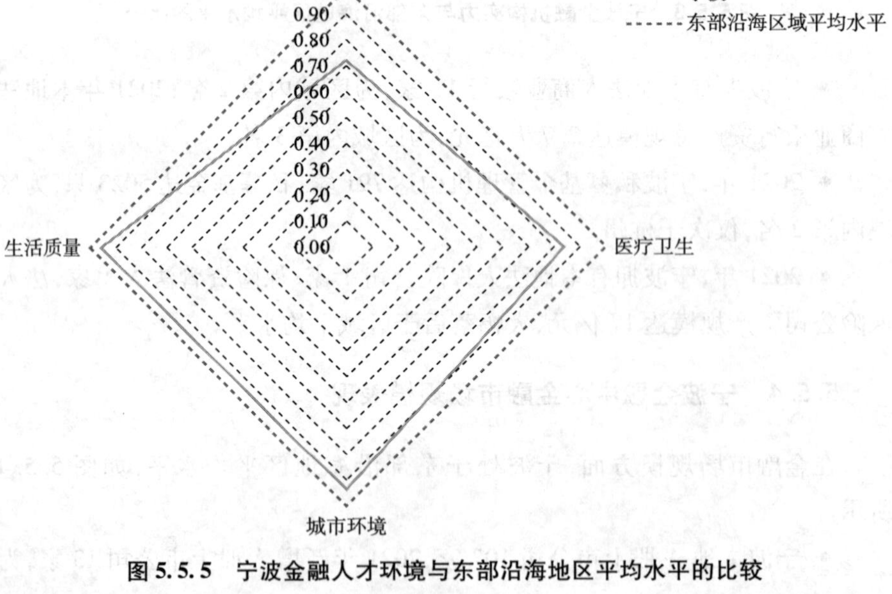

图 5.5.5　宁波金融人才环境与东部沿海地区平均水平的比较

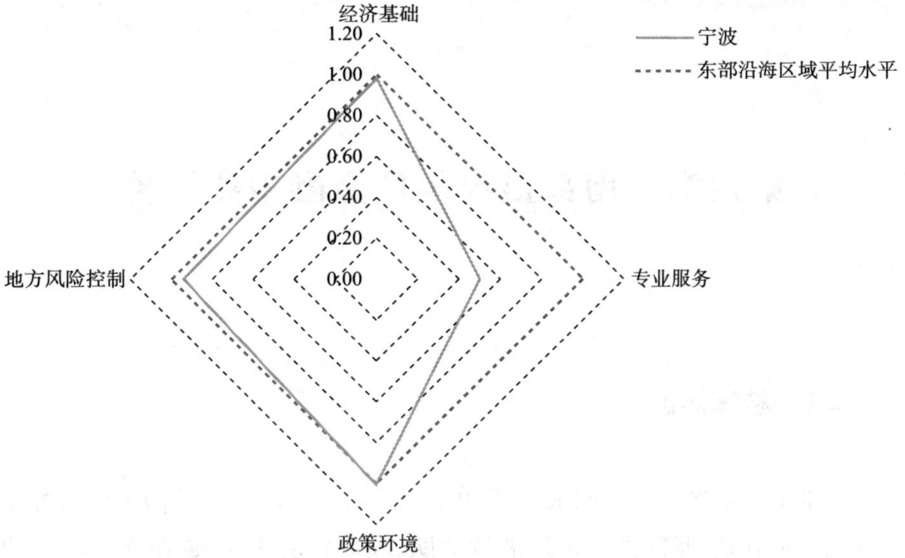

图 5.5.6　宁波金融商业环境与东部沿海地区平均水平的比较

- 2021 年,宁波地方政府负债率达 30.7%,地方政府债务率达 260%,处于区域平均水平。
- 宁波近 3 年无违约债券余额,为区域内最好。
- 宁波拥有外资金融营业性机构 14 家;2021 年,宁波当年实际利用 FDI 总额达 32.7 亿美元,低于区域内平均水平。

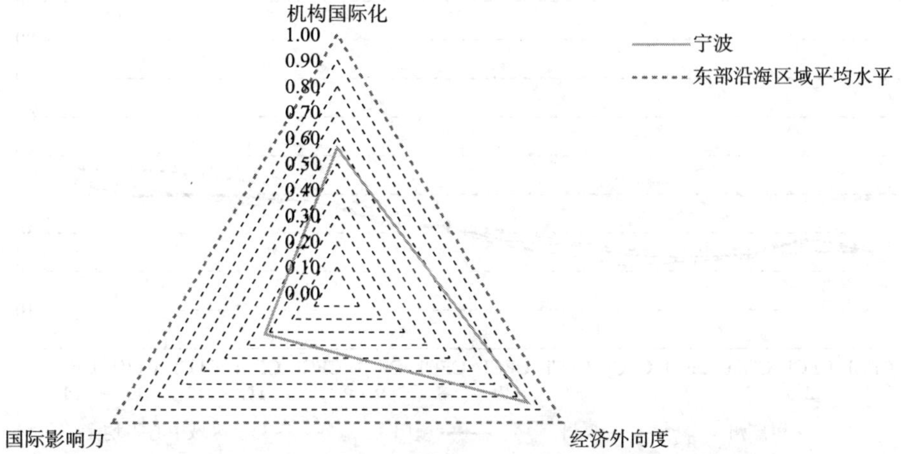

图 5.5.7　宁波金融国际化程度与东部沿海地区平均水平的比较

第六章　南部沿海地区金融中心评价

6.1　总体评价

南部沿海地区位于中国最南部，由广东、福建、海南3省组成，作为粤港澳大湾区所在地，是我国经济发展较活跃、开放程度较高、创新能力较强的区域之一，在国家现代化建设大局和全方位对外开放格局中占据着举足轻重的战略地位。区域内共有5个城市明确提出建设金融中心目标，除了深圳位列3大全国性金融中心之一外，还有广州、福州、厦门、海口等4个城市为区域性金融中心。

6.1.1　南部沿海地区金融中心综合竞争力表现

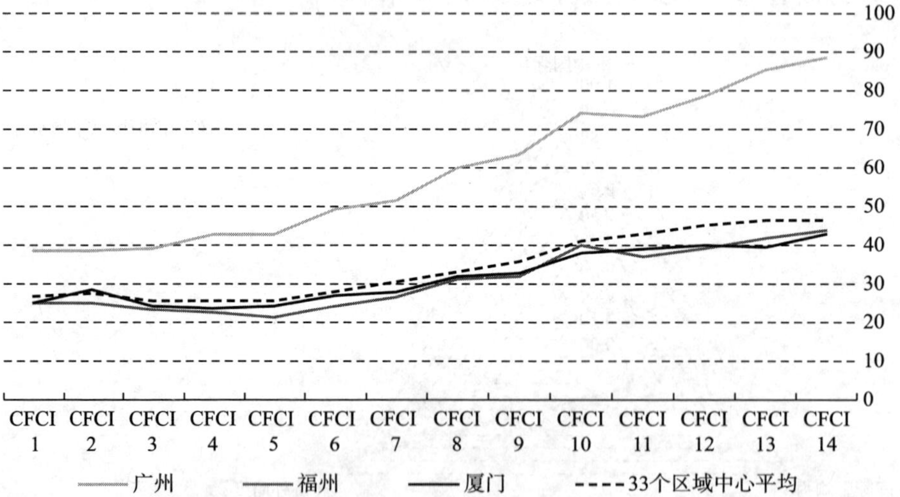

图6.1.1　南部沿海地区金融中心历期CFCI综合竞争力得分

• 南部沿海地区金融中心综合竞争力与全国33个区域金融中心平均水平总体相当，其中广州金融中心综合竞争力一枝独秀，高于全国平均水平，福州、厦门、海口金融中心综合竞争力低于全国平均得分，但与全国平均水平分差不大。

表6.1.1　南部沿海地区金融中心在第14期CFCI中的评价结果

城市	综合竞争力		金融产业绩效		金融机构实力		金融市场规模		金融生态环境	
	得分	排名	得分	排名	得分	排名	得分	排名	得分	排名
广州	88.92	4	144.62	4	59.47	4	24.48	6	137.41	3
福州	44.06	18	72.68	20	33.12	11	4.52	25	70.58	24
厦门	43.04	21	74.30	18	19.07	25	4.43	26	82.71	16
海口	35.76	27	75.22	16	11.85	34	3.09	32	59.79	32

• 广州在南部沿海地区排名第1、全国排名第4，本期综合竞争力得分88.92分，较上期增长3.44分，与33个区域金融中心平均水平分差优势由上期的39.2分增加至42.3分。

• 福州在南部沿海地区排名第2、在全国排名第18，本期综合竞争力得分44.06分，较上期上升1位。

• 厦门本期综合竞争力得分43.04分，较上期小幅增长，全国排名第21，较上期下降1位。

• 海口为本期新加入金融中心城市，综合竞争力得分35.76分，全国排名第27。

6.1.2　南部沿海地区金融中心金融产业绩效表现

• 南部沿海地区金融产业绩效出现较大分化，其中广州分项得分呈现一枝独秀态势，福州延续过去两年的稳健增长态势，厦门扭转下降颓势、实现对福州反超，但福州和厦门分项得分仍略低于全国33个区域金融中心平均水平。

• 广州本期分项得分增长10.59分，南部沿海地区排名第1、全国排名第4。2021年，广州金融业实现增加值2468亿元，近3年平均增长率达7.3%；2020年，广州金融从业人员达22.27万人，近3年平均增长率达22.8%。

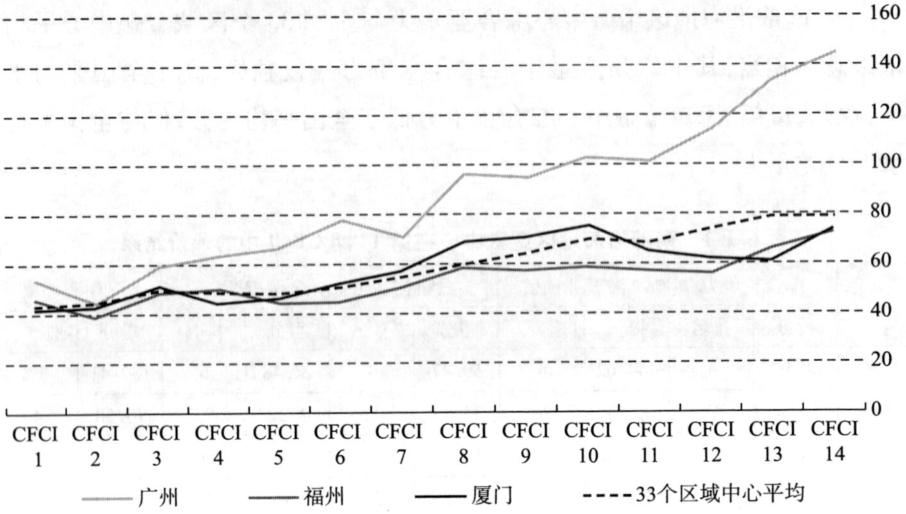

图 6.1.2　南部沿海地区金融中心历期 CFCI 金融产业绩效得分

- 福州金融产业绩效得分进入稳步上行通道,全国排名上升 1 个名次至第 20。2021 年,福州金融业实现增加值 1189.9 亿元,近 3 年平均增长率达 5.0%。
- 厦门本期分项得分增长 13.38 分,全国排名上升 7 位进入二十强队列,这主要得益于金融从业人员数快速增长,近 3 年平均增长率达到 17.1%,但金融从业人员仅有 6.12 万人,仍有较大增长空间。

6.1.3　南部沿海地区金融中心金融机构实力表现

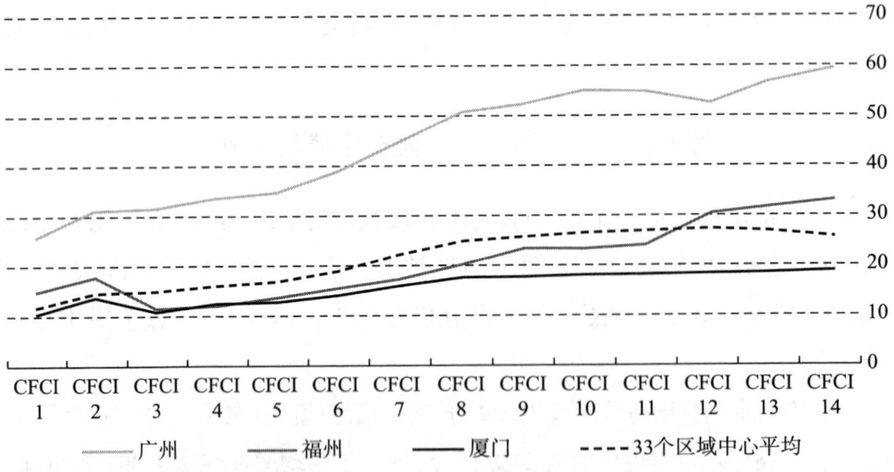

图 6.1.3　南部沿海地区金融中心历期 CFCI 金融机构实力得分

• 南部沿海地区金融机构实力差距较大，其中广州分项得分最高，达到 59.47 分，全国排名第 4；海口分项得分最低，仅为 11.85 分。南部沿海地区分项得分均有增加，表现优于全国 33 个区域金融中心平均水平。

• 广州本期分项得分上涨 2.44 分，但与排名紧随其后的杭州分差领先优势已不足 1 分。

• 福州本期分项得分增长略低于广州，但仍保持稳步增长态势，全国排名第 11、南部沿海地区排名第 2。

• 厦门金融机构实力表现相对不足，本期分项得分仅实现小幅增长，排名下滑 1 位至全国第 25。

• 海口本期分项得分 11.85 分，全国排名第 34。

6.1.4　南部沿海地区金融中心金融市场表现

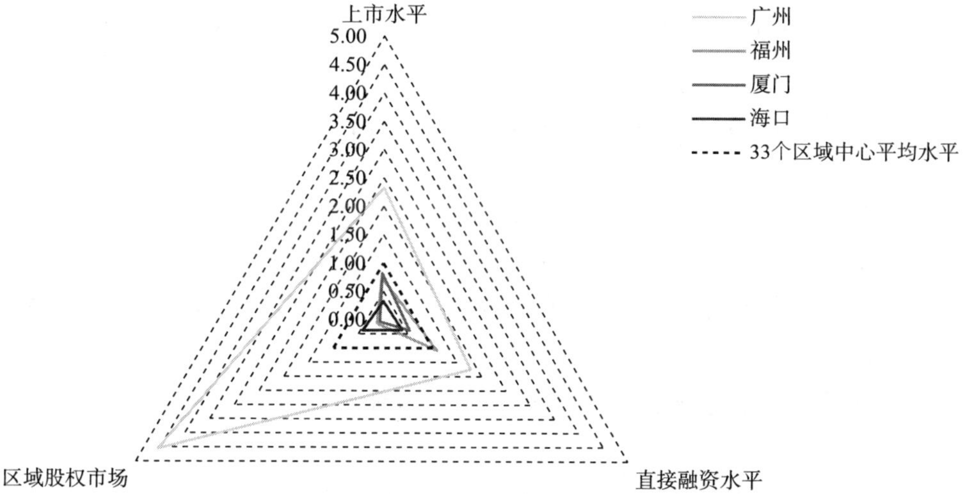

图 6.1.4　南部沿海地区金融中心资本市场利用水平对比

• 南部沿海地区资本市场利用水平呈现两极分化态势，除广州分项得分高于全国 33 个区域金融中心平均水平外，福州、厦门、海口分项得分均低于全国平均水平。

• 2021 年，广州、福州、厦门和海口境内上市公司分别为 131 家、50 家、61 家和 26 家，仅广州高于全国 33 个区域金融中心平均水平 86 家。

• 2021年,广州新增16家境内上市公司,年度新增股票融资规模256.5亿元,遥遥领先于南部沿海地区其他3个金融中心。

6.1.5 南部沿海地区金融中心金融生态环境表现

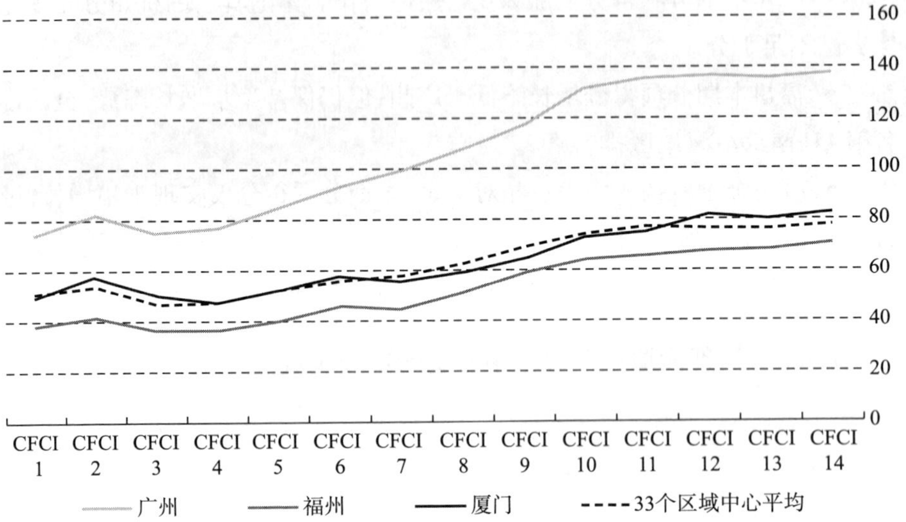

图 6.1.5 南部沿海地区金融中心历期 CFCI 金融生态环境得分

• 南部沿海地区金融生态环境得分表现平稳,与全国33个金融中心发展动态保持一致。其中,广州分项得分仍处于领先地位,与厦门分项得分高于全国平均水平,但增长幅度有限;福州和海口分项得分低于全国平均水平。

• 广州本期分项得分137.41分,较上期增加1.25分,全国排名第3,未发生变化。

• 福州本期分项得分上升2.69分,但全国排名下滑4名至第24。

• 厦门本期分项得分82.71分,接近全国33个区域金融中心平均水平,全国排名第16。

• 海口本期分项得分59.79分,全国排名第32。

6.2　广州金融中心评价

广州是广东省会、副省级城市、国家中心城市、首批沿海开放城市，地处珠江三角洲北缘，邻近港澳，面向南海，背靠华南，是中国通往世界的南大门、粤港澳大湾区的核心引擎和“一带一路”的枢纽城市。“十四五”时期，广州金融业发展总体定位为“三中心一标杆一高地”，其中“三中心”即打造财富管理中心、风险管理中心和金融资源配置中心，“一标杆”即创建数字金融标杆城市，“一高地”即建设绿色金融创新发展高地。

6.2.1　广州金融中心综合竞争力表现

从往期得分与排名来看，广州金融中心综合竞争力得分持续稳定增长，全国排名长期保持第 4 不变，稳定处于区域金融中心发展第一梯队。值得注意的是，广州本期综合竞争力得分 88.92 分，较上期增长 3.44 分，增幅低于排名第 5 的杭州，与杭州之间的分差优势正逐步缩小。

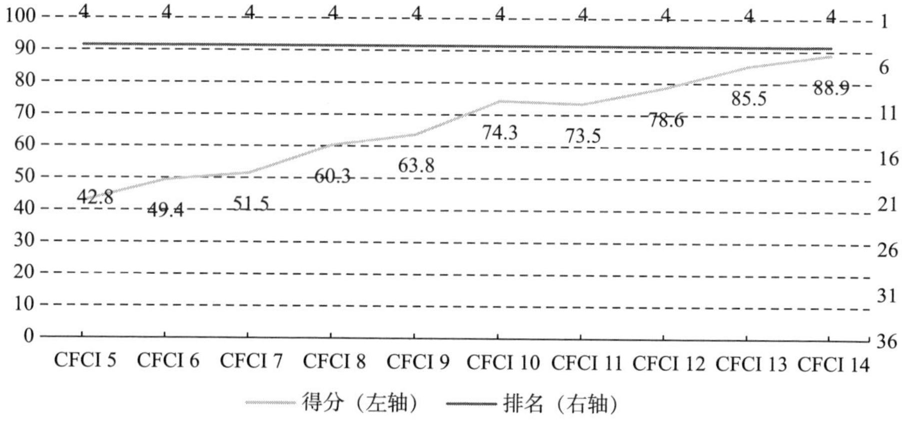

图 6.2.1　广州金融中心综合竞争力历期 CFCI 得分与排名

在本期 CFCI 指标评价方面，广州金融产业绩效和金融机构实力得分继续保持较快增长速度 ，其中金融产业绩效得分增长 7.90%，金融机构实力得分增长 4.28%。

表 6.2.1　广州在第 14 期 CFCI 中的评价结果

评价分类	CFCI 14 得分	同比上期得分	得分增幅	CFCI 14 排名	排名变化
金融产业绩效	144.62	10.59	7.90%	4	0
金融机构实力	59.47	2.44	4.28%	4	0
金融市场规模	24.48	-0.50	-2.00%	6	-1
金融生态环境	137.41	1.25	0.92%	3	0
金融人才环境	11.64	0.14	1.24%	2	0
金融商业环境	12.57	0.16	1.27%	4	0
国际化环境	6.21	-0.02	-0.37%	4	-1

6.2.2　广州金融中心金融产业绩效表现

在金融产业绩效方面,广州金融业务规模具有明显领先优势,金融从业人员和金融业增加值均大幅度领先南部沿海地区平均水平,如图 6.2.2 所示。

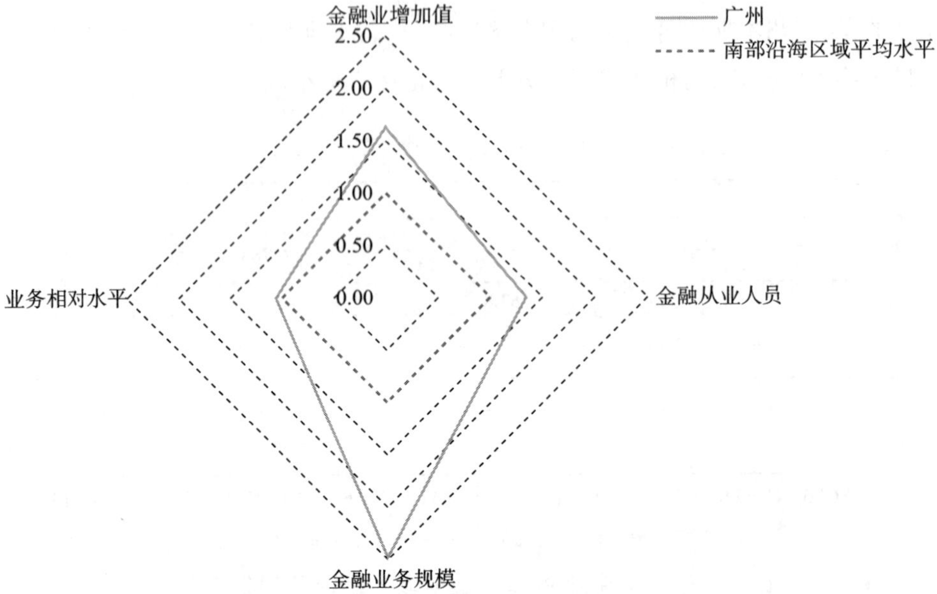

图 6.2.2　广州金融产业绩效同南部沿海地区平均水平的比较

- 2021 年,广州金融业实现增加值 2467.9 亿元,近 3 年平均增长率达 7.3%,在地方生产总值中比重达 8.7%。
- 2020 年,广州金融从业人员达 22.3 万人,近 3 年平均增长率达

22.8%，在常住人口中比重达1.18%。

- 2021年末，广州本外币存款余额达74989亿元，本外币贷款余额达61400亿元。

- 2021年，广州全年保费收入达1463.4亿元，赔付支出达613.7亿元；年末保险深度达5.2%，保险密度为人均7779元（常住人口统计口径）。

专栏6.2.1　广州金融系统助企纾困持续发力

面对疫情防控和宏观经济下行压力加大的严峻形势，广州金融系统出台"23+10"系列政策措施，批发零售、住宿餐饮、交通物流等受疫情影响较大的行业及粮食和能源生产保供等环节得到精准支持，普惠小微、科技产业、绿色产业、乡村振兴等重点领域金融服务提质增效，各类市场主体预期趋稳、信心增强。

大力支持粮食和能源生产保供。围绕粮食和能源安全领域，在穗金融机构信贷供给稳定有力。2022年4月末，广州涉农贷款余额达3051亿元，同比增长17.1%，较各项贷款增速高5.1个百分点。农用物资和农副产品流通、农村基础设施建设、农产品加工贷款余额同比分别增长50.8%、17.6%和14.8%。电力、热力、燃气及水生产和供应业贷款余额同比增长16.9%。

普惠小微金融服务持续增量扩面。在穗金融机构持续创新小微企业金融服务模式，加强普惠金融能力建设，着力提高普惠小微市场主体获贷能力，助力民营小微经济稳定发展。截至2022年4月末，广州普惠小微贷款余额达5872亿元，同比增长27.2%，比各项贷款增速高15.2个百分点；普惠小微贷款户数达27.01万户，同比增长9.4%。

精准对接科技创新融资需求。引导金融机构瞄准广州科创企业发展过程中面临的融资难题精准施策，解堵点、破难点，通过创新金融产品和服务持续加大支持力度。截至2022年4月末，科学研究和技术服务业贷款同比增长26.9%，较2021年增速高2.7个百分点。科技中小企业、高新技术企业、"专精特新"企业贷款分别同比增长29.7%、15.6%、30.3%，分别较各项贷款增速高17.7个、3.6个和18.3个百分点。

绿色金融支持举措更加丰富。人民银行广州分行通过建立绿色金融发展激励约束机制，完善绿色金融标准体系，指导金融机构创新绿色金融产品和服务，组织金融机构试点开展环境信息披露，深化粤港澳绿色金融交流合作，推动广州绿色金融取得积极进展。截至2022年第1季度末，广州绿色贷款余额达6472亿元，同比增长49.9%，占全省绿色贷款余额的37.1%；广州碳排放权交易所碳配额累计成交量和成交金额分别突破2亿吨、47.9亿元，均占全国区域碳市场的三分之一。广州绿色金融改革创新试验区连续3次在全国6省9地绿色金融改革创新试验区建设，成效评价中位列综合排名第1。

金融创新助力乡村振兴。强化金融在乡村振兴多元投入格局中的引导杠杆作用，推动金融机构向金融扶贫、现代产业园等乡村振兴重点领域进行资源倾斜，创新开展"整村授信"业务，试点推进"信用联合体"建设，有效提升乡村振兴金融服务质效。

6.2.3 广州金融中心金融机构实力表现

在金融机构实力方面,广州银行类机构、证券类机构、保险类机构和地方金融组织得分远高于南部沿海地区平均水平,如图 6.2.3 所示。

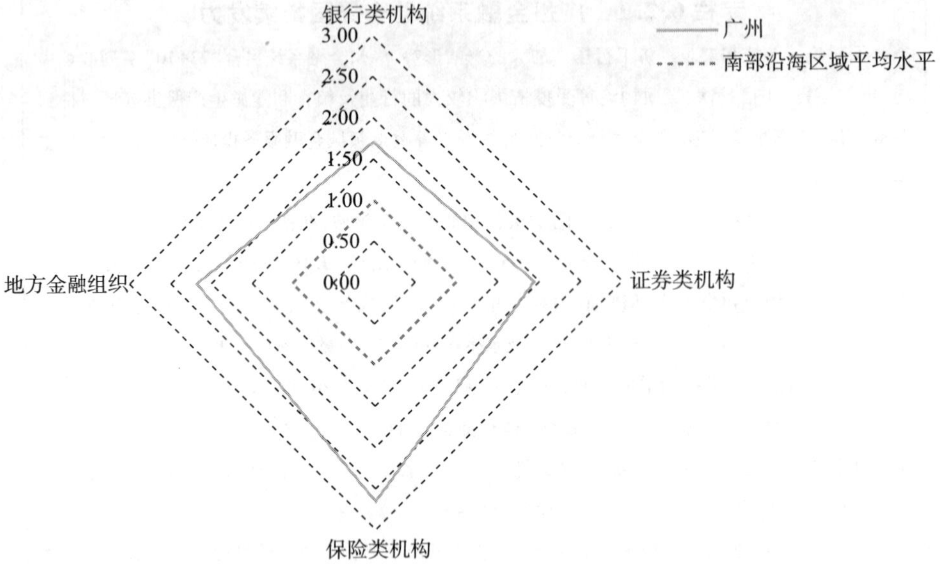

图 6.2.3 广州金融机构实力与南部沿海地区平均水平的比较

- 2021 年,广州拥有 3 家本地法人商业银行,资产总规模达 52417 亿元,商业银行支行达 2230 家。
- 2021 年,广州拥有 3 家本地法人证券公司,资产总规模达 5962 亿元。证券公司营业部达 293 家,是福州的 2 倍、海口的 10 倍。
- 2021 年,广州拥有 5 家本地法人保险公司,资产总规模达 1209 亿元。

6.2.4 广州金融中心金融市场规模表现

在金融市场规模方面,广州相较于南部沿海地区其他金融中心,在上市水平、直接融资水平、区域股权市场都具有领先优势。

- 2021 年,广州拥有境内上市公司 131 家,新三板挂牌公司 239 家,年度新增 IPO 公司 16 家,企业上市表现良好。

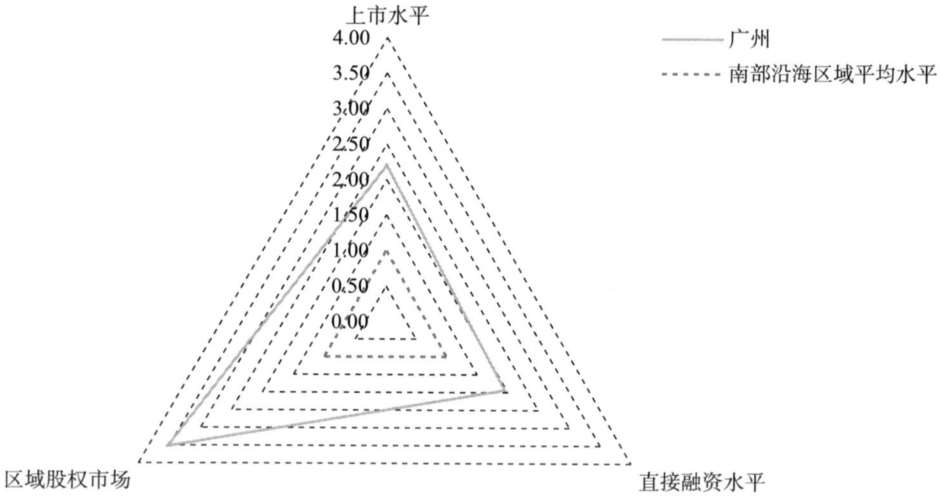

图 6.2.4　广州资本市场利用水平与南部沿海地区平均水平的比较

• 2021 年，广州 A 股市场累计融资额达 3422.6 亿元，年度新增股票融资规模达 256.5 亿元，融资市场表现活跃。

• 2021 年，广州区域股权市场拥有挂牌公司 17524 家，远高于区域内其他城市，是海口的 10 倍。

6.2.5　广州金融中心金融生态环境表现

在金融生态环境方面，广州在全国排名第 3，仅次于北京、上海，高于深圳，尤其是在教育环境、医疗卫生、城市环境等方面具有明显优势，如图 6.2.5 所示。

• 2021 年，广州拥有普通高等学校在校学生 155.8 万人，普通高等学校 83 家，“双一流”高校 7 家，教育资源充足，稳居南部沿海地区首位。

• 2021 年，广州每万人拥有医院病床 51.6 张，每万人拥有执业医师资格 35.2 人，在全国处于第一梯队。

• 2021 年，广州人均公园绿地面积达 17.3 平方米，每百万人城市轨道交通里程达 31.4 公里，日航班达 993 个，城市环境建设持续优化完善。

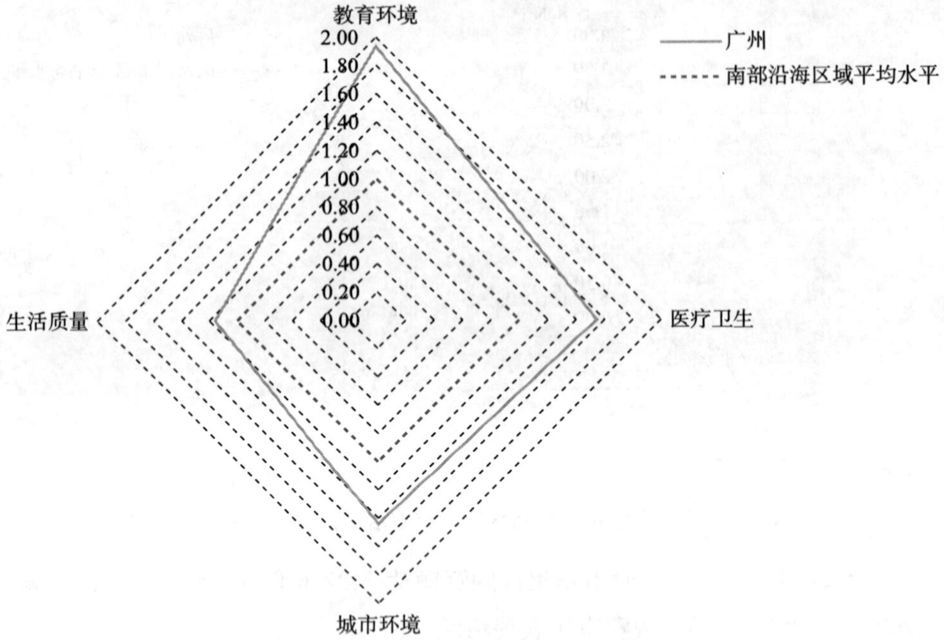

图 6.2.5 广州金融人才环境与南部沿海地区平均水平的比较

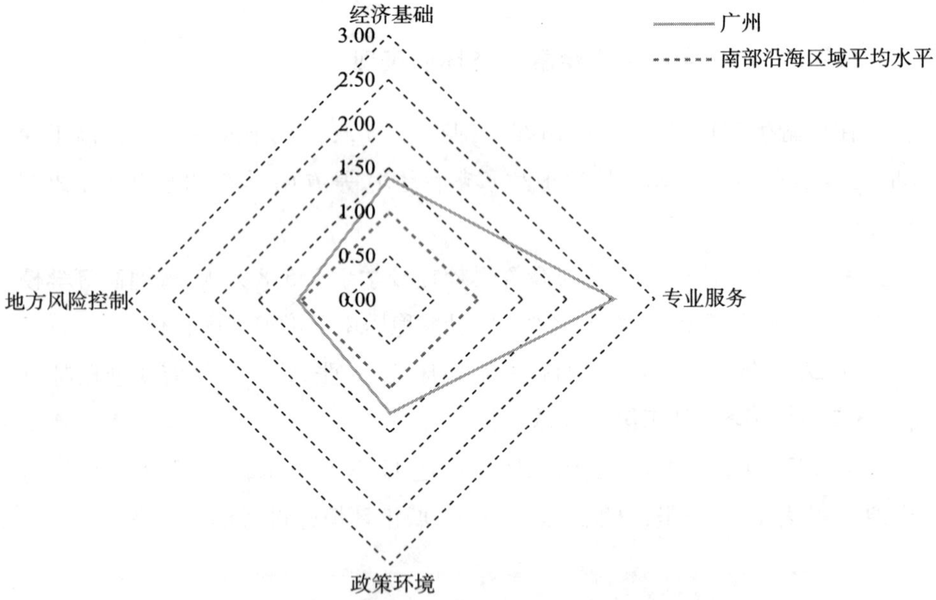

图 6.2.6 广州金融商业环境与南部沿海地区平均水平的比较

• 2021 年,广州实现地区生产总值 28232 亿元,人均地区生产总值 150085 元,经济基础优势突出。

• 2021 年,广州律师和会计从业人员分别为 18512 人和 4088 人,拥有 747 家专业保险中介机构,专业服务保障性较强。

• 2020 年,广州金融业发展促进政策支持力度得分 6.6 分,产业政策友好度得分 7.0 分,高于南部沿海地区平均水平。

• 2021 年,广州拥有 70 家外资金融营业性机构,机构国际化水平较高。

• 2022 年,广州作为全球金融中心(GFCI)入选城市,得分 704 分,国际知名度远高于福州、厦门和海口。

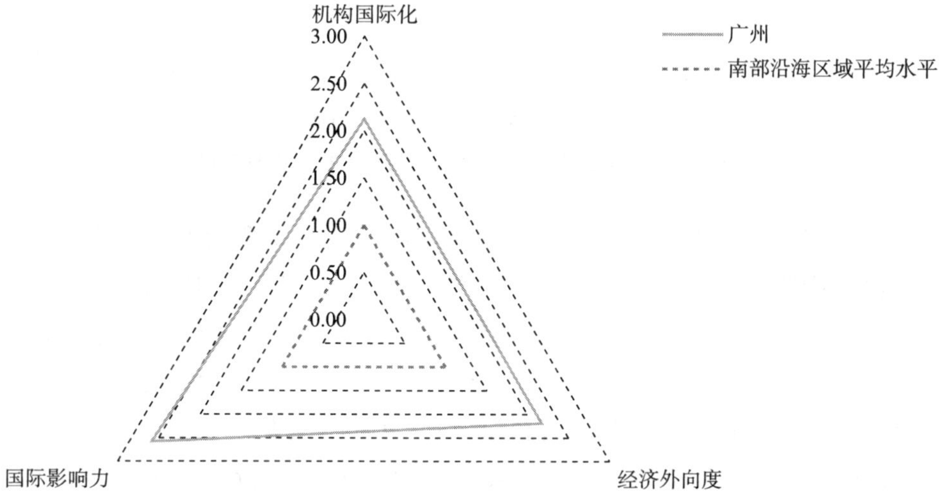

图 6.2.7 广州国际化环境与南部沿海地区平均水平的比较

6.3 厦门金融中心评价

厦门是福建省辖地级市、经济特区、副省级城市、计划单列市,是国家综合配套改革试验区、中国(福建)自由贸易试验区组成部分和国家海洋经济发展示范区。2010 年国务院批准在厦门建设两岸区域性金融服务中心,2011 年 3 月建设厦门两岸区域性金融服务中心被列入国家“十二五”规划纲要,2021 年厦门市“十四五”规划纲要明确提出,推进金融强市建设,加快形成结构合理、功能齐备、创新活跃的多元化现代金融体系,建设服务两岸、辐射东南亚、连接“海丝”、面向全球的区域金融中心。

6.3.1 厦门金融中心综合竞争力表现

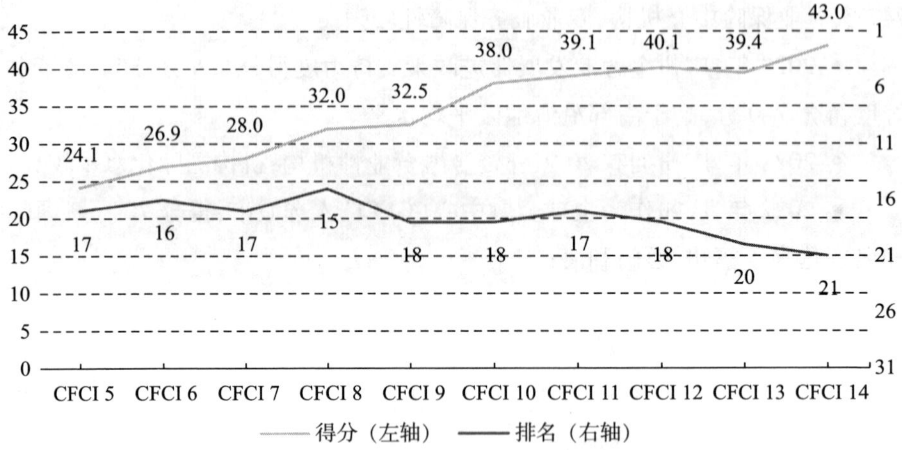

图 6.3.1 厦门金融中心综合竞争力历期 CFCI 得分与排名

从往期得分与排名来看,厦门金融中心综合竞争力得分与排名存在背离现象,特别是从 CFCI 10 以后,排名出现连续下滑趋势。究其原因,厦门经济体量、人口总数及金融产业规模整体偏弱,导致其在金融业增加值、金融业从业人数、人民币存贷款余额等关键性指标上,与其他金融中心城市差距明显,在国内金融中心建设“强者越强”马太效应下,金融资源竞争比较劣势有所放大,处于不利局面。近 10 年来,厦门金融中心综合竞争力得分保持增长态势,但增幅相对不显著,综合排名下降了 4 位。

表 6.3.1 厦门在第 14 期 CFCI 中的评价结果

评价分类	CFCI 14 得分	同比上期得分	得分增幅	CFCI 14 排名	排名变化
金融产业绩效	74.30	13.38	21.96%	18	7
金融机构实力	19.07	0.67	3.64%	25	-1
金融市场规模	4.43	-1.23	-21.73%	26	-4
金融生态环境	82.71	2.18	2.71%	16	0
金融人才环境	6.43	-0.23	-3.42%	33	-5
金融商业环境	9.73	0.52	5.59%	10	-2
国际化环境	2.15	0.19	9.86%	14	0

在本期 CFCI 分项评价方面，厦门金融产业绩效得分实现较上期快速增长，增幅为 21.96%，全国排名上升 7 位。金融机构实力和金融生态环境得分均为正增长，金融机构实力排名较上期下降 1 位，金融生态环境全国排名保持不变。在金融生态环境方面，金融人才环境得分出现下滑，全国排名下降 5 位；金融商业环境得分虽有所增长，但全国排名下降 2 位。

6.3.2　厦门金融中心金融产业绩效表现

在金融产业绩效方面，厦门在金融业增加值、金融从业人员、金融业务规模、业务相对水平上，均低于南部沿海地区平均水平，其中金融业务规模指标落后幅度较大，如图 6.3.2 所示。

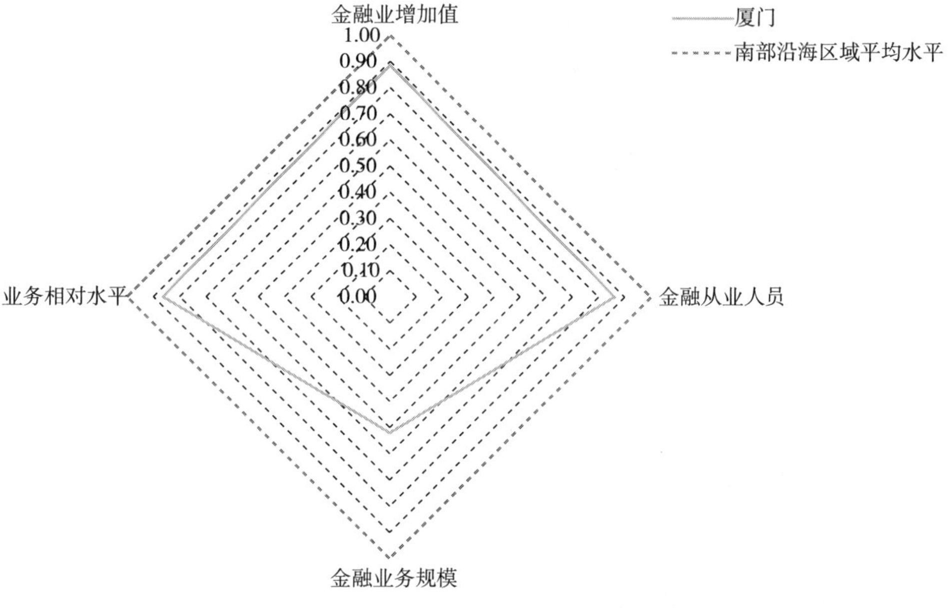

图 6.3.2　厦门金融产业绩效同南部沿海地区平均水平的比较

- 2021 年，厦门市金融业实现增加值 865.5 亿元，近 3 年平均增长率达 6.8%，在地方生产总值中比重达 12.3%。
- 2020 年，厦门金融从业人员达 6.1 万人，近 3 年平均增长率达 17.1%，在地方常住人口中比重达 1.16%。
- 2021 年末，厦门本外币存款余额达 14767 亿元，本外币贷款余额达

15317 亿元。

• 2021 年,厦门全年保费收入达 242.7 亿元,赔付支出达 81.9 亿元;年末保险深度达 3.5%,保险密度为人均 4597 元(常住人口统计口径)。

6.3.3 厦门金融中心金融机构实力表现

在金融机构实力方面,厦门银行类机构、证券类机构、保险类机构和地方金融组织,均低于南部沿海地区平均水平,如图 6.3.3 所示。

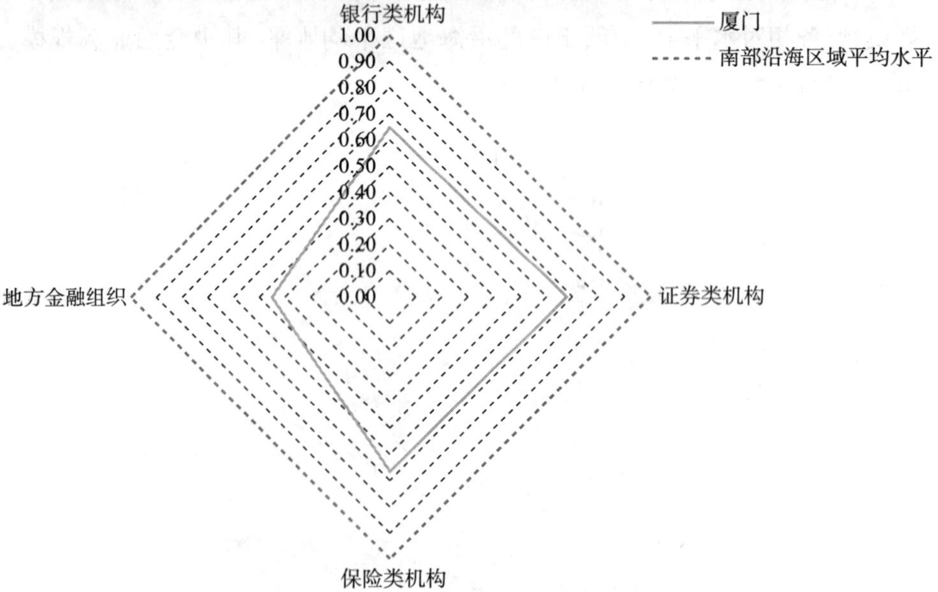

图 6.3.3 厦门金融机构实力与南部沿海地区平均水平的比较

• 2021 年,厦门拥有 2 家本地法人商业银行,资产总规模达 14712 亿元,商业银行支行达 581 家。

• 2021 年,厦门拥有 2 家本地法人证券公司,资产总规模仅为 140 亿元,证券公司营业部达 112 家。

• 2021 年,厦门拥有 2 家本地法人保险公司,资产总规模达 64 亿元。

6.3.4 厦门金融中心金融市场规模表现

从金融市场规模来看,厦门在上市水平、直接融资水平和区域股权市场方面，相对南部沿海地区其他金融中心城市均无明显优势，如图 6.3.4 所示。

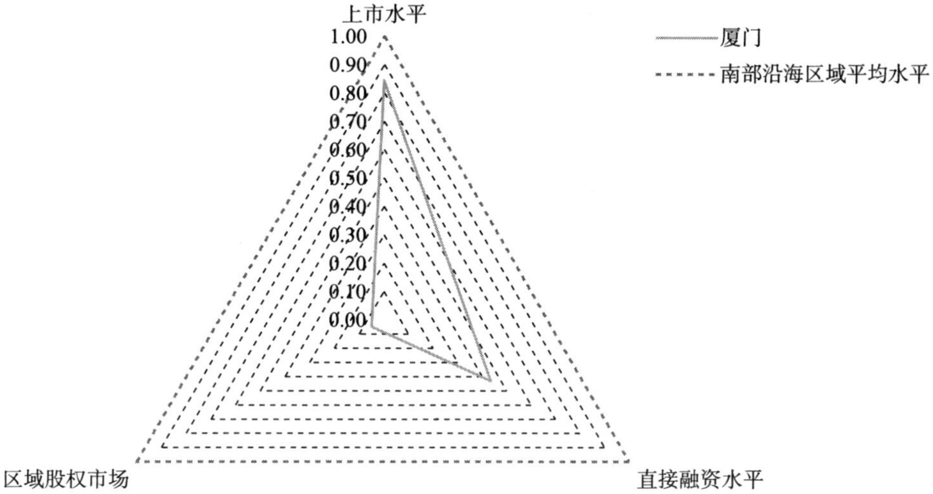

图 6.3.4　厦门资本市场利用水平与南部沿海地区平均水平的比较

• 2021 年，厦门拥有境内上市公司 61 家，新三板挂牌公司 94 家，年度新增 IPO 公司 4 家。

• 2021 年，厦门 A 股市场累计融资额达 766.9 亿元，年度新增股票融资规模达 58.3 亿元。

• 2021 年，厦门区域股权市场拥有 223 家挂牌公司，市场筹资额达 1.3 亿元。

6.3.5　厦门金融中心金融生态环境表现

在金融生态环境方面，厦门全国排名第 16，仅在城市环境方面具有一定优势，如图 6.3.5 所示。

• 2021 年，厦门拥有普通高等学校在校学生 20 万人，普通高等学校 16 家，“双一流”高校 1 家。

• 2021 年，厦门每万人拥有医院病床 36.2 张，每万人拥有执业医师资格 31.9 人。

• 2021 年，厦门人均公园绿地面积达 10.4 平方米，高于福州和海口，每百万人城市轨道交通里程达+公里，日航班达 351 个，城市环境良好。

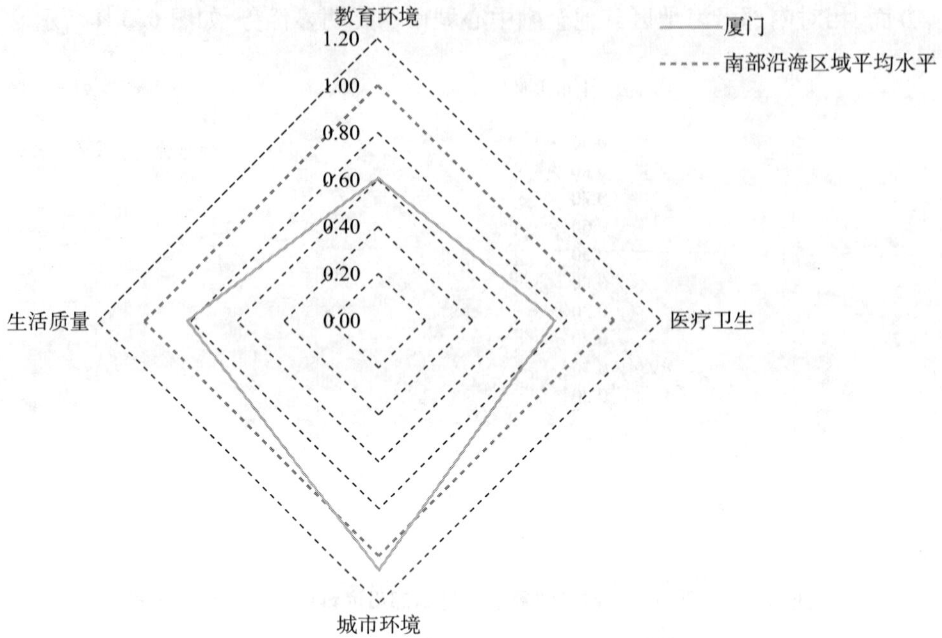

图 6.3.5 厦门金融人才环境与南部沿海地区平均水平的比较

专栏 6.3.1 厦门两岸区域性金融中心片区建设

两岸区域性金融中心是厦门经济特区实施综合配套改革、深化两岸交流合作、发挥对台先行先试作用的重要窗口,也是建设“五大发展”示范市、打造两岸交流窗口城市、实施大海湾城市战略的重要平台。

片区定位。为贯彻落实中央的决策部署,厦门市在本岛东部规划 22.8 平方公里的两岸区域性金融中心片区作为两岸区域性金融中心空间载体,东至环岛路,南到会展中心,西邻云顶路,北至五缘湾,横跨思明和湖里两个行政区。片区以金融业、高端服务业、总部办公为核心功能,着力打造“高素质、高颜值、现代化、国际化”的金融集聚区、高端商务办公区和岛内东部新城区。

空间布局。片区规划空间布局为“一核、两带、五组团”,形成良好的两岸金融集聚效应,构筑两岸金融互联互通的桥梁和“金融会客厅”。其中“一核”即五通高端商务区,“两带”即金融及高端商务办公带、环岛滨海旅游带,“五组团”即前埔会展组团、观音山商务组团、软件园组团、五缘湾大健康组团和湖边生态居住组团。

政策支持。片区具有市级政策+片区专项政策双重政策优惠,在总部企业用地、金融业、人才政策、信息产业、旅游会展等各方面享受厦门市政策优惠的同时,在基金小镇股权投资类企业、金融科技产业园、私募证券投资基金发展等方面可享受片区专项政策,包括《厦门市人民政府关于扶持金融业发展的若干措施》《厦门市金融人才计划实施办法》《厦门市人民政府关于印发促进股权投资行业发展若干措施的通知》《厦门自贸区基金小镇股权投资类企业发展办法》《厦门金融科技产业园发展管理办法》等。

建设成效。片区发挥对台先行先试区域性金融中心的典范作用，吸引两岸金融机构集聚发展，大陆首家台资股东直接持股的城商行厦门银行、首家两岸合资消费金融公司——金美信消费金融公司、福建省首家法人产险公司——富邦财险、首家两岸合资证券公司——金圆统一证券、厦门首家两岸合资证券投资基金公司——圆信永丰基金管理公司、厦门市首家台资融资租赁公司——一银租赁有限公司等台资元素金融机构，创造多个对台第一。截至 2021 年底，共引进企业 7383 家，总注册资本达 2685.12 亿元。

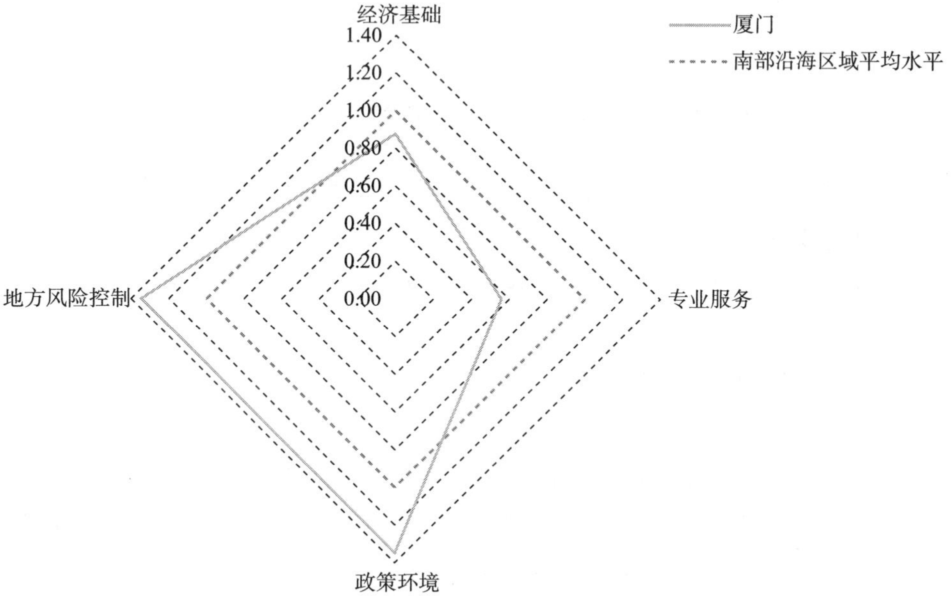

图 6.3.6　厦门金融商业环境与南部沿海地区平均水平的比较

• 2021 年，厦门实现地区生产总值 7034 亿元，人均地区生产总值 133218 元。

• 2021 年，厦门律师和会计从业人员分别为 4371 人和 1172 人，拥有 126 家专业保险中介机构。

• 2020 年，厦门金融业发展促进政策支持力度得分 6.4 分，产业政策友好度得分 9.8 分，较区域内其他城市具有一定优势。

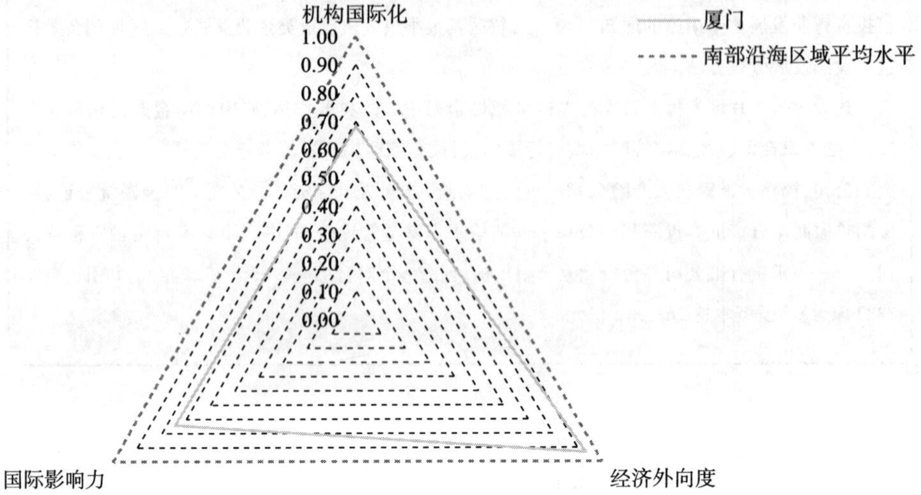

图 6.3.7　厦门金融国际化程度与南部沿海地区平均水平的比较

- 2021 年,厦门外资金融营业性机构达 22 家,机构国际化程度低于南部沿海地区平均水平。
- 厦门在机构国际化和国际影响力方面仍有较大提升空间。

6.4　福州金融中心评价

福州地处中国华东地区、福建东部、闽江下游及沿海地区,是福建省会、首批对外开放沿海开放城市、海峡西岸经济区中心城市之一、海洋经济发展示范区、海上丝绸之路门户以及中国(福建)自由贸易试验区组成部分。“十四五”期间,福州定位打造普惠金融改革示范区、绿色金融改革示范区和金融服务实体经济示范区,着力建设海丝金融合作平台和两岸金融融合发展平台,建设特色金融优势突出、国际化特征鲜明的区域金融中心。

6.4.1　福州金融中心综合竞争力表现

福州本期综合竞争力得分 44.06 分,较上期增长 2.47 分,全国排名上升 1 位至第 18,拉开与同省金融强市厦门的差距。从往期得分与排名来看,福州金融中心综合竞争力得分与排名呈现同步上升态势,实现金融中心综合竞争力得分增长速度快于全国和南部沿海地区平均水平。

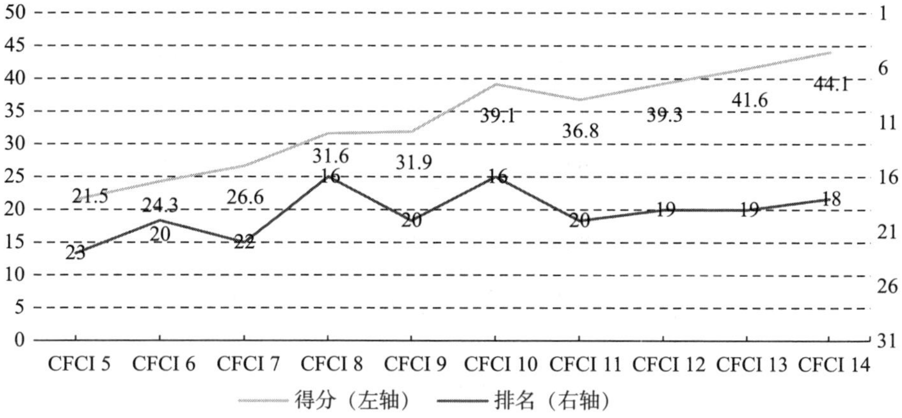

图 6.4.1　福州金融中心综合竞争力历期 CFCI 得分与排名

在本期 CFCI 分项指标评价方面，福州金融产业绩效、金融机构实力和金融生态环境得分全部实现正增长，其中金融产业绩效全国排名上升 1 位。值得注意的是，福州金融生态环境全国排名下降 4 位，原因在于金融人才环境得分出现下滑，全国排名下降 5 位，如表 6.4.1 所示。

表 6.4.1　福州在第 14 期 CFCI 中的评价结果

评价分类	CFCI 14 得分	同比上期得分	得分增幅	CFCI 14 排名	排名变化
金融产业绩效	72.68	6.12	9.19%	20	1
金融机构实力	33.12	1.30	4.09%	11	0
金融市场规模	4.52	0.04	0.89%	25	-2
金融生态环境	70.58	2.69	3.96%	24	-4
金融人才环境	6.72	-0.30	-4.25%	30	-5
金融商业环境	7.43	0.72	10.78%	18	0
国际化环境	1.48	0.17	13.14%	18	1

6.4.2　福州金融中心金融产业绩效表现

在金融产业绩效方面，福州金融业增加值与南部沿海地区平均水平相当，但金融从业人员、金融业务规模、业务相对水平低于南部沿海地区平均水平,如图 6.4.2 所示。

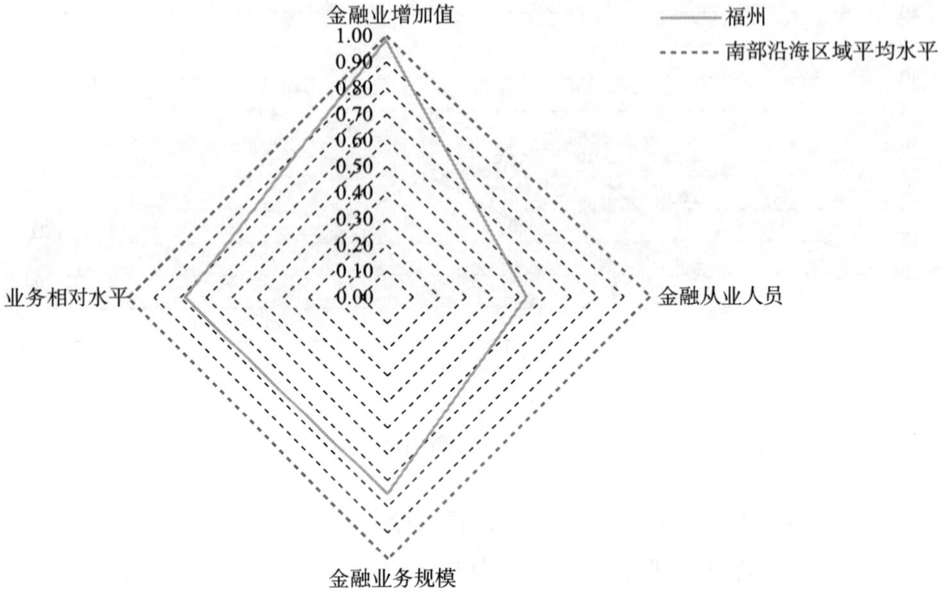

图 6.4.2　福州金融产业绩效同南部沿海地区平均水平的比较

• 2021 年,福州金融业实现增加值 1189.9 亿元,近 3 年平均增长率达 5.0%,在地方生产总值中比重达 10.5%。

• 2020 年,福州金融从业人员达 6.8 万人,近 3 年平均增长率达 6.2%,在常住人口中比重达 0.80%。

• 2021 年末,福州本外币存款余额达 19117 亿元,本外币贷款余额达到 21484 亿元。

• 2021 年,福州全年保费收入达 379.9 亿元,赔付支出达 139.7 亿元;年末保险深度达 3.4%,保险密度为人均 4512 元(常住人口统计口径)。

专栏 6.4.1　福州践行"3820"战略工程,构建海丝核心区金融中心

1992 年,时任中共福州市委书记的习近平倡议并主持编制《福州市 20 年经济社会发展战略设想》,科学谋划"3820"战略工程。围绕"3820"战略工程布局,福州前瞻性布局和发展金融产业,2019 年全市金融业增加值首次突破千亿,2021 年达到 1189.9 亿元,居全省首位、全国省会城市前列。

围绕“3820”战略工程“商贸金融中心”要求，深入实施“引金入榕”工程。1996年福州城市合作银行开业，2009年更名为福建海峡银行。2016年海峡金桥保险开业，实现福建省地方法人保险机构零的突破。2017年落地全省第3家地方资产管理公司兴业AMC；组建市金控集团，形成“投、基、保、租、理、链、当”等多平台联动的大型国有金融控股平台。2019年兴银理财于福州市开业，成为全国第3家股份行理财子公司。2020年浙商银行福州分行落地，实现全国12家股份制商业银行省级分行全部落地。2022年修订出台《福州市引进和培育金融机构奖励办法》，推动注册资金1000亿元省金投落地，政府性融资担保公司实现县域全覆盖，360网络小额贷款公司实缴注册资本增至50亿元。海峡金融商务区、闽江北岸中央商务区入驻企业达3715家，区域性金融总部超20家，形成“保险楼”“律师楼”“私募楼”等税收超亿元特色楼宇。

按照“3820”战略工程“多渠道筹措资金”要求，持续引金融“活水”灌溉实体经济发展。围绕“服务实体经济、防控金融风险、深化金融改革”三大任务，建立政金企产融对接、典型工作推进、上市后备企业梯度服务3个工作机制，“财政+金融+国企”联动，提升金融服务经济社会高质量发展能力。自2017年以来，与银行机构签订超2万亿战略合作框架协议，全力支持6个城、福州都市圈、科创走廊、乡村振兴等领域建设。1993年福耀玻璃成为福建省第1家上市公司，2017年福建海峡环保集团有限公司成为福州第1家上市市属国企。自2019年以来，与兴业证券、中信证券等机构签订战略合作协议，推进上市辅导员机制；市金控集团设立（参股）政府引导基金26只，基金规模达231.24亿元，加大对重点上市后备企业投资力度。目前，市境内、外上市公司达92家，其中境内上市49家；场外挂牌交易66家；省重点上市后备141家、市重点上市后备268家。支持企业发行债券融资1310.44亿元。

落实“3820”战略工程关于“广纳海内外资金”指导精神，推动金融开放创新不断向纵深发展。2001年香港恒生银行福州分行开业，成为第1家在榕落户的港资银行。2012年渣打银行福州分行开业，成为福州第1家欧美外资银行。2015年台湾合作金库福州分行开业，成为福建第1家落户台资银行，之后彰化银行（2015年）、华南银行（2015年）、台湾银行（2016年）等台资银行相继入驻。自2016年以来，累计发布6批92项金融创新案例，落地全国首批（4家）“本外币合一银行账户体系试点”，建立中国（福建）国际贸易单一窗口区块链公共服务平台，全国率先建立台企资本项下便利化的“白名单”制度、台商台胞金融信用证书，推动设立国内首家总行级“海峡两岸跨境金融中心”、自贸区内首家“两岸金融服务中心”等特色业务中心，海峡股权交易中心建成“台资板”等。

6.4.3　福州金融中心金融机构实力表现

福州金融机构实力具有较大优势，主要得益于兴业系银行类机构、证券类机构的有力支撑，如图6.4.3所示。

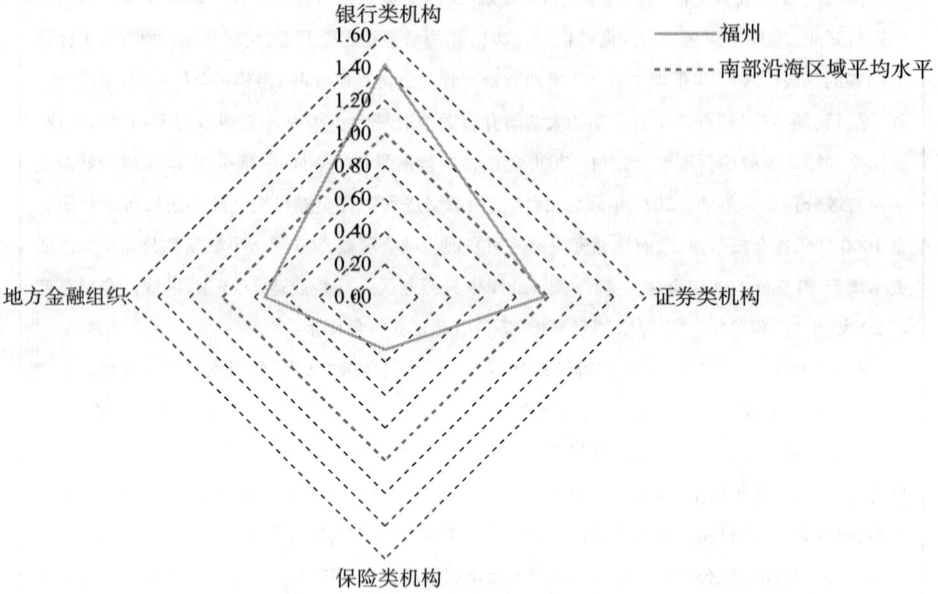

图 6.4.3　福州金融机构实力与南部沿海地区平均水平的比较

• 2021 年,福州拥有 8 家本地法人商业银行,资产总规模达 89819 亿元,商业银行支行 1154 家,远超海口和厦门。

• 2021 年,福州拥有 2 家本地法人证券公司,资产总规模达 2950 亿元,证券公司营业部 144 家。

6.4.4　福州金融中心金融市场规模表现

从金融市场规模来看,福州在上市水平、直接融资水平和区域股权市场方面得分与厦门类似,如图 6.4.4 所示。

• 2021 年,福州拥有境内上市公司 50 家,新三板挂牌公司 69 家,年度新增 IPO 公司 4 家。

• 2021 年,福州 A 股市场累计融资额达 3123.0 亿元,年度新增股票融资规模 53.4 亿元,直接融资较为活跃。

• 2021 年,福州区域股权市场拥有挂牌公司 252 家,市场筹资额达 5.6 亿元。

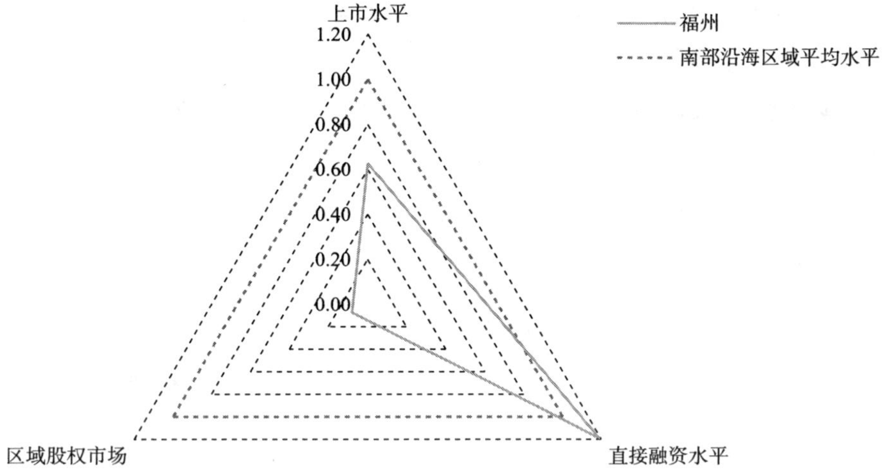

图 6.4.4　福州资本市场利用水平与南部沿海地区平均水平的比较

6.4.5　福州金融中心金融生态环境表现

从金融生态环境来看，福州全国排名第 24，在教育环境、医疗卫生、城市环境方面接近南部沿海地区平均水平，如图 6.4.5 所示。

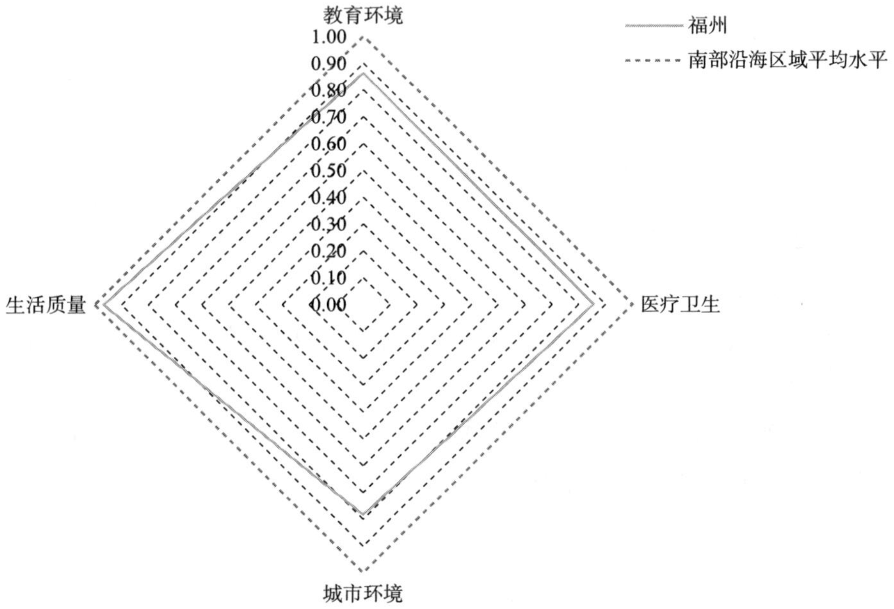

图 6.4.5　福州金融人才环境与南部沿海地区平均水平的比较

• 2021 年,福州拥有普通高等学校在校学生 47.0 万人,普通高等学校 35 家,“双一流”高校 1 家。

• 2021 年,福州每万人拥有医院病床 43.4 张,每万人拥有执业医师资格 31.9 人。

• 2021 年,福州人均公园绿地面积达 6.3 平方米,每百万人城市轨道交通里程达 6.9 公里,日航班达 223 个。

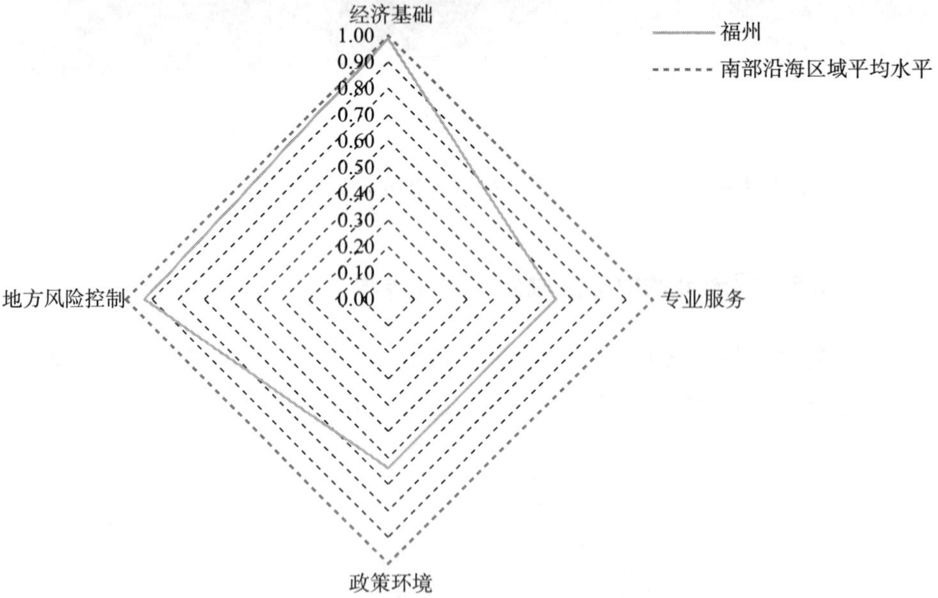

图 6.4.6 福州金融商业环境与南部沿海地区平均水平的比较

• 2021 年,福州实现地区生产总值 11324 亿元,人均地区生产总值 134495 元。

• 2021 年,福州律师和会计从业人员分别为 4859 人和 1187 人,拥有专业保险中介机构 162 家。

• 2020 年,福州金融业发展促进政策支持力度得分 3.6 分,产业政策友好度得分 2.4 分,政策环境表现不佳。

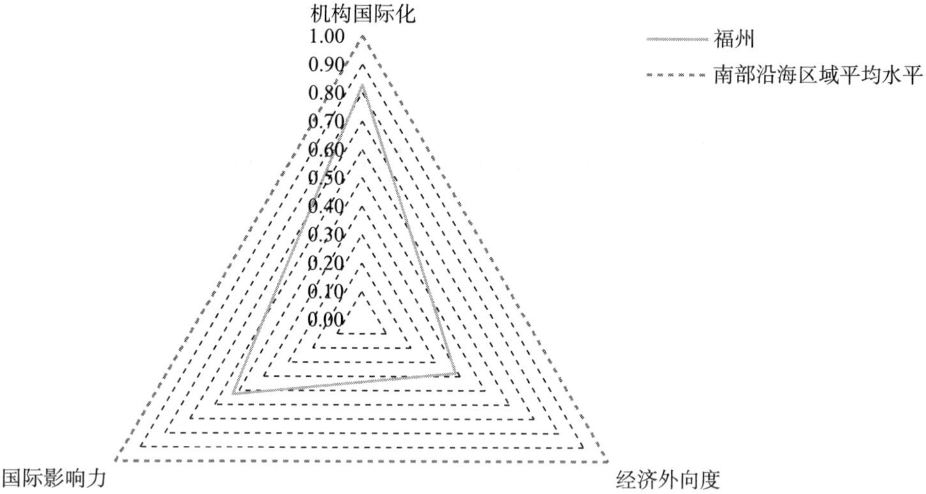

图 6.4.7　福州金融国际化程度与南部沿海地区平均水平的比较

- 2021 年,福州外资金融营业性机构达 28 家,略高于厦门,是海口的 2 倍左右。

第七章　中部地区金融中心评价

7.1　总体评价

中部地区包括山西、安徽、江西、河南、湖北、湖南6省，目前，地区内共有6个城市提出了明确的金融中心定位，分别是武汉、郑州、长沙、合肥、太原和南昌。根据CDI的金融中心区域划分，本期也将呼和浩特一并纳入中部地区，故本期中部地区金融中心评价共涉及7个金融中心城市，并将对武汉、郑州、长沙、合肥4个区域内领先的金融中心城市进行详细分析。

7.1.1　中部地区金融中心综合竞争力表现

表7.1.1　中部地区金融中心在第14期CFCI中的评价结果

城市	综合竞争力		金融产业绩效		金融机构实力		金融市场规模		金融生态环境	
	得分	排名	得分	排名	得分	排名	得分	排名	得分	排名
武汉	59.28	10	84.09	12	37.36	9	14.63	10	110.04	6
郑州	53.95	12	80.69	13	24.06	15	36.54	5	82.94	15
长沙	46.54	15	72.31	21	27.77	13	12.54	13	80.35	17
合肥	43.92	19	73.55	19	23.17	18	14.59	11	70.94	23
太原	39.43	23	75.51	15	14.56	31	3.20	30	72.37	21
南昌	38.09	25	64.36	29	17.17	27	6.94	21	71.00	22
呼和浩特	28.01	36	44.95	36	10.75	35	2.62	35	60.05	31

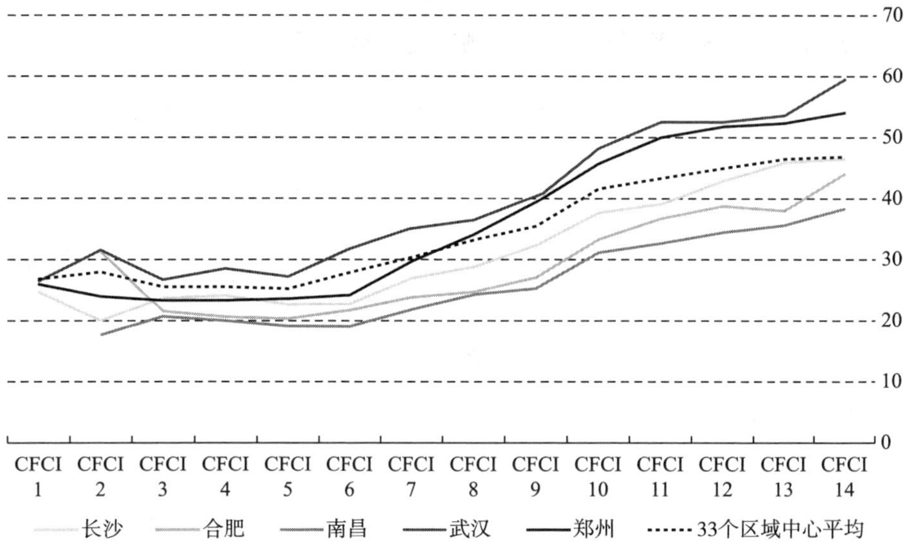

图 7.1.1　中部地区金融中心历期 CFCI 综合竞争力得分

• 从综合竞争力得分变化来看，中部地区各金融中心已形成武汉、郑州、长沙、合肥、太原、南昌依次递减的梯队格局。其中，武汉和郑州的综合竞争力高于 33 个区域金融中心的平均水平。同时，中部地区综合竞争力平均得分为 44.21 分，低于全国 33 个区域金融中心的平均得分 46.64 分。

• 武汉金融中心发展加速，在中部区域排名第 1、在全国排名第 10，本期综合竞争力得分 59.28 分，较上期增长 5.60 分，与 33 个区域金融中心平均得分分差优势扩大到 12.64 分。

• 郑州金融中心在中部区域排名第 2、在全国排名第 12，排名较上期小幅下降 1 位。从综合竞争力得分趋势来看，郑州金融中心综合竞争力得分增幅放缓，与武汉的差距呈现拉大趋势。

• 长沙金融中心综合竞争力得分在中部区域排名第 3、在全国排名第 15，本期综合竞争力得分 46.54 分，与中部排名第 2 的郑州得分差距达到 7.41 分，与中部排名第 1 的武汉得分差距达到 12.74 分。

• 合肥金融中心在中部区域排名第 4、在全国排名第 19，本期综合竞争力得分 43.92 分，从得分趋势来看，与长沙的差距正在缩小。

7.1.2 中部地区金融中心金融产业绩效表现

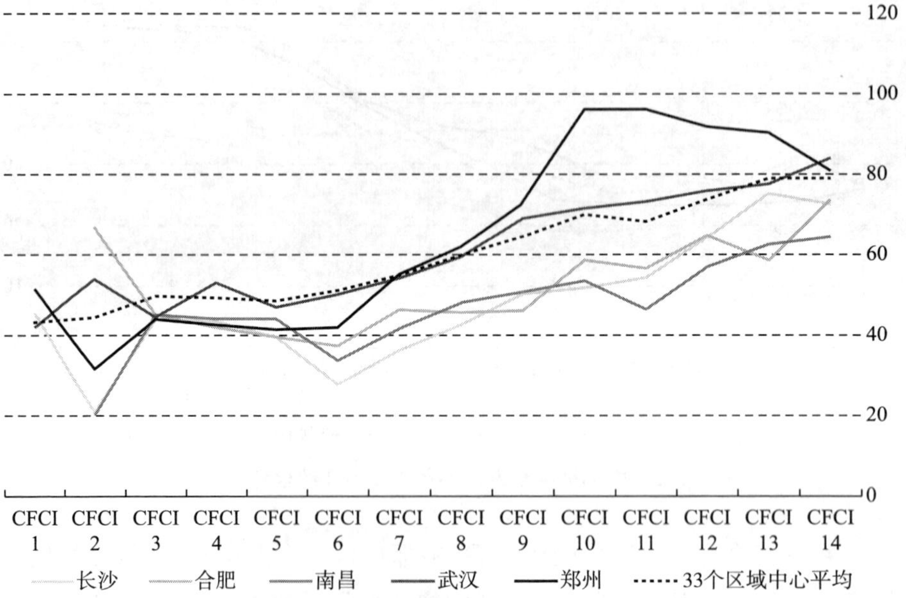

图 7.1.2 中部地区金融中心历期 CFCI 金融产业绩效得分

• 中部区域各金融中心的金融业发展出现较大分化,郑州金融产业绩效近几期得分明显下滑,武汉则稳步上升,但两个城市金融产业绩效整体高于 33 个区域金融中心平均水平;合肥、长沙、南昌金融产业绩效得分则低于 33 个区域金融中心城市平均得分。

• 郑州金融中心金融产业绩效从第 6 期 CFCI 开始得分迅速提高,到第 10 期 CFCI,郑州金融中心产业绩效得分远超区域排名第 2 的武汉。但在接下来的 3 期中,郑州金融中心产业绩效得分呈现明显下滑趋势,到第 14 期 CFCI 得分已经落后于武汉。

• 相较而言,武汉本期金融产业绩效得分 84.09 分,在中部地区重回第 1 位,在全国排名较上一期小幅提升 1 位,表明武汉金融产业绩效发展相对稳健。

• 合肥本期金融产业绩效得分 73.55 分,中部地区排名第 3、在全国排名第 19,相比上一期,合肥金融产业绩效得分排名大幅提升 10 位,表现十分亮眼。

7.1.3　中部地区金融中心金融机构实力表现

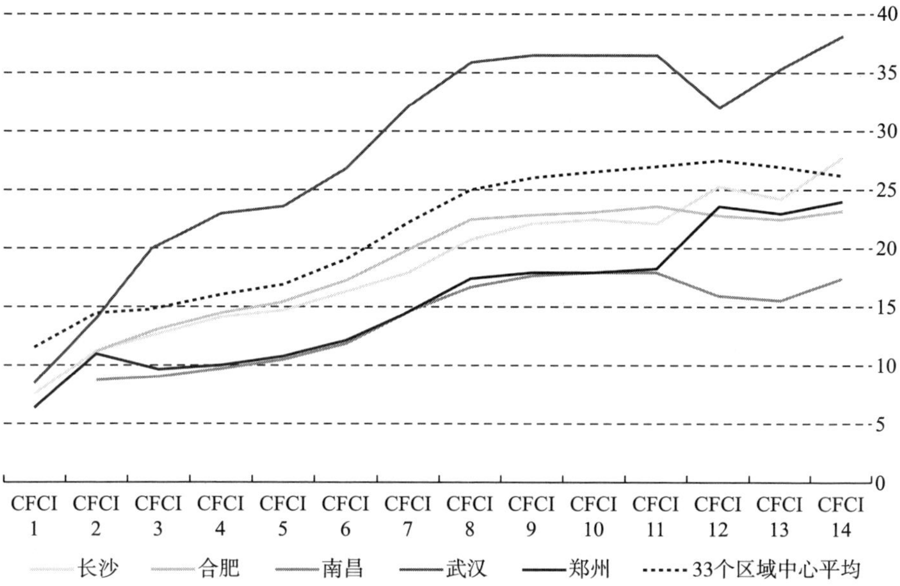

图 7.1.3　中部地区金融中心历期 CFCI 金融机构实力得分

• 中部地区金融中心的金融机构实力评价得分呈现明显的分化特征，武汉一枝独秀，得分远超中部地区其他金融中心城市。长沙排名第 2，但与武汉的得分差距明显；郑州、合肥金融机构实力得分接近；南昌金融机构实力得分与中部地区其他金融中心城市相比则呈现明显差距。

• 武汉金融机构实力得分 37.36 分，全国排名第 9，排名相比上一期小幅提升 1 位，高于自身综合竞争力排名，表明其金融机构实力是武汉金融中心发展的一个相对优势。

• 本期长沙金融中心金融机构实力得分 27.77 分，全国排名第 13，排名较上一期上升 1 位，在中部地区仅次于武汉。

• 郑州和合肥本期金融机构实力得分分别为 24.06 分、23.17 分，实力接近，但回溯第 11 期 CFCI，郑州金融中心金融机构实力与合肥有较大差距，到第 12 期 CFCI，郑州金融机构实力得分反超合肥，但近几期郑州金融机构实力得分增长速度放缓。

7.1.4 中部地区金融中心金融市场表现

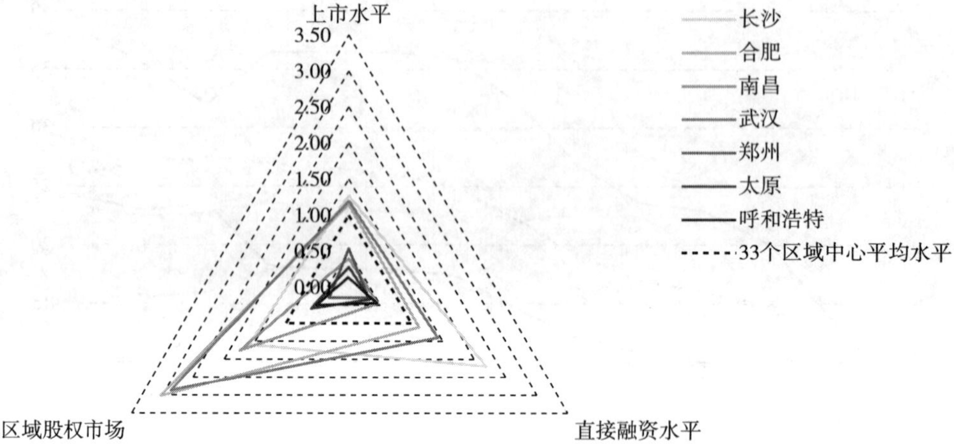

图 7.1.4 中部地区金融中心资本市场利用水平对比

• 郑州拥有郑州商品期货交易所,是国内少数几个具有全国性金融市场的区域金融中心,2020 年郑州商品期货市场成交额达到 107.99 万亿元,同比增长 79.73%,占全国市场的 18.58%。

• 在资本市场利用方面,中部区域的 7 个金融中心的得分表现有明显分化,武汉、合肥在区域股权市场方面表现突出,明显超过 33 个区域中心的平均水平;长沙直接融资水平突出,明显超过 33 个区域中心的平均水平;在上市水平上,武汉、合肥、长沙水平相近,均略超过 33 个区域中心的平均水平。

• 7 个中部金融中心的上市公司同样分化明显,长沙、武汉、合肥上市公司均超过 65 家,郑州、南昌、太原、呼和浩特则不超过 35 家,同期 33 个区域金融中心平均值为 60 家。

• 2021 年,长春和合肥新增了 8 家境内上市公司,表现在中部区域排名并列第 1,年度新增股票融资规模分别达到 497.6 亿元、265.5 亿元。

7.1.5 中部地区金融中心金融生态环境表现

• 中部地区金融生态环境得分整体高于 33 个区域金融中心的平均水平,其中武汉、郑州和长沙高于 33 个区域金融中心的平均水平,合肥、南昌低

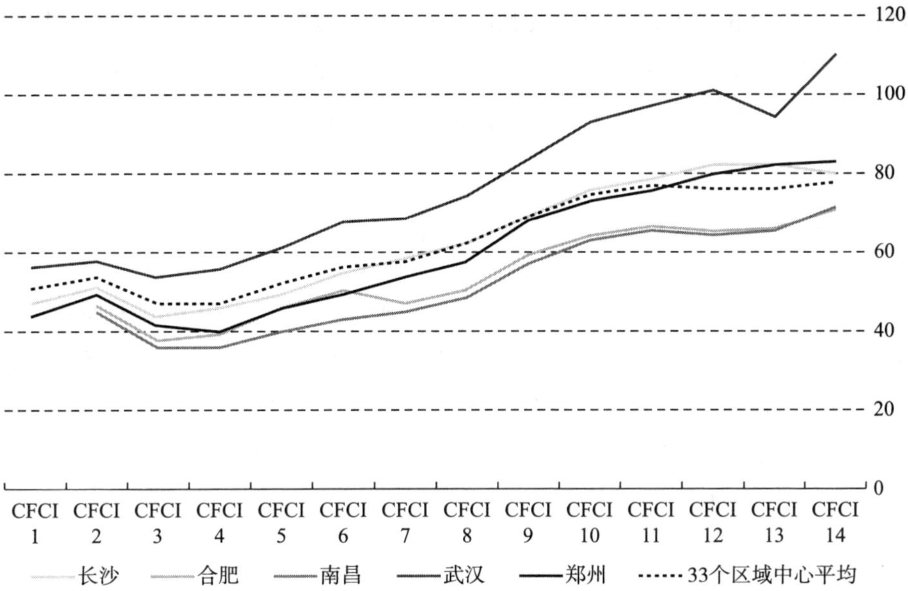

图 7.1.5　中部地区金融中心历期 CFCI 金融生态环境得分

于 33 个区域金融中心的平均水平。

- 武汉金融中心生态环境表现在中部地区呈现明显的领先态势，且与区域内其他金融中心得分差距拉大。
- 郑州和长沙金融生态环境评价得分分别位于中部地区第 2 位、第 3 位，但近两期得分增长呈现明显放缓甚至下滑趋势，与 33 个区域金融中心的平均水平的差距也在缩小。
- 自第 8 期 CFCI 以来，合肥和南昌金融生态环境得分和走势基本一致，与 33 个区域金融中心的平均水平的差距也在缩小。

7.2　武汉金融中心评价

武汉是湖北省省会，地处江汉平原东部、长江中游，有“九省通衢”之称，是中国内陆最大的水陆空交通枢纽、长江中游航运中心。2015 年，武汉正式发布《武汉区域金融中心建设 2014—2030 年总体规划》，明确提出要建设区域金融中心。2016 年 12 月，国家发改委明确要求武汉加快建成以全国经济中心、高水平科技创新中心、商贸物流中心和国际交往中心 4 大功能为支撑的国家中心城市。2021 年 6 月,武汉研究制定《武汉市打造区域金融中心实施方案(2021—2025 年)》《武汉市加快区域金融中心建设若干支持政策》《市人民政府关于进一步深化科技金融改革创新的实施意见》等系列文件,全力打造区域金融中心。

7.2.1 武汉金融中心综合竞争力表现

自首期进入 CFCI 榜单以来,武汉金融中心综合竞争力实现稳步提升。第 14 期 CFCI 评价结果显示,武汉金融中心综合竞争力得分为 59.28 分,综合竞争力全国排名第 10、中部地区首位。10 年间,综合竞争力得分大幅增长,累计增幅达到 120.4%;综合竞争力排名连续 5 年稳定在第 10,区域金融中心地位稳固,如图 7.2.1 所示。

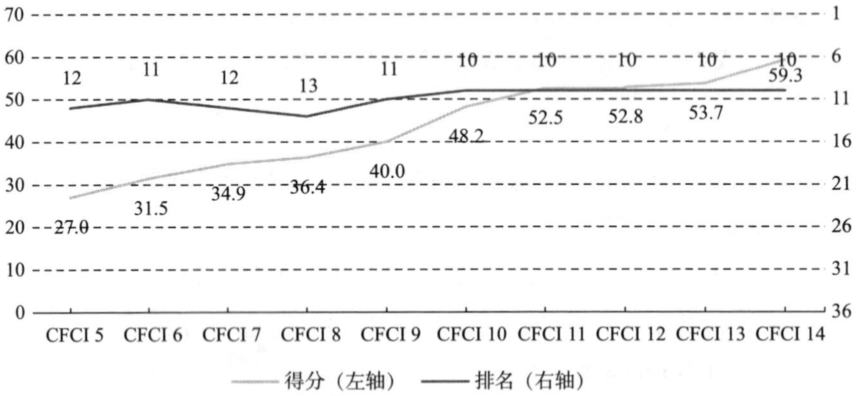

图 7.2.1 武汉金融中心综合竞争力历期 CFCI 得分与排名

2021 年,武汉金融业实现增加值 1862.2 亿元,同比增长 7.10%;年末金融机构本外币存款余额达到 33776 亿元,金融机构本外币贷款余额达到 40825 亿元;全年保费收入达 836 亿元,赔付支出达 249.27 亿元;年末保险深度达到 4.7%,保险密度达到人均 6148 元(常住人口统计口径)。

表 7.2.1 武汉在第 14 期 CFCI 中的评价结果

	CFCI 14 得分	同比上期得分	得分增幅	CFCI 14 排名	排名变化
金融产业绩效	84.09	6.11	7.84%	12	1
金融机构实力	37.36	2.14	6.08%	9	1

续表

	CFCI 14 得分	同比上期得分	得分增幅	CFCI 14 排名	排名变化
金融市场规模	14.63	0.02	0.14%	10	-1
金融生态环境	110.04	15.78	16.74%	6	1
金融人才环境	10.07	0.22	2.20%	4	1
金融商业环境	10.56	2.88	37.52%	7	7
国际化环境	3.74	0.40	11.88%	7	0

在本期CFCI分项指标评价方面，武汉各项分项指标得分全面增长，其中金融产业绩效得分增长7.84%，单项排名上升1位；金融机构实力得分增长6.08%，排名上升1位；金融生态环境得分增长16.74%，排名上升1位；在金融生态环境里，金融商业环境得分大幅增长37.52%，排名大幅提升7位。如表7.2.1所示。

7.2.2 武汉金融中心金融产业绩效表现

在金融产业绩效方面，武汉金融业务规模及金融业增加值在中部区域具有绝对优势，如图7.2.2所示。

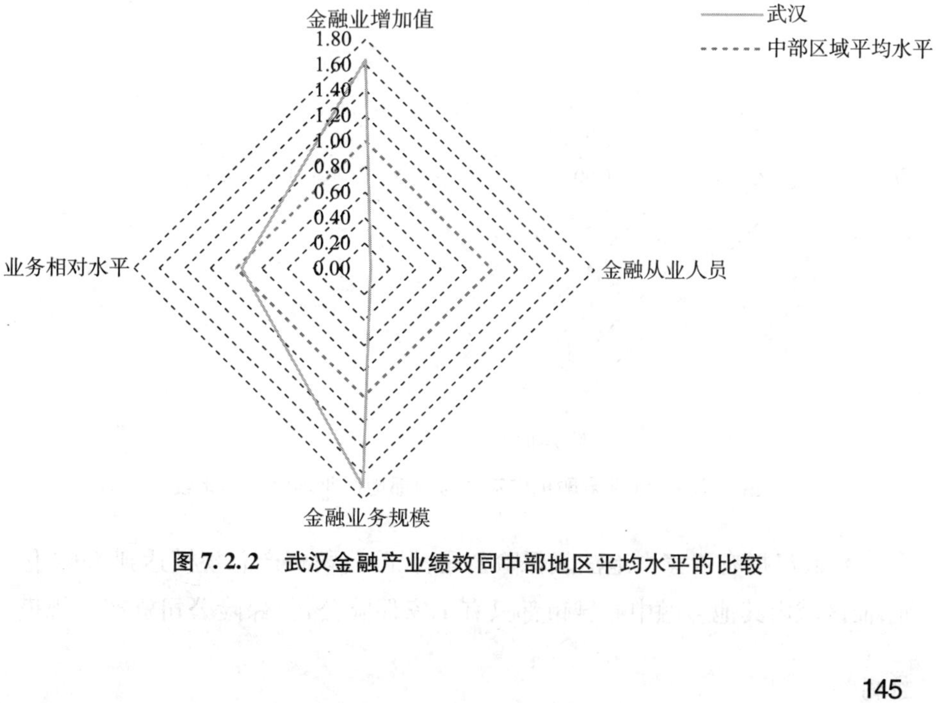

图7.2.2 武汉金融产业绩效同中部地区平均水平的比较

• 2021年,武汉金融业增加值达到1862.2亿元,3年平均增长率达到7.2%,是中部地区增长最快的,金融业增加值在地区GDP中比重达到10.51%,仅次于郑州的10.9%。

• 2021年,武汉的金融机构本外币存款余额和贷款余额区域内排第1,是区域内唯一一个本外币存款余额和贷款余额分别突破了3万亿元、4万亿元的城市。

• 但武汉市金融从业人员数量大幅低于区域平均水平,2020年武汉金融从业人员达到5.7万人,与合肥(12.5万人)、长沙(9.5万)、郑州(7.9万)、太原(7.7万人)差距明显。而且武汉金融从业人员近3年平均增长率为-10.3%,下滑趋势明显。

7.2.3 武汉金融中心金融机构实力表现

在金融机构实力方面,武汉保险类机构发展在中部地区远远超过区域平均水平,地方金融组织发展也相对突出,如图7.2.3所示。

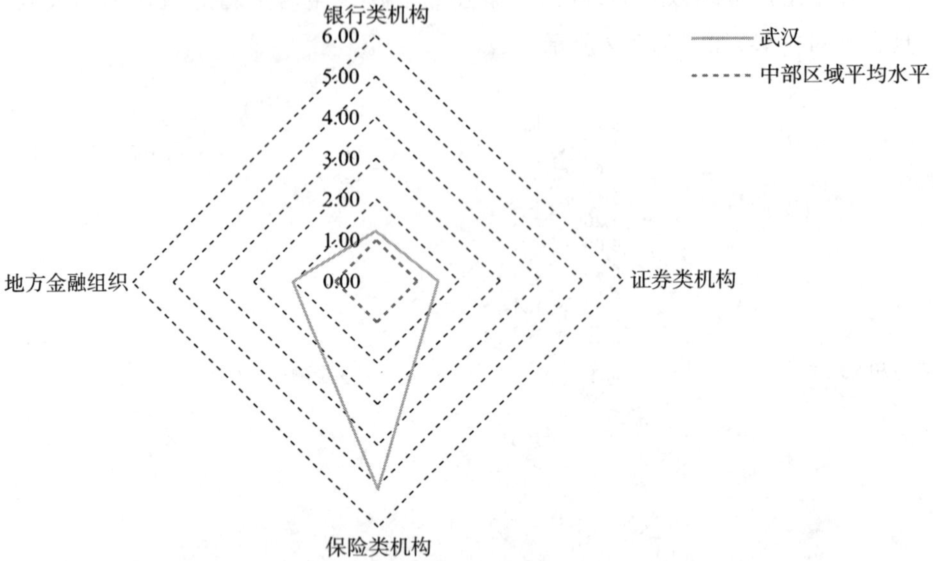

图7.2.3 武汉金融机构实力与中部地区平均水平的比较

• 武汉拥有4家本地法人保险公司,保险公司资产总规模达到4262亿元,而区域内其他金融中心城市都只有1家保险公司,保险公司资产总规模均不超过500亿元。

- 武汉的地方金融组织在区域内同样发展领先，2022年上半年，小额贷款、融资租赁、融资担保3类机构分别达到110家、86家、71家，三者均为中部地区数量最多的。
- 证券类机构方面，武汉私募基金管理机构、管理私募基金机构分别达到355家和986家，为中部地区金融中心城市中数量最多的。

专栏7.2.1　武汉获批首个国家级科技保险创新示范区

2021年10月，全国首个国家级科技保险创新示范区在湖北省武汉市获批建设，武汉市政府印发《东湖科技保险创新示范区建设实施方案》（以下简称《方案》）。根据《方案》设立的目标，到2025年，该示范区将建设成为科技保险机构集聚区、科技保险创新领航区、科技保险监管创新先行区和科技保险生态建设标杆区，包括培育、引进相关保险科技、研究机构等20家以上。

早在2018年，东湖高新区就申报了创建东湖科技保险创新示范区。2020年10月，银保监会会同湖北省政府正式印发《东湖科技保险创新示范区总体方案》，同意在武汉东湖新技术开发区建设东湖科技保险创新示范区。经过1年的酝酿，2021年10月，具体实施方案出台。

在东湖科技保险创新示范区的建设任务中，设立、引进法人保险机构是其中的重点项目。武汉积极筹备设立东湖保险公司，吸引国内外头部保险公司、保险资产管理公司在示范区落户或者设立分、子公司，引进国内外专业的保险经纪、保险代理、保险公估等中介服务机构落户示范区，大力发展保险科技新业态。

7.2.4　武汉金融中心金融市场规模表现

从金融市场规模来看，武汉在上市水平、区域股权市场、直接融资水平3方面均明显超过中部地区平均水平，如图7.2.4所示。

- 在上市水平方面，武汉2021年本地A股上市公司、新三板挂牌公司分别达到72家、166家，在中部地区各金融中心城市中分别排名第2和第1。
- 从直接融资水平看，武汉2021年底，本地A股市场累计融资额达到2180.7亿元，仅次于长沙。年度新增股票融资262.3亿元，中部地区排名第3。
- 从区域股权市场来看，武汉区域股权市场拥有的挂牌公司达到5898家，年度区域股权市场筹资金额达到185.5亿元，均在中部金融中心城市排名第2。

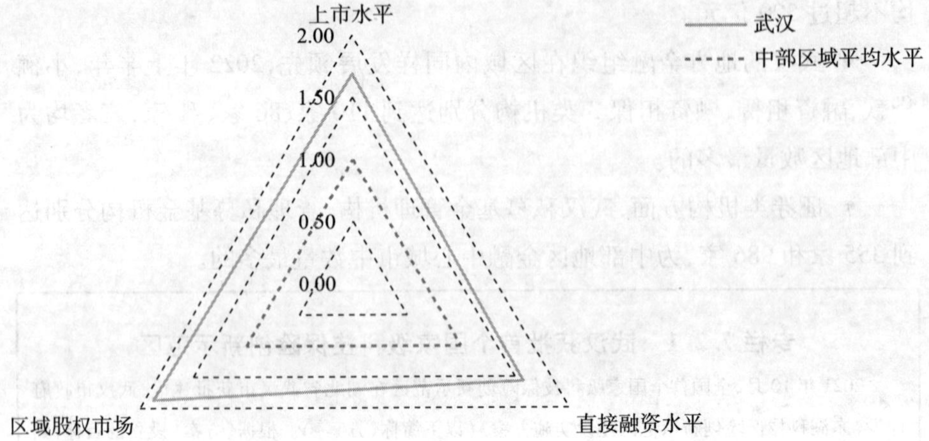

图 7.2.4 武汉金融市场规模与中部地区平均水平的比较

7.2.5 武汉金融中心金融生态环境表现

在金融人才环境方面,武汉在全国排名第 4,在中部地区排名第 2,在教育环境和城市环境两方面具有相对优势,如图 7.2.5 所示。

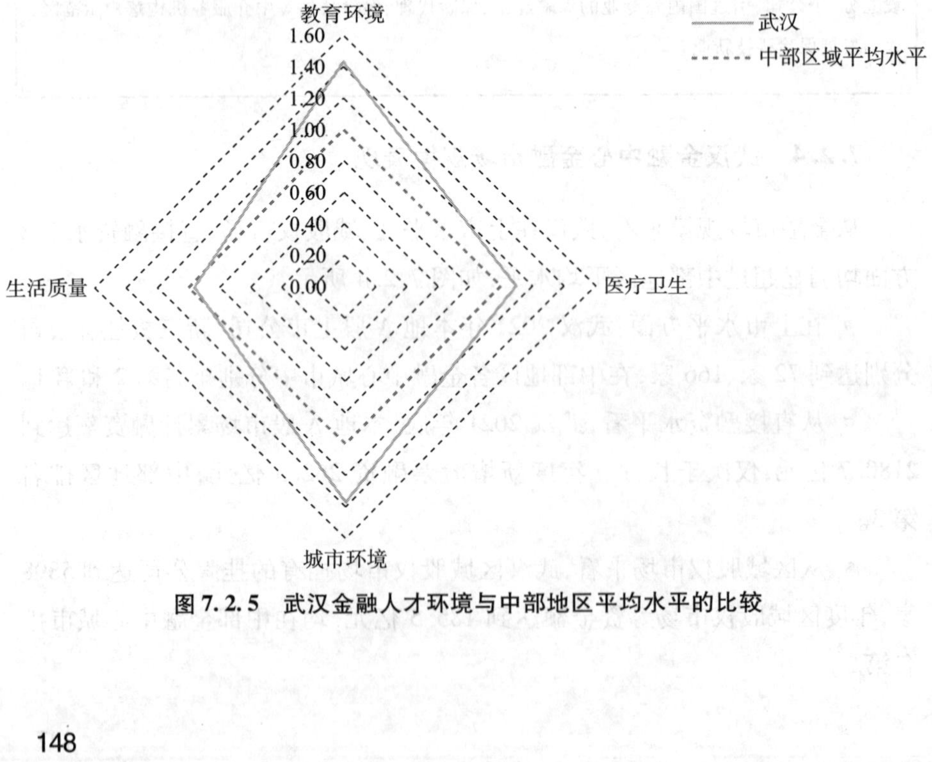

图 7.2.5 武汉金融人才环境与中部地区平均水平的比较

• 在教育环境方面，武汉拥有 83 所普通高等学校和 7 所“双一流”高校，均在中部地区金融中心排名第 1，普通高校在校生达到 128.8 万人，仅次于郑州。

• 在城市环境方面，武汉每百万人城市轨道交通里程达到 35.5 公里，远远超过中部地区其他金融中心城市，在全国 36 个金融中心城市中排名第 4，仅次于宁波、北京、上海。

• 在生活质量方面，武汉金融从业人员人均年薪达到 17 万元，仅次于郑州的 20 万元，但住宅房价收入比也相对偏高，达到 6.15，仅次于合肥。

• 在医疗卫生方面，武汉在每万人拥有的医院病床落后于郑州、长沙、合肥、南昌、太原等中部地区其他城市，但武汉具备器官移植资质的医院达到 7 家，在中部地区排名第 1。

在金融商业环境方面，武汉在全国排名第 10，在中部地区排名第 1，在专业服务、经济基础、政策环境等方面具有相对优势，如图 7.2.6 所示。

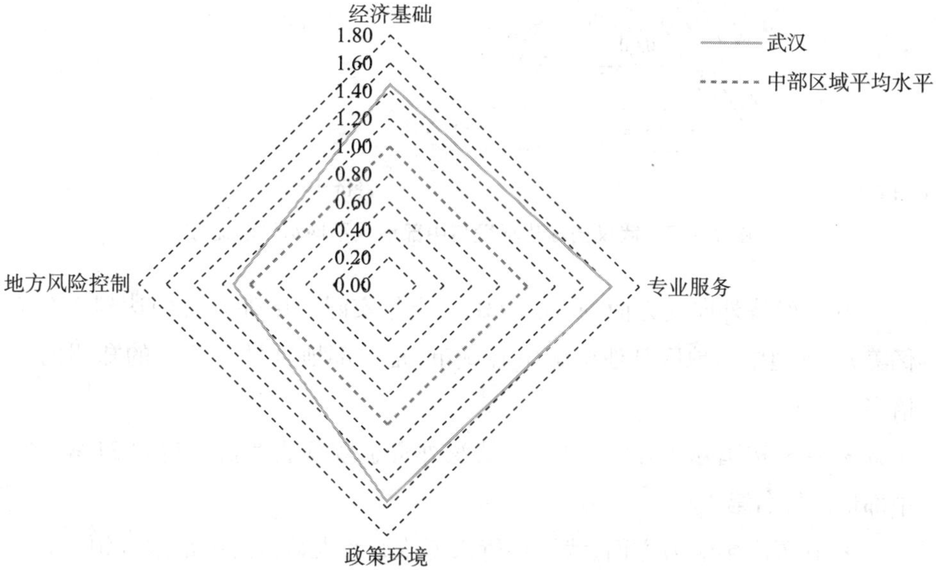

图 7.2.6　武汉金融商业环境与中部地区平均水平的比较

• 在专业服务方面，截至 2020 年底，武汉拥有注册会计师（CPA）3184 人，在中部地区排名第 1；截至 2022 年上半年，武汉拥有专业保险中介机构

408 家,在中部地区同样排名第 1。

• 在经济基础方面,武汉 2021 年地区生产总值达到 17717 亿元,人均 GDP 达到 129804 元,GDP 增速达到 2.2%,均为中部地区第 1,经济发展势头较好。

• 在政策环境方面,根据 CDI 研究评比结果,武汉金融发展促进政策支持力度得分为 5.6 分,远高于中部地区其他金融中心城市。

在国际化环境方面,武汉在全国排名第 9,在中部地区排名第 1,在经济外向度方面表现十分突出,如图 7.2.7 所示。

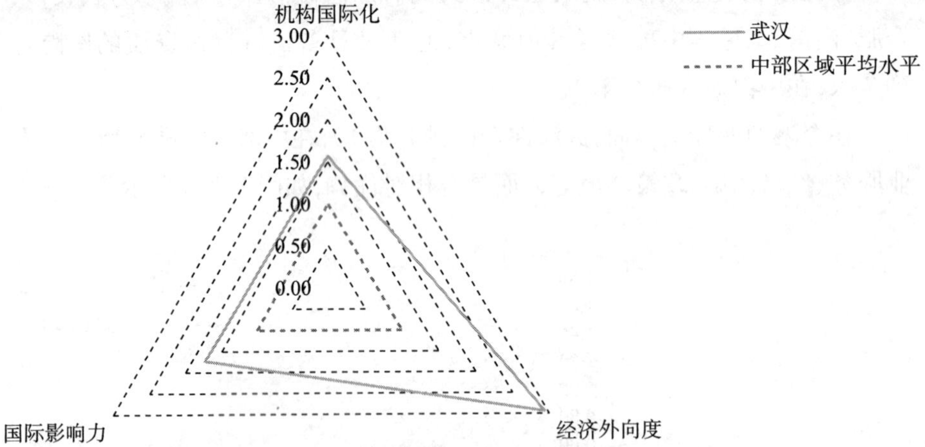

图 7.2.7　武汉国际化环境与中部地区平均水平的比较

• 在经济外向度方面,武汉 2021 年当年实际利用外资总额达到 125.7 亿美元,远超中部地区其他金融中心城市,是中部地区排名第 2 的郑州的 2 倍多。

• 在机构国际化方面,2021 年武汉外资金融营业性机构达到 31 家,在中部地区排名第 1。

• 在国际影响力方面,武汉接待入境旅游者人数保持中部地区领先。

7.3　郑州金融中心评价

郑州是河南省省会,华夏文明重要发祥地之一,是中国中部地区重要的中心城市、国家重要的综合交通枢纽、中原经济区核心城市。2007年，经河南省政府同意，《郑州区域性金融中心建设规划纲要》正式发布，明确建设区域金融中心。2022年7月，郑州市发布《关于建设国家区域性现代金融中心的实施意见》，提出力争在"十四五"期间，全市主要金融指标逐步跻身全国前10或走在全国同类城市前列。

7.3.1　郑州金融中心综合竞争力表现

自首期进入CFCI榜单以来，郑州金融中心竞争力经历了两个阶段，第一阶段从第1期CFCI到第6期CFCI，这一阶段郑州金融中心综合得分变化不大，排名亦维持在20名左右；第二阶段从第6期CFCI到第14期CFCI，这一阶段郑州金融中心建设发展较快，到第14期CFCI综合得分几乎翻倍。根据第14期CFCI评价结果显示，郑州金融中心综合竞争力得分为53.95分，综合竞争力排名全国第12位、中部地区仅次于武汉，如图7.3.1所示。

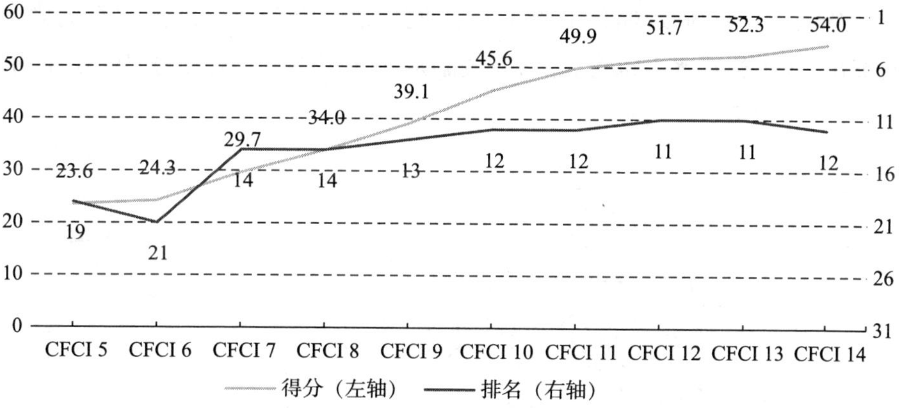

图7.3.1　郑州金融中心综合竞争力历期CFCI得分与排名

2021年，郑州金融业实现增加值1379.2亿元，同比增长2.4%；年末金融机构本外币存款余额达到26282亿元，同比增长5.1%，金融机构本外币贷款余额达到31367亿元，同比增长10.3%；全年保费收入达729.2亿元；年末保险深度达到5.7%，保险密度达到人均5722元（常住人口统计口径）。

在第14期CFCI一级分项指标评价方面，除金融机构实力排名前进2

名,金融市场规模前进1名外,郑州金融产业绩效、金融生态环境得分排名均下滑2名,如表7.3.1所示。

表 7.3.1　郑州在第 14 期 CFCI 中的评价结果

评价分类	CFCI 14 得分	同比上期得分	得分增幅	CFCI 14 排名	排名变化
金融产业绩效	80.69	-9.57	-10.60%	13	-2
金融机构实力	24.06	1.11	4.84%	15	2
金融市场规模	36.54	14.35	64.67%	5	1
金融生态环境	82.94	0.80	0.97%	15	-2
金融人才环境	9.50	-0.53	-5.32%	6	-2
金融商业环境	6.79	0.42	6.64%	24	-5
国际化环境	2.07	0.29	16.13%	15	0

7.3.2　郑州金融中心金融产业绩效表现

从金融产业绩效来看,郑州在金融业务规模、金融业增加值方面优势相对突出,业务相对水平也有亮点,但金融从业人员得分明显低于中部地区平均水平,如图7.3.2所示。

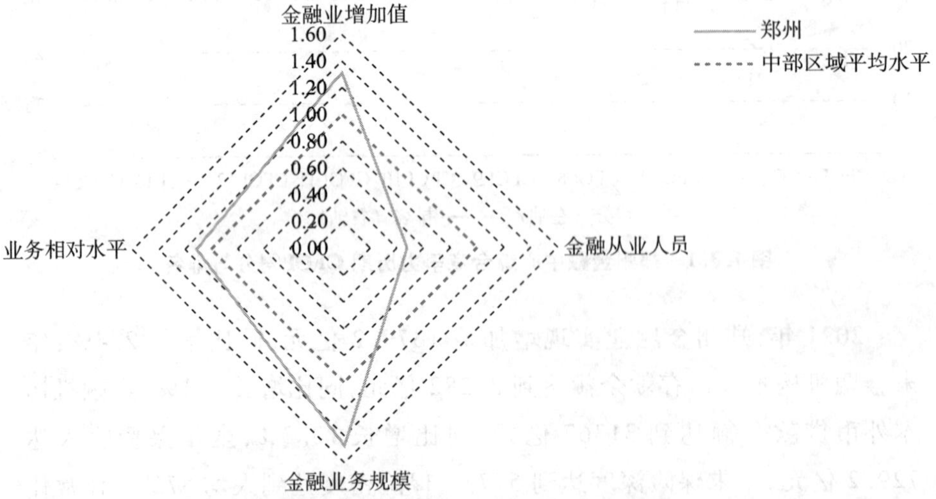

图 7.3.2　郑州金融产业绩效同中部地区平均水平的比较

• 从金融业增加值来看,2021 年郑州金融业增加值达到 1379.2 亿元,在中部地区仅次于武汉,金融业增加值 3 年平均增长率达 5.2%,金融业增加值在 GDP 中比重达 10.9%,在中部地区排名第 1。

• 从金融从业人员来看,郑州 2020 年金融从业人员达到 7.9 万人,在中部地区排名第 3,金融从业人员 3 年平均增长率达到-2.8%,呈现下滑趋势。

• 从金融业务规模来看,郑州在中部地区优势明显。2021 年,郑州金融机构本外币存、贷款余额分别达到 26282 亿元、31367 亿元,在中部地区仅次于武汉,2021 年全年本地证券交易量达到 5.54 万亿元,在中部地区遥遥领先,保费收入达 729 亿元,仅次于武汉。

• 从业务相对水平来看,郑州保险行业优势突出,郑州保险深度达到 5.7%,在中部地区与太原并列第 1,在全国排名第 6,郑州保险密度达到人均 5722 元,仅次于武汉。

7.3.3　郑州金融中心金融机构实力表现

从金融机构实力来看,郑州在银行类机构和地方金融组织两方面表现相对突出,但证券类机构和保险类机构水平均低于中部地区平均水平,如图 7.3.3 所示。

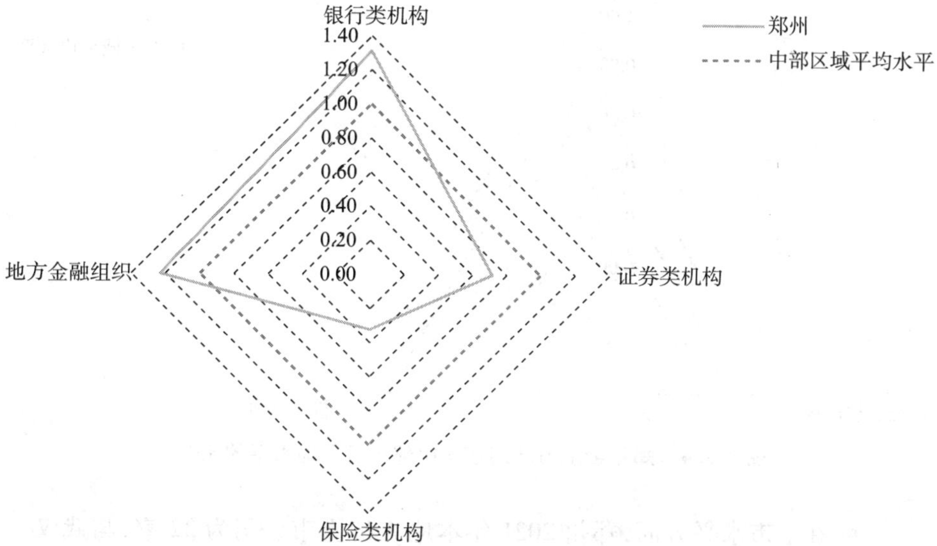

图 7.3.3　郑州金融机构实力与中部地区平均水平的比较

• 从银行类机构来看,截至 2021 年底,郑州拥有 9 家本地法人商业银行,资产规模合计 15828 亿元,机构数量是中部第 1 名,但资产规模次于长沙和合肥;商业银行支行达 1396 家,仅次于武汉。

• 从地方金融组织来看,郑州在商业保理机构方面表现突出,2022 年上半年商业保理机构达 56 家,仅次于武汉。

• 从保险机构实力来看,郑州本地仅有 1 家法人保险公司,资产规模达 54 亿元,与武汉差距巨大。

• 从证券类机构来看,郑州证券类机构实力整体偏弱,目前仅有 1 家本地法人证券公司,2021 年资产规模为 537 亿元,同时公司实力和业务规模在中部地区也基本处于末位。

7.3.4 郑州金融中心金融市场规模表现

在金融市场规模方面,作为郑商所所在地,郑州是中部地区金融中心城市中唯一拥有全国性金融市场的金融中心城市。同时,从资本市场利用来看,郑州在上市水平、区域股权市场、直接融资水平 3 方面也均超过了中部地区平均水平,如图 7.3.4 所示。

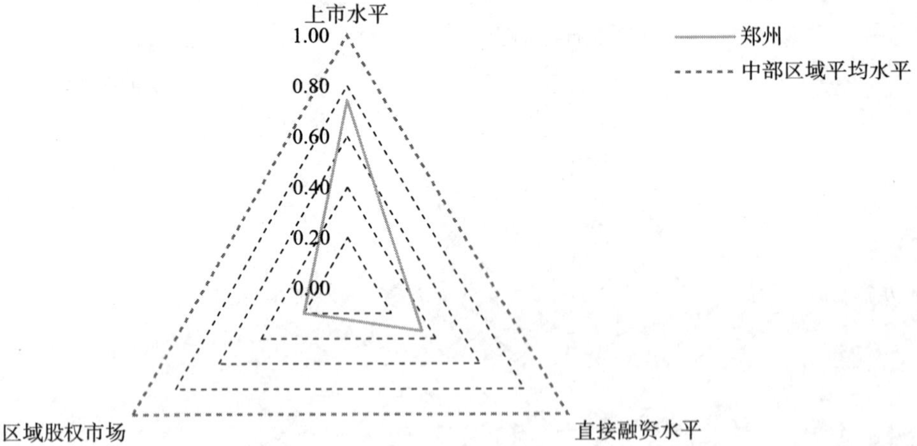

图 7.3.4 郑州金融市场规模与中部地区平均水平的比较

• 在上市水平方面,郑州 2021 年本地 A 股上市公司为 32 家,与武汉、长沙、合肥差距巨大;新三板挂牌公司为 110 家,仅次于武汉,整体而言郑州在市场主体质量方面存在短板。

- 从直接融资水平来看,2021 年底,郑州本地 A 股市场累计融资额达到 705.1 亿元,与长沙、武汉、合肥等城市差距较大,2021 年年度新增股票融资仅为 33.2 亿元,在中部地区排名倒数第一。
- 从区域股权市场来看,郑州区域股权市场拥有的挂牌公司数、年度区域股权市场筹资金额与合肥、武汉、长沙等城市相比差距较大。

7.3.5　郑州金融中心金融生态环境表现

在金融人才环境方面,郑州在全国排名第 13,其中教育环境相对于中部地区平均水平有一定优势,如图 7.3.5 所示。

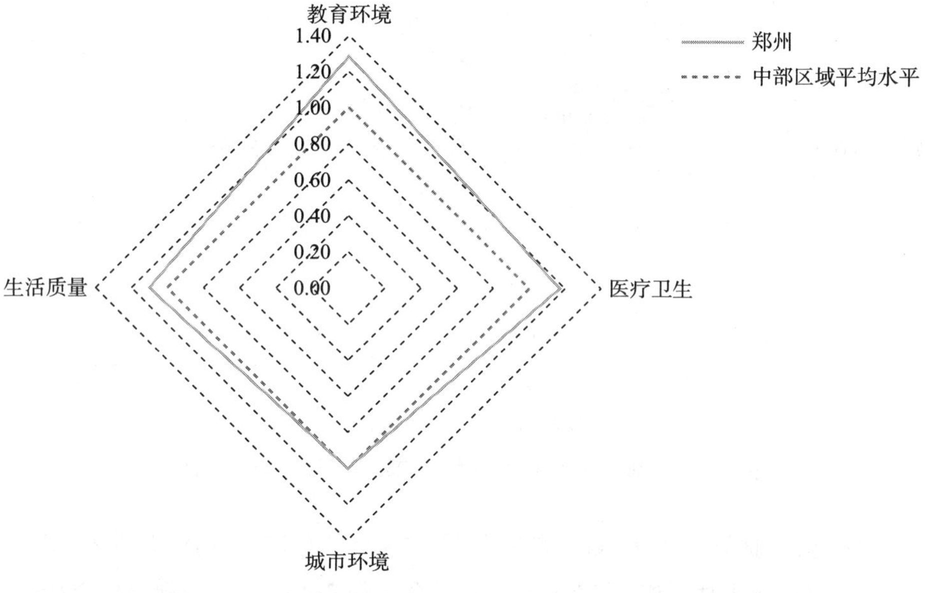

图 7.3.5　郑州金融人才环境与中部地区平均水平的比较

- 在教育环境方面,截至 2021 年底,共拥有普通高等院校 67 所,数量在中部地区仅次于武汉,在校大学生 133.2 万人,在中部地区排名高居第 1,在全国仅次于广州。
- 在医疗卫生方面,2021 年郑州每万人拥有的医院病床和执业医师资格分别达到 72.4 张和 40.5 人,在中部地区处于中上游水平。

• 在生活质量方面,郑州 2020 年金融从业人员年均薪酬达到 20 万元,在中部地区排名第 1,在全国排名第 6。

• 在城市环境方面,郑州各项指标在中部地区均为中流水平,但空气质量优良率相对较差,2021 年为 64.9%,仅优于太原。

在金融商业环境方面,郑州在全国排名第 24,其中专业服务相对于中部地区平均水平优势明显,但经济基础、地方风险控制、政策环境 3 方面水平均低于中部地区平均水平,如图 7.3.6 所示。

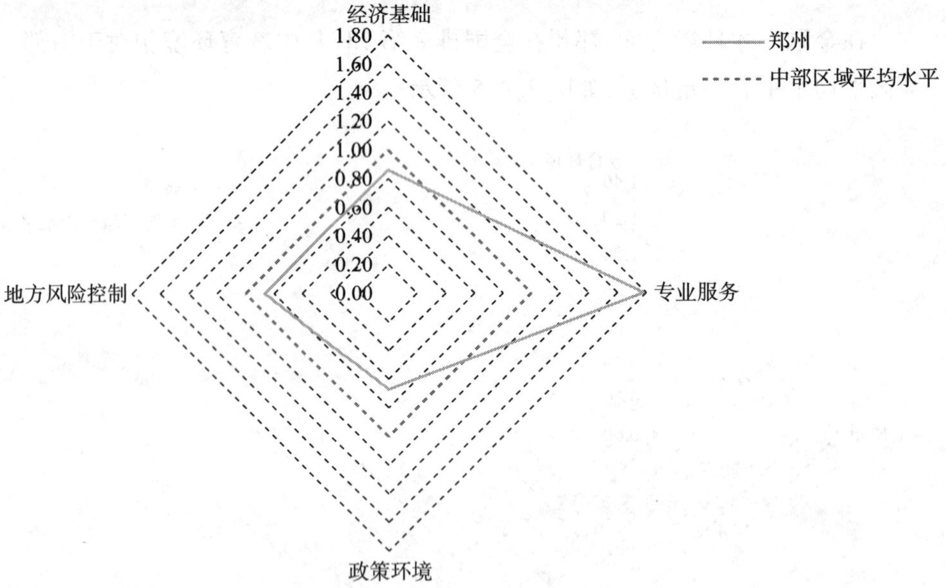

图 7.3.6　郑州金融商业环境与中部地区平均水平的比较

• 从专业服务来看,郑州在专业服务方面具有较强的优势,2022 年上半年拥有执业律师资格的 13982 人,注册会计师 2917 人,专业保险中介机构 403 家,在中部地区分别排名第 1、第 2 和第 2。

• 从经济基础来看,郑州 2021 年 GDP 总量为 12691 亿元,人均 GDP 为 99600 元,GDP 总量仅次于武汉、长沙,但人均指标却低于武汉、长沙、合肥、南昌。

• 从地方风险控制来看,2019 年郑州银行业不良贷款率达到 2.82%,在中部地区城市中是最高的。

在国际化环境方面,郑州在全国中排名第 11,在中部地区排名仅次于武汉,在国际影响力方面表现十分突出,如图 7.3.7 所示。

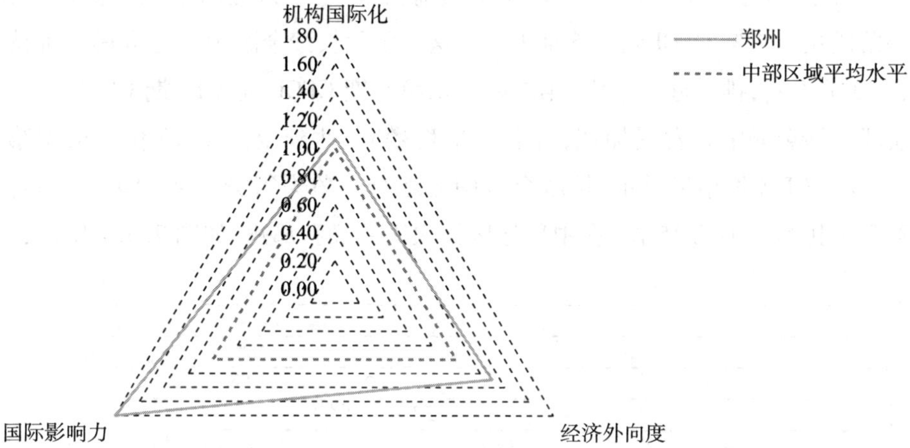

图 7.3.7　郑州金融国际化环境与中部地区平均水平的比较

- 在经济外向度方面,郑州作为国际空港枢纽城市,2021 年当年进出口总额达到 835.4 亿美元,在中部地区各城市中遥遥领先。
- 在机构国际化方面,2021 年郑州外资金融营业性机构达到 21 家,在中部地区排名第 3。
- 在国际影响力方面,郑州航空枢纽优势突出,国际航班连通城市在中部地区排名第 1。

7.4　长沙金融中心评价

长沙是湖南省省会,全国"两型社会"综合配套改革试验区,全国性综合交通枢纽。长沙也是首批国家历史文化名城,历经三千年城名、城址不变,有"屈贾之乡""潇湘洙泗"之称。2017 年 1 月,《湖南省"十三五"金融业发展规划》明确提出,2016—2020 年,要将长沙打造成为区域性金融中心。2022 年 6 月,长沙发布《关于金融助推强省会战略的实施方案(2022—2026 年)》,提出到 2026 年末,力争建设成服务全省、引领中西部、辐射全国的区域金融中心:

7.4.1 长沙金融中心综合竞争力表现

自首期进入CFCI榜单以来,长沙金融中心竞争力经历了两个阶段,第一阶段从第1期CFCI到第6期CFCI,这一阶段长沙金融中心综合得分维持在23分左右,排名起伏较大;第二阶段从第6期CFCI到第14期CFCI,这一阶段长沙金融中心发展加速,排名亦平稳攀升,达到全国第15位。根据第14期CFCI评价结果显示,长沙金融中心综合竞争力得分为46.54分,综合竞争力排名全国第15位,在中部地区仅次于武汉和郑州,如图7.4.1所示:

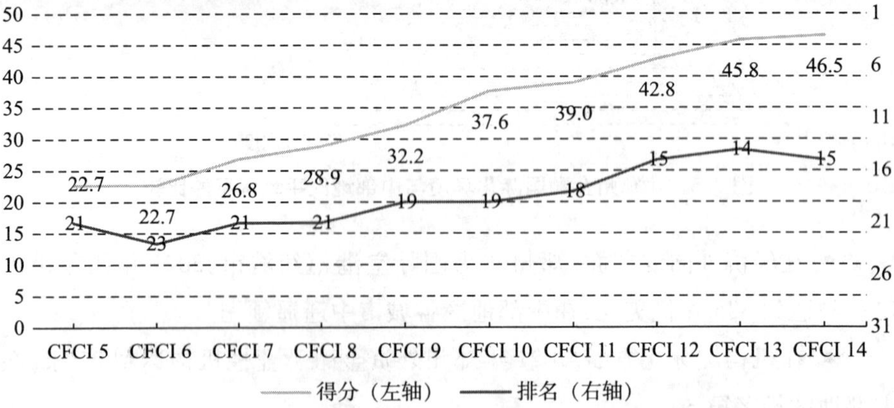

图7.4.1 长沙金融中心综合竞争力历期CFCI得分与排名

2021年,长沙金融业实现增加值973.5亿元,同比增长5.7%,在地区GDP中比重达6.5%;年末金融机构本外币存款、贷款余额分别达到25349亿元、27235亿元,同比分别增长8.7%、12.3%;全年保费收入达523亿元,首次突破500亿元大关,同比增长5.3%,赔付支出达181亿元,同比增长20.9%。

在第14期CFCI一级分项指标评价方面,长沙金融机构实力得分增长14.52%,排名上升1位;但金融产业绩效和金融生态环境得分出现减少情况,两者排名分别出现6位和3位的排名下滑情况,如表7.4.1所示。

表7.4.1 长沙在第14期CFCI中的评价结果

评价分类	CFCI 14得分	同比上期得分	得分增幅	CFCI 14排名	排名变化
金融产业绩效	72.31	-2.90	-3.86%	21	-6
金融机构实力	27.77	3.52	14.52%	13	1

续表

评价分类	CFCI 14 得分	同比上期得分	得分增幅	CFCI 14 排名	排名变化
金融市场规模	12. 54	3. 15	33. 55%	13	1
金融生态环境	80. 35	−1. 68	−2. 05%	17	−3
金融人才环境	8. 54	−0. 13	−1. 44%	11	0
金融商业环境	8. 10	0. 79	10. 88%	16	−1
国际化环境	1. 15	−1. 04	−47. 47%	24	−11

7. 4. 2　长沙金融中心金融产业绩效表现

在金融产业绩效方面，长沙在金融业务规模、金融从业人员等方面略高于中部地区平均水平，金融业增加值基本与中部地区平均水平齐平，但业务相对水平则低于中部地区平均水平，如图 7. 4. 2 所示。

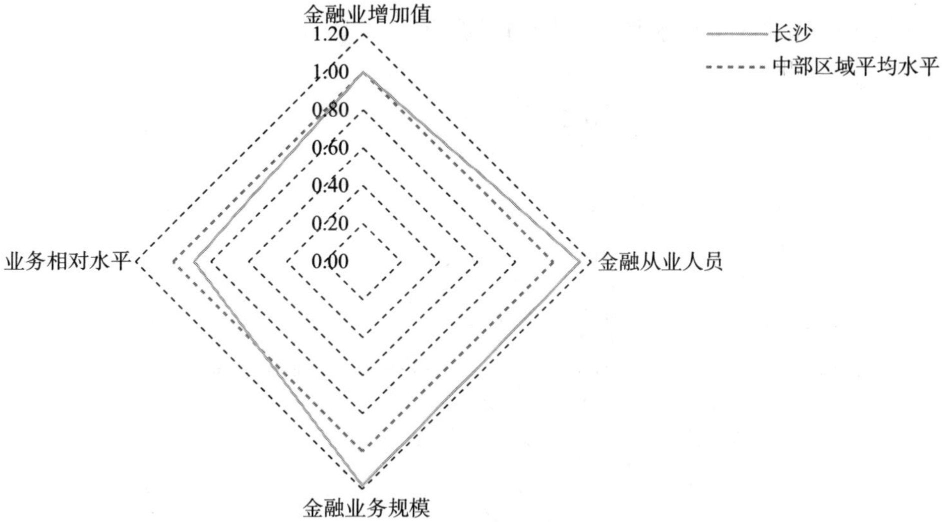

图 7. 4. 2　长沙金融产业绩效同中部地区平均水平的比较

• 从金融业增加值来看，长沙规模较小，但增速较快。2021 年长沙金融业增加值为 973. 5 亿元，同期武汉、郑州、合肥金融业增加值均超过千亿元；但长沙金融业增加值 3 年平均增长率达到 7. 8%，在中部地区排名第 1。

• 从金融从业人员来看,长沙2020年金融从业人员达到9.5万人,在中部地区排名第3,金融从业人员3年平均增长率达到10.5%,呈现较快增长趋势。

• 从金融业务规模来看,长沙金融机构本外币存、贷款余额,本地证券交易量,保费收入等各项规模指标在中部地区排名第3,仅次于武汉、郑州,与本地经济规模保持高度一致。

• 从业务相对水平来看,长沙存款余额在GDP中比重、贷款余额在GDP中比重、本地证券交易量在GDP中比重,保险深度、保险密度等指标在中部地区各金融中心城市中均表现一般。

7.4.3 长沙金融中心金融机构实力表现

从金融机构实力来看,长沙在证券类机构方面表现相对突出,银行类机构和地方金融组织两方面也高于中部地区平均水平,但保险类机构方面明显低于中部地区平均水平,如图7.4.3所示。

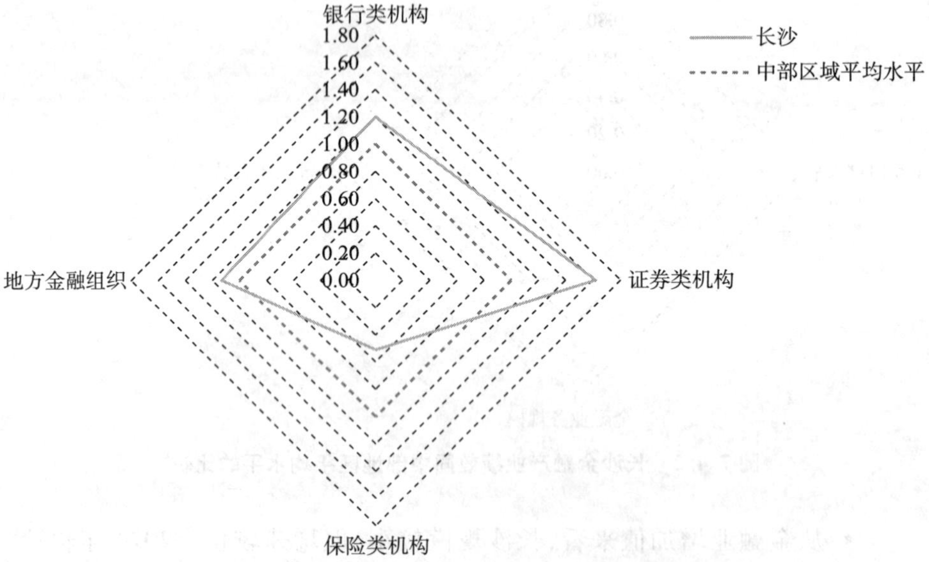

图7.4.3 长沙金融机构实力与中部地区平均水平的比较

• 从银行类机构来看,截至2021年底,长沙拥有8家本地法人商业银行,资产规模合计16122亿元,机构数量与南昌并列中部第2,资产规模仅次于合肥；商业银行支行 1281 家，仅次于武汉和郑州。

• 从地方金融组织来看，长沙在小额贷款方面表现相对突出，2022 年上半年，长沙拥有小额贷款公司 53 家，仅次于武汉。

• 从保险机构实力来看，长沙本地仅有 1 家法人保险公司，资产规模达 287 亿元，与武汉差距巨大，但在中部地区也仅次于武汉。

• 从证券类机构来看，长沙证券类金融机构表现相对突出，本地法人证券公司有 3 家，2021 年资产总规模达到 2689 亿元，在中部地区金融中心城市中均排名第 1。

7.4.4　长沙金融中心金融市场规模表现

从金融市场规模来看，长沙在直接融资水平方面明显超过了中部地区平均水平，上市水平也超过中部地区平均水平，但区域股权市场表现则基本与中部地区平均水平持平，如图 7.4.4 所示。

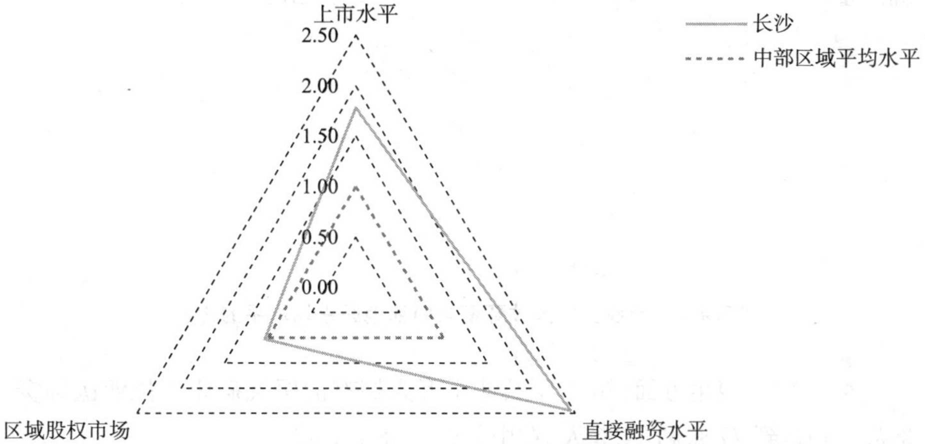

图 7.4.4　长沙金融市场规模与中部地区平均水平的比较

• 在上市水平方面，长沙表现突出，2021 年本地 A 股上市公司为 78 家，中部地区排名第 1；新三板挂牌公司 82 家，仅次于武汉、郑州。

• 从直接融资水平来看，长沙同样表现突出，2021 年底本地 A 股市场累计融资额为 2461.6 亿元，中部地区排名第 1，2021 年度新增股票融资规模达到 497.6 亿元，同样在中部地区排名第 1。

• 从区域股权市场来看,长沙区域股权市场拥有的挂牌公司、年度区域股权市场筹资金额均仅次于合肥、武汉。

7.4.5 长沙金融中心金融生态环境表现

从金融人才环境来看,长沙表现得十分突出,在全国排名第6,主要是在医疗卫生和生活质量两方面相对于中部地区平均水平有一定优势,如图7.4.5所示。

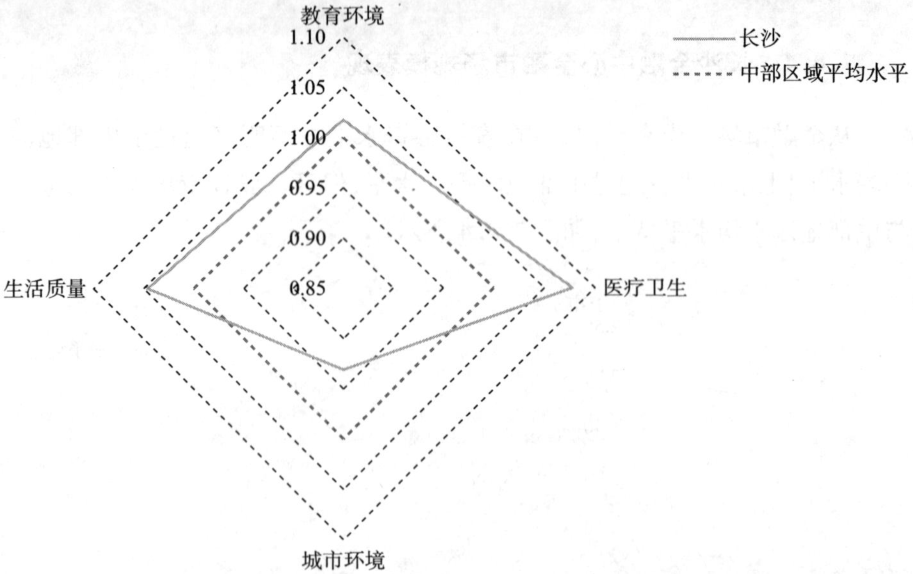

图7.4.5 长沙金融人才环境与中部地区平均水平的比较

• 在医疗卫生方面,2021年长沙每万人拥有的医院病床和执业医师资格数分别达到77张和34.6人,在中部地区处于上游。

• 在生活质量方面,长沙2021年城镇居民家庭人均消费支出达到41324元,在中部地区各城市中排名第1,住宅房价比仅为3.64,为中部地区各城市中最低的。

• 在教育环境方面,截至2021年底,长沙共拥有普通高等院校57所,在中部地区排名第3,在校大学生81万人,同样在中部地区排名第3,"双一流"高校4家,仅次于武汉。

• 在城市环境方面,长沙各项指标在中部地区均表现一般,尤其是2021

年交通健康指数为 56.7%，在中部地区排名倒数第 1，交通拥堵问题相对突出。

在金融商业环境方面，长沙在全国排名第 23，整体处于中下游，其中经济基础、地方风险控制、政策环境三方面基本与中部地区平均水平齐平，但专业服务相对中部地区平均水平有一定优势，如图 7.4.6 所示。

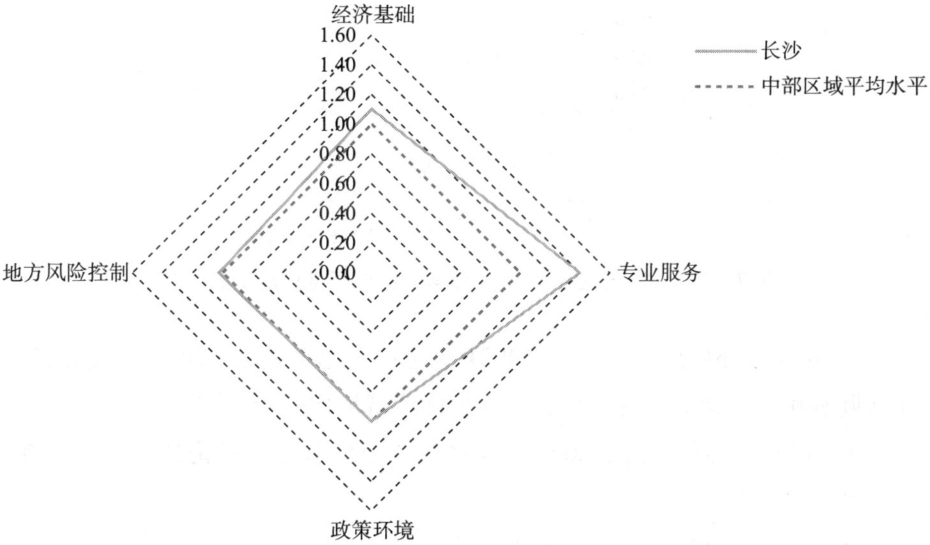

图 7.4.6　长沙金融商业环境与中部地区平均水平的比较

• 从专业服务来看，长沙在专业服务方面具有一定优势，2022 年上半年拥有执业律师资格的 10457 人、注册会计师 2631 人、专业保险中介机构 303 家，在中部地区分别排名第 2、第 3 和第 3。

• 从经济基础来看，长沙 GDP 总量和人均 GDP 均仅次于武汉，表现相对突出，但 2021 年 GDP 增长率为 7.5%，在中部地区表现一般。

• 从地方风险控制来看，长沙近 3 年未发生债券违约，地方政府负债率和债务率也基本处于中部地区金融中心城市中游。

• 从政策环境来看，根据 CDI 对各金融中心城市产业政策的综合评分，长沙得分 6.9 分，在中部地区金融中心城市中仅次于合肥。

在国际化环境方面，长沙在全国中排名第 24，在中部地区仅次于武汉、郑州，在国际影响力方面相对于中部地区有一定优势，但机构国际化和经济外向度方面的表现落后于中部地区平均水平,如图 7.3.7 所示。

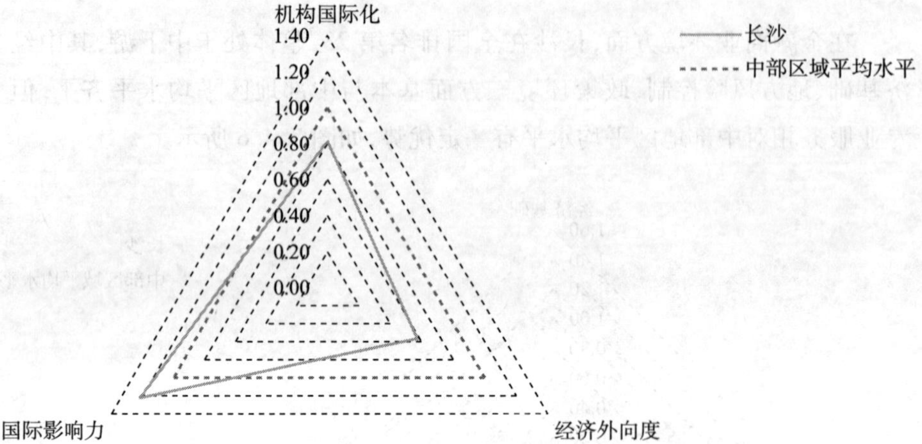

图 7.4.7　长沙金融国际化环境与中部地区平均水平的比较

• 在经济外向度方面,长沙 2021 年进出口总额达到 430.4 亿美元,当年实际利用外资达 20.1 亿元,在中部地区各城市均处于中游。

• 在机构国际化方面,2021 年长沙外资金融营业性机构达到 16 家,在中部地区排名第 4。

• 在国际影响力方面,长沙 2021 年接待入境旅游者达 13 万人次,在中部地区金融中心城市中仅次于武汉;国际航班连通城市达到 8 个,在中部地区排名第 3。

7.5　合肥金融中心评价

合肥是安徽省省会,长三角城市群副中心,综合性国家科学中心,"一带一路"和长江经济带战略双节点城市。2017 年 2 月,《安徽省"十三五"金融业发展规划》发布,明确提出支持合肥建设区域金融中心城市。2021 年 8 月,安徽省人民政府办公厅发布《发展多层次资本市场服务"三地一区"建设行动方案》,支持合肥市设立科学城发展专项资金和投资发展基金,创新滨湖科学城投融资模式,打造区域性科创金融中心。对接上海国际金融中心,加快建设合肥国际金融后台基地。

7.5.1　合肥金融中心综合竞争力表现

合肥在第 2 期 CFCI 中首次进入榜单评选,排名第 10 位,之后合肥排名回落至第 25 位左右,近几期,合肥金融中心发展提速,到第 14 期 CFCI,综合竞争力得分 43.92 分,排名全国第 19 位,相比上一期提高 2 位,排名稳中有升,如图 7.5.1 所示:

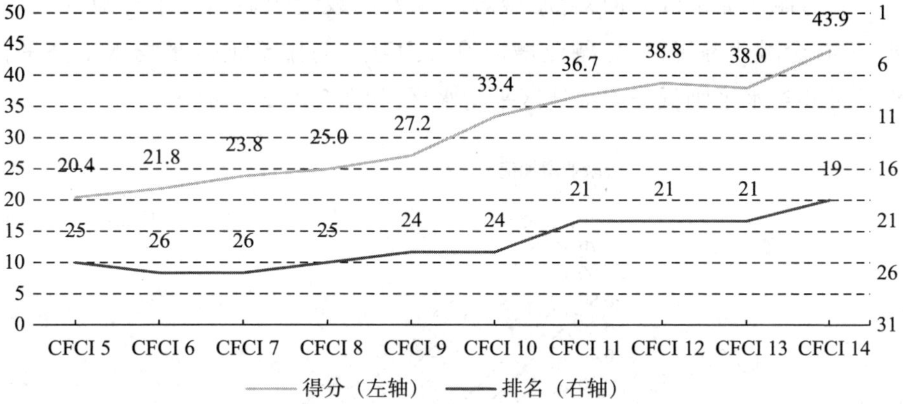

图 7.5.1　合肥金融中心综合竞争力历期 CFCI 得分与排名

2021 年,合肥金融业实现增加值 1065.9 亿元,同比增长 6%,在地区 GDP 中比重达 9.3%;年末金融机构本外币存款余额达到 20606 亿元,同比增长 10.3%;年末金融机构各项贷款余额达 320322.39 亿元,同比增长 11.9%;全年保费收入达 417.57 亿元,首次突破 400 亿元大关,同比增长 6.2%,赔付支出达 155.81 亿元,同比大幅增长 32.1%。

在第 14 期 CFCI 一级分项指标评价方面,合肥金融产业绩效上升十分迅猛,排名提升 10 位,但金融生态环境小幅下跌 1 位,如表 7.5.1 所示。

表 7.5.1　合肥在第 14 期 CFCI 中的评价结果

评价分类	CFCI 14 得分	同比上期得分	得分增幅	CFCI 14 排名	排名变化
金融产业绩效	73.55	15.01	25.64%	19	10
金融机构实力	23.17	0.60	2.66%	18	0
金融市场规模	14.59	4.39	43.04%	11	1
金融生态环境	70.94	4.57	6.89%	23	−1
金融人才环境	7.51	−0.17	−2.22%	22	−3

续表

评价分类	CFCI 14 得分	同比上期得分	得分增幅	CFCI 14 排名	排名变化
金融商业环境	6.85	1.10	19.19%	21	1
国际化环境	1.34	0.08	6.35%	20	1

7.5.2 合肥金融中心金融产业绩效表现

在金融产业绩效方面,合肥金融从业人员数量明显超过中部地区平均水平,在金融业务规模、金融业增加值方面基本与中部地区平均水平齐平,但业务相对水平则低于中部地区平均水平,如图 7.5.2 所示。

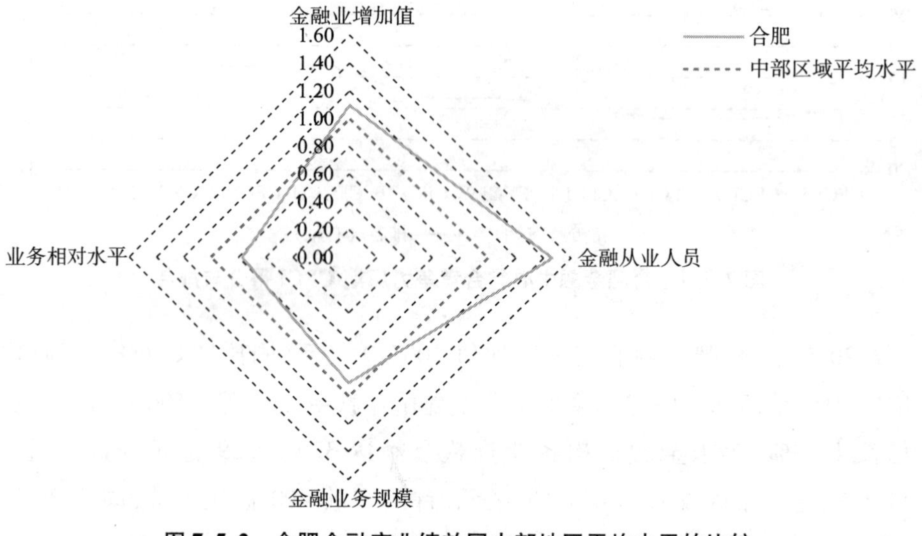

图 7.5.2 合肥金融产业绩效同中部地区平均水平的比较

• 从金融业增加值来看,2021 年合肥金融业增加值为 1065.9 亿元,已经迈过 1000 亿元大关,在中部地区仅次于武汉、郑州,且合肥金融业增加值 3 年平均增长率达到 7%,在中部地区仅次于长沙。

• 从金融从业人员来看,2020 年合肥金融从业人员达到 12.5 万人,在中部地区遥遥领先,且金融从业人员 3 年平均增长率达到 11.2%,呈现较快增长趋势。

• 从金融业务规模来看,合肥金融机构本外币存、贷款余额,保费收入等各项规模指标均在中部地区排名第 4,与本地经济规模保持高度一致。

• 从业务相对水平来看,合肥存款余额在 GDP 中比重、贷款余额在 GDP 中比重、本地证券交易量在 GDP 中比重、保险深度、保险密度等各项指标在中部地区各金融中心城市中排名均落后。

7.5.3　合肥金融中心金融机构实力表现

在金融机构实力方面,合肥证券类机构相对于中部地区平均水平略领先,银行类机构和地方金融组织则基本与中部地区平均水平持平,但保险类机构水平明显低于中部地区平均水平,如图 7.5.3 所示。

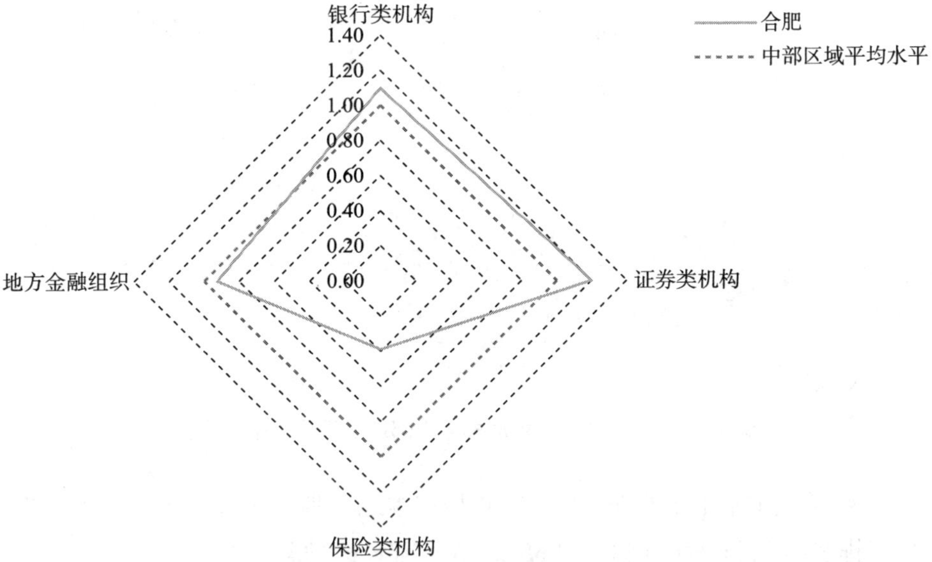

图 7.5.3　合肥金融机构实力与中部地区平均水平的比较

• 从银行类机构来看,截至 2021 年底,合肥拥有 7 家本地法人商业银行,资产规模合计 16168 亿元,与太原并列中部地区第 3,但资产规模在中部地区排名第 1;商业银行支行数量存在短板,截至 2021 年底,商业银行支行达 867 家,在中部地区排名倒数第 2。

• 从地方金融组织来看,合肥各类地方金融组织数量均表现一般。

• 从保险机构实力来看,合肥本地仅有 1 家法人保险公司,资产规模达 104 亿元,与武汉差距巨大。

• 从证券类机构来看,合肥证券类金融机构实力有一定优势,本地法人证券公司有2家,2021年资产总规模达到1883亿元,在中部地区金融中心城市中分别排名第2和第3。

7.5.4 合肥金融中心金融市场规模表现

从金融市场规模来看,合肥在区域股权市场方面有一定优势,上市水平也超过中部地区平均水平,但直接融资水平则基本与中部地区平均水平持平,如图7.5.4所示。

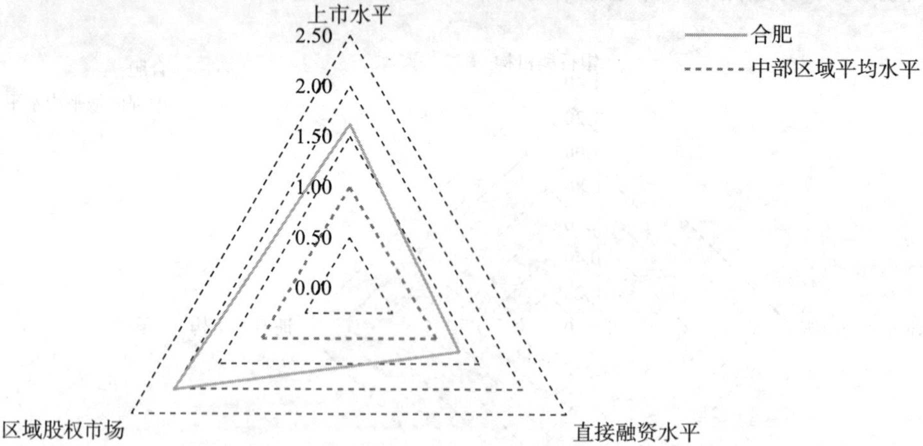

图7.5.4 合肥金融市场规模与中部地区平均水平的比较

- 从上市水平来看,合肥2021年拥有本地A股上市公司68家,在中部地区排名第3;新三板挂牌公司65家,在中部地区排名第4。
- 从直接融资水平来看,2021年底,合肥本地A股市场累计融资额达到1198.8亿元,2021年度新增股票融资规模达到497.6亿元,在中部地区分别排名第3和第2。
- 从区域股权市场来看,合肥区域股权市场在中部地区各金融中心城市中优势相对明显,拥有的挂牌公司达到7598家,2021年度区域股权市场筹资金额为153亿元,仅次于南昌、武汉。

7.5.5 合肥金融中心金融生态环境表现

在金融人才环境方面,合肥表现不佳,在全国排名第22,教育环境、城市环境、生活质量、医疗卫生等细分领域得分均低于中部地区平均水平，如图7.5.5所示。

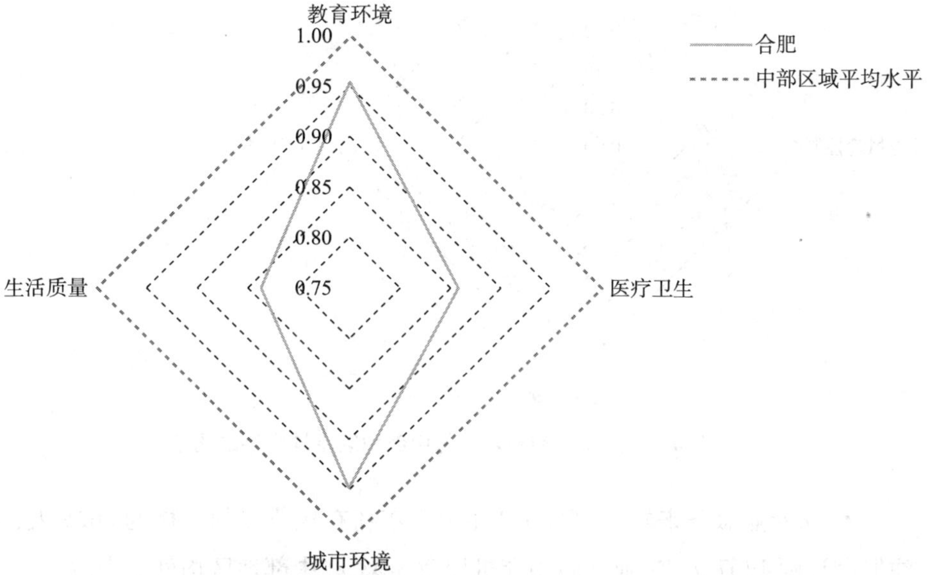

图7.5.5　合肥金融人才环境与中部地区平均水平的比较

- 在医疗卫生方面，2021年合肥每万人拥有的医院病床和执业医师资格分别达到63.4张和32.5人，在中部地区处于下游。

- 在生活质量方面，合肥2020年金融从业人员年均薪酬为96286元，低于中部地区其他城市；住宅房价收入比达到6.51，是中部地区各金融中心城市中最高的。

- 在教育环境方面，截至2021年底，合肥共拥有普通高等院校54所，在中部地区处于中游，在校大学生72.1万人，在中部地区排名靠后，“双一流”高校3家，仅次于武汉、长沙。

- 在城市环境方面，合肥各项指标在中部地区表现均一般，尤其是2021年日航班次为212次，在中部地区排名倒数第1。

在金融商业环境方面，合肥在全国排名第21，其中经济基础和专业服务两方面水平基本与中部地区平均水平持平，但地方风险控制、政策环境两方面的表现相对较差，如图7.5.6所示。

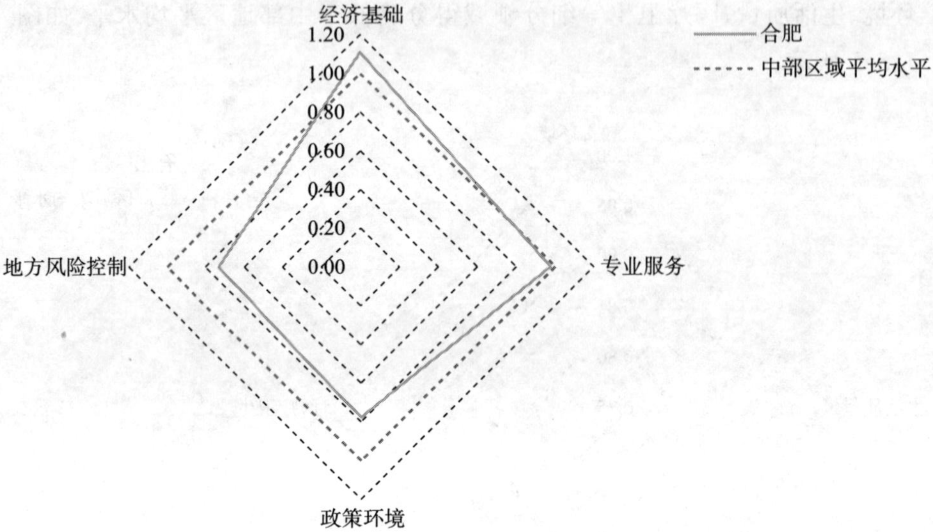

图 7.5.6　合肥金融商业环境与中部地区平均水平的比较

• 从专业服务来看,合肥 2022 年上半年拥有执业律师资格的 6625 人,注册会计师 1467 人,专业保险中介机构 268 家,在中部地区均处于中游。

• 从经济基础来看,2021 年合肥 GDP 达到 11413 亿元,中部地区排名第 4;人均 GDP 为 120579 元,仅低于武汉、长沙。

• 从地方风险控制来看,合肥近 3 年违约债务余额比率达到 3.3%,在中部地区各金融中心城市中仅低于呼和浩特,地方政府负债率是中部地区金融中心城市中最低的。

• 从政策环境来看,根据 CDI 对各金融中心城市产业政策的综合评分,合肥得分 7.9 分,在中部地区金融中心城市中排名第 1,近年来招商引资的"合肥模式"成为各地方政府争相学习的模式,体现在金融中心生态环境上,就是合肥在产业政策环境方面的突出表现。

从国际化环境来看,合肥在全国中排名第 20,其中机构国际化和经济外向度两方面基本与中部地区平均水平持平,但国际影响力方面与中部地区平均水平相比存在明显差距,如图 7.5.7 所示。

• 在经济外向度方面,合肥 2021 年当年进出口总额达到 514.6 亿美元,当年实际利用外资达 37.5 亿美元,中部地区均排名第 3。

• 在机构国际化方面,2021 年合肥外资金融营业性机构达到 19 家,在

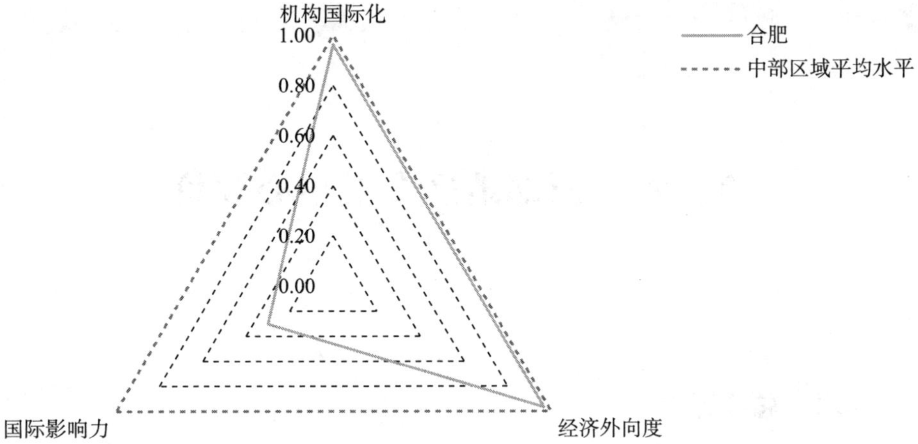

图 7.5.7　合肥金融国际化环境与中部地区平均水平的比较

中部地区排名第 3。

- 在国际影响力方面,合肥接待入境旅游者以及国际航班连通城市在中部地区排名均靠后。

第八章　西部地区金融中心评价

8.1　总体评价

西部地区主要包括我国的西南地区和西北地区，由四川、云南、贵州、西藏、重庆、陕西、甘肃、青海、新疆、宁夏、内蒙古和广西 12 个省、自治区、直辖市组成，土地面积约为 690 万平方公里，占全国国土面积的 71%。西部地区身处内陆，疆域辽阔，交通闭塞，人口稀少，是我国经济欠发达、待开发的地区，但由于连接亚欧大陆广袤腹地，成为新丝绸之路经济带的起点和门户，加之蕴藏着丰富的自然资源、矿产资源、能源资源与土地资源，拥有巨大的发展空间与潜力。西部地区提出建设金融中心的城市主要有成都、重庆、西安、昆明、南宁、乌鲁木齐、贵阳、兰州。

8.1.1　西部地区金融中心综合竞争力表现

表 8.1.1　西部地区金融中心在第 14 期 CFCI 中的评价结果

城市	综合竞争力		金融产业绩效		金融机构实力		金融市场规模		金融生态环境	
	得分	排名	得分	排名	得分	排名	得分	排名	得分	排名
成都	67.29	6	113.73	8	40.09	8	12.93	12	111.90	5
重庆	67.07	7	115.46	7	50.43	7	8.86	17	99.91	8
西安	50.67	13	89.08	11	28.56	12	6.97	20	85.67	12
南宁	37.05	26	68.54	24	17.20	26	5.70	23	63.03	28
昆明	35.19	31	59.38	32	15.31	28	3.11	31	70.08	25
贵阳	34.43	32	59.74	31	15.12	29	3.95	28	65.58	27
乌鲁木齐	34.12	33	69.56	23	13.18	33	6.93	22	52.57	35
兰州	33.31	34	64.69	27	10.30	36	2.81	34	62.62	29

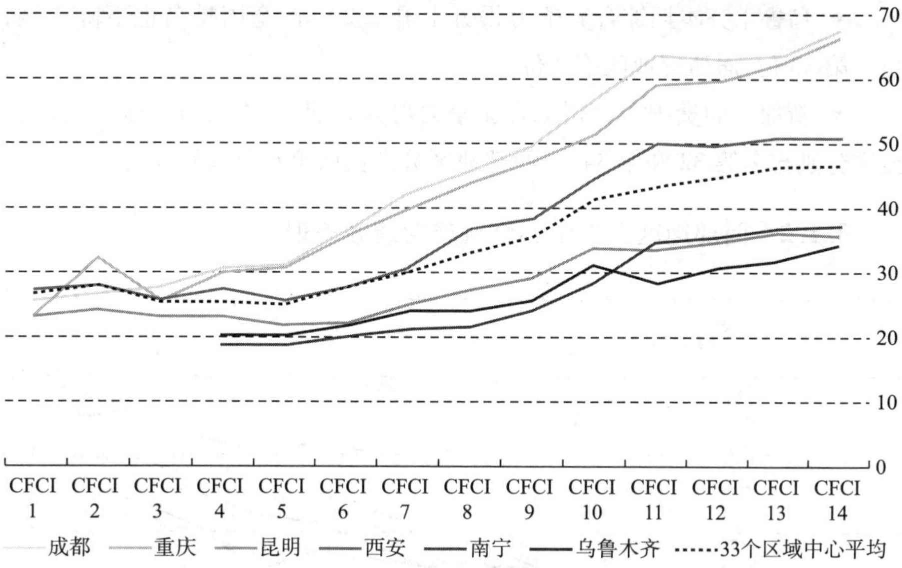

图 8.1.1 西部地区金融中心历期 CFCI 综合竞争力得分

• 西部地区金融中心成渝双城领跑，持续巩固在西部地区的领先地位，本期两者综合竞争力全国分别排名第 6 和第 7。西安处于第二梯队，从第 6 期 GFCI 开始，表现优于全国 33 区域金融中心的平均水平；第三梯队的昆明、南宁、乌鲁木齐整体排名靠后，综合实力相对较弱，与其他区域金融中心拉开较大差距。

• 成都金融中心在西部地区排名第 1、在全国排名第 6，本期综合竞争力得分 67.29 分，较上期增长 3.63 分，高于 33 个区域金融中心的平均得分 20.67 分。

• 重庆金融中心在西部地区排名第 2、在全国排名第 7，排名与上期持平，综合竞争力得分较上期增长 4.72 分，高于 33 个区域金融中心的平均得分 20.45 分。

• 西安本期得分略有下降，较上期降低 0.04 分，但排名与上期持平，居全国第 13 位、居西部地区第 4 位，得分略高于 33 个区域金融中心平均得分。

• 南宁本期综合竞争力得分上升 0.56 分，但在全国排名下降 3 位，位于第 26 位，居西部地区第 4 位。

• 昆明本期综合竞争力得分下降 0.87 分，在全国排名下降 6 位，位于第 31 位，居西部地区第 5 位。

• 乌鲁木齐本期综合竞争力得分上升 2. 29 分,全国排名也下降 3 位,位于第 33 位,居西部地区第 7 位。

• 新加入的贵阳和兰州综合竞争力得分分别为 34. 43 分、33. 31 分,在全国分别排名第 32 和第 34,在西部地区分别位居第 6 位和第 8 位。

8. 1. 2　西部地区金融中心金融产业绩效表现

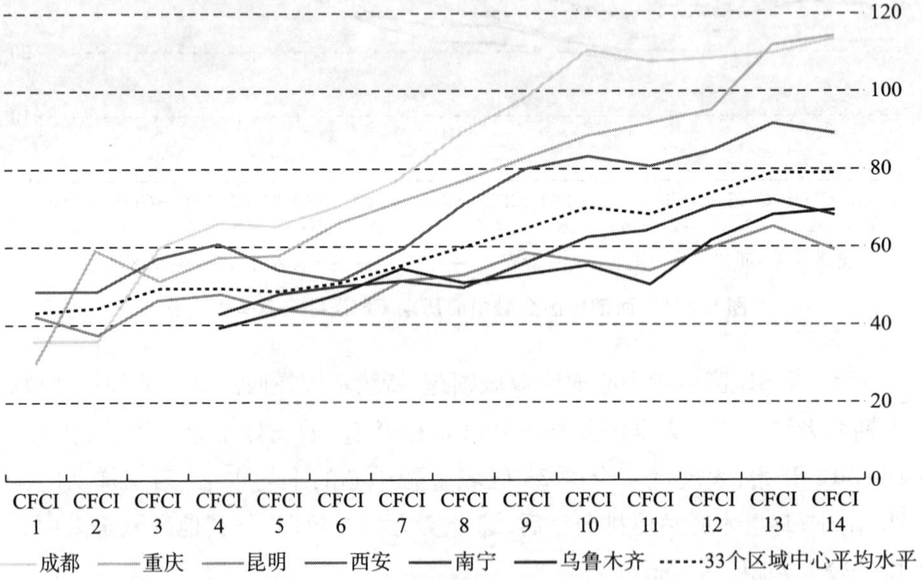

图 8. 1. 2　西部地区金融中心历期 CFCI 金融产业绩效得分

• 西部地区各中心的金融业发展出现较大分化,成都和重庆金融产业绩效得分均实现增长,且大幅高于 33 个区域金融中心平均水平,西安得分也高于 33 个区域金融中心平均水平,但昆明、南宁都有一定幅度的下降。

• 成都本期金融产业绩效得分增长 3. 66 分,高于 33 个区域金融中心的平均得分 34. 82 分,在西部地区分项排名第 2、全国排名第 8。

• 重庆本期金融产业绩效排名稳居西部地区第 1、全国第 7,得分增长 3. 90 分,大幅高于 33 个区域金融中心平均得分。

• 西安本期金融产业绩效得分下降 2. 46 分,高于 33 个区域金融中心的平均得分 10. 14 分,西部地区分项排名第 3,在全国排名下降 1 位,位居第 11 位。

• 昆明和南宁本期金融产业绩效得分和排名均有较大幅度的下降，全国排名分别为第 32 和第 24，西部地区排名第 8 和第 5。

• 乌鲁木齐本期金融产业绩效得分略有上升，但总体排名下降 5 位，居全国第 23 位、西部地区第 4 位。

• 新加入的贵阳和兰州金融产业绩效得分分别为 59.74 分、64.69 分，在全国分别排名第 31 和第 27，在西部地位分别位居第 7 位和第 6 位。

8.1.3　西部地区金融中心金融机构实力表现

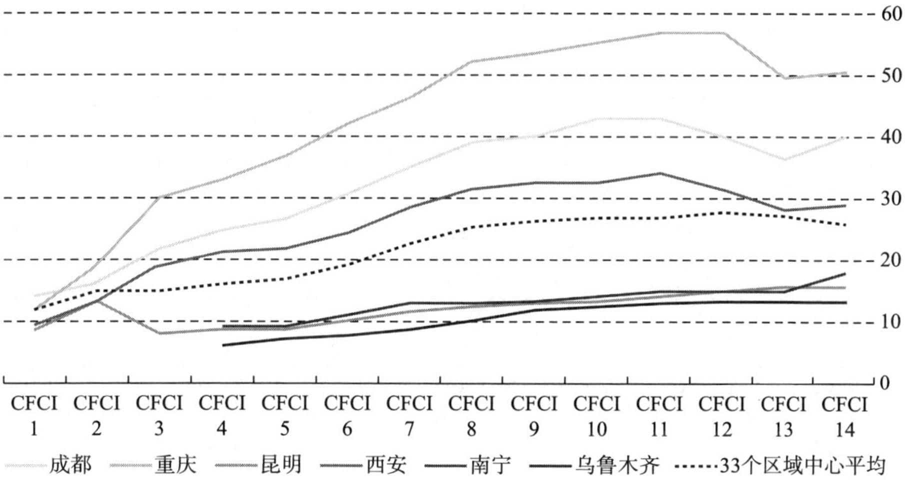

图 8.1.3　西部地区金融中心历期 CFCI 金融机构实力得分

• 除乌鲁木齐外，西部地区金融中心金融机构实力得分均有一定程度的提升，平均得分均高于全国 33 个区域金融中心平均得分，其中成都和重庆金融机构得分高是拉升西部地区平均得分的主要因素。

• 成都金融机构实力得分较上期上升 3.65 分，排名与上期持平，居全国第 8 位、西部地区第 2 位。

• 重庆金融机构实力得分增长 0.73 分，继续稳居全国第 7 位、西部地区第 1 位。

• 西安金融机构实力得分略高于 33 个区域金融中心的平均得分 2.79 分，居全国第 12 位、西部地区第 3 位。

• 南宁金融机构实力得分和排名均有上升，居全国第 26 位、西部地区第 4 位。

• 昆明金融机构实力得分较上期上升 0. 11 分,居全国第 28 位、西部地区第 5 位。

• 新加入的贵阳和兰州金融机构实力得分分别为 15. 12 分、10. 30 分,在全国分别排名第 29 和第 36,在西部地区分别位居第 6 位和第 8 位。

8. 1. 4　西部地区金融中心金融生态环境表现

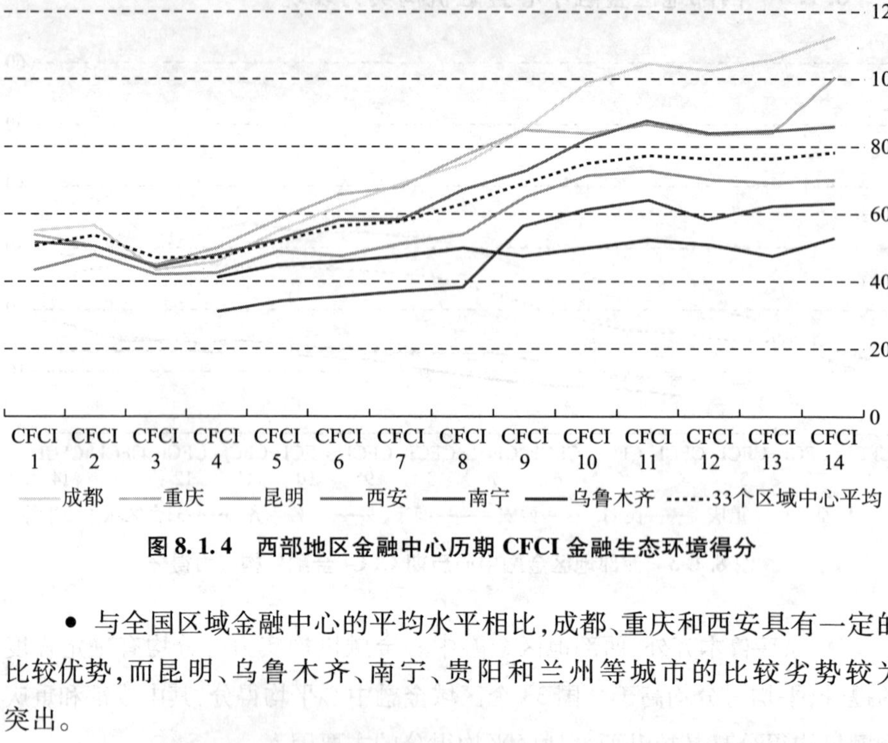

图 8. 1. 4　西部地区金融中心历期 CFCI 金融生态环境得分

• 与全国区域金融中心的平均水平相比,成都、重庆和西安具有一定的比较优势,而昆明、乌鲁木齐、南宁、贵阳和兰州等城市的比较劣势较为突出。

• 成都金融生态环境得分较上期上升 6. 74 分,排名与上期持平,居全国第 5 位、西部地区第 1 位。

• 重庆金融生态环境得分较上期上升 15. 99 分,排名上升 4 位,居全国第 8 位、西部地区第 2 位。

• 西安金融生态得分较上期略微上升,但总体排名在全国下降 1 位,居全国第 12 位、西部地区第 3 位。

• 昆明金融生态环境排名下降 6 位,居全国第 25 位、西部地区第 4 位。

- 南宁和乌鲁木齐金融生态环境得分虽略微上升，但排名均有下降，分别居全国第28位和第35位，居西部地区第6位和第8位。
- 新加入的贵阳和兰州金融生态环境得分分别为65.58分和62.62分，在全国分别排名第27和第29，在西部地区分别位居第5位和第7位。

8.2　成都金融中心评价

成都是四川省会和西南地区唯一一个副省级市，国家重要的高新技术产业基地、商贸物流中心和综合交通枢纽，西部地区重要的中心城市。历史上，"扬一益二"的繁荣经济积淀了深厚的金融发展土壤，孕育了中国最早的纸币——"交子"。改革开放以来，成都诞生了新中国第1个股票场外交易市场"红庙子市场"和第1只股票"蜀都大厦"。1993年，国务院《西南和华南部分省区区域规划纲要》明确成都为西南地区金融中心。2010年，党中央、国务院《关于深入实施西部大开发战略的若干意见》提出支持成都建设区域性金融中心。2021年12月24日，中国人民银行等国家部委与重庆市人民政府、四川省人民政府联合发布了《成渝共建西部金融中心规划》，提出将成渝建设成为立足西部，面向东亚和东南亚、南亚，服务共建"一带一路"国家和地区的西部金融中心，标志着成渝共建西部金融中心迈向实质性阶段。

8.2.1　成都金融中心综合竞争力表现

自首期进入CFCI榜单以来，成都金融中心综合竞争力保持快速上升势头。10年间，成都综合竞争力得分实现翻番，累计增幅达到117%，显示出巨大的增长动能；综合竞争力排名相较于第5期的第8位上升至本期的第6位。

2021年，成都金融业实现增加值2271.6亿元，同比增长6.1%；年末金融机构本外币存款余额达到47968亿元、本外币贷款余额达到46425亿元，分别居全国第6位和第7位；全年保费收入达1005亿元，同比增长2.09%，年末保险深度达5%，保险密度达到人均4740元（常住人口统计口径）。

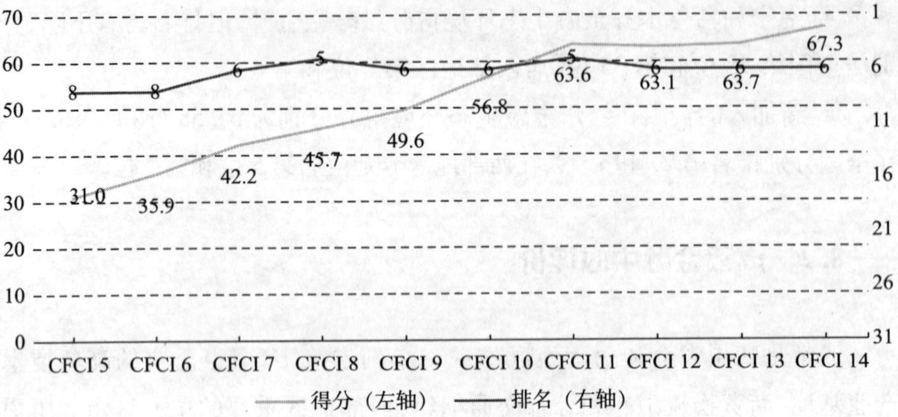

图 8. 2. 1　成都金融中心综合竞争力历期 CFCI 得分与排名

在第 14 期 CFCI 一级分项指标评价方面,成都各项指标得分均有增加。就指标排名而言,整体保持平稳,如表 8. 2. 1 所示。

表 8. 2. 1　成都在第 14 期 CFCI 中的评价结果

评价分类	CFCI 14 得分	同比上期得分	得分增幅	CFCI 14 排名	排名变化
金融产业绩效	113. 73	3. 66	3. 33%	8	0
金融机构实力	40. 09	3. 65	10. 02%	8	0
金融市场规模	12. 93	0. 77	6. 33%	12	−2
金融生态环境	111. 90	6. 74	6. 41%	5	0
金融人才环境	9. 50	0. 06	0. 60%	7	0
金融商业环境	10. 80	0. 96	9. 74%	5	0
国际化环境	4. 48	0. 48	11. 94%	5	0

8. 2. 2　成都金融中心金融产业绩效表现

在金融产业绩效方面,成都在西部地区的巨大优势在于金融业增加值和金融业务规模,如图 8. 2. 2 所示。

- 成都金融业增加值在本区域仅次于重庆,并且保持较快增长,近 3 年平均增速达到 6. 3%,在 GDP 中的比重达到 11. 4%。
- 近年来成都对金融人才需求旺盛,2021 年成都金融从业人员约 15 万人,近 3 年平均增速为 5. 8%。

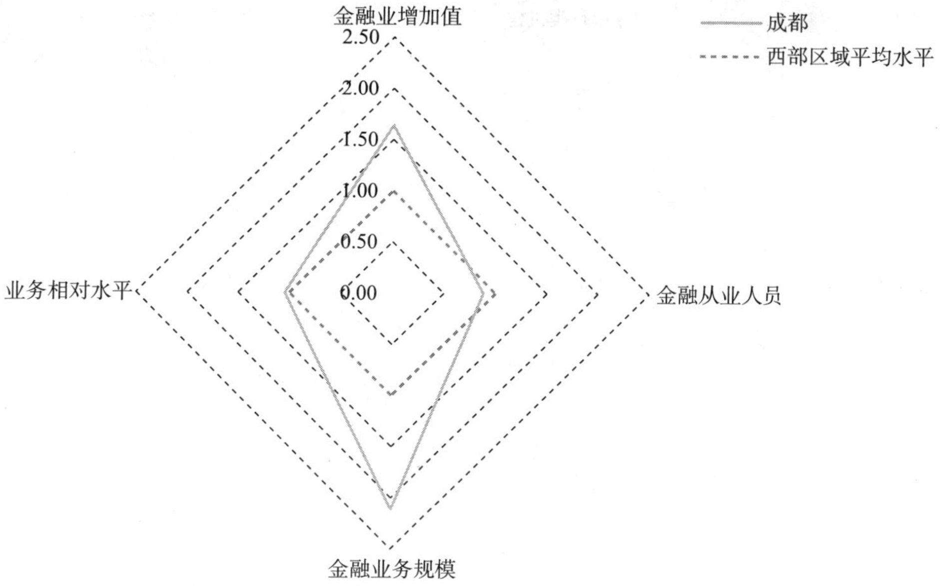

图 8.2.2 成都金融产业绩效同西部地区平均水平的比较

- 2021 年成都本地证券交易量达 15.6 万亿元,同比增长 19.9%,远超本区域其他金融中心城市。
- 2021 年成都存款与贷款余额与 GDP 之比分别为 240.8%、233.1%。

8.2.3 成都金融中心金融机构实力表现

在金融机构实力方面,成都的各分项指标均优于西部地区的平均水平,如图 8.2.3 所示。

- 成都金融机构资源丰富,综合实力较强,尤其是证券类机构在西部地区的领先地位明显。
- 成都拥有 4 家本地法人商业银行,2021 年资产总规模达 14889 亿元,在西部地区仅次于重庆,远超西部地区其他金融中心城市。
- 成都拥有 4 家法人证券公司,2021 年资产总规模达 1963 亿元,数量和规模均位列西部地区之首。
- 成都拥有 4 家法人保险公司,2021 年资产总规模达 3238 亿元。
- 2021 年华西基金获批,成都拿下首张公募基金牌照。

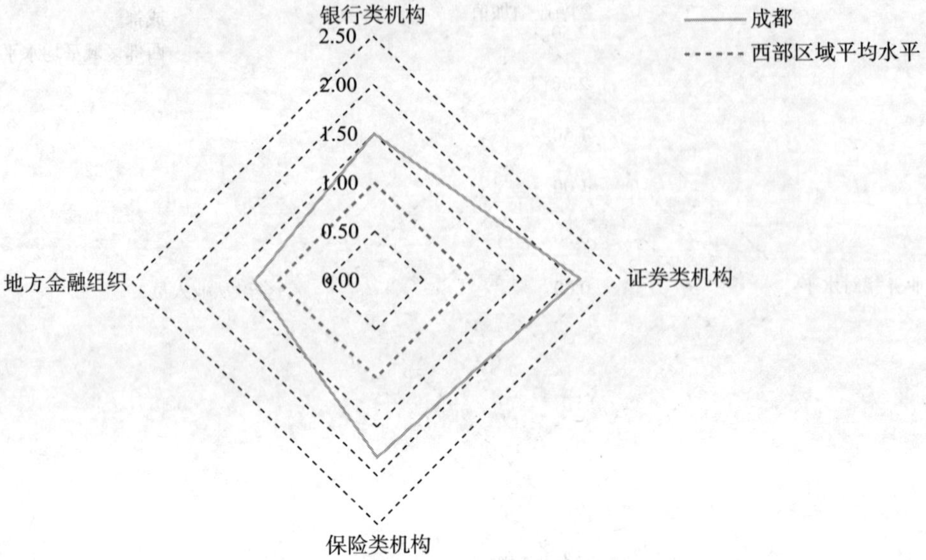

图 8.2.3 成都金融机构实力与西部地区平均水平的比较

8.2.4 成都金融中心金融市场规模表现

在金融市场规模方面,成都的上市水平与区域股权市场均优于西部地区的平均水平,如图 8.2.4 所示。

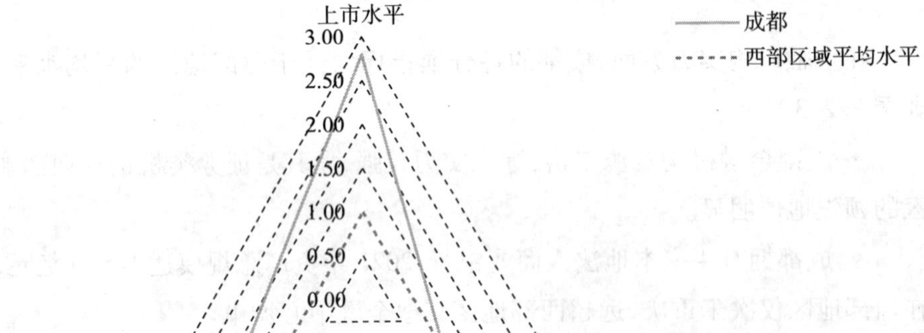

图 8.2.4 成都金融市场规模与西部地区平均水平的比较

- 截至 2021 年,成都 A 股上市公司为 101 家,新三板挂牌公司为 145

家，均远超西部地区其他金融中心城市。

- 截至 2021 年，成都 A 股市场累计融资额为 2092.5 亿元，居西部地区第 1 位。

- 截至 2021 年，成都区域股权市场拥有的挂牌公司为 5536 家，远超西部地区其他金融中心城市。

专栏 8.2.1　成都优化资金配置，多层次资本市场加速完善

企业上市增量提质。建立"交子之星"经济证券化分类分级培育机制，出台《关于推动提高上市公司质量的实施意见》，研究制定企业北交所上市专项扶持政策，大力培育上市后备资源。截至 2021 年 12 月末，成都新增境内外上市公司 21 家，再创历史新高。境内外上市公司总量达 129 家（其中 A 股 101 家）。

债券融资规模大幅上升。截至 2021 年 12 月末，成都实现直接融资 3785.83 亿元，同比增长 25.7%，其中银行间债券市场直接融资达 2230.01 亿元，同比增长 30.04%。

基金撬动作用充分发挥。印发《成都市促进公募基金私募证券投资基金业发展若干措施》。截至 2021 年 12 月末，成都在中国证券投资基金业协会登记的私募基金管理机构达 399 家，基金产品达 1136 只，管理规模达 1668.42 亿元，居中西部第 1 位。

8.2.5　成都金融中心金融生态环境表现

在金融生态环境方面，成都在 33 个区域金融中心城市中排名第 2，为西部地区排名最靠前的城市，并在金融人才环境、金融商业环境和国际化环境方面有显著优势，如图 8.2.5、图 8.2.6 和图 8.2.7 所示。

- 成都在教育环境方面存在比较优势，2021 年拥有 58 所普通高校、110.2 万名在校大学生。

- 成都在医疗卫生环境方面也相对有优势，2021 年每万人拥有医院病床 65.1 张，每万人拥有的执业医师资格为 37.8 人。

- 相较而言，成都的环境状况稍显不足。2021 年人均公园绿地面积为 3 平方米，居西部地区第 6 位；空气质量优良率为 81.9%，居西部地区第 5 位。

- 受高房价拖累，成都生活成本偏高，2021 年住房收入比为西部最高，达 5.81。

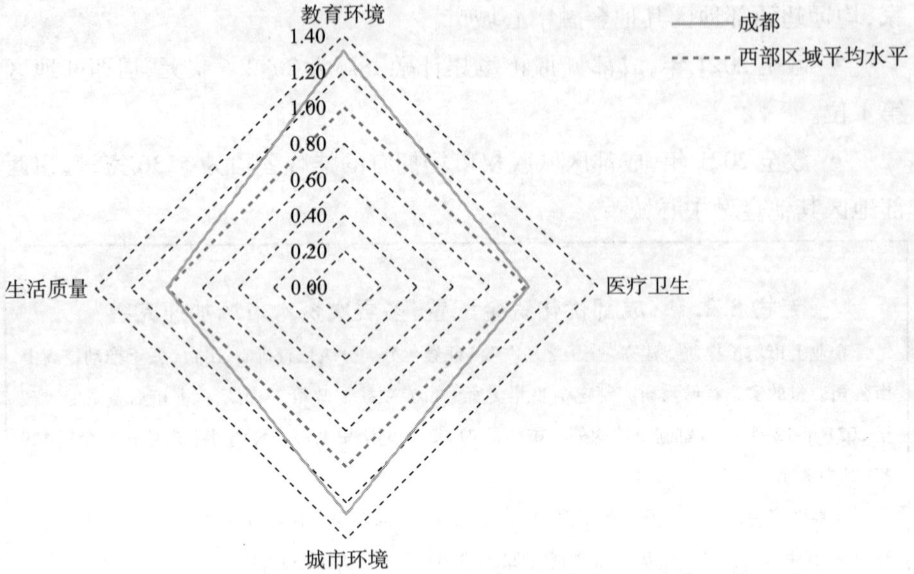

图 8.2.5　成都金融人才环境与西部地区平均水平的比较

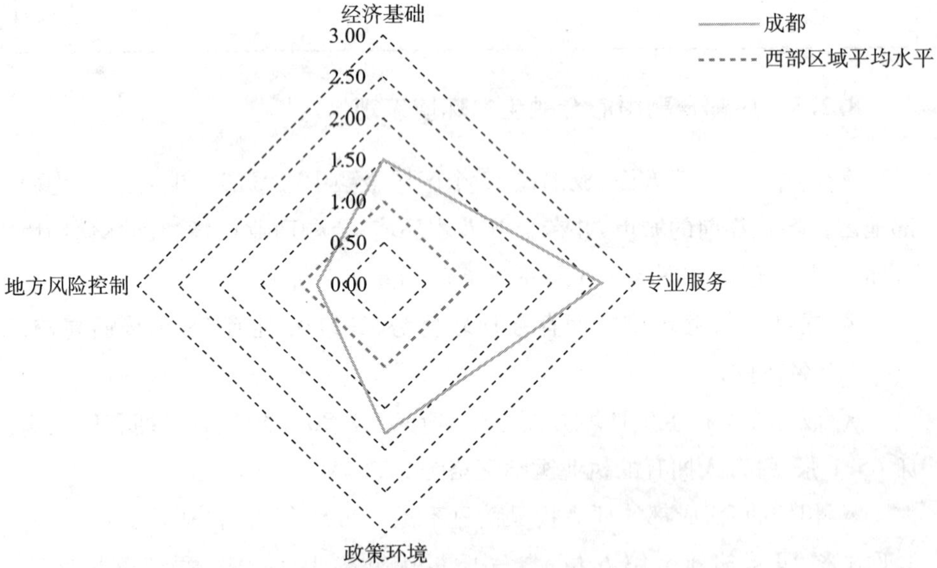

图 8.2.6　成都金融商业环境与西部地区平均水平的比较

- 从金融商业环境来看,成都在经济基础、专业服务、政策环境 3 个方面都具有明显优势。

• 2021年成都实现地区生产总值19917亿元，全国排名第7，GDP增速8.6%，人均地区生产总值达93984元。

• 截至2022年1季度，成都执业律师18249人、专业保险中介机构686家，均居西部地区第1位。

• 相较而言，成都在地方风险控制方面需加强，地方政府负债率为102.8%，地方政府债务率为1206%。

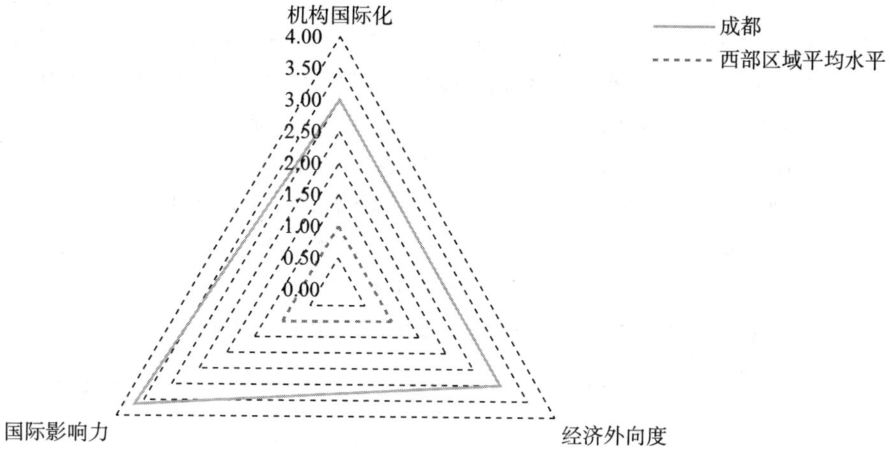

图8.2.7 成都金融国际化环境与西部地区平均水平的比较

• 从金融国际化程度来看，成都在机构国际化、经济外向度、国际影响力3个方面都具有明显优势。

• 2021年成都外资金融营业性机构和外资金融机构驻华代表处分别为43家和4家，均居西部地区第1位。

• 2021年，成都实际利用外资总额达78.2亿美元，仅次于重庆和西安；进出口总额达1274.5亿美元，国际旅游（外汇）收入达1.6亿美元，均居西部地区第1位。

• 2021年成都接待入境旅游者达38.1万人次，国际航班连通城市27个。

专栏 8.2.2　成都大力推进金融营商环境持续性优化升级

成都坚持稳字当头,始终将防范金融风险工作摆在重要位置。

加快以成都市防范金融风险领导小组为统筹,推动全市金融风险防范化解工作。提升数字监管能力,打造全国领先的地方金融综合监测系统——天府金融风险监测大脑。金融风险源头管控持续加强,非法集资等金融乱象得到系统整治,2021 年末成都银行业不良率控制在 1.1%以内。

推动清廉金融文化建设不断向纵深发展,2021 年 9 月 25 日,在成都"清廉蜀风"论坛上以"扬清廉蜀风 守金融安全"为主题发布了国内首本清廉金融教材——《清廉金融》。强化金融法治信用建设,2021 年 2 月 19 日,最高人民法院批复同意设立成都金融法庭集中管辖金融案件,2021 年受理案件 5184 件。印发《成都市公共信用信息目录》《关于全面实施信用承诺制度的通知》等文件,市公共信用信息系统,截至 2021 年 12 月,已归集 159 万余条信用承诺数据。

积极打造金融业高质量国际交流合作平台,举办了国际金融科技论坛、第十二届中国西部国际资本论坛暨全球经济发展论坛 · 中东欧峰会、中国资本创新成都峰会、天府金融论坛等金融会议。强化金融发展智力支持,落地国家金融与发展实验室成都基地,推动(西财—道富国际联合实验室)建设营运。2021 年成都市营商环境测评"获得信贷"指标居全国前 10。

8.3　西安金融中心评价

西安是陕西省会、副省级市、关中平原城市群核心城市、丝绸之路起点城市、"一带一路"核心区、中国西部地区重要的中心城市,联合国教科文组织确定的"世界历史名城"和公认的中国 4 大古都之一,国家重要的科研、教育、工业基地。2009 年,国务院发布《关中—天水经济区发展规划》,明确提出要把西安建设成为"国家重要的区域性金融中心"。2018 年西安金融工作会议确定大西安金融"三步走"目标,提出建设具有国际竞争力的丝路国际金融中心。

8.3.1　西安金融中心综合竞争力表现

近 10 年以来,西安金融中心综合竞争力基本保持稳步上升态势。第 14 期 CFCI 评价结果显示,西安金融中心综合竞争力得分为 50.67 分,综合竞争力位居全国第 13 位、西部地区第 3 位。10 年间,西安综合竞争力得分累计

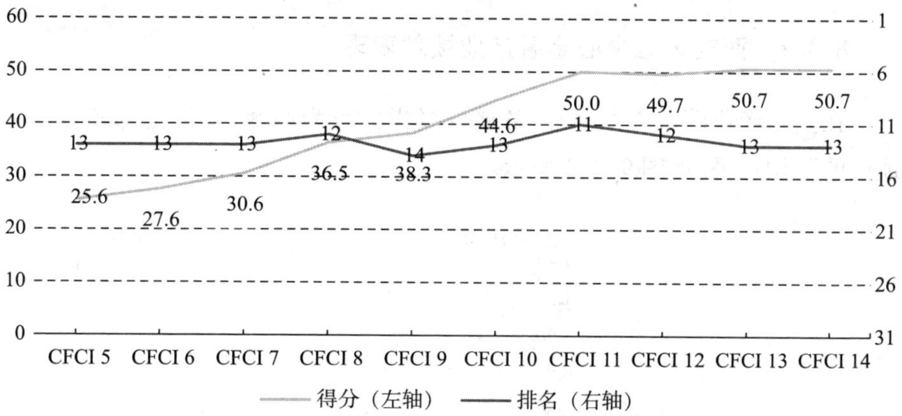

图 8. 3. 1　西安金融中心综合竞争力历期 CFCI 得分与排名

增幅为 98%。

2021 年,西安金融业实现增加值 1174. 5 亿元,同比增长 5. 3%;年末金融机构本外币存款余额达到 28510 亿元,同比增长 9. 5%;金融机构本外币贷款余额达到 29411 亿元,同比增长 14%;全年保费收入达 583. 3 亿元,年末保险深度达 5. 5%,保险密度达到人均 4431 元(常住人口统计口径)。

在第 14 期 CFCI 一级分项指标评价方面,西安金融机构实力、金融市场规模和金融生态环境得分均实现增加,金融产业绩效得分有所下降。与全国 33 个区域金融中心相比,西安金融机构实力排名保持不变,但金融产业绩效和金融生态环境下滑 1 位,如表 8. 3. 1 所示。

表 8. 3. 1　西安在第 14 期 CFCI 中的评价结果

	CFCI 14 得分	同比上期得分	得分增幅	CFCI 14 排名	排名变化
金融产业绩效	89. 08	−2. 46	−2. 69%	11	−1
金融机构实力	28. 56	0. 67	2. 40%	12	0
金融市场规模	6. 97	0. 39	5. 93%	20	1
金融生态环境	85. 67	1. 25	1. 48%	12	−1
金融人才环境	8. 15	−0. 30	−3. 61%	13	−1
金融商业环境	7. 77	0. 02	0. 25%	17	−4
国际化环境	3. 05	0. 56	22. 58%	13	−1

8.3.2 西安金融中心金融产业绩效表现

在金融产业绩效方面,西安各项分级指标较为均衡,并且全部领先西部地区的平均水平,如图 9.4.2 所示。

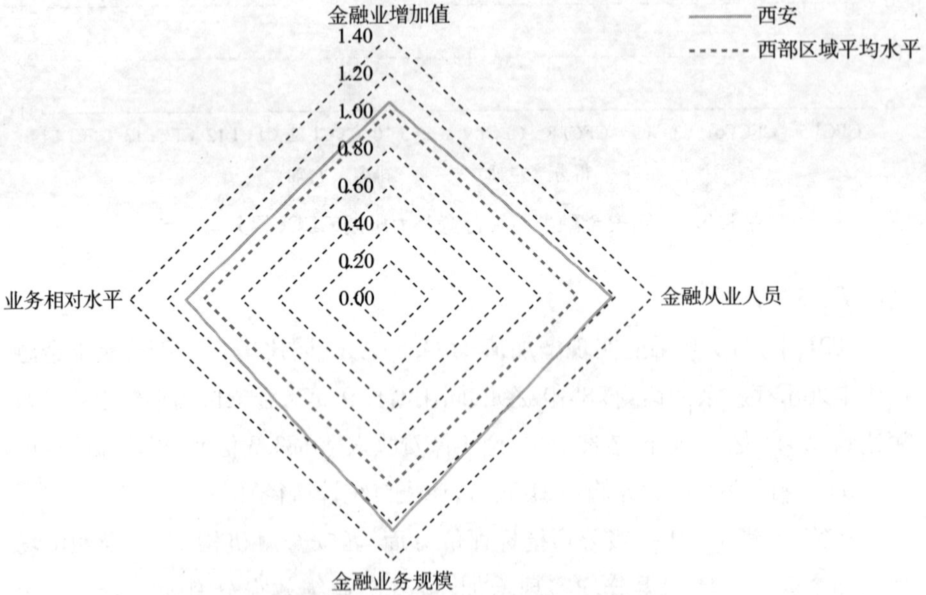

图 8.3.2 西安金融产业绩效与西部地区平均水平的比较

- 与重庆和成都相比,西安金融产业的总体规模还存在较大差距,但金融业增加值近 3 年平均增速达 6.9%,增速居西部地区第 1 位。
- 西安金融从业人员为 15.1 万人,金融从业人员占常住人口的 1.14%,在西部地区仅次于兰州。
- 2021 年西安存款余额占 GDP 的 266.7%,贷款余额占 GDP 的 275.2%,本地证券交易量与 GDP 之比为 678.3%。

8.3.3 西安金融中心金融机构实力表现

在金融机构实力方面,西安的地方金融组织和保险类机构指标低于西部地区的平均水平,如图 8.3.3 所示。

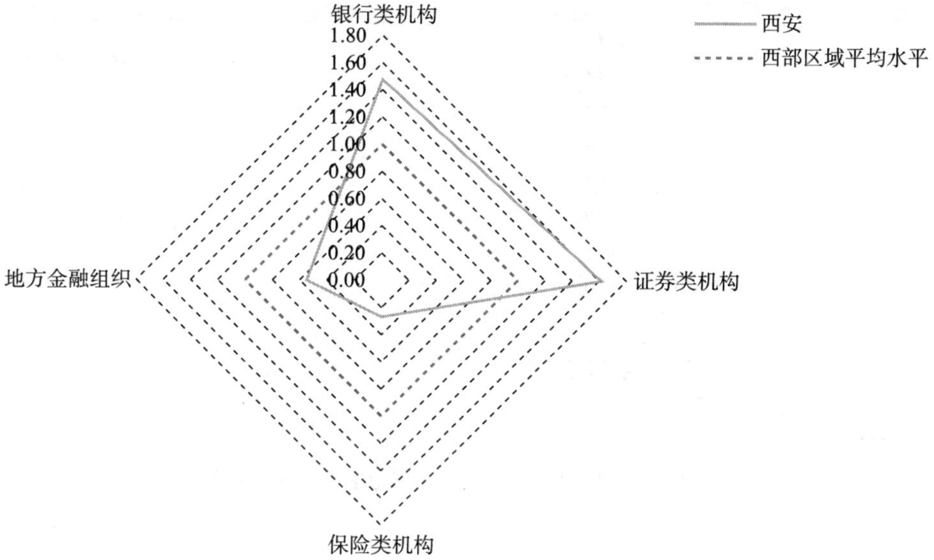

图 8.3.3　西安金融机构实力与西部地区平均水平的比较

- 2021 年西安拥有 6 家本地法人商业银行,资产总规模达 10626 亿元;商业银行支行 1886 家,居西部地区第 3 位;法人信托公司 1 家,法人财务公司 3 家。整体在机构数量和种类上,具备较好的发展基础,但与同地区的成都和重庆相比,还存在一定差距。
- 2021 年西安拥有 3 家法人证券公司,资产总规模达 1408 亿元,在西部地区居第 2 位;拥有公募基金 1 家,期货法人公司 3 家。
- 西安法人保险公司仅有 1 家,总资产达 175 亿元。
- 在地方金融组织方面,小额贷款和融资担保机构相对较少,分别为 32 家和 8 家。

8.3.4　西安金融中心金融市场规模表现

在金融市场规模方面,西安与西部地区的平均水平基本持平,上市水平表现略微优越,如图 8.3.4 所示。

- 截至 2021 年,西安 A 股上市公司 48 家,新三板挂牌公司 111 家。
- 截至 2021 年,成都 A 股市场累计融资额为 2092.5 亿元,在西部地区仅次于成都和重庆。
- 截至 2021 年,西安区域股权市场拥有的挂牌公司 2249 家。

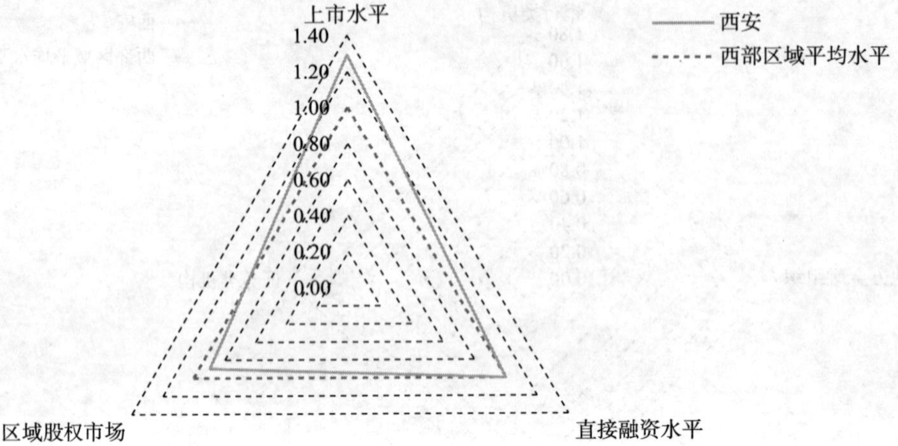

图 8.3.4　西安金融市场规模与西部地区平均水平的比较

8.3.5　西安金融中心金融生态环境表现

在金融生态环境方面,西安在 33 个区域金融中心城市中排名第 9,在西部地区排名第 3。其中,西安在金融国际化环境方面相对具有优势,如图 8.3.5、图 8.3.6 和图 8.3.7 所示。

- 在金融人才环境方面,西安的相对优势主要体现在教育环境上,2021 年西安拥有普通高等院校 63 所、普通高校在校生 97.9 万人,居西部第 1 位,在全国排名均靠前。

- 在医疗卫生环境方面,2021 年西安每万人拥有医院病床 56.1 张,每万人拥有的执业医师资格 32.9 人。

- 西安城市环境状况并不理想,2021 年人均公园绿地面积为 6.1 平方米;全年空气质量优良率仅为 72.6%,居西部地区第 8 位。

- 西安生活成本相对偏高,2021 年住房收入比达 5.8,在西部地区仅次于成都。

- 在金融商业环境方面,西安各项分级指标得分均衡,除了经济基础,均高于西部地区平均水平。

- 2021 年西安实现地区生产总值 10020 亿元,在西部地区仅次于重庆和成都,GDP 增速达 4.1%,人均地区生产总值达 81199 元。

- 截至 2022 年 1 季度,西安职业律师 6712 人,居西部地区第 4 位;专

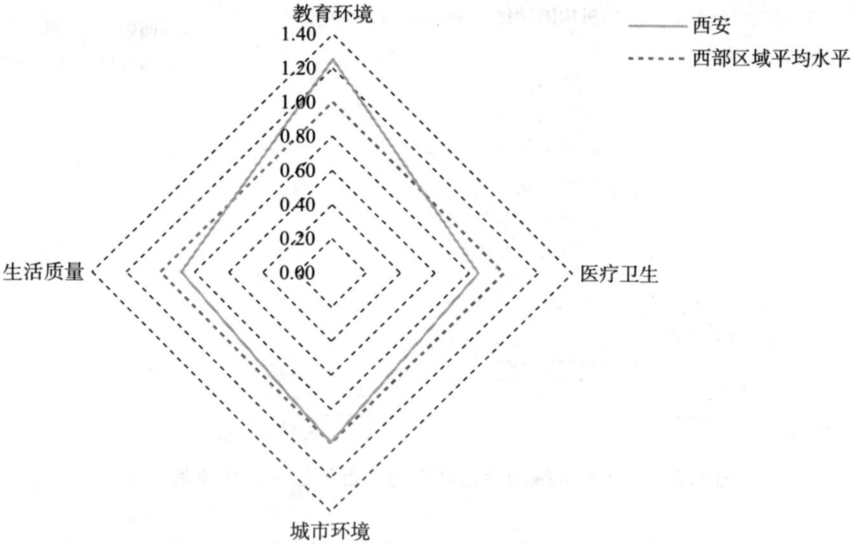

图 8.3.5　西安金融人才环境与西部地区平均水平的比较

业保险中介机构 459 家，居西部地区第 2 位。

- 2021 年，西安地方政府负债率为 100%，地方政府债务率为 1248%，银行业不良贷款率为 0.96%。

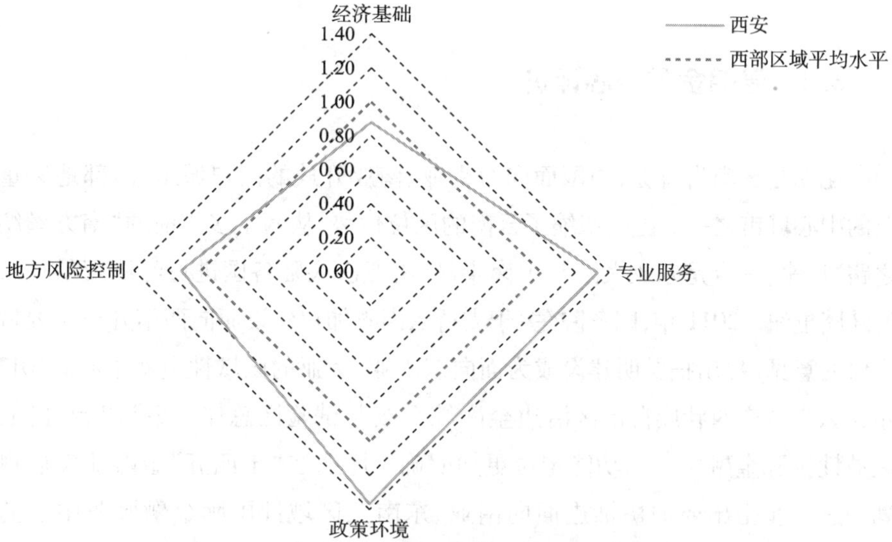

图 8.3.6　西安金融商业环境与西部地区平均水平的比较

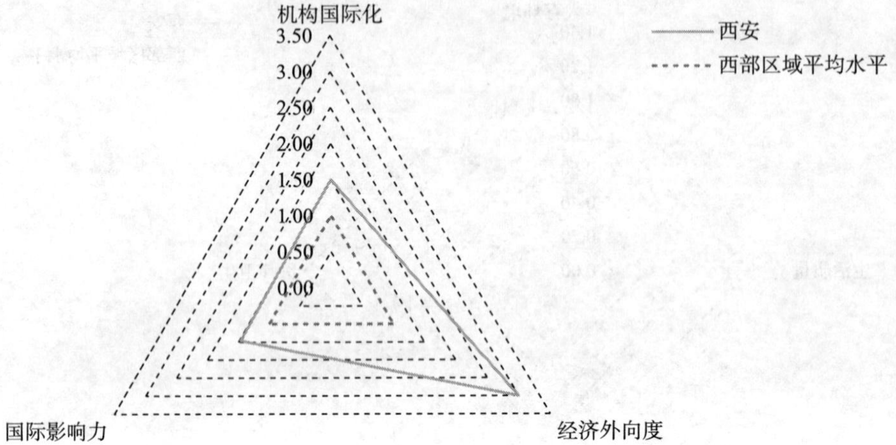

图 8.3.7　西安金融国际化环境与西部地区平均水平的比较

• 从金融国际化环境来看,西安在机构国际化、经济外向度、国际影响力 3 个方面都具有明显优势。

• 2021 年,西安外资金融营业性机构 23 家,居西部地区第 3 位。

• 2021 年,西安实际利用外资总额达 87.1 亿美元,在西部地区仅次于重庆;进出口总额达 682 亿美元,国际旅游(外汇)收入达 1.0 亿美元,仅次于成都和重庆。

8.4　昆明金融中心评价

昆明是云南省省会,中国面向东南亚、南亚开放的门户城市,西部地区重要的中心城市之一。昆明浓缩了云南的区位优势,从两千多年前的"南方丝绸之路"以来,一直是东亚大陆与中南半岛、南亚次大陆各国进行经济贸易往来的陆路枢纽。2011 年,国务院《关于支持云南省加快建设面向西南开放重要桥头堡的意见》提出把昆明建设成为面向东南亚、南亚的区域性金融中心。2013 年,《云南省广西壮族自治区沿边金融综合改革试验区总体方案》出台,昆明区域性国际金融中心的功能定位更加明确。昆明在"十四五"金融业发展规划中进一步指出要加快推进面向南亚、东南亚区域性国际金融服务中心的建设。

8.4.1　昆明金融中心综合竞争力表现

第 14 期 CFCI 评价结果显示,昆明金融中心综合竞争力得分为 35.19 分,综合竞争力位居全国第 31、西部地区第 5。10 年间,昆明综合竞争力得分增速较慢,累计增幅仅为 60%,与同地区金融中心的差距被拉大,综合竞争力排名呈现持续下行态势。

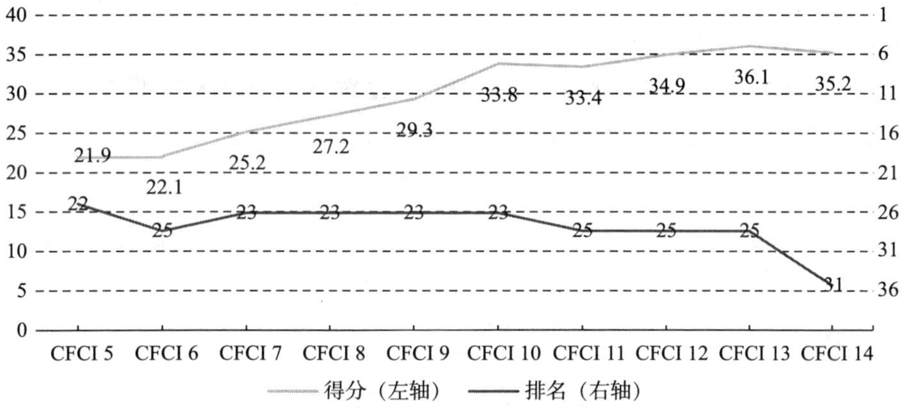

图 8.4.1　昆明金融中心综合竞争力历期 CFCI 得分与排名

2021 年,昆明金融业实现增加值 828.6 亿元,同比增长 3.4%;年末金融机构本外币存款余额达到 16160.99 亿元,同比下降 1%;金融机构本外币贷款余额达到 21856.83 亿元,同比增长 10.7%;全年保费收入达 269 亿元,年末保险深度达 3.7%,保险密度达到人均 3164 元(常住人口统计口径)。

表 8.4.1　昆明在第 14 期 CFCI 中的评价结果

	CFCI 14 得分	同比上期得分	得分增幅	CFCI 14 排名	排名变化
金融产业绩效	59.38	-5.71	-8.77%	32	-9
金融机构实力	15.31	0.11	0.72%	28	0
金融市场规模	3.11	1.08	53.20%	31	0
金融生态环境	70.08	1.04	1.51%	25	-6
金融人才环境	8.83	0.08	0.87%	8	2
金融商业环境	5.81	0.38	6.94%	31	-5
国际化环境	0.87	-0.22	-20.48%	26	-2

8.4.2 昆明金融中心金融产业绩效表现

在金融产业绩效方面,昆明在西部地区具有一定的劣势,如图 8.4.2 所示。

• 昆明金融产业规模相对偏小。2021 年金融业增加值为 828.6 亿,同比增长 1.40%,金融从业人员为 4.1 万人。

• 昆明金融产业也缺乏增长动力,金融业增加值近 3 年增长率为 3.7%,居西部地区倒数第 2 位。

• 2021 年,昆明存款余额在 GDP 中比重达到 223.8%,贷款余额在 GDP 中比重为 302.6%,本地证券交易量与 GDP 之比为 387.8%。

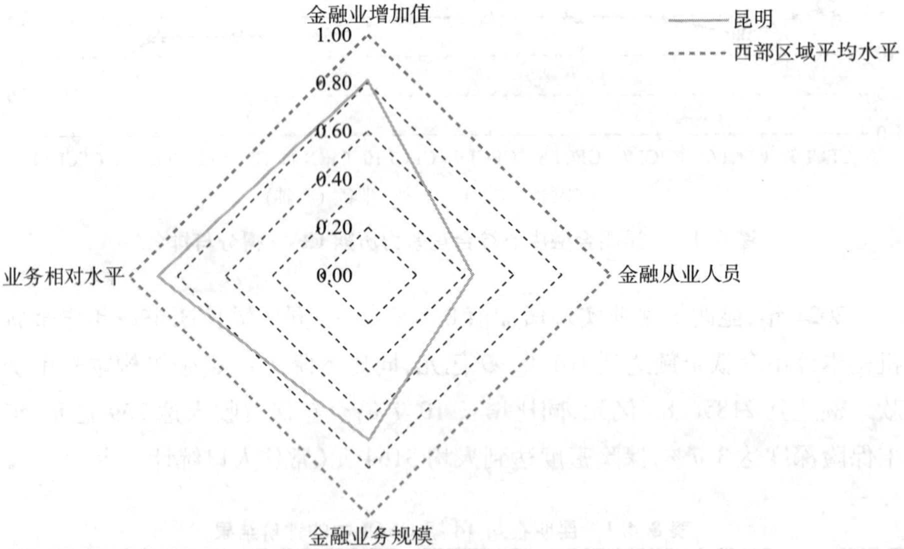

图 8.4.2 昆明金融产业绩效与西部地区平均水平的比较

8.4.3 昆明金融中心金融机构实力表现

在金融机构实力方面,昆明在西部地区处于中下游,如图 8.4.3 所示。

• 2021 年昆明拥有 3 家本地法人商业银行,资产总规模达 3319 亿元;商业银行支行 906 家;法人信托公司 1 家,法人财务公司 3 家。

• 2021 年昆明拥有 2 家法人证券公司,资产总规模达 642 亿元。

• 昆明法人保险公司仅有 1 家,总资产达 104 亿元;

• 截至 2022 年上半年,昆明拥有小额贷款机构 33 家,融资租赁机构 95 家,融资担保机构 40 家。

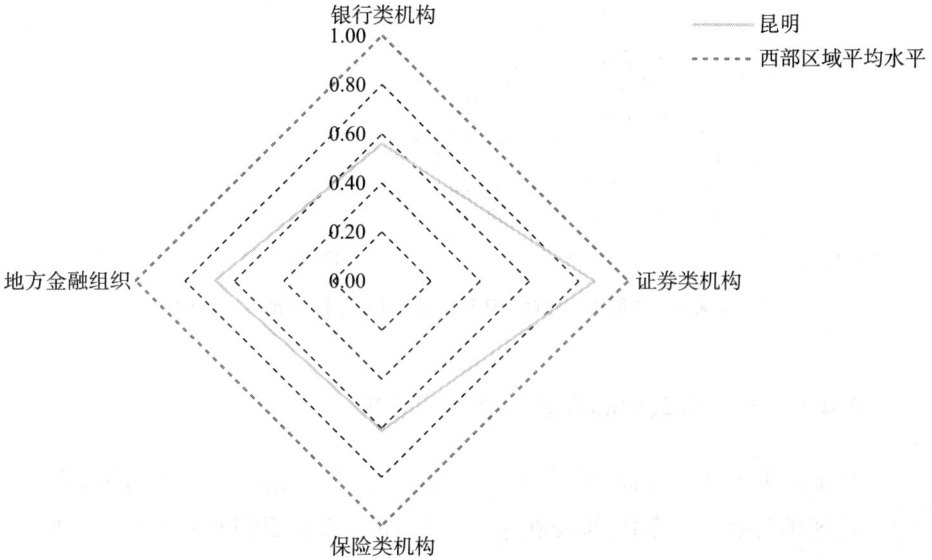

图 8.4.3　昆明金融机构实力与西部地区平均水平的比较

8.4.4　昆明金融中心金融市场规模表现

在金融市场规模方面,昆明在西部地区处于劣势,如图 8.4.4 所示。

• 截至 2021 年,昆明 A 股上市公司 31 家,在西部地区排名第 4,新三板挂牌公司 44 家。

• 截至 2021 年,成都 A 股市场累计融资额为 1007.9 亿元,居西部地区第 5 位。

• 截至 2021 年昆明区域股权市场拥有的挂牌公司仅 141 家。

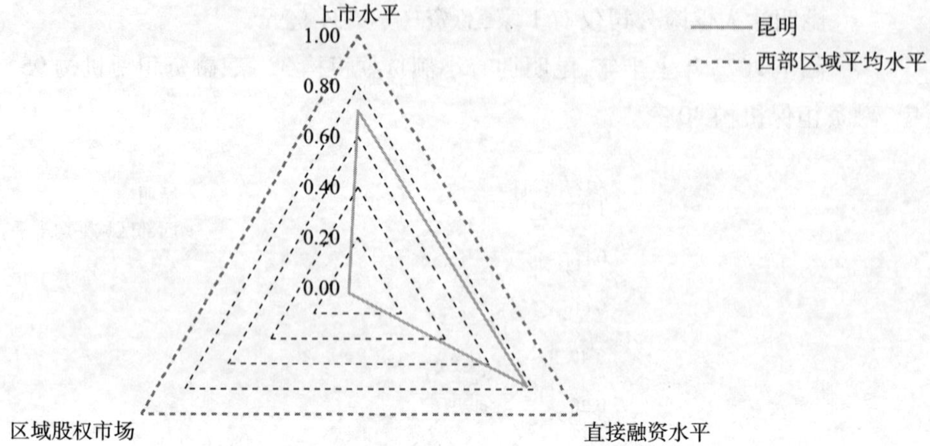

图 8.4.4　昆明金融市场规模与西部地区平均水平的比较

8.4.5　昆明金融中心金融生态环境表现

在金融生态环境方面,昆明在 33 个区域金融中心城市中排名第 22,在西部地区排名第 4。其中,西安在金融人才环境的方面相对具有优势,如图 8.4.5、图 8.4.6 和图 8.4.7 所示。

- 在金融人才环境方面,昆明的相对优势主要体现在医疗卫生、城市环境和教育环境上。
- 从环境状况看,昆明作为宜居城市,2021 年全年昆明空气质量优良率达到 98.6%,全国排名第 4。
- 2021 年,昆明拥有普通高等院校 52 所、普通高校在校生 75 万人。
- 在医疗卫生环境方面,2021 年昆明每万人拥有医院病床 76.6 张,居西部地区第 1 位;每万人拥有的执业医师资格 40.2 人,居西部地区第 2 位,仅次于乌鲁木齐。
- 昆明生活成本在西部地区处于偏高水平,2021 年住房收入比为 4.71,在西部地区仅次于成都和西安。
- 在金融商业环境方面,昆明各项分级指标得分均衡,除了专业服务,均低于西部地区平均水平。
- 2021 年昆明实现地区生产总值 7223 亿元,居西部地区第 4 位, GDP 增速达 3.7%,人均地区生产总值达 84951 元。

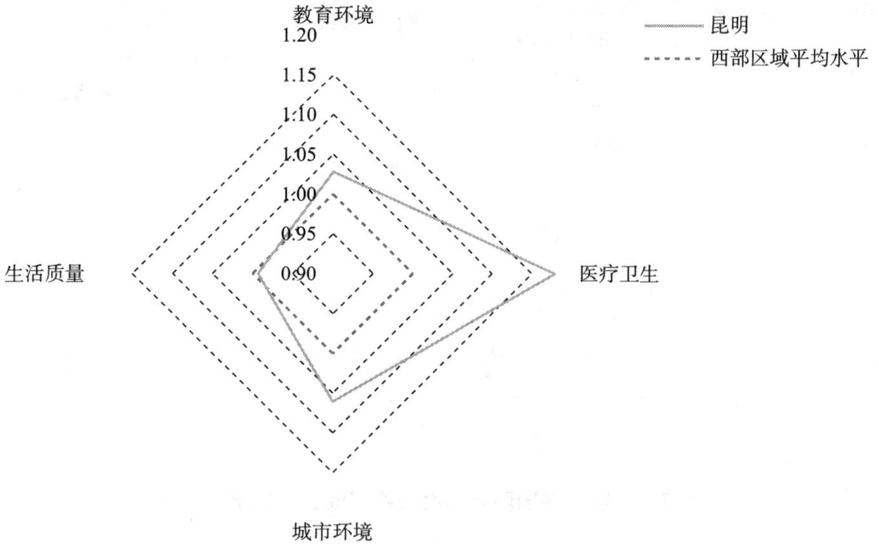

图 8.4.5　昆明金融人才环境与西部地区平均水平的比较

- 截至 2022 年 1 季度,昆明有职业律师 7023 人,居西部地区第 3 位;专业保险中介机构 303 家,居西部地区第 4 位。
- 2021 年, 昆明地方政府负债率为 165.6%, 地方政府债务率为 1736%。

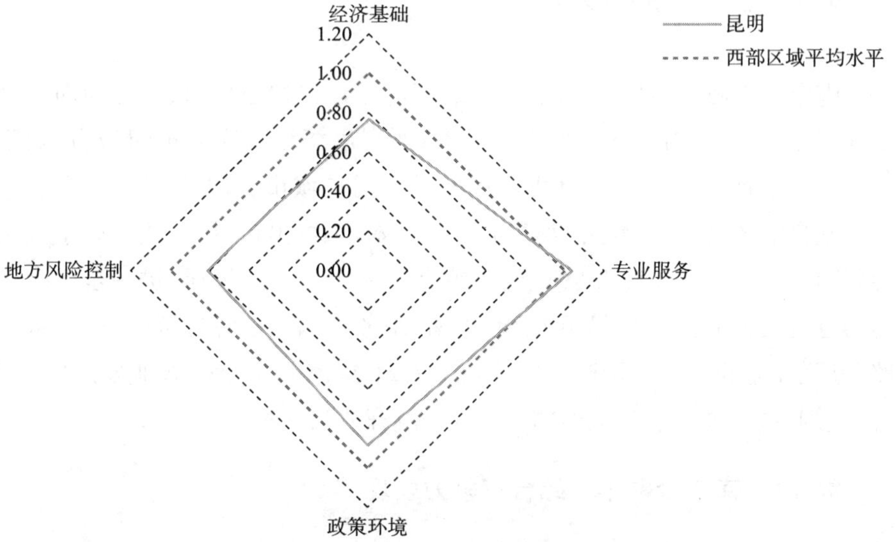

图 8.4.6　昆明金融商业环境与西部地区平均水平的比较

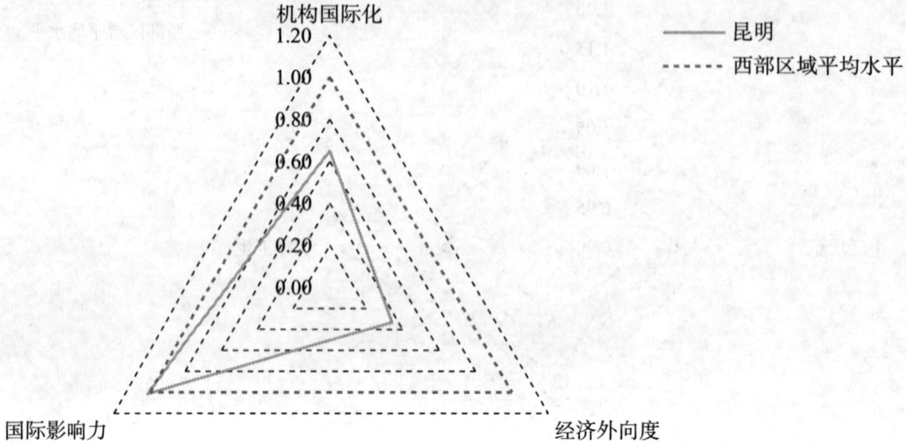

图 8.4.7　昆明金融国际化环境与西部地区平均水平的比较

- 从金融国际化环境来看,昆明在机构国际化和经济外向度方面具有明显优势。
- 2021 年,昆明外资金融营业性机构 10 家,居西部地区第 4 位。
- 2021 年,昆明实际利用外资总额达 7.2 亿美元,居西部地区第 4 位;进出口总额达 266 亿美元,国际旅游(外汇)收入达 0.2 亿美元。

8.5　南宁金融中心评价

南宁是广西壮族自治区的省会,北部湾城市群核心城市、中国面向东盟十国国际大通道、内陆开放型经济高带、西南出海综合交通枢纽城市,国家“一带一路”海上丝绸之路有机衔接的重要门户城市。2013 年,《云南省广西壮族自治区沿边金融综合改革试验区总体方案》出台,提出建设南宁区域性国际金融中心。2017 年,《广西金融业发展“十三五”规划》进一步明确将南宁打造成为依托广西,立足西南、中南,服务中国—东盟自贸区及“一带一路”互联互通的区域性国际金融中心。2021 年,《南宁市金融业发展“十四五”规划》提出要加快建成面向东盟的金融开放门户核心区。

8.5.1　南宁金融中心综合竞争力表现

自第 4 期进入 CFCI 榜单以来,南宁金融中心综合竞争力得分实现稳步提升。本期南宁金融中心综合竞争力得分为 37.05 分,全国排名第 26、西部地区第 4,综合竞争力得分累计增幅为 71%。

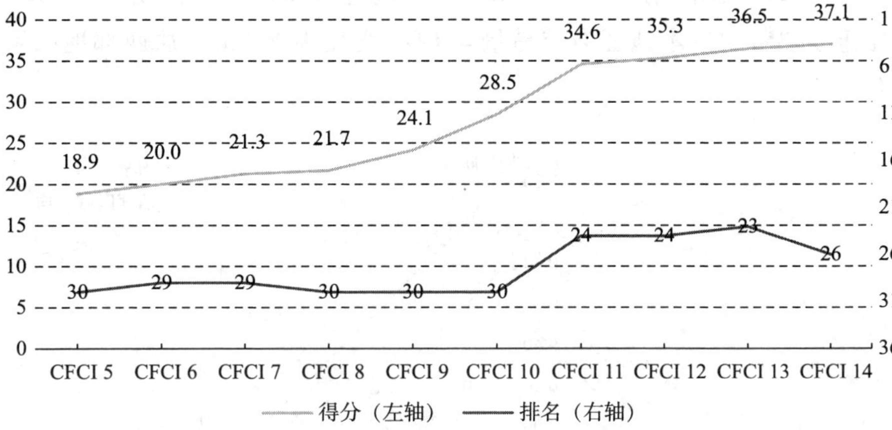

图 8.5.1　南宁金融中心综合竞争力历期 CFCI 得分与排名

2021 年,南宁金融业实现增加值 593.5 亿元,同比增长 3.3%;年末金融机构本外币存款余额达到 12000 亿元,同比增长 3.6%;金融机构本外币贷款余额达到 16254 亿元,同比增长 11.36%;全年保费收入达 268.8 亿元,年末保险深度达 5.2%,保险密度达到人均 3043 元(常住人口统计口径)。

表 8.5.1　南宁在第 14 期 CFCI 中的评价结果

评价分类	CFCI 14 得分	同比上期得分	得分增幅	CFCI 14 排名	排名变化
金融产业绩效	68.54	-3.76	-5.20%	24	-8
金融机构实力	17.20	2.59	17.73%	26	3
金融市场规模	5.70	1.81	46.53%	23	4
金融生态环境	63.03	1.24	2.01%	28	-2
金融人才环境	7.82	-0.16	-1.97%	20	-5
金融商业环境	5.61	0.42	7.98%	33	-6
国际化环境	0.52	0.01	2.94%	31	-4

8.5.2　南宁金融中心金融产业绩效表现

在金融产业绩效方面,南宁在西部地区处于劣势地位,如图 8.5.2 所示。

- 南宁金融产业规模不大,2021 年金融业实现增加值 593.5 亿,同比增长 3.30%;金融从业人员为 8.5 万人,居西部地区第 4 位。金融业在 GDP 中比重为 11.6%,居西部地区第 3 位,仅次于乌鲁木齐和兰州。

• 2021 年,南宁存款余额在 GDP 中比重达到 234.3%,贷款余额在 GDP 中比重为 353.5%;本地证券交易量与 GDP 之比为 697.1%,居西部地区第 2 位。

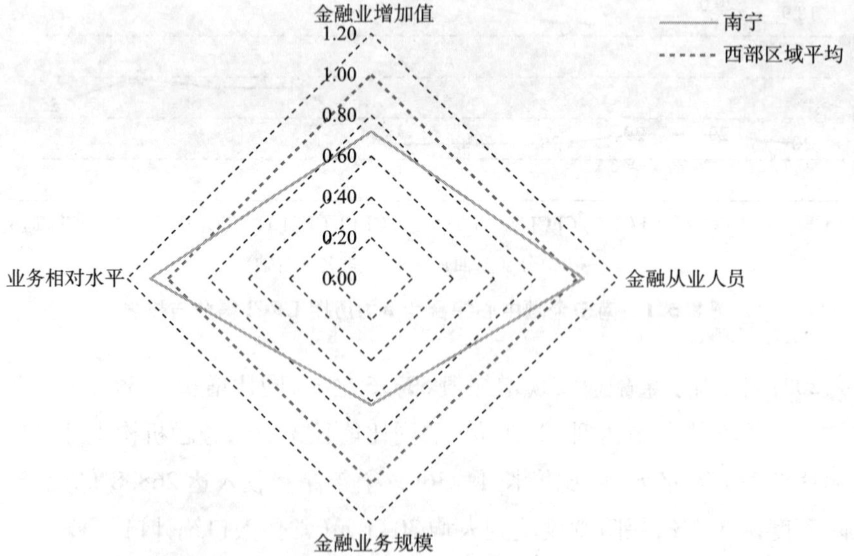

图 8.5.2　南宁金融产业绩效与西部地区平均水平的比较

8.5.3　南宁金融中心金融机构实力表现

在金融机构实力方面,南宁整体上在西部地区处于相对落后的地位,如图 8.5.3 所示。

• 南宁本地法人金融机构门类齐全,但整体规模实力不强,相较成都、重庆和西安均有不小的差距。

• 南宁拥有 5 家本地法人商业银行,2021 年资产总规模达 3796 亿元。

• 南宁拥有 1 家法人证券机构,2021 年资产总规模达 759 亿元,居西部地区第 4 位。

• 南宁拥有 2 家法人保险机构,2021 年资产总规模达 125 亿元,居西部地区第 4 位。

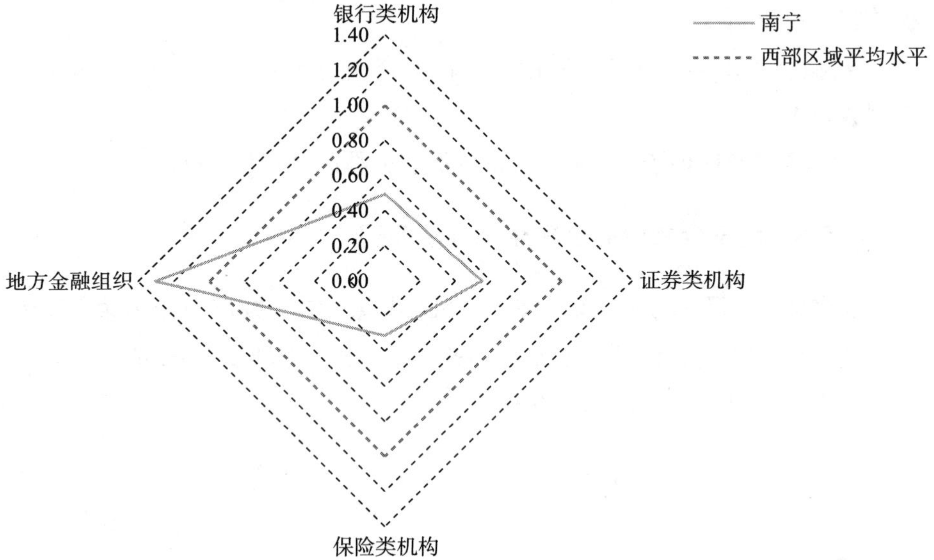

图 8.5.3　南宁金融机构实力与西部地区平均水平的比较

8.5.4　南宁金融中心金融市场规模表现

从金融市场规模来看,南宁在上市水平和直接融资水平方面处于劣势,如图 8.5.4 所示。

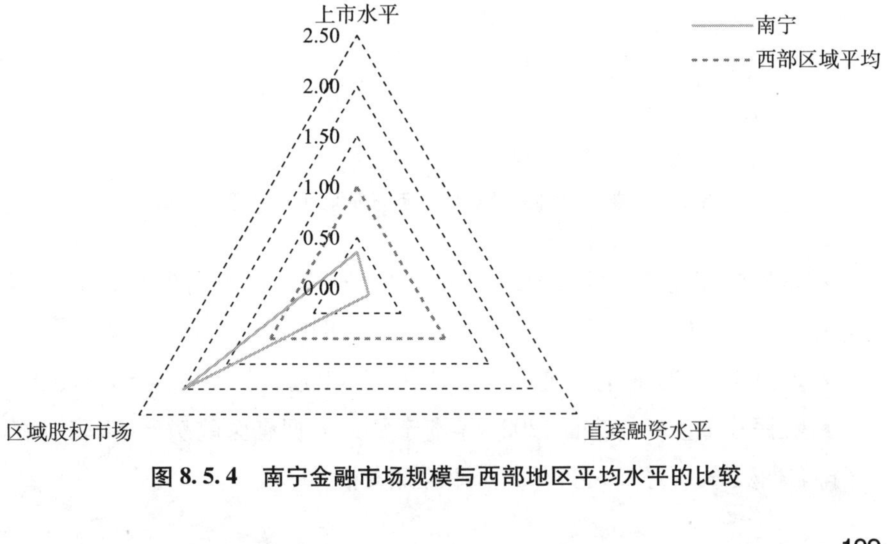

图 8.5.4　南宁金融市场规模与西部地区平均水平的比较

• 截至2021年,南宁A股上市公司15家,西部地区排名倒数第1,新三板挂牌公司26家。

• 截至2021年,南宁A股市场累计融资额为334.8亿元,西部地区排名倒数第1。

• 截至2021年南宁区域股权市场拥有的挂牌公司仅2879家。

8.5.5 南宁金融中心金融生态环境表现

在金融生态环境方面,南宁在33个区域金融中心城市中排名第25,在西部地区排名第6,整体环境水平有待提升,金融人才环境与区域平均水平相对持平。如图8.5.5、图8.5.6和图8.5.7所示。

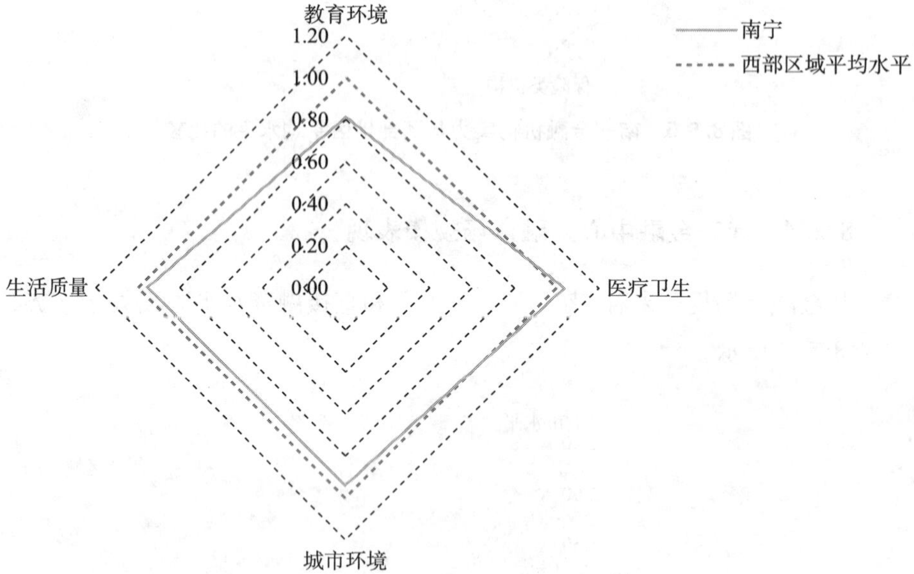

图8.5.5 南宁金融人才环境与西部地区平均水平的比较

• 从城市环境状况看,2021年南宁空气质量优良率达到97.0%,居西部地区第3位。

• 2021年,南宁拥有普通高等院校35所、普通高校在校生56.9万人。

• 在医疗卫生环境方面,2021年南宁每万人拥有医院病床52张,西部地区排名倒数第1;每万人拥有的执业医师资格35人。

• 南宁生活成本在西部地区处于偏高水平，2021 年住房收入比为 4.65，在西部地区排名第 4。

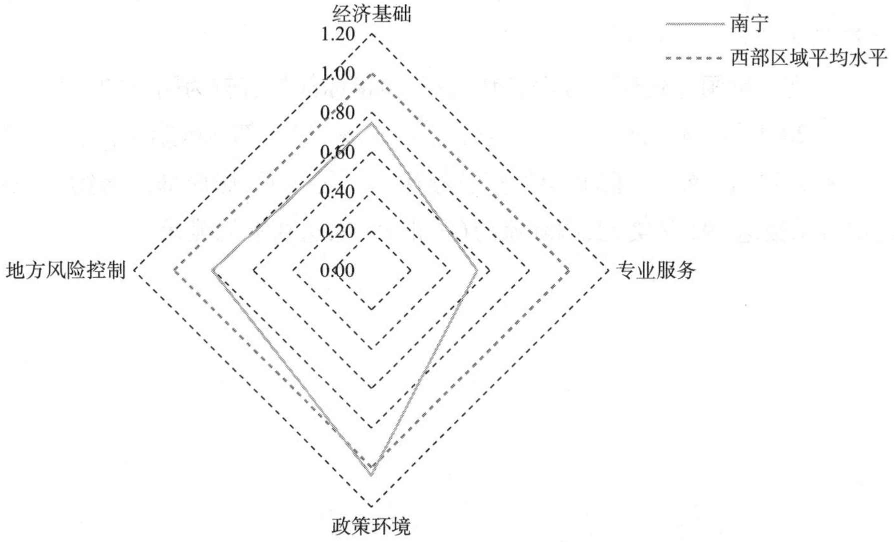

图 8.5.6　南宁金融商业环境与西部地区平均水平的比较

• 在金融商业环境方面，南宁除政策环境外其他各分项指标都具有较为明显的劣势。

• 2021 年南宁实现地区生产总值 5121 亿元，GDP 增速达 6.1%，人均地区生产总值达 57976 元。

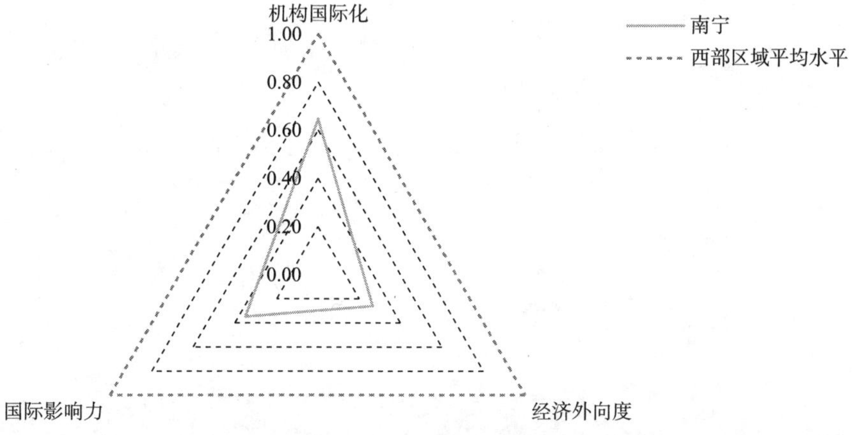

图 8.5.7　南宁金融国际化环境与西部地区平均水平的比较

• 截至2022年1季度,南宁职业律师3036人,居西部地区第6位;专业保险中介机构140家,居西部地区第5位。

• 2021年,南宁地方政府负债率为181.5%,地方政府债务率为2372%。

• 在金融国际化环境方面,南宁各分项指标都具有较为明显的劣势。

• 2021年,南宁外资金融营业性机构10家,居西部地区第4位。

• 2021年,南宁实际利用外资总额达5.8亿美元,居西部地区第5位;进出口总额达191亿美元;国际旅游(外汇)收入达0.1亿美元。

下篇

重庆金融中心发展报告

第九章　重庆金融中心发展历程

重庆金融业发展有着深厚的历史传承和鲜明的时代特征，从萌芽到兴起，从传统到现代，从单一到多元，从封闭到开放，现代金融产业体系和金融中心服务功能不断完善，实现了一次又一次历史性突破和跨越式发展。当前，“一带一路”、长江经济带、西部大开发等国家大战略向纵深推进，重庆具有了推动成渝地区双城经济圈建设的重大机遇和全新优势，正以前所未有的战略牵引力、政策推动力和发展支撑力，大步迈向国家西部金融中心建设新征程。

9.1　历史发展中的重庆：经略西南水道的通商裕国重镇

重庆古时称江州、巴郡、楚州、巴州、渝州，历经 3 次建都、4 次筑城、8 次大移民，作为长江水道的商贸重镇，作为内陆最早开放的通商口岸，作为抵抗日本侵略的战略后方，城市功能在历史变迁和时代演进中不断拓展、丰富，对西南地区商贸发展起到关键性作用，见证了近代中国金融发展史的兴衰变化，确立了长江上游地区经济中心和金融中心的重要地位。

1. 经略长江水道的商贸重镇。重庆主城 3 面环水，位于长江、嘉陵江两江交汇之处，扼守西南水陆交通咽喉，东达鄂、赣乃至江南人口稠密地区，西接四川盆地，北通陕、甘，南入黔、滇。依托长江水道通航之便，重庆自古以来便与长江上、中、下游地区联系紧密，粮食、木材、棉麻、山货、药材等贸易往来不绝，码头、街道、集市、商铺、旅舍、作坊等沿江河两岸兴起，使重庆逐渐发展成为西南地区商贸重镇。金融与贸易向来相伴而生，为满足货物中转集散和商品经济发展的需求，各方商贾纷纷在重庆开设票号、账局、典当等旧式金融场所，促进了本地金融交易活动的萌芽发展，形成了重庆作为地方性金融中心的早期雏形。

2. 内陆最早开放的通商口岸。清末,重庆成为中国内陆腹地最早对外开埠的通商口岸之一,西部地区第1个海关在朝天门附近设立。英国商人开辟从宜宾到宜昌的川江航线后,国内外贸易激增,无数国外商船接踵而至,各类洋行相继建立,重庆逐渐崛起为西南地区和长江上游最大的水运枢纽和商业中心。为适应近代工商业城市转型需求,重庆率先引入和发展了钱庄、银行、保险等新式金融机构,金融业发展呈现传统与新式并存的局面。1896年汤子敬创办重庆最早的钱庄同生福,1899年重庆最早的新式银行中国通商银行重庆分行开张,1905年浚川源银行总行设在重庆、成都设分行,1915年中国银行、交通银行在渝设立分行,之后晋丰、殖边、聚兴诚、大中、美丰、中和、富川等银行相继开业。1893年英商立德乐在重庆设立第1家保险公司,1906年英商英京火险和永明、永年人寿保险到渝设立分公司,国人创办的重庆探矿保险公司成立。

3. 抵抗日本侵略的战略后方。抗日战争时期,重庆被国民政府定为"战时首都",吸引大批国家机关、工矿企业、金融机构、科技文化部门和各类学校内迁,崛起为中国抗战大后方的政治、军事、经济和文化中心。彼时,不但中央银行、中国银行、交通银行、中国农业银行和中央信托局、邮政储金汇业局全部迁往重庆,而且金城银行、上海商业储蓄银行、中南银行、大陆银行等也将总行迁往重庆或在重庆设立分行。到1941年,重庆共有各类金融机构143家,相比全面抗战爆发前猛增84家。其中,以打铜街为中心的朝天门地区,集中了交通银行重庆分行、川康银行总部、美丰银行总部、中国银行总部、聚兴诚银行总部、川盐银行和成银行等150余家银行,被誉为"抗战时期中国的华尔街"。直至抗战胜利后,全国经济金融重心再次东移,外地金融机构在重庆设立总行或总公司先后离渝。

9.2 进入新中国的重庆:辐射长江流域的金融创新高地

新中国成立后,特别是改革开放以来,在全国首个经济体制综合改革试点城市、首批国家计划单列城市、唯一一个位于西部的直辖市等多重战略机遇的推动下,重庆金融业经过不断改革发展,金融资源配置从计划转向市场，金融机构种类和数量日益丰富，金融产业和市场规模持续扩张，取得了自身发展和服务经济社会建设的重大成就，形成了对整个西南地区乃至长江上、中、下游流域的金融聚集效应。

1. 金融集聚效应初步显现。1949 年 11 月，重庆解放仅 10 天后，中国人民银行重庆分行成立，中国银行、交通银行两家银行同日复业。改革开放以后，随着经济体制改革和对外开放深入，重庆银行、证券、保险、基金等金融机构快速成长。截至 2009 年末，辖区内共有市级银行业金融机构 38 家，其中外资银行分行及代表处 9 家，本地法人商业银行 3 家，村镇银行 3 家；证券法人机构 1 家，证券营业部 70 家；期货法人机构 5 家，期货营业部 8 家，基金管理公司 2 家；市级及以上保险公司 36 家，其中法人机构 3 家，市级保险分公司 33 家（含区域总部 1 家），外资公司及代表处 6 家。

2. 金融市场规模快速扩张。1956 年末，重庆全市人民币存、贷款余额分别为 1.9 亿元和 5.4 亿元，到 2019 年末分别达到 11084.82 亿元和 8856.56 亿元，分别是 1956 年的 5834.1 倍和 1640.1 倍。1980 年中国人民保险公司重庆分公司恢复设立，标志着保险业重新开始起步发展，全市保费收入从 1997 年的不到 10 亿元，发展到 2009 年的 244.70 亿元，年均递增 27%左右。1993 年重庆仅有 3 家上市公司，到 2009 年重庆境内上市公司增至 31 家，总股本为 153.01 亿股，股票总市值达 1900.07 亿元，通过发行配售股票共筹集资金 17.56 亿元。其中，西南证券完成上市，成为重庆第 1 家金融类上市企业；民营企业莱美药业登陆创业板，是创业板首批上市企业；龙湖地产在香港成功上市，成为 2009 年港股上市融资规模最大的内地房地产股。

3. 金融机构改革成效显著。重庆农村商业银行成功改组，存款、贷款存量及增量市场份额均居重庆银行同业前列，资产规模稳居全国农商行及中西部银行之首。重庆银行通过剥离不良贷款、增资扩股和引入境外战略投资者，资本充足率大幅提高，不良贷款率迅速降低，资产质量和效益在同类银行中排西部第 1。万州商业银行成功重组为重庆三峡银行，从三峡库区走出了现代商业银行。西南证券通过清理整顿和资产重组，成为重庆首家金融类上市企业，陆续在杭州、广州等多地成立市外营业部。安诚财产作为中国西南地区首家全国性中资财产保险公司，成功增资扩股至 10 亿元，在北京、上海等多地设立市外分公司。新华信托成功引进巴克莱银行为战略投资者,资本金和资产质量大幅增长。除银行、保险、证券等金融机构外,担保公司、小额贷款公司、金融租赁公司、私募股权基金等新型金融机构蓬勃发展,有力促进中小企业融资和农村金融改革。

4. 金融要素市场起步建设。金融要素市场是金融市场深化和金融业态拓展的高端形式,先后成立重庆联合产权交易所、重庆农村土地交易所、重庆农畜产品交易所、重庆股份转让中心、重庆药品交易所、重庆内河航运交易所、重庆金融资产交易所等7大要素市场。其中,重庆股份转让中心作为证券场外交易市场(OTC),于2009年7月批准成立;重庆联合产权交易所发挥作为全国性央企资源整合平台和国有产权交易平台优势,开展京、津、沪、渝4地产权交易所的互助合作,形成以重庆为核心的长江上游地区产权交易共同市场;重庆农村土地交易所在2008年挂牌成立,是全国首家农村土地交易平台;重庆农畜产品交易所于2009年正式挂牌,是全市统一农畜产品电子交易平台,开展生猪等农畜产品的现货、远期交易。

5. 金融发展环境不断改善。先后成立重庆证监局、保监局、银监局,人民银行,完成大区制改革,成为全国仅有的两家营业管理部中的一家,形成“一行三局”监管格局。挂牌成立“重庆市人民政府金融工作办公室”,随后升格为市政府直属机构,地方政府服务和管理金融能力不断增强。连续出台5年专项规划,明确各阶段金融业发展的总体思路、主要目标和重点举措。发布《重庆市人民政府关于促进重庆金融业加快发展的若干意见》《关于促进重庆证券市场发展的意见》《重庆市金融业发展激励政策实施细则》《金融机构支持重庆发展评价奖励办法(试行)》,大力吸引金融机构来渝发展,为金融业发展创造了较好的政策环境。采取强有力的措施处置“三金三乱”“德隆系”“汽车贷款保险”等事件,对净化金融环境,维护金融秩序起到积极作用。

9.3 开启新征程的重庆:承担国家战略的西部金融中心

党的十八大以来,重庆金融业转向高质量发展,金融机构种类和数量持续增加,金融改革创新、服务实体和对外开放成效显著,逐步建立起与社会主义市场经济体制相适应的现代金融体系。2020年以习近平同志为核心的党中央作出推动成渝地区双城经济圈建设的重大决策部署，加之“一带一路”、长江经济带、西部大开发等多重国家级战略加持，重庆金融业发展面临的形势和基础条件发生重大变化，正朝着国家西部金融中心建设新征程大步迈进。

1. 金融产业规模在西部领先。2021 年，重庆金融业实现增加值 2459.8 亿元，是 2012 年的 2.6 倍，年均增长 11.4%；占地区生产总值的 8.8%，比 2012 年提高 0.8 个百分点。2012 年全市本外币存款余额达 1.94 万亿元，2016 年突破 3 万亿元，2020 年突破 4 万亿元，2021 年达到 4.59 万亿元，是 2012 年的 2.4 倍，年均增长 10%；2012 年全市本外币贷款余额达 1.56 万亿元，2018 年突破 3 万亿元，2020 年突破 4 万亿元，2021 年达到 4.69 万亿元，是 2012 年的 3 倍，年均增长 13%。2021 年全市保费收入达 969.53 亿元，是 2012 年的 2.9 倍，年均增长 12.7%；全市保险赔付支出达 305.61 亿元，是 2012 年的 3.3 倍，年均增长 14.3%。2021 年全市保险密度达人均 23018.06 元，是 2012 年的 2.7 倍，年均增长 11.7%；保险深度达 33.47%，比 2012 年提高了 0.62 个百分点。

2. 传统金融机构持续发展壮大。金融机构数量和种类居于中西部领先地位，实现银行、证券、保险等 20 余类金融机构牌照全覆盖。截至 2021 年底，全市共有法人及市级分行类银行机构 114 家，比 2012 年增加 34 家，数量居中西部前列，其中包括 15 家外资分行，位居中西部第 1 位；各级支行 2369 家，比 2012 年增加 259 家，全国性股份制银行齐聚巴渝，村镇银行覆盖全市除渝中区外的各区县，重庆富民银行成为中西部地区第 1 家民营银行。截至 2021 年底，全市共有证券机构 258 家，是 2012 年的 2.2 倍；共有保险机构 1377 家，比 2012 年增加 290 家。其中总公司 5 家，比 2012 年增加 2 家，（省）市级分公司 60 家，比 2012 年增加 24 家，中心支公司及以下分支机构 1314 家，比 2012 年增加 264 家。

3. 新兴金融业态门类更加齐全。小额贷款公司、融资担保公司、股权投资类企业、消费金融、要素市场等新兴金融业态快速发展，截至 2021 年底，全市共有小额贷款、融资担保、私募股权基金、财务公司、汽车金融、消费金融、第三方支付等 13 类创新型机构 1290 家。金融要素集聚更具特色，市场功能不断完善，交易规模不断扩大。截至 2021 年，全市已建成要素市场 12 家，全年实现交易规模8.6万亿元。推动保险资产登记交易系统、石油天然气交易中心等全国性交易场所落地重庆。中信银行国际业务运营中心、建行跨境金融服务中心、交行离岸业务中心、平安银行离岸金融中心、上海保险交易所西部中心等全国性或区域性、功能性金融机构相继在重庆落户。

4. 多层次资本市场建设卓有成效。与深交所签署的战略合作框架协议加快落地生效,上交所资本市场服务重庆基地不断创新发展,区域性股权市场不断扩容,全方位、多层次的资本市场服务体系逐渐形成。截至2021年底,全市辖区境内上市公司总计63家,比2012年增加26家,其中在上交所、深交所、北交所上市的数量分别为31家、30家和2家,比2012年分别增加12家、12家和2家。上市公司总市值达1.14万亿元,是2012年的5.2倍,其中,25家上市公司市值超100亿元,5家上市公司市值超500亿元,3家上市公司市值超1000亿元。2021年全市证券市场投资者开户数达1178万户,是2012年的5.9倍,年均增长21.9%,证券交易金额达14.21万亿元,是2012年的14.4倍,年均增长34.5%。截至2021年底,重庆股份转让中心挂牌托管企业达1994家,同比增加106家。

5. 金融改革试点任务纵深推进。获批全国金融标准创新建设试点、金融科技应用试点和创新监管试点城市,拥有数字金融相关试点数量在西部地区排名第1。国家金融科技认证中心在重庆落户,26项金融科技应用试点项目上线运行,12项金融科技创新监管试点项目对外服务,一批金融科技总部型企业陆续在渝落户。推动法人金融机构改革重组取得明显成效,市级政府性融资担保机构完成整合工作,小微担保成功纳入国家融资担保基金首批合作范围。区域股权市场多项改革创新举措在全国处于领先地位。在国内较早启动碳排放权、排污权交易,重庆环境要素市场发展初具规模,成功发行中西部首单助力碳达峰碳中和目标的绿色金融债券,获批建设国家级绿色金融改革创新试验区。落地全国首批权益出资型票据、西部科学城(重庆)设立以来首单双创债务融资工具。

6. 金融开放合作迈向更高水平。依托中新(重庆)战略性互联互通示范项目、中国(重庆)自由贸易试验区等战略平台,扩大金融高水平双向开放,成功举办中新金融峰会,跨境金融产品累计融资190亿元,平均利率低于境内融资1.03个百分点,帮助川、黔、滇、陕等陆海新通道沿线企业跨境融资逾

65 亿美元。积极开展跨境投融资创新，中西部地区首笔跨境不动产投资信托基金（REITs）、全国首单非银金融机构借款及结汇业务、中西部地区首笔跨境债权转让业务、中新机构间首笔再保理业务落地，铁路提单信用证融资结算等 5 项创新被商务部纳入“自贸试验区最佳案例”向全国推广。率先开展外资股权投资基金跨境人民币资金业务，在全国首次通过交易所平台开展国有产权交易跨境人民币结算，2021 年全市跨境人民币结算金额居中西部第 1 位、增速位于全国第 1 位。

7. 防范化解金融风险取得实效。全市金融系统加强金融风险源头管控力度，实行“一事一案一专班”，整治非法集资等金融乱象，持续压降互联网金融风险，全市 P2P 网贷机构已全部出清，网络小贷公司风险持续收敛。成立“重庆市地方金融监督管理局”，加挂“重庆市金融工作局”牌子。深化央地监管联动，协同在渝中央金融监管部门严控金融机构、产品、市场、人员等重点环节风险，持续提升地方金融监管能力。在全国率先搭建金融风险防控体系，打击非法金融工作纳入社区网格化管理，金融生态环境持续优化。落成全国首个跨省域管辖法院和中西部首个金融法院——成渝金融法院。截至 2020 年末，全市银行业不良率、小贷不良率、融资担保代偿率分别为 1. 48%、9. 43%和 2. 50%，均低于全国平均水平，坚决守住了不发生系统性、区域性金融风险的底线。

第十章　重庆金融中心竞争力评价

金融中心是资本、机构、人才、市场等各类金融资源集聚的场所，具有集聚、整合和调配各类市场资源的作用，是提升城市核心功能和竞争力的重要手段。重庆自首期 CFCI 评价榜单发布以来，金融中心竞争实力稳居全国前10，金融业整体发展水平处于全国前列、西部领先地位。

10.1　10 年间综合竞争力得分翻番，综合排名稳居全国前 10

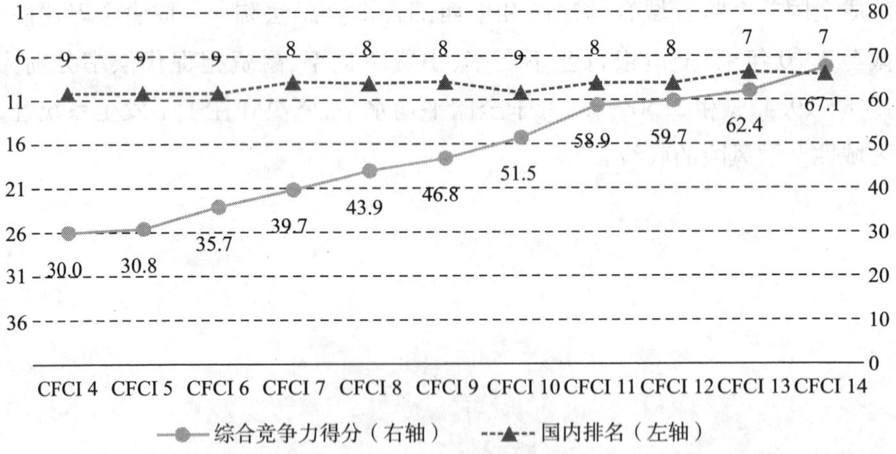

图 10.1.1　重庆金融中心综合竞争力得分及排名 10 年变化

1. 综合竞争力实现翻番，长期保持平稳快速增长态势。CFCI 评价结果显示，本期重庆金融中心综合竞争力得分 67.07，同比增长 7.6%；10 年间金融中心综合竞争力得分累计增长率达 124%，年均复合增长率达到 8.4%，保持持续向好增长态势。

2. 综合竞争力稳居全国前 10，区域金融中心优势地位突显。本期重庆金融中心综合竞争力全国排名第7,在33个区域金融中心中排名第4,在西部地区与成都并驾齐驱。其中,金融产业绩效、金融机构实力和金融生态环境分项在国内33个区域金融中心中均排名前10。过去10年,重庆历期CF-CI综合竞争力在全国的排名均进入前10,在33个区域金融中心中稳居前6,且排名保持稳步提升态势;金融中心综合竞争力比较优势显著,作为西部地区乃至全国重要区域金融中心的地位突显。

表10.1.1 重庆在第14期CFCI中的得分与排名

序号	项目	得分	全国排名	33个区域金融中心排名
1	综合竞争力	67.07	7	4
2	金融产业绩效	115.46	7	4
3	金融机构实力	50.43	7	4
4	金融市场规模	8.86	17	14
5	金融生态环境	99.91	8	5

3. 规模总量指标比较优势突出,部分指标保持国内领先水平。与广州、杭州、成都等国内区域金融中心相比,重庆金融中心比较优势主要体现在规模总量指标方面。其中,金融市场规模方面的金融业增加值、金融从业人员、金融业务规模等总量指标在33个区域金融中心中排名前5;金融市场规模方面的银行类机构以及地方金融组织等指标均保持区域领先水平,相关评分均远超区域金融中心平均值;金融市场规模方面,在教育环境、经济实力、生活质量、专业服务、经济外向度等体现规模效应的指标方面具有较强比较优势。相对来说,仅在保险深度、保险密度等体现业务相对水平以及医疗卫生、城市环境等体现人均资源水平的指标上表现得不理想,重庆与广州、杭州等金融发展领先城市间存在一定差距。

表10.1.2 国内综合竞争力排名前5的区域金融中心在第14期CFCI中的分领域比较

分领域得分	杭州	南京	广州	成都	重庆	33个区域金融中心均值	重庆在区域金融中心内排名
综合竞争力	76.81	66.74	88.92	67.29	67.07	46.62	4
1. 金融产业绩效	127.81	123.27	144.62	113.73	115.46	78.94	4
#金融业增加值	12.63	11.88	12.92	12.52	12.64	7.39	2

续表

分领域得分	杭州	南京	广州	成都	重庆	33个区域金融中心均值	重庆在区域金融中心内排名
#金融从业人员	2.59	2.81	6.29	3.14	5.36	3.21	4
#金融业务规模	8.03	7.13	9.82	6.68	6.48	3.44	5
#业务相对水平	7.89	8.23	6.21	5.37	3.66	5.19	33
2. 金融机构实力	58.81	36.69	59.47	40.09	50.43	25.77	4
#银行类机构	6.33	5.04	5.98	4.51	5.85	3.29	3
#证券类机构	7.46	4.00	6.04	3.32	1.99	2.00	13
#保险类机构	0.88	0.64	0.98	1.56	1.45	0.63	5
#地方金融组织	2.42	0.97	4.27	2.24	5.36	1.69	1
3. 金融市场规模	21.49	16.94	24.48	12.93	8.86	10.50	14
#上市水平	4.08	1.73	2.35	1.84	0.95	1.00	12
#直接融资水平	0.91	0.56	0.60	0.38	0.38	0.34	13
#区域股权市场	0.27	1.83	3.04	0.94	0.83	0.67	11
4. 金融生态环境	105.40	99.04	137.41	11.90	99.91	77.86	5
#教育环境	1.73	2.43	3.04	2.40	2.37	1.70	6
#医疗卫生	2.52	1.95	3.18	2.02	1.98	1.91	14
#城市环境	2.63	3.30	3.21	2.66	2.13	2.10	12
#生活质量	1.69	1.89	2.21	2.42	2.32	2.17	10
#经济基础	3.97	3.92	4.67	3.62	4.10	2.95	4
#专业服务	1.68	1.56	2.44	2.43	1.52	0.93	6
#政策环境	2.88	2.09	3.54	3.43	2.27	2.03	11
#地方风险控制	1.86	1.52	1.92	1.31	2.03	1.64	8
#机构国际化	0.81	1.02	1.52	0.92	0.60	0.45	9
#经济外向度	1.95	1.30	2.26	1.92	2.48	0.88	2
#国际影响力	1.62	0.94	2.43	1.64	0.35	0.47	15

10.2　金融产业规模发展优势突显，金融产业绩效西部领跑

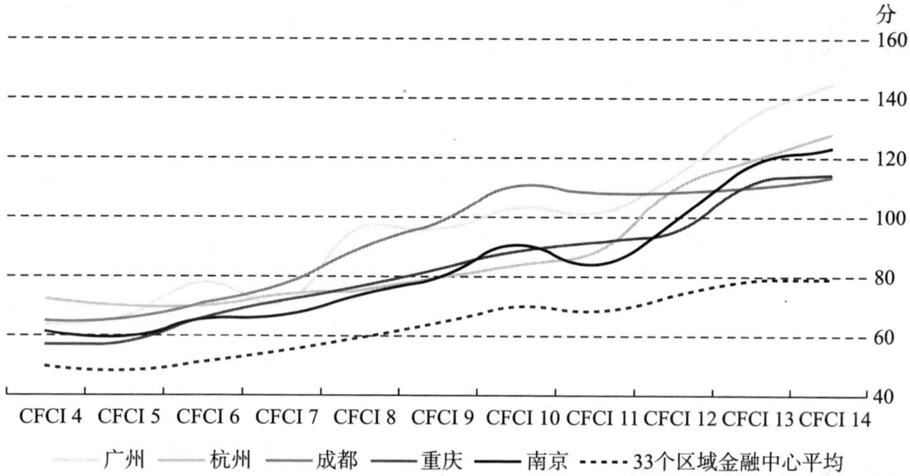

图 10.2.1　国内综合竞争力排名前 5 的区域金融中心的金融产业绩效 10 年评分比较

1. 金融产业绩效国内领先，产业规模优势凸显。本期重庆金融产业绩效得分为 115.46 分，国内排名第 7，33 个区域金融中心中排名第 4，西部地区排名第 1。10 年间，重庆金融产业绩效得分累计增长 102%，年均复合增长达到 7.3%，高于同期国内区域金融中心平均增速 1 个百分点。重庆金融产业规模比较优势越发突显，2021 年金融业增加值达到 2460 亿元，全国排名第 5、西部排名第 1；2020 年末单位金融从业人员达到 28.9 万人，全国排名第 4、西部排名第 1；本外币存款余额和贷款余额、本地区证券交易量、保费收入等相关指标均进入全国前 10，且大幅高于 33 个区域金融中心平均水平。

表 10.2.1　国内综合竞争力排名前 5 的区域金融中心的金融产业绩效指标比较

指标	杭州	南京	广州	成都	重庆	33 个区域金融中心均值	33 个区域金融中心重庆名次
金融业增加值/亿元	2189	2044	2468	2272	2460	1109	2
金融业增加值 3 年平均增长率/%	8.7	6.9	7.3	6.3	5.3	5.7	19
金融业增加值占 GDP 比重/%	12.1	12.5	8.7	11.4	8.8	10.2	21

续表

指标	杭州	南京	广州	成都	重庆	33个区域金融中心均值	33个区域金融中心重庆名次
单位金融从业人员/万人	11.6	7.4	22.3	15.0	28.9	9.2	1
金融从业人员三年平均增长率/%	0.0	8.9	22.8	5.8	11.2	8.7	15
金融从业人员占常住人口比重/%	1.0	0.8	1.2	0.7	0.9	0.9	16
金融机构本外币存款余额/亿元	61044	44709	74989	47968	45908	24867	4
金融机构本外币贷款余额/亿元	56275	43305	61400	46425	46928	25483	3
本地证券交易量/亿元	32.5	37.1	26.9	15.6	14.2	7.6	5
保费收入/亿元	969	895	1463	1005	970	502	3
金融机构本外币存款余额与GDP之比/%	337	273	266	241	165	231	31
金融机构本外币贷款余额与GDP之比/%	311	265	217	233	168	248	32
本地证券交易量与GDP之比/%	1793	2267	954	783	509	644	25
保险深度/%	5.4	5.5	5.2	5.0	3.5	4.69	27
保险密度/元每人	7940	9502	7779	4740	3018	4860	32

2. 金融业增加值持续高速增长,规模增幅超过两倍。从金融业自身发展的具体指标来看,10年间重庆金融业增加值由2011年的768亿元增长到2021年的2460亿元,累计增幅达到220%,年均复合增长率高达12%;金融业增加值占GDP比重由2011年的7.6%上升到2021年的8.8%,累计提升1.2个百分点,金融业作为重庆经济发展的支柱产业地位得到不断巩固和提升,如图10.2.2所示。

3. 银证保业务飞速扩张,市场规模稳居全国前列。截至2021年底,重庆金融机构本外币存款余额由2011年的16129亿元增长到2021年的45908亿元,10年间累计增幅达到185%,年均复合增长11%,总量规模全国排名第7、在区域金融中心排名第4、在西部地区排名第2;金融机构本外币贷款余额

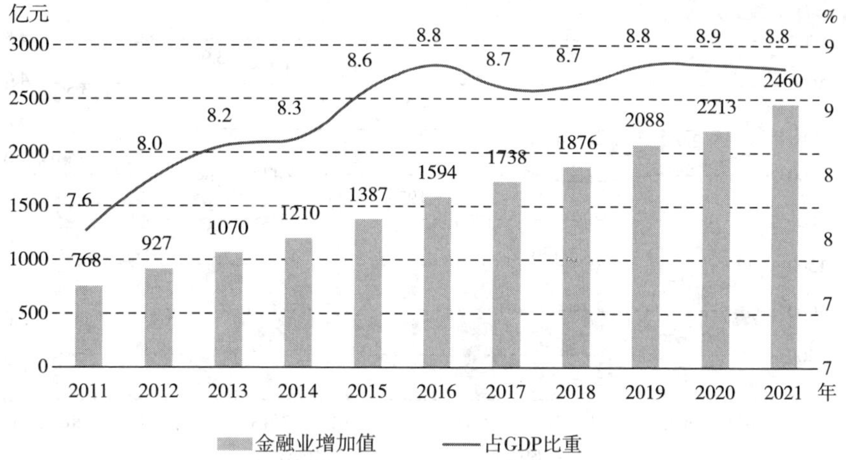

图 10. 2. 2 重庆金融业规模指标近 10 年变化情况

由 2011 年的 13195 亿元增长到 2021 年的 46928 亿元,10 年间累计增幅达到 256%,年均复合增长 14%,总量规模全国排名第 6、区域金融中心排名第 3、西部地区排名第 1。10 年间本地证券交易量由 2011 年的 1 万亿元增长至 14. 2 万亿元,10 年累计增幅超过 1100%,年均复合增长 29%,总量指标全国排名第 8、在西部地区排名第 2。10 年间,保费收入由 2011 年的 312 亿元增长至 2021 年的 970 亿元,10 年累计增幅达到 211%,年均复合增长 12%,总量指标全国排名第 6、西部地区排名第 2。

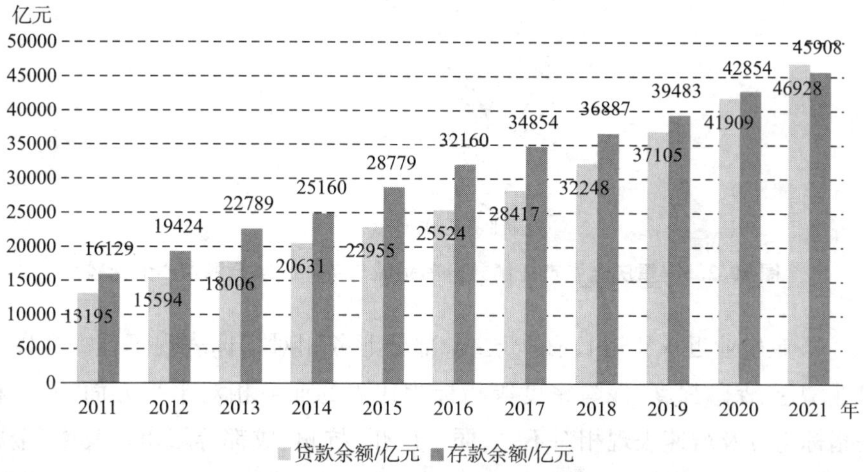

图 10. 2. 3 重庆本外币存、贷款余额指标 10 年变化

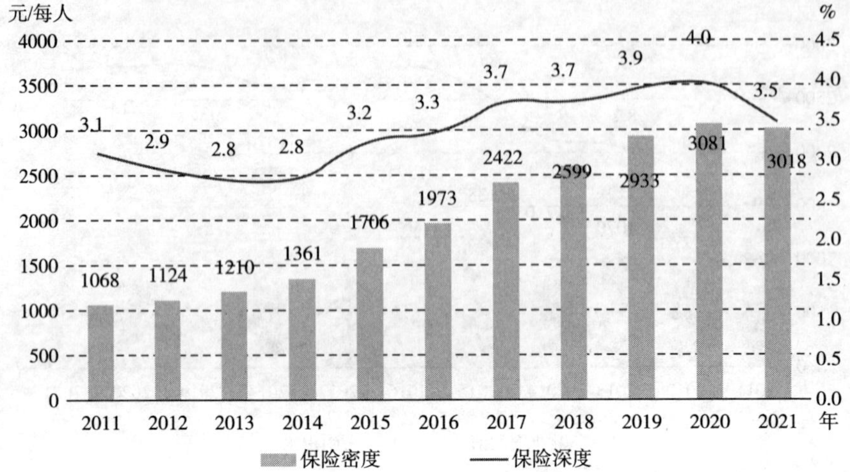

图 10.2.4　重庆地区保险业务发展水平 10 年变化

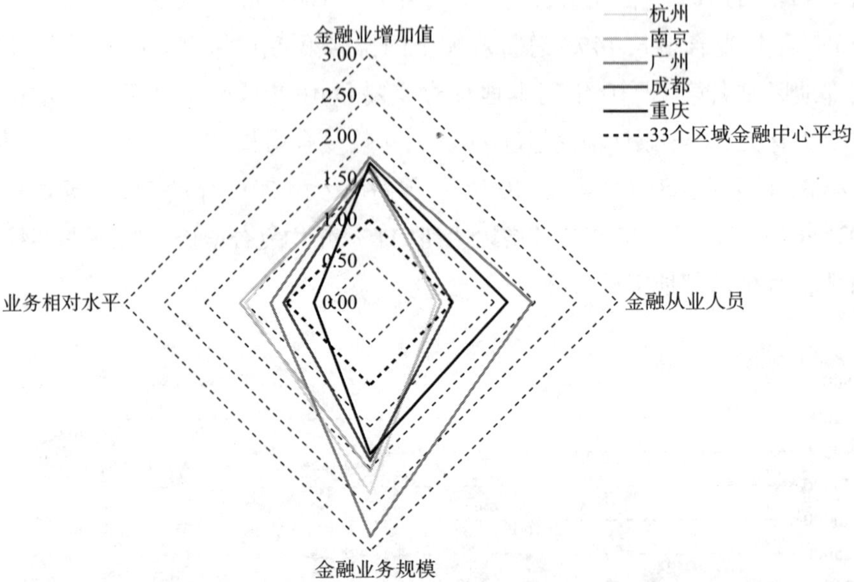

图 10.2.5　重庆金融产业绩效分项领域与头部区域金融中心的比较

4. 金融业近 3 年增长有所放缓,部分业务相对指标表现不佳。在以金融业增速、保险深度、保险密度等指标为代表的业务相对水平方面,重庆相关指标得分及增速表现相对不足,弱于广州、杭州、成都等城市。其中,金融业增加值近 3 年平均增速低于 33 个区域金融中心均值 0.4 个百分点;保险深度低于 33 个区域金融中心均值 1.2 个百分点,在 33 个区域金融中心中仅排名第27;保险密度低于同期33个区域金融中心均值38%,不足同期南京的三分之一、杭州的二分之一,如图10.2.4、图10.2.5所示。

10.3　金融机构整体实力成长明显,地方金融组织尤为突出

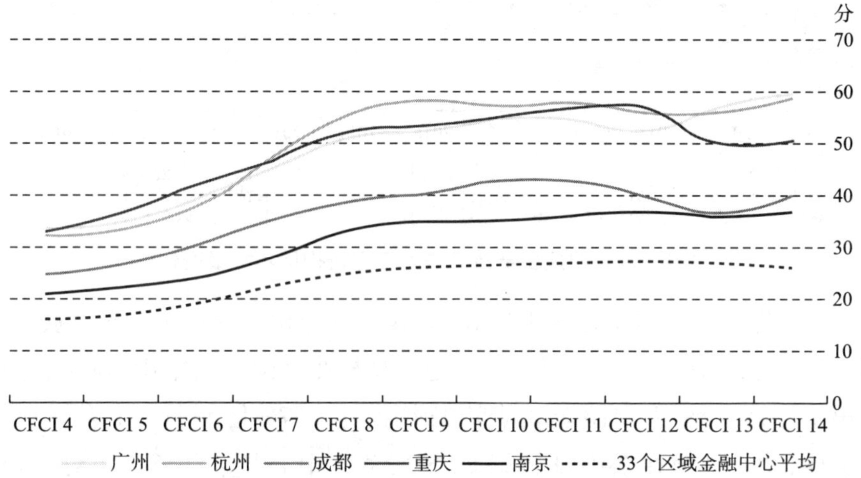

图10.3.1　国内综合竞争力排名前5的区域金融中心的金融机构实力10年评分比较

1. 金融机构综合实力全国第7,西部地区领先优势显著。本期CFCI评价结果显示,重庆金融机构实力得分为50.43分,全国排名第7、33个区域金融中心排名第4、西部地区排名第1。近10年来,重庆金融机构实力得分累计增长53%,得分增速显著高于33个区域金融中心平均水平,在西部地区领先成都优势呈现不断扩大趋势。

2. 法人金融机构种类相对齐全,机构数量实现翻倍。截至2021年底,重庆共有主要类型持牌法人金融机构26家,全国排名第7,在33个区域金融中心排名第4。其中法人商业银行4家、法人信托公司2家、法人财务公司4家、法人汽车金融公司1家、法人消费金融公司3家、法人证券公司1家、法人期货公司4家、法人保险公司5家。10年来,重庆主要类型持牌法人金融机构数量增长一倍有余。

3. 法人金融机构规模实力显著提升,但法人证券存在短板。截至2021年底,重庆银证保法人机构的资产总规模超过2.5万亿元,10年累计增幅达到353%,年均复合增长16%,资产规模总量在全国排名第10、在33个区域

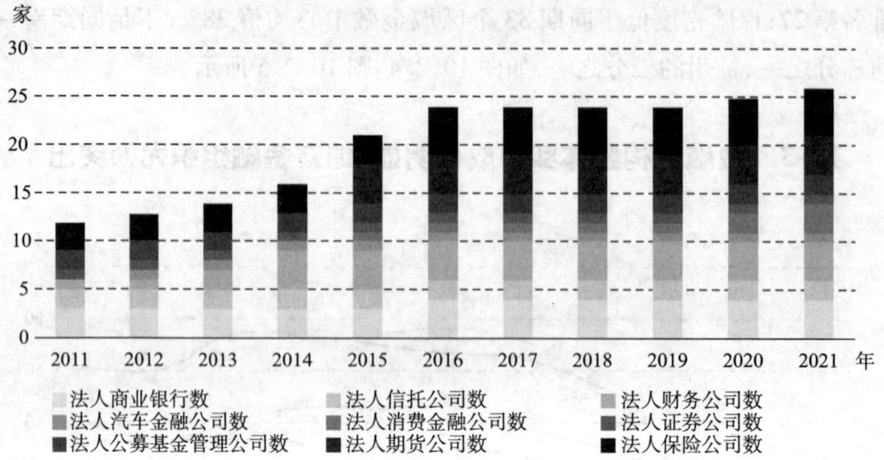

图 10.3.2　重庆主要持牌法人金融机构历年数量变化

金融中心排名第 7、西部地区排名第 1。其中,4 家法人商业银行资产规模达到 21773 亿元,10 年累计增长 309%,总量规模在全国排名第 10 位、西部地区第 1 位;5 家法人保险公司资产总规模达 2578 亿元,10 年累计增长 3888%,总量规模在全国排名第 8、区域金融中心排名第 5。相对来说,重庆法人证券机构规模优势并不突显,仅有 1 家法人证券公司,资产规模仅全国排名第 15、西部地区第 3,较广州、成都、南京、杭州等还有较大差距,甚至低于同期 33 个区域金融中心 1316 亿元的均值,缺少具有品牌影响力和竞争实力的法人证券机构。

图 10.3.3　重庆银证保法人机构资产规模近 10 年变化情况

4. 地方金融组织发展优势显著，小贷和担保全国排名第 1。相对来说，重庆在地方金融组织发展方面比较优势尤为明显。截至 2022 年上半年，重庆小额贷款公司、融资租赁、融资担保和商业保理分别为 245 家、66 家、103 家和 47 家。其中，小额贷款公司和融资担保无论是机构数量还是发展质量，全国排名均第 1，较同期其他区域金融中心有显著优势。近年来，重庆不断提升地方金融组织监管服务水平，有效促进地方金融组织规范有序发展，如表 10. 3. 1 所示。

表 10. 3. 1　国内综合竞争力排名前 5 的区域金融中心的金融机构实力相关指标比较

指标	广州	杭州	南京	成都	重庆	33 个区域金融中心均值	重庆指标在 33 个区域金融中心中排名
本地法人商业银行数量/个	3	11	9	4	4	6	21
本地法人商业银行资产规模/亿元	52417	50371	47411	14889	21773	17132	7
本地法人证券公司数量/个	3	3	2	4	1	2	19
本地法人证券公司资产规模/亿元	5962	2358	8584	1963	823	1316	12
本地法人公募基金数量/个	3	1	0	0	2	0. 5	2
公募基金管理资产规模/亿元	908	450	0	0	732	627	5
本地法人保险公司数量/个	5	3	3	4	5	2. 0	2
本地法人保险公司资产规模/亿元	1209	1577	875	3238	2578	788	5
私募基金管理人数量/家	893	1510	384	406	188	254	14
私募基金数量/只	4938	8980	1606	1259	566	1181	15
小额贷款/家	111	60	30	75	245	55	1
融资租赁/家	1116	203	40	42	66	138	16
融资担保/家	44	82	29	70	103	41	1
商业保理/家	383	1	31	10	47	60	9

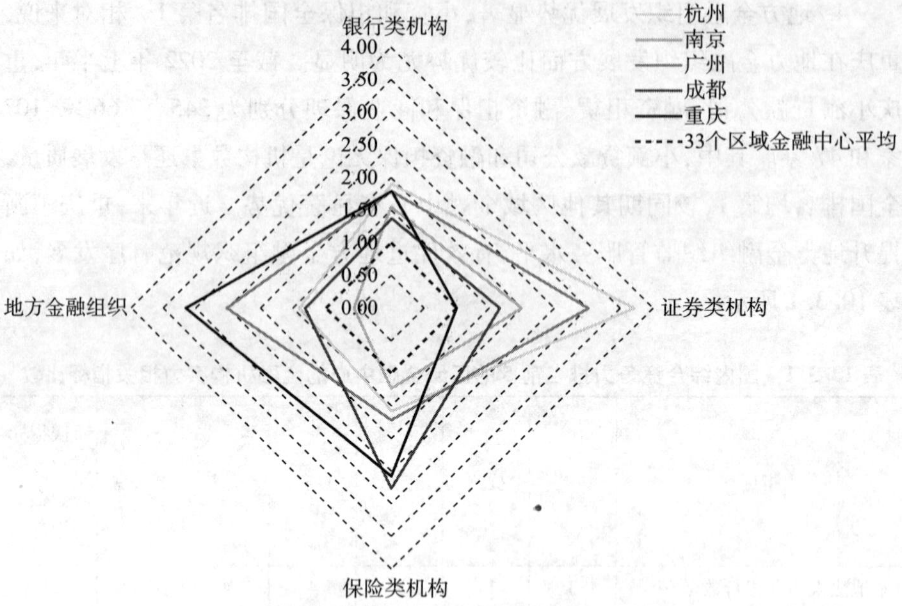

图 10.3.4 重庆金融机构实力分项领域与头部区域金融中心的比较

10.4 资本市场利用水平不断提升,直接融资水平西部领先

当前,我国全国性金融市场主要布局在上海、北京、深圳、大连、郑州等少数城市。其中,上海具备货币市场、债券市场、股票市场、外汇市场、期货市场等绝大多数市场功能,深圳依托深交所具备股票市场与债券市场交易功能,北京依托"新三板"及北交所具备股票市场交易功能,大连、郑州、广州具备期货市场功能。

表 10.4.1 全国性金融市场分布情况

项目		上海	深圳	北京	其他城市
货币市场		√	×	×	×
债券市场	交易所债券市场	√	√	×	×
	银行间债券市场	√	×	×	×
股票市场	主板市场	√	√	×	×
	二板市场	√	√	√	×

续表

项目	上海	深圳	北京	其他城市
期货市场	√	×	×	大连、郑州、广州等
黄金市场	√	×	×	×
外汇市场	√	×	×	×

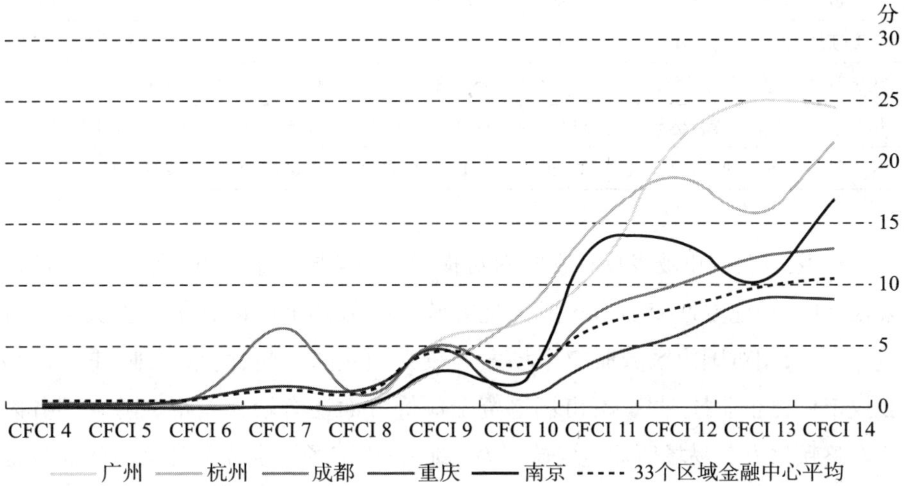

图 10.4.1　国内综合竞争力排名前 5 的区域金融中心的金融市场规模 10 年评分比较

1. 重庆金融市场规模处于中游，得分增速低于平均水平。本期 CFCI 评价结果显示，重庆金融市场规模得分为 8.86 分，全国排名第 17、在 33 个区域金融中心排名第 14。由于缺少全国性金融市场，重庆在金融市场方面可作为领域十分有限，在市场体系建设方面较难突破，相应金融市场规模分项得分增长表现一般，近 5 年来分项得分增长水平甚至低于 33 个区域金融中心平均水平，与广州、杭州、成都等地分差有进一步扩大趋势。

2. 资本市场利用水平显著提升，直接融资规模保持西部领先。截至 2021 年底，重庆在国内 A 股市场的上市公司达到 63 家，在 33 个区域金融中心中排名第 12；拥有新三板挂牌公司 84 家，在 33 个区域金融中心中排名第 14；2021 年全年新增 IPO 公司达到 6 家，全年新增股票融资额达到 173 亿元，在 A 股市场累计股票融资额达到 2093 亿元，排名西部地区第 1 位，如表 10.4.2 所示。

表 10.4.2　重庆资本市场利用水平在国内区域金融中心中的相对地位

指标	杭州	南京	广州	成都	重庆	33 个区域金融中心均值	重庆指标在 33 个区域金融中心中排名
本地 A 股上市公司数/家	199	105	131	99	63	57.8	12
新三板挂牌公司数/家	188	129	239	145	84	84.7	14
年度新增 IPO 公司数/家	38	11	16	14	5	6.7	13
在 A 股市场累计融资额/亿元	3562.6	3918.1	3422.6	2007.0	2092.5	1501.7	9
年度新增直接融资额/亿元	549.2	163.9	256.5	181.6	172.8	189.5	13
区域股权市场挂牌公司数/家	1369	9551	17524	5536	1907	2712.4	18

3. 区域股权市场发展存在相对短板。由于全国性金融市场建设运营的决策权在中央,地方性交易市场成为地方政府少数几个可以有所自主决策的领域。不过,相对国内区域股权市场发展较为领先的广州、南京等地,重庆区域股权市场在企业挂牌数量、市场筹资金额等方面还有较大差距。随着国务院清理整顿地方交易场所规定实施以及“新三板”市场制度改革升级后的北京证券交易所批准设立,区域股权市场的发展空间进一步受限,重庆可能需要在引导支持区域股权市场建设方面投入更多资源助力,如图 10.4.2 所示。

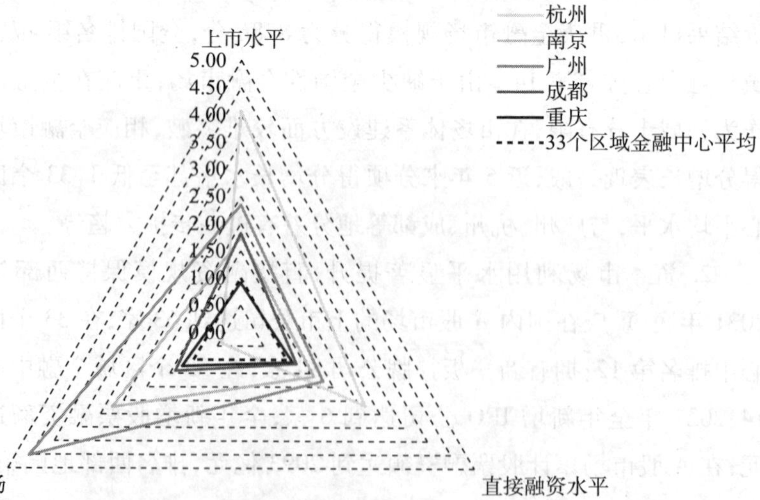

图 10.4.2　重庆金融市场规模分项领域与头部区域金融中心的比较

10.5 地区金融生态环境持续向好,人才环境比较优势突显

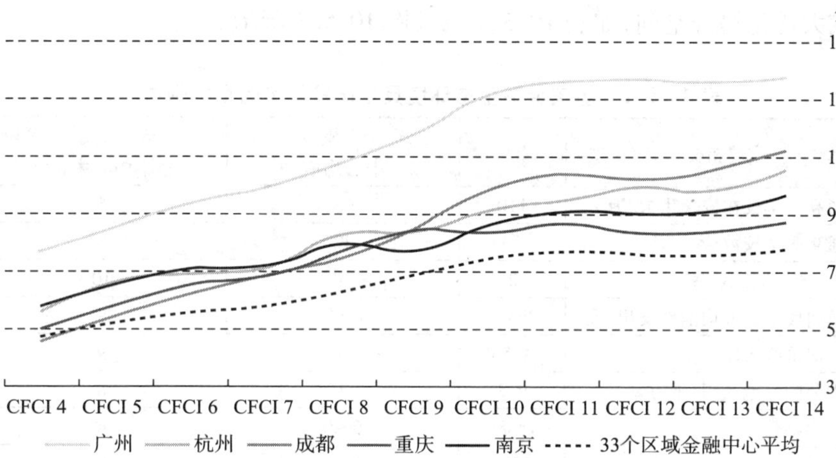

图 10.5.1 重庆金融生态环境得分与排名领先区域金融中心的比较

1. 金融生态环境持续优化,稳居国内前 10、西部地区第 2。本期 CFCI 评价结果显示,重庆金融生态环境得分为 99.91 分,分项国内排名第 8、33 个区域金融中心排名第 5、西部地区排名第 2。10 年间,重庆金融生态环境得分累计增幅实现翻番,年均复合增长 7%,增速较 33 个区域金融中心均值高出 2 个百分点。

2. 金融人才环境表现优异,教育环境比较优势明显。其中,教育环境本期在 33 个区域金融中心排名第 6,在西部地区排名仅次于成都。特别是在高等教育资源方面,重庆现有普通高等学校 70 所,在 33 个区域金融中心城市排名第 3、西部地区排名第 1;在校大学生达到 110 万人,在 33 个区域金融中心城市排名第 5、西部地区排名第 2;优质的高等教育资源为重庆培育金融人才提供了强有力的支撑。在金融人才生活居住质量方面,重庆房价、生活成本等相对较低,相较广州、杭州优势明显,重庆住宅房价收入比远低于 33 个区域金融中心平均水平,对人才的吸引力较大,如表 10.5.1 以及图 10.5.2 所示。

3. 金融商业环境稳居国内前 10,经济基础、中介服务规模优势突出。在经济基础方面,2021 年重庆 GDP 达到 2.8 万亿元,在 33 个区域金融中心中

排名第 2。在专业服务方面,重庆集聚专业人才资源丰厚,截至 2021 年底,执业律师达 14580 人、注册会计师达 5908 人,两者在 33 个区域金融中心中分别排名第 3 和第 8。相对成都、杭州等来说,重庆金融业发展促进政策还有较大优化提升空间,如表 10.5.1 以及图 10.5.3 所示。

表 10.5.1　重庆金融生态环境具备比较优势的指标领域

主要指标	重庆	33 个区域金融中心均值	重庆指标在 33 个区域金融中心中排名
普通高等学校在校学生数/万人	110	63	5
普通高等学校数/家	70	42	3
"双一流"高校数/家	2	3	10
城镇居民家庭人均消费支出/元	29850	35342	9
住宅房价收入比	4. 56	6	9
人均公园绿地面积/平方米	9. 2	8	8
执业律师数/人	14580	6640	4
注册会计师(CPA)数/人	5908	1867	8
专业保险中介机构数量/家	410	295	11
地区生产总值/亿元	27894	11205	2

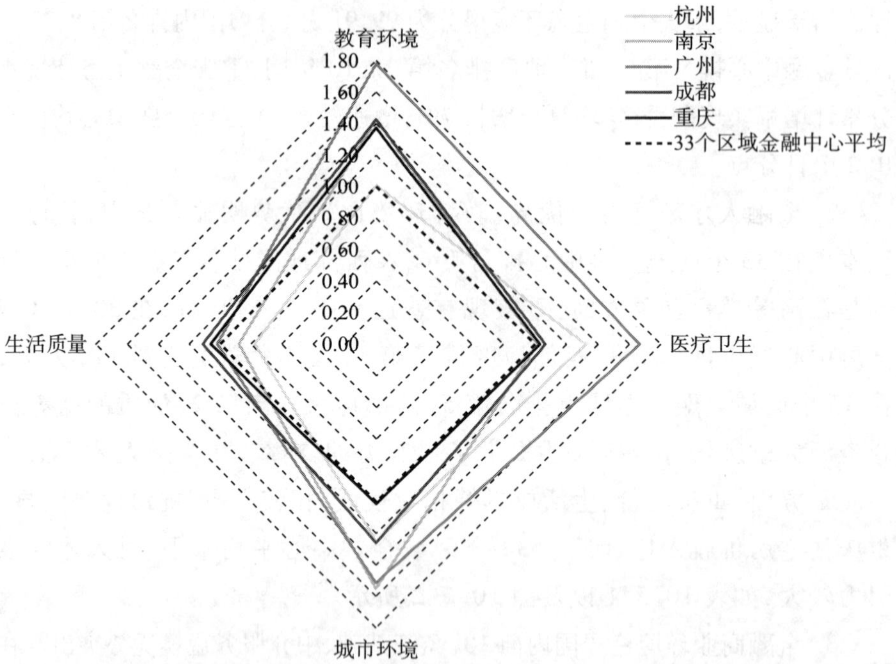

图 10.5.2　重庆金融人才环境分领域与头部区域金融中心的比较

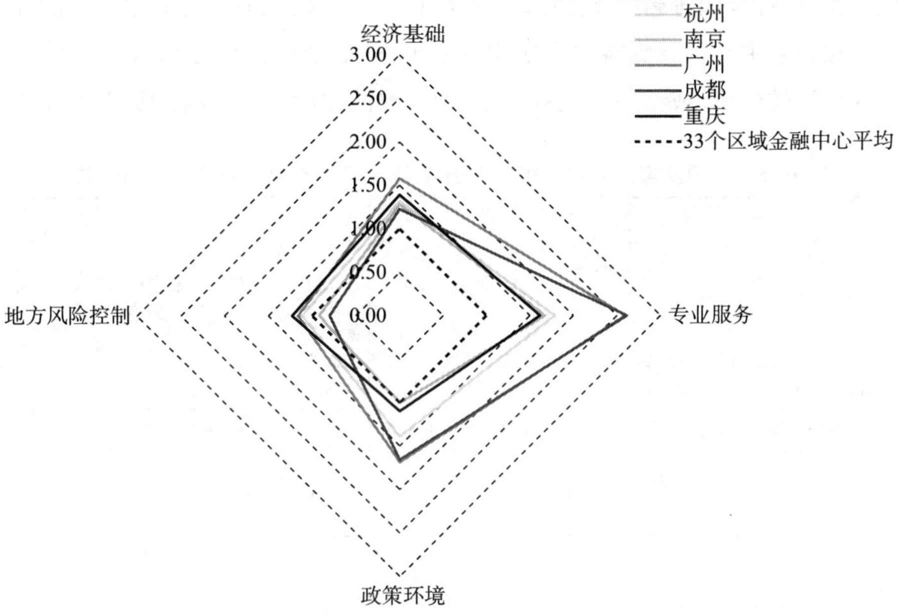

图 10.5.3　重庆金融商业环境分领域与头部区域金融中心的比较

4. 金融国际化具备良好基础，金融中心国际影响力有待增强。在国际化程度方面，重庆整体分项 33 个区域金融中心排名第 9、在西部地区排名第

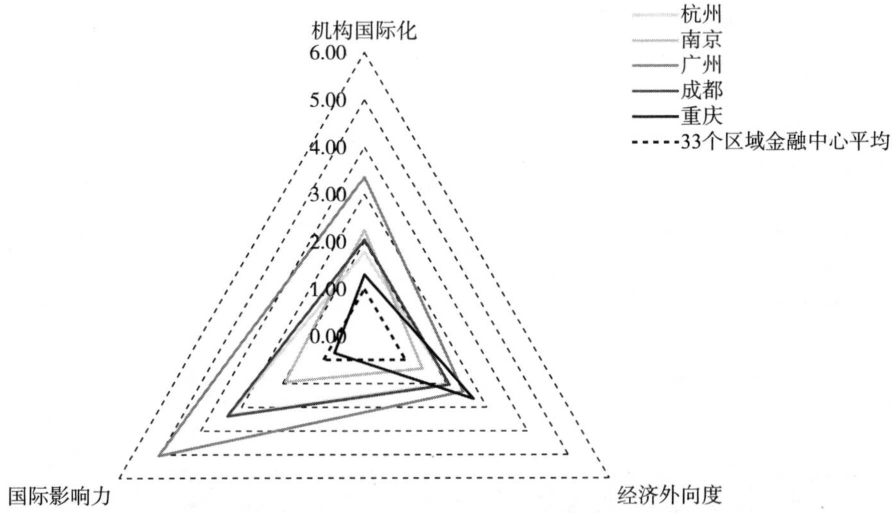

图 10.5.4　重庆金融国际化水平分领域与头部区域金融中心的比较

2。其中,经济外向度优势突出,2021 年重庆实际利用外资总额达到 106.7 亿美元,指标全国排名第 5、西部地区第 1。相对来说,重庆金融机构国际化水平和金融中心国际影响力表现相对不足,外资金融机构数量、国际航线数量等指标较广州、成都等地区有一定差距,如图 10.5.4 以及表 10.5.2 所示。

表 10.5.2 重庆经济外向度指标在国内 33 个区域金融中心中的相对地位

指标	广州	杭州	南京	成都	重庆	33 个区域金融中心均值	重庆在 33 个区域金融中心中排名
实际利用外资总额/亿美元	84.2	81.7	50.1	78.2	106.7	36	2
当年进出口总额/亿美元	1678.1	1142.3	986.9	1274.5	1238.3	724	8
当年国际旅游(外汇)收入/亿美元	10.8	0.7	2.6	1.6	1.1	1.1	9

第十一章　重庆传统金融业发展

近年来，重庆传统金融业规模实力不断提升、服务实体经济能力不断增强，但还存在金融组织体系不完善、直接融资比重不高等不足。展望未来，重庆应牢牢把握成渝经济圈和西部金融中心建设机遇，夯实加固传统金融业作为金融中心建设的四梁八柱，推动重庆金融业稳步快速发展。

11.1　银行业规模实力领跑中西部，服务乡村振兴全面展开

1. 银行业规模实力显著增强。银行业是重庆金融产业的支柱产业，在服务实体经济发展、深化金融改革创新方面发挥了排头兵的作用。2021 年，重庆银行业金融机构资产稳步增长，信贷规模增幅平稳，信贷质量不断提升。截至 2021 年末，重庆银行业机构资产总额达 6.6 万亿，同比增长 11.7%。银行业机构数量在中西部居前列，截至 2021 年底，全市共有法人及市级分行类银行机构 114 家，比 2012 年增加 34 家，数量居中西部前列。银行业法人金融机构 20 家，其中城市商业银行 1 家，小型农村金融机构（农村商业行）1 家，民营银行 1 家，非银行金融机构 16 家，另外还有 39 家新型农村金融机构。商业银行支行达到 4010 家。

2. 法人银行机构实力加速提升。2021 年，重庆本地 4 家法人商业银行资产总额达 2.17 亿元，较 2012 年增长 1.51 万亿元，翻了 3 倍以上，年均增长率达到 14.3%。与成都、武汉两大中西部主要城市对比，这一趋势更为明显，如图 11.1.1 所示，重庆本地法人商业银行总资产相较于成都、武汉连续多年保持领先优势，且近年来优势还在扩大，2021 年成都、武汉本地法人商业银行总资产分别为 1.49 万亿元和 1.28 万亿元，相比 2012 年差距明显拉大。此外，重庆本地法人银行机构盈利能力有较大提升，重庆农商行 2021 年

实现净利润 97.18 亿元,同比增长 13.47%;重庆银行实现净利润 48.59 亿元,同比增长 6.42%。2022 年 2 月 5 日,重庆银行股份有限公司在上交所主板首发上市,募集资金总额达 37.63 亿元,成为西部地区首家"A+H"股上市城商行。

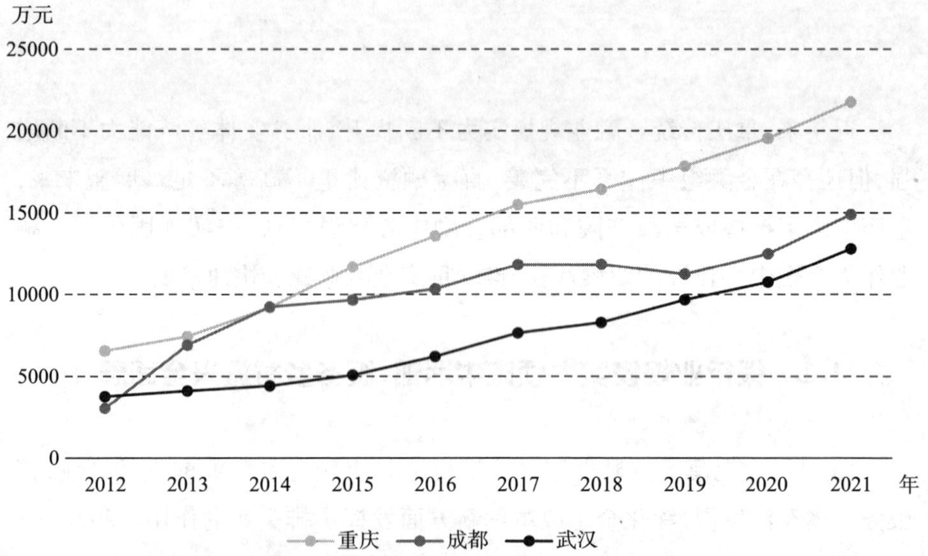

图 11.1.1　中西部 3 大城市地方法人商业银行总资产历年变化

3. 信贷投向结构持续优化。普惠信贷增长迅猛,2021 年全市银行机构累计发放普惠小微信用贷款户数和金额 57.4 万户和 1060.4 亿元,新发放户数、金额同比分别增长 82.8%、83.8%。其中个体工商户、小微企业主经营性贷款余额分别增长 34.4%、29.3%。绿色信贷增长迅猛,2021 年末,全市绿色信贷余额突破 3800 亿元,同比增长 35.6%,高于各项贷款增速 23.6 个百分点。制造业中长期贷款保持较快增长势头,年末增速高于各项贷款整体增速 0.7 个百分点。

4. 服务乡村振兴发展全面推进。近年来,重庆市深入贯彻中央全面推进乡村振兴战略部署,多措并举引导更多金融资源投入乡村振兴重点领域和薄弱环节,取得积极成效。截至 2022 年 6 月末,重庆市涉农贷款余额达 7450 亿元,同比增长 14.32%,较全市各项贷款同比增速高 5.7 个百分点;辖区 4 个国家乡村振兴重点帮扶县各项贷款余额同比增长 11.73%,较全市各项贷款增速高 3. 11 个百分点。积极开展乡村金融产品服务创新，创新农村集体经营性建设用地、集体资产股权等抵质押融资，推动山羊、肉牛活体抵押贷款及圈舍质押贷款等创新产品零的突破。截至 2022 年 6 月末，全市农村土地经营、农房财产权、林权等产权抵押融资余额近 114. 45 亿元。

11. 2　证券期货业市场竞争力提升，服务地方发展持续增强

1. 证券期货业资源集聚效应显现。近年来，重庆本地证券期货业机构发展势头良好。截至 2021 年底，重庆有本地法人证券公司 1 家，资产规模达到 823 亿元，证券公司分公司 49 家，证券营业部 208 家，证券投资咨询公司 1 家；法人期货公司 4 家，期货分公司 9 家，期货营业部 25 家；本地法人公募基金管理公司 1 家，管理资产规模达到 732 亿元；在基金业协会登记私募基金管理机构 192 家，资产管理规模达到 1340. 08 亿元。

2. 多层次资本市场利用水平不断提升。目前，重庆市与深交战略合作框架协议加快落地生效，上交所资本市场服务重庆基地不断创新发展，全方位、多层次的资本市场服务体系逐渐形成。2021 年，重庆新增 6 家境内上市公司，上交所主板、深交所主板、北交所各 2 家，共计达到 63 家。2021 年境内上市公司总市值达 1. 14 万亿元，同比增长 16. 35%。9 家企业申报 IPO，申报家数创近 3 年新高，其中申报科创板 1 家，申报创业板 5 家。在审企业 12 家，处于辅导备案阶段企业 24 家。新三板挂牌公司 85 家。2021 年，重庆企业实现股债直接融资 1821. 44 亿元。重庆区域性股权市场为中小微企业提供各类融资 38. 92 亿元。390 只私募股权、创投基金实缴规模达 1293. 61 亿元。

3. 市场主体对地方贡献不断增强。西南证券作为本地唯一一家法人争取公司，坚持“投行+资本”双轮驱动，2021 年为实体经济提供融资服务 306 亿元，其中股权融资达 103 亿元，同比增长 8. 3 倍。期货公司开展“保险+期货”项目 110 个，比 2020 年增加 78 个，风险管理子公司直接服务实体企业 254 家次、金额达 32. 2 亿元。2021 年，重庆市上市公司实现营业收入 7151. 94 亿元，利润总额达 631. 16 亿元，缴纳各类税费 467 亿元。上市公司资源整合能力持续加强，三峡水利、声光电科等公司通过并购重组，有效促进产业链延伸。

11.3 保险业位居中西部第一梯队,服务实体经济亮点突出

1. 保险业规模处于高速增长态势。2021 年,重庆全市实现保费收入 969.53 亿元,是 2012 年的 2.9 倍,年均增长 12.7%。其中财产险、人身险保费收入分别为 213.7 亿元、752.32 亿元,分别是 2012 年的 2.2 倍、3.2 倍,年均分别增长 9.6%、13.8%。2021 年,全市保险赔付支出 305.61 亿元,是 2012 年的 3.3 倍,年均增长 14.3%。其中财产险、人身险赔付支出分别为 147.7 亿元、154.5 亿元,分别是 2012 年的 2.8 倍、3.9 倍,年均分别增长 12.4%、16.4%。在规模高速发展的同时,重庆保险业也保持高质量发展,2021 年全市保险密度人均 3018.06 元,是 2012 年的 2.7 倍,保险深度达 3.47%,比 2012 年提高 0.62 个百分点,如图 11.3.1 所示。

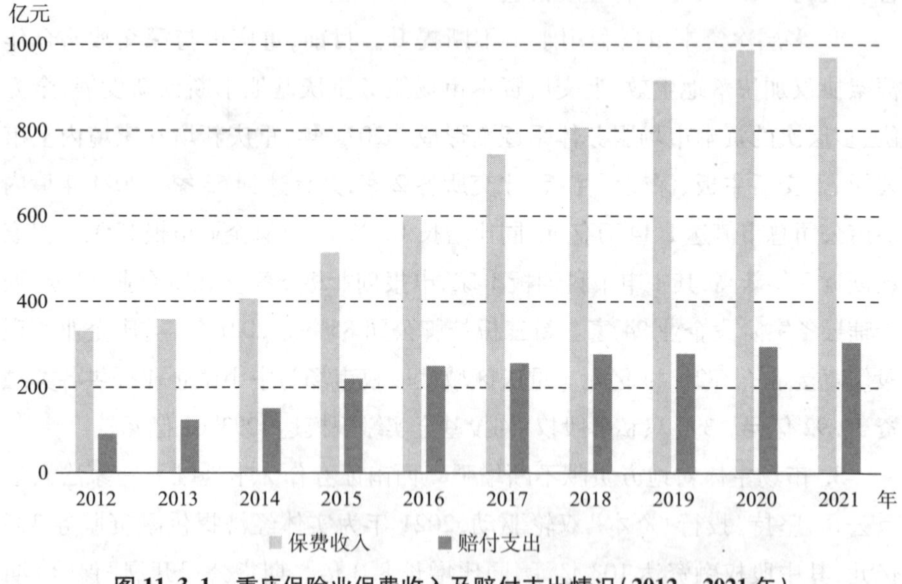

图 11.3.1 重庆保险业保费收入及赔付支出情况(2012—2021 年)

2. 保险业综合实力位居中西部第一梯队。截至 2021 年底,总部设在重庆的法人保险公司有 5 家,其中财产险公司 3 家、寿险公司 2 家。保险公司分支机构 60 家,其中财产性公司分支机构 27 家,人身险公司分支机构 33 家。截至 2021 年底,重庆 5 家本地法人保险公司总资产规模达到 9748 亿

元，遥遥领先于中西部地区其他主要城市。其中，恒大人寿在全国寿险公司中营业收入排名第15，处于行业上游。全市保费收入达965.5亿元，与成都基本并驾齐驱，在全国大中城市中也处于第一梯队，如表11.3.1所示。

表11.3.1　2021年重庆与中西部地区主要城市保险业指标的对比

城市	本地保险法人机构数量（家）	保费收入（亿元）	法人保险公司资产规模（亿元）
重庆	5	965.5	9748
成都	4	1005	3222
武汉	4	839	4812
长沙	1	523	287

3. 服务实体经济持续强化，普惠保险亮点突出。2021年，重庆在全国率先探索养老保险"第三支柱"试点，推动专属商业养老保险落地重庆，创新推出"重庆渝快保"产品保障方案，实现城市定制型医疗保险一站式结算。积极推进保险服务乡村振兴，2021年全年农业保险赔付支出同比增长89.3%，综合赔付率达107.6%，同比上升28个百分点，为106.15万户次农业种植养殖户提供风险保障519.2亿元。2022年5月，重庆银保监局等8部门联合出台《推进重庆普惠保险高质量发展指导意见》，在地方政府层面率先出台普惠保险相关政策。截至2022年一季度，重庆全市普惠保险参保达4871.26万人次，基本实现全市人口全覆盖，提供风险保障15.48万亿元，其中为老年人、失能人群、困难群众等特殊群体提供风险保障1万亿元。

第十二章 重庆地方金融业发展

地方金融组织是国家金融体系的重要组成部分，在民营经济和中小微企业融资中起着重要的补位作用，是金融支持实体经济发展必不可少的环节。推动地方金融组织健康持续发展，对落实中央提出的“守住不发生系统性金融风险的底线”的要求具有重要意义。近年来，重庆地方金融监管水平持续提升，地方金融组织规范发展实现重大突破。

12.1 融资担保整体实现规范有序发展，服务能级明显提升

截至 2022 年 6 月末，重庆市共有 103 家融资担保法人机构，行业注册资本和净资产规模分别为 428.61 亿元和 458.57 亿元，分别较年初增长 0.95% 和 0.53%，持续 3 年保持平稳增长。在保余额达 3173 亿元，居全国第 4 位；担保放大倍数达 7.13 倍，高于全国平均水平。

1. 经营发展聚焦主业。融资担保是“破解小微企业和‘三农’融资难、融资贵问题的重要手段和关键环节”，全行业小微、涉农在保余额达 1511.65 亿元，居全国第 7 位，同比增长 18.97%；覆盖小微、涉农市场主体 133.6 万户，同比增长 76.24%。近 3 年来，全行业累计发放小微企业、“三农”担保 3691.28 亿元 326.53 万户，有力支持了普惠金融发展。

2. 政府性体系加速推进。全市确定 33 家政府性融资担保机构，完成市级融资担保机构整合任务，小微担保纳入国家融资担保基金的全国首批业务和股权合作，已累计备案 353.55 亿元 11.4 万户，更好地发挥政策性、专业化优势。加强财金联动，已建立名单制管理、代偿补偿、担保费补贴、绩效评价、尽职免责等系列配套制度，融资担保业务增量、扩面、降费，支持小微企业、“三农”同比增长 19.58%、7.16%，直融年化综合费率降为 0.94%，低于

行业0.84个百分点。

3. 质量效益持续提升。机构持续“减量增质”,近3年增资87亿元(其中外资15亿元),户均注册资本提高至4.16亿元,高于全国平均水平的1.55亿元。行业风险总体可控,主要监管指标整体达标,拨备覆盖率达117.82%,融资担保代偿率达2.90%,处于较低水平。全行业担保费收入、净利润、纳税分别为47.8亿元、18.1亿元、9.1亿元,同比增长31.40%、46.48%、43.81%,近3年纳税27.11亿元,持续3年保持增长态势。

4. 多元化格局协同发展。大力支持政府性融资担保机构扩面、增效、降费,创新机制、模式和产品;引导商业化机构转型升级,打造市场主体信用评级AAA级机构2家、AA级机构2家,处于全国行业领先地位;探索科技类机构引战、重组和增资,引入OPPO和VIVO、新浪、58同城等行业头部机构,为行业差异化发展注入活力。

5. 监管体系日趋完善。行业监管的“四梁八柱”基本搭建,已形成以《条例》及配套制度为根基,涵盖行政许可、非现场监管、风险监测、监管评级、董监高管理、公司治理、内控管理、行政处罚、支持实体经济等事前、事中、事后的行业监管与发展制度框架体系,监管规制和工具箱逐步覆盖行业的全流程、全链条、全方位。

12.2　小额贷款行业龙头地位稳固,科技驱动普惠金融发展

在全国小贷机构和从业人数逐年递减的背景下,重庆小贷实收资本和贷款余额均创下历史新高。2021年重庆小额贷款公司的实收资本达1175.62亿元,在全国占比超过15%;贷款余额达2407.23亿元,在全国占比达25.57%左右。重庆小额贷款公司贷款余额自2016年末超过江苏以来,已连续6年位居31个省份之首。截至2022年3月,重庆已批准开业的小额贷款公司有245家,从业人员超过4000人。

1. 小贷龙头企业全国居首。截至2022年1月末,全国共有10家网络小贷公司,注册资本达50亿元,其中,蚂蚁集团、度小满、美团、京东、苏宁旗下网络小贷分司,注册在重庆。2019年蚂蚁小贷注册资本由原来的80亿元增至120亿元;2021年,美团三快小贷注册资本由原来的30.58亿元增至50

亿元;2021年京东盛际小贷注册资本由原来的30亿元增加至50亿元;2022年度,小满小贷注册资本由原来的70亿元增至74亿元。

2. 监管力度持续加强。2020年11月,银保监会下发《网络小额贷款业务管理暂行办法(征求意见稿)》,拟对网络小额贷款公司加强监管,在注册资本、杠杆率、贷款金额、联合贷款比例等多方面提出了监管要求。2021年4月,重庆印发《重庆市小额贷款公司监管数据管理指引》,提出金融工作管理部门要通过非现场监管和现场检查对小额贷款公司的监管数据管理进行持续监管。接着5月发布《关于加强"失联"、"空壳"、严重违法违规小额贷款公司监管的通知(征求意见稿)》,提出辖内小贷公司及其分支机构如在经营活动中出现"经有权机关认定公司或董事、监事和高级管理人员履行公司职责时,从事'套路贷'、涉黑涉恶、贪污贿赂等违法犯罪或者金融腐败"等5类行为的,将被认定为严重违法违规;涉嫌犯罪的,将移送公安机关依法处理。

3. 科技小贷支持乡村振兴成效突显。重庆小贷行业不断创新金融科技,提升金融科技运用水平,充分发挥科技创新对行业发展的技术支撑作用,极大地优化小贷行业服务能力,在赋能乡村振兴方面取得较大突破。以重庆小雨点小额贷款有限公司为代表的金融科技企业,成功入选"2022重庆金融助力乡村振兴优秀案例"。小雨点小贷款还得到许多国际机构的关注,2022年7月,由世界银行集团成员国际金融公司(IFC)作为牵头行,联合德国复兴信贷银行(KFW)成员德国投资与开发有限公司(DEG)、总部位于瑞士苏黎世的Respons Ability Investment等国际影响力投资机构,与重庆小雨点达成总额为4亿元人民币的银团贷款合作,用于扶持农业或农业相关供应链上的小微企业客户。

12.3 融资租赁减量提质成效显著,服务实体经济积极有为

融资租赁作为连接金融资本与实体经济的新型金融服务工具,直接为实体经济的存量资产盘活、制造技术更新以及产能结构优化提供大力支持,成为企业设备投资和技术更新的重要手段,截至2022年3月,重庆共有融资租赁公司法人机构66家。注册资本金总额达292亿元,资产总额达321亿元,租赁资产余额达239亿元,营业收入达9.67亿元。主要服务行业有交通

设备、医疗设备、教育、基础设施、汽车等。

1. 行业减量提质明显。按照“把好入口、控制增量；畅通出口，清理存量”要求，持续将“减量增质”作为实现行业规范健康发展的有力抓手，稳妥有序开展清理排查和分类管理，行业管理逐步规范。截至 2022 年 9 月末，我市融资租赁公司（不含单一项目公司、分公司、SPV 公司和收购海外的公司，包括失联或经营异常的公司）66 家，较上年末的 74 家减少了 8 家，减幅为 10.81%，行业“减量增质”势头显现。

2. 头部聚集效应增强。一是在营机构比例较高。全市共有 37 家机构持续正常经营融资租赁业务，在全行业中比重达 56.06%。二是头部机构发展较好。资产规模最大的 10 家机构，资产总额和融资租赁资产总额占全行业比重分别达 66.32%、75.56%，头部聚集效应明显。

3. 服务实体经济有力度。一是服务行业分布比较广泛。机械设备、基础设施、汽车行业的融资租赁资产余额分别为 104 亿元、34 亿元、13 亿元，在全行业中的比重分别为 43.51%、14.23%、5.44%，行业在服务国家战略、助力产业创新升级、带动新兴产业发展等方面的作用不断增强。二是服务小微企业有力。全行业户均融资租赁资产达 44.84 万元，有效缓解了我市小微企业融资难问题，助推我市小微企业产业结构升级。

4. 风险总体可控。一是风险拨备有所提高。全行业风险拨备余额达 7.59 亿元，比去年末增长 38%，不良资产余额达 13.9 亿元，比去年末增长 13.9%，风险总体可控。二是单体风险处置平稳。通过约谈、下发监管文书等方式，有效处置化解个别投诉较多机构风险，全年未发生重大风险事件，未发生较大规模的信访稳定风险事件。

12.4　地方资管坚守行业使命担当，实现规范良性发展

重庆市地方资产管理公司共有 2 家，分别是重庆渝康资产经营管理有限公司，注册资本为 50 亿元和重庆富城资产管理有限公司，注册资本为 15 亿元。

1. 聚焦主业持续发力。围绕不良资产主业，重庆市地方资产管理公司积极发挥作用，2022 年 1—9 月累计收购不良资产 125 亿元，累计处置不良资产 49 亿元，不良资产主要领域包括批发和零售业、制造业、房地产及建筑

业。重庆市地方资产管理行业运行平稳,在逆周期调节、助力地方经济发展等方面做出积极贡献。

2. 整体质效持续向好。总体来看,重庆市地方资产管理公司经营发展较为稳健。截至 2022 年 9 月末,渝康公司资产规模达 177 亿元,负债规模达 132 亿元。2022 年 1—9 月收购不良资产账面值及投资额分别是 113 亿元和 65 亿元,处置不良资产账面值 40 亿元,存量不良资产账面值为 405 亿元,存量不良资产投资余额达 163 亿元。富城公司资产规模达 66 亿元,负债规模达 46 亿元。2022 年 1—9 月收购不良资产账面值及投资额分别是 13 亿元和 0. 75 亿元,处置不良资产账面值 9 亿元,存量不良资产账面值为 84 亿元,存量不良资产投资余额达 65 亿元。

12. 5 典当行业服务实体功能夯实,信息化管理水平提升

典当公司作为地方金融行业的重要组成部分,为中小企业提供了快捷、便利的融资手段,有效推动了地方经济资源的合理配置。截至 2020 年,重庆市经审批许可设立的典当行达 112 户。

1. 服务实体经济目标更突显。重庆市印发《关于进一步发挥小额贷款公司和典当行作用支持实体经济稳定运行的通知》,从发挥信贷支持作用、加大监管支撑力度、筑牢风险防控底线 3 大方面,提出加大对暂时遇困群体的金融支持,积极助力疫情防控和地方经济社会发展的 10 条政策举措。鼓励国有典当综合息费率争取下降 0. 5 个百分点。典当行要对受疫情影响未能及时办理赎当、续当的客户,适当减缓催收,减收或免收罚息,不盲目做逾期绝当处理。

2. 行业信息化发展加快。为实现典当行信息化管理,做到财务智能化、业务溯源化,风控细节落地,2022 年弘熙天成有限公司旗下专业的技术开发团队完成开发“智慧典当业务管理平台”,并与重庆寅恒昌典当有限责任公司达成信息化技术服务战略合作。智慧典当业务管理平台为典当公司业务的开展提供了完整的信息化解决方案,为典当业务开展、风险防控、综合运营提供了强有力的支持。

12.6 商业保理严把准入关，牢牢守住安全底线

自2012年商务部开展首批商业保理试点工作至今，国内商业保理发展已有10年。截至2022年3月，重庆市有47家商业保理公司。为落实中央监管部门的监管要求，进一步规范商业保理行业监督管理工作，强化事前、事中、事后监管，规范商业保理公司经营行为，防范化解风险，促进行业持续健康发展，重庆市地方金融监督管理局按照“问题导向、急用先行”原则，2021年1月制定出台《关于加强商业保理行业日常监管工作的通知》。

1. 强化联动协作。明确要严把市场准入关，明确商业保理公司设立及变更、市场退出等事项的办理程序及时间要求；探索建立监管评级体系进行监管评级，实施分类监管、名单制管理等监管制度，丰富监管“工具箱”、完善监管手段；建立市区两级监管部门与市场监管、税务、公安等部门协同监管机制，实现“信息互通、监管互助、执法互认”。同时，还明确了商业保理公司不得触碰的10项负面清单。

2. 出台10项负面清单。要求商业保理公司应立足自身定位，回归本源，专注主业，突出供应链产业链金融服务特色及服务实体经济的定位，围绕客户需求创新业务模式、优化业务流程，切实发挥普惠金融作用；应建立完善公司治理、内部控制、风险预警处置等制度机制，执行国家统一的财务会计准则和制度，实行业务产品信息备案制度，遵守审慎性监管指标要求，规范自身经营行为，不得有10项负面清单所列行为。

专栏12.6.1 重庆商业保理行业10项负面清单

吸收或变相吸收公众存款；

通过网络借贷信息中介机构、地方各类交易场所、资产管理机构以及私募投资基金等机构融入资金；

发放或受托发放贷款；

与其他商业保理公司拆借或变相拆借资金；

专门从事或受托开展与商业保理无关的催收业务、讨债业务；

基于不合法基础交易合同、寄售合同、权属不清的应收账款、因票据或其他有价证券而产生的付款请求权等开展保理融资业务；

实施“高利贷”“套路贷”和暴力收贷;

违规变更有关事项;

提供虚假报表及资料;

国家规定不得从事的其他活动。

12.7 要素市场规范稳健发展,有效发挥要素功能

截至2020年,重庆市共有重庆联合产权交易所、重庆农村土地交易所等14家要素交易平台,其中重庆联合产权交易所、重庆农村土地交易所、重庆药品交易所发展相对突出。

1. 联交所规模实力大增,创新整合开展公共资源平台。重庆联合产权交易所集团股份有限公司近5年来,年交易规模从2140亿元增至4500亿元,翻了一番,企业注册资本金从4.06亿元增至10.14亿元,年利润总额增长2.6倍。获批成为中西部地区唯一同时拥有中央企业、中央金融企业、中央行政事业单位国有资产“全牌照”的交易机构。以国有企业体制机制整合运营公共资源交易平台的经验被深圳、广州等地复制借鉴,搭建起覆盖全市公共资源交易的“一网三平台、五库十七系统”,区县公共资源交易网站全面整合并入,38个区县启动全流程电子招投标交易,市级依法必进场招投标项目电子化率达100%,实现了全市公共资源交易“一套系统”、信息“一网汇聚”、服务“一网通办”。

2. 土交所领全国之先,创新服务农地流转。重庆土交所作为重庆市“地票”制度创新的主要抓手,积极探索农村产权交易机制创新,取得显著成效。开展公司近5年完成地票交易12.57万亩、246.39亿元;交易耕地占补平衡指标20.75万亩,成交金额为57.45亿元;践行生态文明建设要求,持续拓展地票生态功能,交易历史遗留废弃矿山复垦等生态类指标7652亩、14.69亿元;农村实物产权挂牌交易达1988宗、面积达77.82万亩、交易金额达22.9亿元、惠及农户11.72万户。

3. 药交所发挥平台作用,有力服务医疗改革。重庆药品交易所股份有限公司切实履行全市医药招标采购交易、交收、结算以及交易信息化等平台

运营职能，并按照国家有关标准建设成为全市公益性医药招标采购平台，全力实现服务医改、服务产业发展。现有买卖配 3 方会员 1.9 万家，2021 年交易单数约 432.5 万笔、年交易额逾 400 亿元；平台挂网申报药品 8 万余种，器械 52 万余台；指导支撑了全国 32 省、321 多个地市医保信息平台的上线应用，为 7 个省份提供医保信息平台基础资源和技术支持；已完成 168 家二级以上公立医疗机构、24 个区县的基层医疗机构及 250 家医药经营企业的信息系统互联互通，实现了数据交互和业务协同。

第十三章　重庆特色金融创新

近年来，重庆坚持以服务实体经济为导向，持续发力“金融科技”“科创金融”“普惠金融”“农村金融”“绿色金融”等特色金融领域，创新更多满足重庆特色发展需求的金融产品和服务，引导更多金融资源优先配置数字经济、创新驱动、民营小微、乡村振兴、绿色低碳等重点领域和关键环节，着力构建产业金融中心、贸易金融中心、绿色金融中心、科创金融中心、普惠金融中心、数字金融中心“6 大中心”，形成了一批具有全国示范效应的金融发展创新模式和服务，创下了多个全国、西部“第 1”或“率先”。

13.1　强化科技赋能，加快金融科技前瞻布局

坚持科技为金融赋能，引导金融机构加快数字化转型，推进金融科技资源要素高效聚集发展，构建安全高效的金融科技创新体系，强化数字化监管能力建设，推动金融与科技深度融合发展，提升服务实体经济高质量转型和可持续发展效能，有力支持西部金融中心、科技创新中心建设。

1. 强化金融科技顶层设计。自 2018 年以来，重庆先后获中国人民银行等多部委批准开展金融标准创新建设试点、金融科技应用试点和创新监管试点，成为全国拥有数字金融试点较多的省市之一。深入实施以大数据智能化为引领的创新驱动战略行动计划，出台《关于推进金融科技应用与发展的指导意见》，围绕推进金融科技资源要素聚集、推动金融科技与战略性新兴产业融合发展、扶持金融科技产业生态等 3 大方面，建立健全重庆市金融科技发展协调工作机制，统筹规划金融科技应用与发展蓝图。配套制定《重庆市金融机构落户奖励办法》，为金融科技企业、研发机构及人才集聚发展提供良好政策支持和制度保障。全国首创金融标准化工作水平评估方法，

建立金融标准实施反馈平台及金融团体标准管理发布平台。

2. 拓展金融科技应用场景。引导传统金融机构积极推进基于“ABCDI”(人工智能、区块链、云计算、大数据、物联网)技术及其他开源分布式技术的融合应用,“便捷支付”“线上开户”等20余项金融惠民应用与民生服务良性互促,“非接触式”金融服务为打好疫情防控战提供了有力支撑。运用行业数据分析整合和技术创新开发,着力深化金融领域线上业态、线上服务、线上管理,深度打造“渝快融”“渝企金服”“渝惠融”“渝普金链”等金融服务大数据平台,设立建行“5G”银行,推出“好企贷”等一批创新产品,有效满足量大面广金融需求,提升金融服务效率,也有力促进了传统金融机构的转型发展。其中一站式融资服务平台“渝快融”已累计服务近20万家企业,实现较大规模融资。

3. 推动金融科技要素集聚。大力引进国内外大数据服务商来渝设立区域总部和大数据技术研发中心,培育发展金融科技企业、研发机构、人才培育机构等金融科技市场主体,从技术运用、产业生态、平台要素聚集、人才吸引等多个维度,推动金融科技全产业链集聚布局,打造金融科技发展高地。获批在渝设立国家金融科技认证中心,定位于国家金融科技重要基础设施,为全市金融科技产业发展注入了更为强劲的动力,已有百度、蚂蚁、小米、腾讯等一批金融科技总部型企业落户重庆。“江北嘴金融科技港”定位打造西部一流、具有全国影响力和“一带一路”特色的金融科技创新生态园,已与22家金融科技企业和机构签约,其中荣邦科技、数联铭品、中科软科技、华夏银行中新互联互通运营中心、新加坡金融科技协会等12家企业、机构已入驻联合办公空间。

4. 加强金融科技合作交流。在中新(重庆)战略性互联互通示范项目框架下,探索由中新双方共同推动创建政策先行先试、金融科技产业集聚的合作示范区,推动中新金融机构与科技公司开展广泛合作,为金融科技国际合作探索经验,争取承接金融科技领域开放试点任务。依托中新(重庆)金融峰会,持续开展“金融科技促进普惠金融发展论坛”“中新金融科技合作展望对话”等活动,新加坡金融科技协会、重庆中新示范项目战略研究中心、O2WORK PTE. LTD等单位共同发起设立中新金融科技联盟,广泛召集国际国内从事金融科技相关产品研发、生产、采购、销售、服务等企事业单位及有关机构组织,与新加坡及“一带一路”沿线国家、地区成功搭建起跨境金融科技合作平台。

13.2 践行创新驱动,开展科创金融先行先试

深入落实创新驱动发展战略,大力培育和发展服务科技创新的金融组织体系,加快推进科创金融产品和服务模式创新,拓宽适合科技创新发展规律的多元化投融资渠道,探索形成风险和收益相匹配的科创金融发展机制,建立完善覆盖科技创新全周期的金融生态链,提升金融对科技创新资源的优化配置功能。

1. 打造“双轮驱动”投融资体系。筹备400亿元重庆市产业投资基金,撬动更多社会资本、金融资本,重点支持新兴产业和科技创新项目。出台私募投资基金奖励政策,对投资重庆科创企业的私募投资基金管理人,按投资净额1%给予奖励,重庆本地私募基金管理人投资于高新技术和初创科技企业的本金达到213.43亿元,占比19.8%。出台《支持科技创新促进高质量发展若干措施》,推动设立8家科技特色支行,开展投贷、银担、租赁等多方合作,推出知识价值信用贷款、商业价值信用贷款、“科研贷”“科技成长贷”“科技担保贷”,开展“首台(套)重大技术装备保险”试点,累计为高新技术产业、数字经济核心产业、知识产权密集型产业提供2121.9亿元融资支持。创设OTC科创板、专精特新板,举办首期全国知名基金重庆行系列活动,吸引中金资本、招商局资本等头部机构70余家与重庆市高新技术企业对接。

2. 支持科创企业资本市场融资。落地全国首批权益出资型票据、西部科学城(重庆)设立以来首单双创债务融资工具,支持创新创业和民营小微企业再添新渠道。出台推动企业上市工作实施方案,明确科创板、创业板拟上市企业清单化管理机制。上线“科创资本通”平台,联动多部门分行业设立子库,包括涵盖100余家科创企业的科技企业子库、涵盖400余家“专精特新”企业的工业企业子库。建立由市领导牵头的三级协调机制,推动解决紫建电子、瑜欣平瑞、西山科技、智翔金泰等10余家科技创新型企业上市障碍。2022年,重庆全市新增7家上市企业,其中5家为科技创新型企业;山外山成功过会待发,有望成为我市第一家科创板企业,另有2家科创板企业完成

申报。

3. 加快西部(重庆)科学城建设。推动政策性银行、商业银行加强与重庆高新技术产业开发区合作,对区域内开发建设提供低成本、长期限的信贷支持超300亿元。支持工行、建行等一批银行分支行、保险子公司落地西部科学城。推动设立双城(重庆)信用增进股份有限公司(筹)。审批新设立重庆科学城融资担保有限公司,提供“高新贷”“科创保”等产品,累计担保发生金额达12.4亿元。借力清科集团整合创投资源能力,在西部科学城打造集投融资对接、信息交互、创投服务等多位一体的国内一流科创金融生态圈——“西部创投中心”,已有18家私募基金实缴总规模达177亿元,完成投资146亿元,提速科学城孵化引进重点企业。

13.3　聚焦融资难题,增强普惠金融服务能力

充分用好普惠性货币政策工具,发挥“财政+金融”联动效应,创新“线上+线下”工作机制,引导金融机构提供更多适合中小微企业特点的专项金融产品和服务,打好稳企纾困惠民金融“组合拳”,提高金融资源和金融服务的可获得性、便利性和可持续性,为中小微企业提供更多低门槛、高效率的融资服务。

1. 加强普惠金融政策引导。接续出台《金融支持制造业高质量发展27条》《帮助中小微企业解难纾困10条》《支持科技创新促进高质量发展22条》等系列政策措施,启动实施重庆市金融服务中小微企业能力提升行动,推动金融机构加大信贷投入、加快产品和服务创新、降低企业融资成本,持续提升中小微企业金融服务能力。2021年全市银行机构累计发放普惠小微信用贷款户数、金额分别为57.4万户1060.4亿元,新发放户数、金额同比分别增长82.8%、83.8%。截至2021年底,全市普惠小微贷款余额达3939.1亿元,增长30.7%,比全国增速高3.4个百分点。其中个体工商户、小微企业主经营性贷款余额分别增长34.4%、29.3%。2021年全市银行机构累计向实体经济注入726亿元低成本资金,增长62%,惠及市场主体16.3万户。

2. 用好普惠金融政策工具。利用普惠小微企业贷款延期还本付息支持工具,对15.5万户次中小微企业实施阶段性延期还本付息的贷款本息合计

1582.72亿元。创新“央行再贷款+”“央行再贴现+”专属信贷产品68款,建成再贷款示范基地34个,2021年发放支小再贷款150亿元。通过深化贷款市场报价利率(LPR)改革,加强利率定价自律管理,推动商业银行下调中小企业贷款利率,2021年向实体经济让利160亿元。自2021年9月30日执行支付服务降费政策以来,累计为全市近65万户次小微企业和个体工商户让利逾1.66亿元。推动实施2021年普惠金融服务达标提升工作方案,引导金融机构加快完善内部体制机制,提高对普惠小微企业贷款不良率的容忍度3个百分点,提升普惠金融类指标在内部绩效考核中的权重占比至10%以上,推动大型银行、股份制银行对小微企业贷款的内部转移定价(FTP)优惠50个基点以上,强化对小微企业“敢贷、愿贷”的内生动力。

3. 创新普惠金融服务方式。为有效满足小微市场主体“短频急快”资金使用需求,推动金融机构创新“随借随还”贷款产品,支持小微企业采取“云签约”在线签署信贷协议并办理抵押登记,通过“好企知产贷”在线申请知识产权类贷款,将商业用地、工业厂房、办公用房等纳入“e企快贷”抵押物范围。在全国率先启动中小企业商业价值信用贷款改革试点,深挖企业商业价值为企业融资增信,有效缓解中小企业因资产轻、抵押不足导致的获贷难。深化“银税互动”金融服务,创新推出“快易贷”“银税e贷”等产品。加大对有成长潜力和初创型小微企业的融资支持力度,成立重庆科技创新投资集团,推动中小企业利用多层次资本市场挂牌或上市融资,指导重庆区域性股权市场获得全国第2家、中西部首家创新试点资格,对符合条件的中小企业提供可转债等融资支持。

4. 打造普惠金融服务平台。推动在全市各区县政务服务中心建成民营小微企业和个体工商户“首贷续贷中心”,在民营小微企业和个体工商户集中的街道、社区、商圈、园区等布局建立“金融服务港湾”,通过“长江渝融通”货币信贷大数据系统进行融资对接。依托重庆市公共信用信息共享平台,上线运行“信易贷”信用平台,实现与全国中小企业融资综合信用服务平台数据联通,支持银行“逢贷必查”,有效缓解银企信息不对称问题。加强“渝快融”大数据服务,建成企业融资主题数据库,支持银企融资对接,为各金融机构相关大数据分析模型提供封闭安全的大数据分析环境。完善“渝企金服”融资功能,按照中小企业全生命周期各阶段融资需求,推进“产业+金融”

线上对接、融资撮合，构建“上市+基金+信用贷+项目贷+抵押增值贷+转贷+政策性担保”服务体系。

5. 强化财政金融政策互动。在试点区县开展财政支持民营和小微企业金融服务综合改革试点，推动建立民营和小微企业信贷风险补偿或代偿机制，加大对政府性融资担保机构的补充资本支持。建立中小微企业转贷应急周转资金池，为中小微企业、个体工商户提供短期周转财政资金，支持出现暂时困难的中小微企业、个体工商户等市场主体按期还贷、续贷。构建融资担保公司、代偿补偿资金池、国家融资担保基金、银行 4∶2∶2∶2 的风险分担机制。加大贷款贴息政策支持，对创业担保贷款给予 3 个百分点以上贴息支持，将“按年贴息”改为“按季度贴息”，取消贴息户籍限制，支持非渝籍创业者在渝贷款。

13.4　服务乡村振兴，深化农村金融改革实践

坚持目标导向和问题导向相结合、市场运作和政策支持相结合，全面深化农村金融改革创新，拓展农村普惠金融服务网络，建立完善金融服务乡村振兴的市场体系、组织体系、产品体系，多措并举引导更多金融资源投入乡村振兴重点领域和薄弱环节，助力实现农业更强、农民更富、农村更美。

1. 强化农村金融政策支持引导。印发《关于金融支持巩固拓展脱贫攻坚成果全面推进乡村振兴的实施意见》《关于金融支持新型农业经营主体发展的实施意见》等系列政策文件，围绕 4 个国家乡村振兴重点帮扶县出台“一县一策”金融支持方案。出台《关于加强财政金融联动支持实体经济发展的通知》《关于完善政府性融资担保体系 切实支持小微企业和“三农”发展的实施意见》，强化金融政策与财政政策互动。制定脱贫人口小额信贷政策文件，建立再贷款+脱贫人口小额信贷“一比一”全额报账机制。截至 2022 年 6 月末，金融机构创新“再贷款+”欣农贷等专属信贷产品 68 个，涉农贷款余额达 7450 亿元，同比增长 14.32%，较全市各项贷款同比增速高 5.7 个百分点；辖区 4 个国家乡村振兴重点帮扶县各项贷款余额同比增长 11.73%，较全市各项贷款增速高 3.11 个百分点。

2. 加强金融科技赋能乡村振兴。将金融科技赋能乡村振兴示范工程纳

入全市金融支持乡村振兴总体工作规划,推进“空中柜台”“方言银行”、生猪活体抵押融资平台等30项示范项目建设,引导金融机构探索运用新一代信息技术、互联网、物联网和传感技术,优化提升乡村振兴金融服务,累计上线运行27个项目。迭代升级“长江渝融通”普惠小微线上融资服务平台功能,为新型农业经营主体等涉农主体提供惠企政策解读、金融产品查询、融资业务办理、融资问题反馈等“一站式”线上综合服务,开设人民银行支小再贷款帮扶贷、支农再贷款乡村振兴贷、新型农业经营主体、乡村振兴青年贷专门线上申贷入口,并引入市农担等政府性融资担保机构提供融资增信服务,累计为3951户新型农业经营主体等各类农村市场主体发放贷款93.3亿元。

3. 创新金融支持农业发展方式。开展“线上+线下”乡村振兴政银企融资对接专项行动,累计为清单内的880余户涉农主体(项目)发放贷款近200亿元。创建金融支持乡村振兴示范基地和“1+5+N”乡村振兴金融服务港湾,因地制宜地创新服务模式和信贷产品,已建成乡村振兴金融服务港湾49个、金融支持乡村振兴示范基地22个。开展农村产业发展供应链金融“一行一品”创新专项行动,推出“乡村振兴贷”等10余款专属产品。探索创新农村集体经营性建设用地、集体资产股权等抵质押融资,探索推进“三社”融合发展。在万州、涪陵、黔江、长寿、开州、梁平、忠县等7个区县创新开展重点农业产业链金融链长制试点工作,明确金融链长银行和协办银行,建立“一企一策”帮扶机制,累计为1806个项目发放贷款9.74亿元。

4. 推进农村金融基础设施建设。引导移动支付便民服务下沉县域农村地区,推广应用“乡村振兴主题卡”等为三农量身定制的特色支付产品,探索农村支付服务可持续、精准化发展路径。全面推动农村信用体系建设,制定6大类、13个细项的信用村评定参考标准,持续深化农村信用创建工作。截至2022年6月末,已评定信用村1701个、信用乡镇85个,评定信用户213.4万户;采集544万农户、7万余个农村经济组织的相关信息,为涉农银行办理贷款提供参考。推广“切块+竞售”农村保护性发售国债创新模式,2022年以来乡镇以下农村地区累计发行储蓄国债4.83亿元,占全市发行总量的20.56%,为农村地区居民增收6272万元。开展科技赋能国债下乡—POS机销售储蓄国债(凭证式)试点工作,实现远郊区县村社全覆盖。在川渝联合推动国债下乡。

13.5　围绕双碳目标，加强绿色金融创新试验

聚焦碳中和、碳达峰目标，着力发展绿色金融产品、服务市场体系，推动金融机构加速金融资源“低碳化”配置，推进金融资本与绿色产业深度融合发展，探索绿色金融支持实体经济绿色转型的有效路径，为筑牢长江上游重要生态屏障、引领长江经济带乃至全国生态文明建设和高质量发展提供强有力的金融支撑。

1. 开展绿色金融改革创新实践。2022 年 8 月，《重庆市建设绿色金融改革创新试验区总体方案》（以下简称《方案》）印发，重庆获批建设绿色金融改革创新试验区。《方案》提出培育发展绿色金融市场体系、建立绿色金融与绿色产业融合发展体系、建设数字化绿色金融基础设施、加强绿色金融跨区域合作、建立绿色金融改革创新保障体制 5 个方面 15 项重点举措。积极构建政府部门、金融机构、园区和企业共同参与的平台和机制，打造金融与绿色制造、绿色建筑、绿色交通、绿色农林等融合发展的 5 大核心区和 8 大重点区。其中，支持两江新区探索汽车绿色供应链金融；广阳岛智创生态城开展金融支持零碳示范区建设；万州区开展金融支持生态农业、康养旅游的产品创新；渝中区重点推动金融支持打造依托抗战金融机构旧址绿色建筑改造为核心的“绿色金融大道”和“绿色低碳示范街区”等。

2. 创新绿色金融产品服务。积极推进绿色金融产品和服务创新，积极构建广覆盖、多元化、高质量的绿色金融产品业务体系，33 家银行业机构推出各类绿色信贷产品 148 款。成功发行 5 单碳中和债券，重庆农村商业银行成功发行中西部首单助力碳达峰、碳中和目标的绿色金融债券，辖区银行间市场“碳中和”主题债券占绿色债券的比例升至 45.2%。全市 71 家金融机构率先披露气候与环境信息，实现“环境信息披露”银行全覆盖。截至 2021 年底，全市绿色信贷余额突破 3800 亿元，同比增长 35.6%，高于各项贷款增速 23.6 个百分点；全年发行绿色债券 406.5 亿元，增长 53.7%，其中，银行间市场绿色债券发行人和发行规模同比实现“双倍增”，全市银行间市场“碳中和”主题债券占绿色债券的 50%。

3. 加快绿色金融规范指引。出台《以实现碳达峰碳中和目标为引领深

入推进制造业高质量绿色发展行动计划(2022—2025年)》,力争到2025年规模以上工业单位增加值能耗、用水量较2020年分别下降14.5%和15%,绿色新兴产业总产值突破8000亿元。制定"绿色项目(企业)评价标准",完善碳绩效核算方法,为推动碳减排支持工具落地奠定坚实基础。印发《绿色建筑与绿色金融协同发展工作试点方案》,创新推动绿色金融支持建筑产业绿色化发展。制定"碳排放权抵(质)押贷款管理指南",支持金融机构在碳金融领域积极创新实践。按照"可操作""可计算""可验证""可披露""可报告"原则,启动项目碳账户监测机制建设,并统筹金融机构建立起绿色项目环境效益测算体系,在建筑、交通、工业、农林等重点领域推广应用。

4. 建立绿色项目产融对接机制。针对政银企"绿色"相关信息不对称、对绿色项目认定不一致、绿色项目识别对接难等问题,自主创新、持续迭代搭建覆盖全市"长江绿融通"绿色金融大数据综合服务系统,打通金融、发改、生态环境等部门和区县政府信息平台,实现环境评价、绿色绩效等上万条信息的共享,并根据《金融机构碳核算技术指南(试行)》,启动碳智能核算平台开发应用,已成功识别绿色项目超过1500个。成立全国首个区域性气候投融资产业促进中心——重庆市西部气候投融资产业促进中心,为包括金融机构在内的社会资本"供给侧"找项目,为减碳、降碳类产业和项目等资本"需求侧"找资金,已同各商业银行签署近1000亿元的气候投融资支持战略合作协议,筛选储备绿色项目数百个。

第十四章　重庆金融开放合作

近年来,重庆围绕服务内陆开放高地建设,依托中新(重庆)战略性互联互通示范项目、中国(重庆)自由贸易试验区等战略平台,深化跨境金融业务创新,积极有序开展国际金融交流,推动成渝共建西部金融中心,以高水平开放推动金融高质量发展。

14.1　推动西部金融中心共建,提升成渝金融开放合作水平

1. 成渝建立战略合作关系。为推动成渝合作共建西部金融中心,重庆与成都开展了多方面战略合作,两地共签署超过 10 个合作框架协议或合作备忘录。其中,2020 年 4 月,重庆银行与成都银行签署《共同服务成渝地区双城经济圈建设加强全面战略合作框架协议》,双方将共享营业网点资源,开放营业网点柜面的个人客户现金存取款等业务,为成渝两地城乡居民提供更加便捷的金融服务。2020 年 6 月,四川省地方金融监督管理局和重庆市地方金融监督管理局签署《共建西部金融中心助力成渝地区双城经济圈建设合作备忘录》、四川银保监局和重庆银保监局签署《共建西部金融中心助推成渝地区双城经济圈建设合作备忘录》。

2. 高标准制定金融战略规划。坚持从全局谋划一域、以一域服务全局,持而不竭地争取部委政策支持,在市级有关部门的配合下,人民银行等 6 部委联合重庆市、四川省政府印发《成渝共建西部金融中心规划》,提出建设"六大体系一基础设施"政策框架,形成 7 个方面 28 项支持政策措施,为全市金融业发展带来重大的历史性机遇。编制出台全市金融改革发展"十四五"规划,创造性地形成"6 个中心"规划布局,谋划储备了一批强基础、增功能、利长远的重大项目。与新方共同编制实施中新金融合作 5 年专项规划,

明确6大重点领域任务,梳理形成"17+12"项政策项目"双清单"。

3. 成渝加快金融机构合作。2010年3月,成都银行首家省外分行——重庆分行在重庆市江北区落户,拉开了成都银行与重庆市金融合作的序幕,时隔10年,成都银行与重庆银行主动担当起作为两地地方法人金融机构的使命和责任,进一步加强战略合作,充分发挥双方在成渝两地经济社会发展中的积极作用。截至2020年底,成都银行在重庆设立分支机构11家,资产规模约为190.93亿元。

4. 加大金融服务双城经济圈力度。近年来,重庆和四川推动更多金融资源投向川渝毗邻地区和重大项目,为装备制造、电子信息等领域提供意向授信超1000亿元,为重大交通互联互通项目提供信贷支持超4000亿元。同时,两地支持川渝国家金融科技认证中心、知识产权融资服务平台的数据和服务相互开放。设立300亿元双城经济圈发展基金,推动川渝7类地方金融组织合作扩面增效,促进两地各类金融平台和区域性市场互联互通。此外,重庆与四川搭建金融风险联防联控机制,开展非法金融活动联合打击等系列行动,划定3个川渝防范打击非法集资先行合作示范区域。

14.2 推动外资金融资源集聚,完善金融机构开放服务功能

1. 大力吸引外资金融机构集聚。在新一轮金融开放背景下,重庆依托内陆开放高地建设,积极推进金融业对外开放,大力吸引外资金融机构集聚。截至2021年底,重庆共有外资商业银行机构23家,其中分行15家、支行8家,外资银行代表处1家,从业人员460人,资产总额达328亿元,较年初增长15.49%。在外资保险机构发展方面,重庆设有外资保险法人机构1家、外资保险分公司11家,位居中西部前列。

2. 完善金融机构开放服务功能。重庆还推动金融机构总部加大授权,进一步夯实重庆金融开放服务功能。重庆银行相继取得基础类衍生品、本外币外汇期权交易等资格,中信、华夏、兴业等在渝分行获批融资性保函、NRA离岸审批等总行授权,渣打银行重庆分行获批成为办理首笔跨境人民币双向资金池业务的外资银行,利宝互助保险、安诚保险等获准开展全球保单分入业务。简化金融机构准入行政审批,将银行、保险分行级以下机构和

高管准入事项由审批制改为备案制，累计新增45家分支机构、功能性机构，吸引建行、交行、中信、浦发、平安等一批全国性机构设立离岸金融、保理、结算等功能性中心。

14.3　推动跨境金融业务创新，支持各类跨境金融服务需求

1. 加大跨境金融服务业务创新。重庆重点支持渝中区打造内陆国际金融中心核心区，并充分发挥渝中区自由贸易区、中新合作示范项目、解放碑中央商务区“三区叠加”区位优势，以及丰富的外国领事机构、外商企业等资源优势，支持近50家驻区金融机构开展跨境投融资、跨境贸易双向人民币资金池、进口押汇、商业汇票贴现，以及汇款、托收、信用证等全面服务。2020年上半年，渝中区新增跨境贷款44笔，规模达92.5亿元人民币；新增离岸结算业务502笔，规模达8.7亿元。累计开展中新跨境金融服务项目116个、融资规模达172.2亿美元，是全市跨境金融服务的主要承载地。

2. 积极释放贸易金融发展活力。重庆通过两江新区外债便利化试点，有效运用财政资金，搭建政银风险分担机制，支持更多高新技术企业积极申请“科技跨境贷”。针对新区外贸企业众多，面临汇率波动风险较大的问题，两江新区现代服务业局、自贸办联合两江银保监分局深入开展涉外主体汇率避险专项调研，推出“汇保通”汇率避险产品、“一带一路”小币种汇率避险产品，推动工行、华夏银行等银行为客户提供外汇避险产品优惠报价减费让利，切实为企业做好外汇风险管理服务。两江新区主动把握重庆作为中西部首个QDLP试点城市窗口期，落地全市首批2个QDLP项目，推动毅德基金、瀚华慧泰基金通过市QDLP试点工作联席会议审批，均获额度2亿美元。

3. 高效支持外资外贸企业金融服务需求。重庆加大金融服务力度，通过专项贷款、跨境贷款、境外发债等方式，支持本地外资企业发展。2022年1—7月，全市银行机构向394户重点外资企业发放贷款828.5亿元，切实帮助外资企业应对疫情冲击、化解融资难题。同时，重庆市商务局、重庆银保监局先后联合举办两期全市外资企业“银企对接”活动，组织20余家银行金融机构与100多家外资企业现场对接，促进信贷供给与需求的有效精准对接。此外，重庆还通过为外资企业提供特色融资产品及优惠利率业务，助力

龙头外资笔记本电脑企业英业达、纬创资通等便利开展外贸进出口业务,支持外资重点企业万国半导体公司加快生产基地建设项目。

14.4 推动中新金融互联互通,促进渝新金融资源高效配置

1. 加快推动金融机构互设。重庆依托中国新加坡(重庆)战略性互联互通示范项目,加快引进新加坡及东盟国家金融机构。截至 2021 年底,共有新加坡、泰国、菲律宾等 3 个东盟国家在渝设立星展、大华、华侨永亨、盘古、新联 5 家分行,占在渝外资分行总量的三分之一。推动新加坡合资或独资在渝设立 20 家涉及基金、小贷、融资租赁、村镇银行等多领域的金融机构。其中,中新互联互通基金在物流、大数据等领域投资逾 90 亿元。同时,重庆加快推动渝企跨境布局,指导第三方支付平台重庆易捷汇公司布局国际市场,实现中西部企业首次获批新加坡金融牌照。

2. 加强金融市场互通对接。重庆以中新互联互通项目为契机,加快完善市场体系,开展多项债券合作。推动工商银行与日本日兴资管合作发行的新加坡中国债券 ETF 基金成功挂牌上市,有力促进中新金融市场双向开放。工商银行新加坡分行成功投资重庆银行发行的小型微型企业贷款专项金融债券,实现西部地区首单通过"债券通"引入境外投资者参与认购的金融债券。在推动市场信息互通方面,重庆设立江北嘴国际投融资路演中心,与新交所、港交所、上交所等 60 余家金融机构建立战略合作关系,参与企业达 3200 余家。此外,重庆还与新加坡探索开展符合条件的金融产品互认和双向投融资,加快实现债券、理财、基金等领域的金融市场互联互通。

3. 积极探索跨境投融资创新。一是畅通跨境投融资渠道。允许重庆地区银行业金融机构为跨境人民币贷款、在新加坡发行债券等融资性项目提供担保,推动重庆及西部企业赴新加坡开展国际商业贷款、内保外贷、跨境发债、跨境不动产投资信托等多样化融资。截至 2021 年底,中新跨境融资累计突破 180 亿美元,较中新合作前增长逾 10 倍,综合融资成本低于境内 1.03 个百分点,辐射带动陆海新通道沿线省区市实现赴新融资逾 65 亿美元。二是多领域多业务实现首单创新。推动亚洲首个奥特莱斯 REITs、全国首单非银金融机构借款及结汇项目落地,跨境债权转让、跨境资产转让业务

试点在中西部地区率先开展，美元狮城债券、境外人民币债券、辐射西部的双币种内保外债、“再保理”跨境融资等在中新互联互通项下实现首单突破，创新产品合计金额超过30亿美元；铁路提单信用证融资结算等5项创新被商务部纳入“自贸试验区最佳案例”向全国推广。

4. 构建常态化金融合作机制。重庆与新加坡金管局成功签署深化中新金融合作备忘录，推动与西部12省区及海南金融监管部门达成中新项下金融合作协议，创新中新金融监管合作模式。高效运行中新金融专委会，清单化统筹协调政策项目落地，建立“市级牵头主导、区县配套支持、机构企业参与”实施机制，促进双方政策沟通、信息互通、工作联通、协调畅通、理念相通。定期举办中新金融峰会，打造重庆金融开放的重要名片、成渝地区双城经济圈开放的重要窗口、中国西部与东盟各国金融交流合作的重要平台，收获了一批支持重庆金融改革开放的创新政策、促成了一批重点项目的签约落地。中新金融机构共同举办中新资本市场线上活动、赴新投融资业务交流会等30余次专场活动，促进渝新两地金融资源高效配置。

14.5 推动自贸金融开放创新，打造西部陆海融资新通道

1. 持续完善金融开放政策。一是推动金融开放政策落地。重庆围绕获批的中央支持举措，逐项推动落实，已累计落地开放政策48项。其中，既涵盖重庆市合格境内有限合伙人（QDLP）等金融市场开放政策，也包含一次性外债登记等惠及实体企业政策，政策开放度中西部领先。二是探索跨境金融政策创新。重庆推动开放账户体系、本外币合一跨境资金池等一批创新举措纳入《成渝共建西部金融中新规划》，涵盖人民币跨境使用、跨境资本流动管理、跨境金融业务创新等多个方面。三是细化地方金融配套政策。重庆印发金融开放创新实施细则，出台风险防控、储备项目、绩效指标等5张清单，配套统计监测、监管互动等4项地方政策，促进政策细化落实。

2. 开展自贸金融服务创新。自贸试验区设立以来，重庆围绕贸易融资领域探索陆上贸易规则、创新铁路提单信用证融资结算等首创性业务，开展知识价值信用贷款改革试点、创新知识价值信用评价体系，开展跨境金融区块链服务平台试点、推动贸易融资和服务贸易支付便利化，3项举措均被商

务部纳入“自贸区最佳案例”并向全国推广。在推动银行支持贸易金融创新方面,重庆鼓励各类非行政许可类新产品先行先试,推动进出口银行“出口双保通”贸易融资、建设银行首笔“区块链再保理”、春秋航空飞机租赁业务等一批创新业务成功落地,形成了在中西部地区领先的跨境金融服务模式。

专栏 14.4.1　重庆自贸试验区依托区块链打造西部陆海融资新通道

为优化跨境金融结算服务,重庆自贸试验区上线全国首个跨境金融区块链西部陆海新通道融资结算应用场景,涵盖运行境内运费外汇支付、进口到货后融资、出口应收账款融资、物流运费融资、融资贷后管理等 5 个场景模块,提升市场主体的融资与结算效率。

截至 2021 年末,该应用场景支持办理进口融资 1.88 亿美元,进口融资业务审批效率提升 80%以上;办理运费支付 5 亿美元,运费支付业务办理时间从 1~2 天缩短至 10 分钟以内;办理运费融资 1119 万元人民币,出口融资 8.4 亿美元,为中小微物流、贸易企业提供了新的融资路径。目前,该应用场景已累计服务 400 余家企业与美国、德国、印尼等 140 多个国家(地区)的贸易往来,被评为重庆市区块链 10 大典型应用案例之一,并成功入选 16 部委联合组织的国家区块链创新应用试点。

3. 加快推动资本跨境流通。一是推动资本双向流动。畅通以国际商业贷款、海外债券为主的跨境融资通道,累计实现跨境融资突破 190 亿美元;打通 QDLP、QFLP 等跨境双向投资通道,规模累计超 200 亿美元。二是落实支持涉外业务发展系列举措。通过取消特殊退汇业务登记、放宽具有出口背景的国内外汇贷款购汇偿还等方式,提升跨境金融服务开放型经济水平。自贸试验区累计涉外收支近 4000 亿美元,占全市涉外收支总规模的近六成。三是落实跨境人民币业务推广方案。自贸试验区累计跨境人民币结算和双向人民币资金池结算分别为 3000 亿元和 70 亿元,跨境人民币结算约占全市的 5 成,人民币资金池结算约占全市的 9 成。

第十五章　重庆金融集聚区建设

金融集聚区作为金融业发展的物理载体，是推动本地区金融产业快速发展的强大引擎。从国内外领先金融中心的发展经验来看，一个金融中心必须有一个金融资源承载力强的金融核心集聚区。

15.1　超前谋划，核心功能区布局基本成型

早在10多年前，重庆金融中心核心集聚区的谋划就已上升到全市顶层设计。

在《重庆市金融中心建设"十二五"规划》中提出"到2015年，初步建成江北嘴—解放碑金融核心区，展示金融中心形象；力争在江北嘴—解放碑区域聚集全市80%以上的金融机构总部，形成10平方公里的重庆金融核心区"。

在《重庆市建设国内重要功能性金融中心"十三五"规划》中提出，建设金融集聚区范围进一步扩大，"以江北嘴—解放碑—弹子石为平台，建设功能性金融中心核心区；不断增强核心区建设政策优势，集成金融高端要素和功能，进一步提升城市形象和行业形象"。

在最新的《重庆市金融改革发展"十四五"规划（2021—2025年）》中进一步明确"推动金融核心功能聚集，夯实'江北嘴—解放碑—长嘉汇'金融总部集聚基础"目标要求，核心集聚区的功能建设进一步迈上新台阶。

当前，重庆市已经基本形成了"江北嘴—解放碑—长嘉汇"3片区联动发展的核心金融集聚区空间格局。

15.2 积极建设,金融集聚区集聚效应显现

目前,重庆各金融集聚区在统筹金融资源,促进金融机构、人才、资金等金融要素优化配置,推动形成分工明确、结构优化、功能协调的金融产业布局等方面取得显著成效,对重庆经济社会发展尤其是实体经济与新经济的服务和支撑作用不断增强。

1. 江北嘴片区:长江上游的陆家嘴。江北嘴所在的江北区,是重庆市"两高"示范区所在地,也是西部金融中心的核心承载区,近年来紧跟重庆市整体规划安排,推动金融机构与金融功能"双集聚",目前金融机构数量、金融资产规模、存贷款余额均居全市第1位。2021年江北区新增长城人寿、华西证券等7家区域性金融总部,引进南洋商业银行(中国)有限公司重庆分行、国宝人寿等重要项目,西部数据交易中心挂牌开业,新华财经(国家金融信息平台)西部中心即将挂牌开业。

2. 解放碑片区:西部华尔街。解放碑片区目前已逐步形成以银、证、保3大主流金融机构为基础,金融要素市场为亮点,外资金融机构为特色,新兴金融机构为补充,功能完善、协调发展,辐射长江上游地区的现代金融业服务体系。目前,区内集聚市级金融机构106家,是重庆全市金融机构较为集聚的区域之一,形成了以光大集团、建设银行、太平洋保险、太平保险和泰康保险等为代表的金控集团、保险集团金融总部集群。

3. 长嘉汇片区。目前,长嘉汇还处在大规模的载体建设阶段,现已有多家金融机构入驻,包括阿里巴巴西南总部,阿里消费金融(蚂蚁金融)和中国工商银行重庆分行等大型金融机构。此外,人民银行重庆营管部"三中心一基地"、国内第2个国家级大宗能源商品交易中心——重庆石油天然气交易中心也均位于区域内。

15.3 展望未来,西部金融中心核心承载区

展望未来,持续优化调整金融产业和城市空间布局,聚焦江北嘴片区、解放碑片区和长嘉汇片区,持续促进高端金融要素集聚,推动3大核心区深

化差异化定位，加快错位协同发展，打造与西部金融中心相匹配的金融核心承载区。

1. 江北嘴片区。片区总面积约 2.3 平方公里，主要定位于发展跨境金融、资金运营结算、金融科技、供应链金融、股权投资、消费金融、财富管理等功能板块，推动金融开放创新先行先试，打造跨境投融资中心、结算中心、财富管理中心。

2. 解放碑片区。片区总面积约 4.2 平方公里，主要定位于发展绿色金融、金融科技、供应链金融、股权投资等功能板块，打造具有影响力的金融生态示范区。通过强化金融总部管理决策功能、结算功能及财富管理功能，着力提升跨境投融资、跨境交易等服务能力，构建更加开放便利的跨境综合金融服务市场，推动区域性资本市场创新发展，打造私募基金西部高地。

3. 长嘉汇片区。片区总面积约 4 平方公里，主要定位于发挥空间载体和绿色生态的优势，重点引进培育新型金融机构总部和创新金融业态，推动境内外金融机构设立后台服务中心、产品研发基地，加快建设金融科技、消费金融、绿色金融、供应链金融等功能板块，依托广阳湾片区，打造绿色金融创新示范区。

第十六章　重庆金融生态环境建设

优质的金融生态环境是金融中心发展软实力的重要组成部分，亦是支持地方金融和经济发展的强大助力，能够促进经济与金融良性互动，推动地方实体经济和金融产业健康有序发展。重庆近年来在优化党建、机构职能、监管机制、风险防范处置、信用创设、金融法制化、政务服务等方面取得了突破性进展，地方金融生态环境逐年改善。

16.1　落实党的领导和党的建设，夯实地方金融监管施政基础

2017 年党的十九大和全国第五次金融工作会议召开后，中央明确了地方金融监管的权责下放和属地监管责任，重庆金融部门积极落实承接相关权责和监管责任，成功推进机构改制工作和监管落地工作，着力提升干部的金融监管素养，全力建设符合地方金融风险防控监管要求的金融监管职能部门。

1. 深入落实党的领导和党的建设工作。自党的十九大和全国第五次金融工作会议对地方金融监管作出新的部署后，重庆市金融局认真履行全面从严治党主体责任，深入学习贯彻习近平新时代中国特色社会主义思想和党的十九大精神，举办多次党组理论中心组学习会、专题民主生活会、作专题辅导等活动，为下一步金融发展和金融服务实体经济奠定坚实的思想基础。局内印发了《党组全面从严治党主体责任清单》《机关纪委加强日常监督工作规范》，加强与党外人士谈心谈话，建立金融行业新的社会阶层人士数据库，牵头推进中央巡视重庆反馈意见金融领域整改落实，成功指导小贷、典当行业协会特设党支部组织，开展主题党日、讲党课、专题辅导讲座、支部联建等活动，深化党建工作对行业的号召力和引领力。

2. 顺利完成机关改制和地方金融监管责任承接工作。早期的地方金融工作部门主要是协调服务地方金融发展的服务性机构,仅承担小额贷款公司等部分地方金融业态监管任务。在党的十九大和全国第五次金融工作会议定调地方政府承担地方金融组织监管职责后,重庆市金融办按照《深化党和国家机构改革方案》将原有市金融工作办公室职能,整合重庆市商务委员会的商业保理、融资租赁和典当行等监管职责,组建重庆市地方金融监督管理局,成为重庆市政府的直属机构,负责“7+4”地方金融业态的监督管理工作。2018 年 10 月,重庆市地方金融监督管理局正式挂牌,提高地方金融产业和金融服务实体的政治站位,落实依法履行监管职责。

3. 持续提升部门干部队伍素质水平。市金融监管局开展了关于党务干部履职能力提升专题培训,对明确角色定位、把握职责任务、改进工作方法、增强能力素质 4 个方面进行了系统性培训和阐释。完成了法治政府建设、依法治市、法治政府督察自查、金融审判与监管等总结报告。举办“金融讲堂”提升干部职工履职能力,通过主题党日活动、职工会、专家专题辅导宣讲会等活动,围绕党的建设、重要金融政策、金融业务知识、岗位业务交流等丰富内容开展学习交流,开展了“网络舆情处置”“财务管理与政府采购”“优化营商环境”等主题讲座,进一步提高了辖区内金融干部队伍的整体素质。

16.2　健全地方金融监管体系,促进地方金融组织有序发展

为加强辖区内地方金融监管力度,重庆通过完善地方金融组织法规行政监管框架,提升日常现场和非现场监管的工作能力,引入金融科技手段加强地方金融监管的基础设施建设水平,致力营造监管有效、有度的地方金融组织发展环境。

1. 构建地方金融组织监督管理框架。重庆市金融局已出台加强网络小贷合规经营、重点问题小贷分类监管、小贷监管数据管理指引,融资担保行政处罚、董监高履职能力测试、监管评级及分类监管,保理公司日常监管、业务产品备案,地方资管公司监管评价指引等制度,协同完善政府性融资担保体系实施意见及绩效评价办法,形成了覆盖地方金融组织的基础监管规制体系。建立法制审核工作机制,明确行政诉讼、行政复议、行政许可、行政处

罚等审核流程,年度受理地方金融机构信访投诉超过千例,办结率达到95%以上。

2. 完善线上线下日常监管能力。市金融监管局着重提升非现场监管能力,构建小贷监管系统和融资担保监管统计报表体系,保持随业务发展更新升级,印发地方金融组织日常监管、非现场监管和清理等各项规范文件超过30份。成功开通了与银保监会专网专线,实现全国首批"六类"机构统计信息数据联网直报。持续加大现场检查力度,2021年检查机构占比已达到55%。持续清理"空壳"小贷、典当、担保、商业保理、融资租赁、私募投资基金,推进机构规范整改,重组重庆文交中心,打造三峡柑橘交易中心,"一企一策"指导网络小贷对照监管新规自查整改、达标规范。

3. 加强地方金融监管基础设施建设。市金融监管局加强监管协同联动,持续推动机构接入人行征信系统。与市场监管局、重庆仲裁委分别签订备忘录,建立地方金融机构监管协作机制。联合建立地方金融涉税工作联席会议机制,支持地方金融机构发展。协同市高法院、市规划自然资源局、人行重庆营管部将小贷、典当、融资担保、商业保理机构纳入线上保全、动产和不动产抵押登记系统,推动线上办理房地产查询抵押业务试点。地方金融综合监管平台一期建成并上线运行,整合小贷公司、融资担保公司、打击非法金融活动、农村产权抵押融资、拟上市企业储备库5个信息系统,新建地方交易所、网络借贷信息中介机构、私募股权投资类企业3类机构监管信息系统。

16.3 强化重点领域风险治理,筑牢地方金融风险防控底线

重庆筑牢系统性金融风险防线,加大了非法金融活动的打击处置力度,强化非法集资、企业债务风险等重点领域的防控调节化解力度,营造了稳定安全的金融生态环境。

1. 巩固金融风险防控底线。出台了《重庆市金融突发事件应急预案》,并与四川省成功联合签署《深化打击非法金融活动协调联动机制助力成渝地区双城经济圈建设合作备忘录》,为成渝金融防范金融风险提供了新支撑。制定了《存量高风险机构风险化解处置方案》,推动融兴村镇银行改善

监管指标，在2021年成功实现了高风险机构“清零”，且银行业不良率、小贷不良率、融资担保代偿率分别为1.07%、7.53%、2.18%，较年初分别下降0.41、1.90、0.32个百分点，优于全国平均水平。

2. 加强防控处置重点领域风险。市金融监管局于2020年出台了《重庆市涉非风险处置“一事一案一专班”工作指引》，构建“一事一案一专班”机制，截至2021年底，成功联动了29个涉案省市完成“权行普惠”全国收网，非法集资新发案件金额和涉案人数分别下降78.7%、86.8%，处置非法集资工作考评连续5年获得全国第1等次评价。持续压降P2P网贷存量风险，2019年实现了在营P2P网贷机构全部出清。开展了第三方财富管理公司清理规范，开展私募股权基金风险排查和处置工作。

3. 助力企业纾困化解单体风险。市金融监管局完善了重点企业纾困单体风险处置机制，构建落实了专人盯防制度、周报制度、重大事项报告制度，采用“一企一策”方案化解重点企业债务风险，多次协调金融机构为企业增贷续贷，包括力帆司法重整方案顺利通过，北汽银翔司法重整进入执行阶段，隆鑫集团进入预重整程序，能投集团发布司法重整草案，以及重医大三院、华创药业、茂田控股、天仙湖置业公司、腾钲集团、金阳集团、商社化工、国通石油、罗马假日等一批民营企业的债务风险。

16.4　建设多元信用服务平台，创设国内一流金融信用环境

信用是影响商事主体获取资金融通的必要基础条件，重庆为化解中小微企业、个体工商户及农村主体的融资难融资贵难题，推动多部门联合加强信用征信系统和平台等的建设，发展特色多元的信用创造体系，为辖区内各类主体打造了全国一流的信用环境。

1. 协同加强信用征信系统建设。重庆市政府协同市金融监管局和人民银行重庆营业管理部等相关部门，全方位加强了辖区内信用征信系统建设。颁布实施了《重庆市社会信用条例》和《重庆市企业信用信息管理办法》相关配套制度文件，推动辖区内各级各部门制定涉及信用信息共享公开、信用承诺、信用评价等制度及标准超过200项，社会信用体系建设组织保障和制度保障体系初步建成。编制《重庆市公共信用信息目录》，涵盖各级单位部门

的各项信息,已成功累计归集5223项和5.06亿条公共信用信息,实现辖区内企业法人公共信用评价全覆盖,累计实施信用奖惩21万余个。

2. 强化信用平台建设和运用水平。依托重庆信用,建立了庄主与服务实体经济的供应链金融服务平台,形成可覆盖供应链上下游企业,安全、高效、融资便捷的生态体系。市金融监管局配合人行重庆营管部,联合重庆市公安局、市交通局、市知识产权局和重庆海事局,在中国人民银行征信中心动产融资统一登记公示系统中成功上线了重庆市机动车、船舶、知识产权相关担保登记信息统一查询服务功能,标志着营商环境创新试点之"便利开展机动车、船舶、知识产权等动产和权利担保融资改革"成功落地,弥补了相关领域的征信信息空白。

3. 建立特色农村信用体系。采用"互联网+"形式,积极探索农村信用信息基础数据采集新模式,已成功采集548万农户、6.4万农村经济组织的相关信息。在此基础上提出构建信用村体系,制定相关评定标准,推动农村信用创建,已成功评定信用村1175个、信用乡镇96个。重点围绕普通农户和新型农业经营主体开展信用建档评级授信工作,为"三农"客户提供数字化、综合化金融服务形成了有力支撑。

16.5 完善地方金融法治体系,缓解地方金融执法难点堵点

重庆通过出台相关地方性法规和行政法规、探索建设金融审判处罚机制、提高机关人员和消费者的金融素养等方式,率先缓解地方金融监管难点堵点问题,积极打造全国金融法治化治理高地。

1. 增强地方金融监管法制保障。为规范相关监管流程和处罚手段,市金融监管局相继出台了《重庆市小额贷款公司试点管理暂行办法》和3项配套文件;《重庆市融资担保公司监督管理办法》《融资担保公司监督管理条例》和其他8项配套制度;还针对融资租赁、商业保理和区域性股权市场出台了《重庆市融资租赁公司监管评价指引(试行)》《关于加强商业保理行业日常监管公司的通知》《区域性股权市场监督管理试行办法》。同时,重庆还针对积极推进《重庆市地方金融条例》立法进程,相关申报立法审议项目已做好准备工作。

2. 积极推进金融审判改革创新。2022 年成渝金融法院获批设立并于当年 9 月成功揭牌，重庆成为全国第 3 个拥有金融法院以及首个具备跨省域金融司法管辖权的城市，将先行先试探索统筹成渝两地办公办案，构建高效协同、跨域一体的金融审判工作机制。同时，在全市范围内持续加强各级人民法院与金融管理部门之间的联系，完善金融审判和金融监管联席制度，开展“数字金融纠纷一体化解决”试点工作，2022 年 3 月正式启动的重庆法院数字金融纠纷银企易诉平台实现了数字金融纠纷智能化、流程化、批量化处理，有效提高了金融司法服务供给能力和效率。

3. 提升全民金融素养和法治意识。重庆高度重视培养金融执法判罚人员的法律素养，成功举办了“防范化解金融风险、提高执法司法能力”等政府工作人员培训班，有效提高参与人员的金融法治化工作水平。制定印发《重庆市档案“八五”法治宣传教育规划（2021—2025 年）》，明确 2021—2025 年普法工作重点，针对金融普法领域，辖区内各金融机构和相关主体制定了员工和消费者的分层级实施宣教方案，确保员工的法治意识入脑入心、走深走实。开展了金融消费者权益和全民打击非法集资等各类金融普法主题的线上线下活动。

16.6　聚焦市场主体融资需求，营造一流金融营商服务环境

针对市场主体融资需求，重庆加大投入力度，运用金融科技构筑多样化融资服务平台和配套服务机制，加强金融产品和服务创新，提升融资对接服务水平，积极打造全国一流的金融营商服务环境。

1. 率先开展动产担保统一登记试点。2020 年 4 月，重庆正式启用动产融资统一登记公示系统，成为继北京、上海之后全国第 2 批开展动产融资担保统一登记工作的试点地区。截至 2022 年 6 月底，公示系统已累计提供重庆市担保登记查询 257.6 万次。2022 年 7 月 4 日，重庆进一步推进动产和权利担保融资的便利试点工作，在中国人民银行征信中心动产融资统一登记公示系统中上线了重庆市机动车、船舶、知识产权相关担保登记信息统一查询服务功能，成为全国第 2 个成功开展营商环境创新试点之“便利开展机动车、船舶、知识产权等动产和权利担保融资改革”的地区。

2. 着力优化融资服务平台建设。运用金融科技手段优化升级"长江渝融通""渝快融""渝企金服""信易贷 · 渝惠融""渝普金链"等系列线上融资服务平台，构建常态化政银企融资对接机制，积极组织开展融资需求精准对接，引导金融机构提升融资服务效率。其中，"长江渝融通"已成功汇集全市66家银行提供的400余款信贷产品，金融机构通过平台发放的贷款规模接近175亿元，惠及7300余户小微企业和个体工商户；截至2022年6月末，"渝快融"平台累计帮助22万余家企业获得融资434亿元；截至2022年8月底，"渝企金服"平台累计上线金融产品155项、发布企业融资需求超1.5万项、助企融资额超1600亿元；"信易贷 · 渝惠融"平台已向上接通国家信用融资综合服务平台，横向打通50余个市级部门，向下打通2000余个区县行政部门，实现14大类、35小类信息全面归集，覆盖全市108万企业、224万个体工商户；"渝普金链"服务平台一期建成并启动试运行，引导313家机构入驻，发布产品261款。

3. 加快金融产品和服务创新。促进信用贷款产品创新，自2017年在全国率先启动科技型企业知识价值信用贷款改革试点以及2018年启动中小企业商业价值信用贷款改革试点以来，截至2022年6月底，重庆已促成合作银行累计向9085家（次）科技型企业发放知识价值信用贷款157.38亿元，中小企业商业价值信用贷款改革试点工作合作银行累计为7000家企业成功预授信超80亿元。持续推进绿色金融试点工作，截至2022年6月末，重庆已设立绿色金融专营部门或支行16个，"长江绿融通"大数据平台推出180余款绿色金融产品，实现全市辖区71家金融机构率先披露气候与环境信息及"环境信息披露"银行全覆盖。

4. 全面提升小微企业融资便利度。自2021年以来，重庆全面推进"1+5+N"民营小微企业和个体工商户首贷续贷中心和金融服务港湾建设，搭建"民营小微企业和个体工商户首贷续贷中心"线上服务平台，推行小微企业金融服务"三张清单"等一系列举措，小微企业融资呈现"量增、面扩、价降"的良好态势。截至2022年上半年，重庆已建成"民营小微企业和个体工商户首贷续贷中心"36个，金融服务港湾287个、在建26个，实现全市所有区县覆盖，依托"线上+线下"金融服务港湾累计走访对接小微企业和个体工商户等市场主体5万余户，为超过3.2万余户小微企业和个体工商户等市场主体发放贷款近300亿元。

16.7　聚焦人才“引育用留”,打造一流金融人才服务环境

针对金融人才生活发展需求,在“重庆英才计划”等政策基础上,重庆积极推动金融人才服务环境优化,促进金融领域“引才”“育才”“用才”“留才”工作高效开展,努力建设全国重要人才高地。

1. 依托金融组织机构和平台“引才”。重庆现有各类金融机构和地方金融组织1928家,基本实现20余类金融机构牌照全覆盖,为引进集聚金融人才提供了广阔平台,截至2022年6月末,全市金融从业人员达到24.28万人。用好重庆英才计划以及重庆英才大会、中新金融峰会、重庆国际创投大会等政策和平台,大力培育和引进具有国际视野和国际影响力的高端金融人才,目前中新金融专家顾问团成员90%来自新加坡和国内重点金融机构、国内一流院校的专家学者。充分发挥金融智库引才引智作用,加强与上海交通大学上海高级金融学院合作,设立重庆高级金融研究院,探索资源共享、人才共享、智慧共享的金融高端智库新模式。

2. 拓宽重点领域教育资源“育才”。支持高校金融专业学科建设,重庆大学、西南大学、重庆工商大学、四川外国语大学、重庆理工大学等在渝高校均开设了金融学科,涵盖本硕博3个层次。支持金融机构与高等院校合作,探索金融特色学科、专业资格认证和联合培养等模式,扩大金融学科专业人才规模。支持在渝金融机构设立国家级和市级博士后科研工作站,涵盖了银行、小贷、担保、证券等相关行业。同时,鼓励金融教育服务机构、权威认证和金融培训机构加大培训力度,增强社会培训力量。通过市级重点人才计划,优化金融人才发现机制和项目团队遴选机制,3年来金融领域累计入选“重庆英才·名家名师”项目人才20名,高标准带动地区金融机构人才队伍建设。

3. 紧扣金融高质量发展“用才”“留才”。突出金融人才在金融改革、金融开放、金融创新中的创造作用,鼓励辖区内银行、证券、保险产品研发团队开展业务创新,指导银行机构国际业务团队加强国际通行规则研判、开展重庆与新加坡“点对点”金融合作,引导消费金融公司、金融科技公司技术创新

团队运用科技赋能金融,吸引企业上市中介机构核心服务团队来重庆展业。整合市、区两级人才服务资源,将服务事项由 9 项扩展到 17 项,推出“重庆英才服务卡(含电子卡)”、金融支持服务(人才贷)、住房保障服务(人才购房商业贷款服务)、交通服务等特色金融产品,全方面、多角度为高层次金融人才提供服务。对符合重庆需要的高层次人才,制定金融人才引进工程,在落户、办理居留、工作许可、子女教育、安居等方面提供支持和便利。鼓励创办金融人力资源中介机构,支持在渝金融机构设立金融人才服务中心,为行业提供精准的专业性人力资源服务。建立了在线实时人才信息管理系统,记录、存储、分析全市金融人才信息,用大数据、云计算等技术手段做好金融人才全链条、全周期服务。

第十七章　重庆金融中心建设展望

展望未来,重庆金融中心建设将围绕中共中央、国务院关于推进成渝地区双城经济圈建设的决策部署,加快融入国家大局,以金融服务实体经济高质量发展为根本要求,围绕绿色金融、乡村振兴、人才引进、科技创新、跨境贸易、数字经济等,高质量推进国家西部金融中心建设,在推进长江经济带绿色发展、新时代西部大开发、共建"一带一路"中发挥更强的带动示范作用。

17.1　拓宽金融助农普惠功能,打造西部普惠金融创新基地

完善金融支农惠农政策体系、推进农村金融服务创新、推广数字乡村普惠金融,发挥西部金融中心带头示范作用,以"大城带动小城"为抓手,强化乡村金融基础设施建设,提高乡村金融资源和金融服务的可获得性、便利性和可持续性,深入挖掘"三农"领域潜力,以金融服务助力乡村振兴,全面巩固拓展脱贫攻坚成果。

1. 强化农村金融产品服务创新。完善农村产权抵押融资风险补偿政策,大力推广土地经营权、林权、农村居民房屋等抵押贷款,创新发展农户小额信用贷款、保单质押贷款、农机具抵押贷款业务。推动政策性农业保险扩面增品提质,扩大"保险+期货"试点,探索主要粮食作物完全成本保险试点。将重庆"油茶贷""种子贷""花椒贷""红橙贷"等创新金融产品推广覆盖更多农业产品。借鉴和推广荣昌生猪市场"电商平台贷"的成功经验,构建农险电子化平台,创新电子化农险产品,充分运用保险、期货等金融工具为优势特色农产品提供保障支持。

2. 完善乡村金融基础设施。推广"1+2+N 普惠金融到村"线上服务平

台,开发上线“三社融合通”平台,确保银行、保险等金融服务走进乡村。推动银行成立乡村振兴内设机构,在农业生产基地、农产品加工园区、物流配送中心等设立服务网点,推动 ATM、POS 机等服务设施合理布局,强化大数据、云计算、区块链等技术应用,加快移动金融 App 推广使用,打造线上线下、全流程农村金融服务体系,实现普惠金融“服务到村、帮扶到户、惠及人”。

3. 持续优化农村信用体系。加强农村信用信息基础数据库建设,积极开展信用村镇创建工作。依托“长江渝融通”信贷大数据系统,汇集新型农业经营主体名录、土地、补贴、信贷、保险等相关数据,实现新型农业经营主体信用建档评级工作全覆盖。通过“互联网+”形式,积极探索农村信用信息基础数据采集新模式。截至 2021 年 11 月末,重庆农村信用信息基础数据库已采集 548 万农户、6. 4 万农村经济组织的相关信息。积极制定信用村评定标准,推动信用创建。截至 2021 年 11 月末,全市已评定信用村 1175 个、信用乡镇 96 个。

17. 2　加强产业金融融合创新,打造产业资本西部融通枢纽

围绕打造国家重要先进制造业中心的战略目标,推动产业与金融深度融合,面向产业核心企业,引导更多期限长、成本低的资金流入,创新产业融资模式,推动产业资金在渝聚集,打造服务产业高质量发展的西部产业金融发展枢纽。充分利用资本市场融资工具,打造产业资金和产业人才集聚发展的创新高地。

1. 加大对制造业转型的金融支持力度。引导金融资源重点支持围绕新一代信息技术、新能源及智能网联汽车、高端装备、新材料、生物技术、节能环保 6 大重点领域。积极支持金融机构围绕制造企业智能化、数字化转型需求,对接综合金融服务平台,上线更多智能化改造专项金融产品。积极发展首台(套)重大技术装备保险、新材料首批次应用保险,探索通过保险机制为企业设备更新升级提供全方位风险保障。加快推广“融资租赁”模式,支持融资租赁公司发展直接租赁、售后回租等业务,降低制造企业设备更新升级门槛。

2. 加快发展产业链和供应链金融。鼓励金融机构依托制造业产业链核心企业，积极开展仓单质押贷款、应收账款质押贷款、票据贴现、保理、国际国内信用证等各种形式的产业链金融业务。鼓励制造业核心企业、金融机构与人民银行应收账款融资服务平台进行对接，开发全流程、高效率的线上应收账款融资模式。依托重庆完整制造业产业链优势，加强金融科技应用，搭建共享式供应链金融公共服务平台。支持法人商业银行加快布局交易银行业务。

3. 持续优化产业资本配套生态。围绕西部地区产业资本发展退出需求，加快培育专注于私募股权二级市场的基金（S 基金），研究构建私募股权估值、私募基金份额转让等机制，探索设立 S 基金母基金。围绕各类产业资本发展需求，聚焦新一代信息技术、新能源及智能网联汽车、高端装备、新材料、生物技术、节能环保等重点领域，积极构筑多层次的细分行业专业股权投资人才队伍。积极推广落实国家创投企业、个人天使投资税收优惠政策，优化出台更具竞争力的私募股权投资基金促进发展政策。

17.3　拓展金融跨境服务功能，打造金融开放合作国际标杆

依托中新互联互通项目、重庆自贸试验区、中欧班列（成渝）、西部陆海新通道等开放平台和通道，推动金融规则制度型开放迈出新步伐，扩大双向金融开放，强化对“一带一路”沿线国家和地区的聚集辐射作用，积极发展各类要素交易市场，提升重庆在全球贸易与产业合作中的话语权和定价权。

1. 创新发展进出口贸易体系，提升贸易金融服务水平。鼓励金融机构成立贸易企业贷款专项资金，开发跨境金融相关产品，大力发展出口信用保险，完善衍生品金融市场建设。简化进出口贸易审批流程，节约进出口贸易通关成本，减免核心企业进出口贸易税收，以重庆自贸试验区等为试点区域，构建世界领先的进出口贸易体系。

2. 创新跨境资本管理模式，探索人民币国际化新方向。简化外商直接投资、外汇收入结汇支付等跨境资本相关手续，使用电子化形式减少跨境资本流动政策成本。推动开展合格境外有限合伙人（QFLP）试点，允许新加坡、东盟地区机构投资者参与投资重庆及西部地区私募股权投资基金。深

入推进合格境内有限合伙人(QDLP)和合格境内投资企业(QDIE)试点,支持本地私募股权投资基金面向新加坡及东盟地区开展境外投资。进一步丰富合格境内机构投资者主体,将合格境内机构投资者主体资格范围扩大至在渝发起设立的投资管理机构以及证券公司、基金管理公司和期货公司等。拓展人民币跨境应用范围,提升人民币跨境交易规模,鼓励企业在对外贸易合作中更多地使用人民币,推动符合条件的要素市场在跨境大宗商品交易、跨境资产转让中更多地采用人民币计价结算。构建人民币离岸金融体系,鼓励金融机构为离岸贸易需求提供人民币离岸金融服务,探索更加宽松、自由、开放的货币兑换和外汇管理制度模式。增加境外人民币流通数量,搭建境外人民币境内投资金融产品的渠道和平台,鼓励境内外金融机构合作推动跨境贸易相关项目。

3. 扩大中外金融合作领域,政策扶持跨境贸易企业成长。增加合作国数量,建立中外贸易合作框架,探索境内境外资金及产品互通机制,推进重庆与合作国征信产品互认,推动重庆金融机构在合作国地区设立分支机构,总结“中新互联互通项目”成功经验,增加金融及贸易合作国数量。梳理重庆本地跨境贸易企业,针对性出台贸易、贷款、补贴和税收等方面扶持政策,助力跨境贸易企业快速成长,吸引境内外跨境贸易企业在重庆发展业务,形成跨境贸易企业密集城市。

17.4 增强金融赋能科创力度,打造西部科创金融发展高地

立足成渝地区加快建设具有全国影响力的科技创新中心,围绕西部(重庆)科学城建设,优化科创金融供给结构,加快形成有利于支持科创企业加大研发投入、实现跨越发展的融资供给,进一步提升金融对科技创新资源的优化配置功能。

1. 鼓励科创金融产品创新。支持银行、保险、创投、担保等机构开展深度合作,针对生物医药等领域科创企业发展规律,探索投贷联动、股债结合、知识产权质押融资、知识产权证券化等新型融资服务模式。创新发展科技保险,鼓励保险机构开展专利执行保险、侵犯专利权责任保险、知识产权海外侵权责任险、境外展会知识产权保险等科技保险服务。推进“科贷通”一

行一品牌科技金融产品服务创新，提升企业科技信贷服务精准度，鼓励科技银行信贷产品创新与审批流程再造。

2. 完善科创金融政策服务体系。积极争取国家科创金融改革创新政策试点，加快完善围绕科创企业全生命周期的科技金融支持政策体系。大力发展政策性科技金融服务，扩大科技贷款风险补偿准备金规模，促进银行、担保、保险以及中介服务机构的风险共担、利益共享。加快推进“保险与科技结合”综合创新试点工作。推动建立科技成果向技术标准转化制度，构建“研究院+产业园+产业基金”模式，推动优势技术成果运用市场机制落地转化。

17.5　推动绿色金融创新发展，打造国家绿色金融示范标区

依托绿色金融改革创新试验区建设，聚集更多绿色金融机构、绿色研发机构、绿色中介服务机构，建立健全碳排放权、水权、排污权、用能权等交易市场，开展应对气候变化投融资试点，构建层次分明、结构合理、功能齐备、高效联动的绿色金融市场体系。

1. 优化绿色金融政策体系。加快推动绿色金融政策支持、标准制定、正向激励、产品创新等体制机制建设，积极推动重庆市绿色金融各项改革创新政策措施落地。建立符合绿色企业和项目特点的信贷管理制度，向绿色领域倾斜更多信贷资源。完善绿色项目评估认证体系，建立绿色金融项目库，畅通绿色项目与金融资源对接渠道。强化环境保护税征收管理，推行采用排污权交易、资源产品定价、碳排放标志认证等市场化政策工具，引导市场主体绿色化转型。探索推动绿色金融产品服务、信用评估、信息披露、统计共享等地方标准体系建设。

2. 创新绿色金融产品与服务。制定绿色业务判断标准，制定碳排放权、水权、排污权、用能权等“绿色指标”细则，建立完善“绿色指标”市场交易机制，探索开展碳排放交易外汇试点，探索传统非绿色行业转型方案，以大数据、人工智能、区块链等金融科技赋能绿色金融，支持金融机构提升绿色金融能力，创新绿色金融相关投融资产品和服务，积极同国际合作制定绿色金融认定标准。畅通绿色产业投融资渠道，鼓励构建包含绿色等级的企业融

资评价体系。

3. 完善绿色金融配套体系。引进发展绿色资产评估机构、绿色金融产品认证及服务机构,加快构建绿色产业评估体系。加强对企业排污权、用能权、水权等基础数据的收集处理,由行业主管部门将企业污染排放、环境违法违规、安全生产、节能减排等信息统一录入公共信用信息平台,为绿色金融业务开展提供可靠数据来源。探索从绿色信贷、绿色债券、绿色基金、绿色保险等多个维度,完善绿色金融统计监测体系。编制绿色金融指数,扩大重庆绿色发展领域影响力,积极参与绿色金融国际合作,实现金融要素向绿色领域集中。

17.6 加大金融数字转型应用,打造西部数字金融发展中心

把握金融科技快速发展趋势,推动金融科技创新和金融科技企业集聚,创新数字投融资工具,实现数字技术与金融服务、应用场景深度融合,进一步完善大数据、云计算、人工智能、区块链等数字金融服务基础设施,促进金融数字化智能化转型。

1. 深化数字普惠金融创新。引导金融机构加快征信数据与金融创新的融合,针对行业特点创新征信贷、征信保等专属小微金融产品。利用各类线上金融服务平台实现小微企业信贷需求和银行产品线上精准对接,加快形成“批量化、低成本、高效率、全风控”数字金融服务模式。建立成本监测机制,结合征信、信贷数据,精准评估小微企业融资成本,对取得良好效果的金融机构,在差别化信贷政策等方面给予倾斜。

2. 推动金融机构数字化转型全面提速。推动金融机构依托金融科技监管创新渠道优势,全面开展数字化转型,加快培育数字金融头部机构。支持金融机构全面建立适应金融科技发展的组织架构、激励机制、运营模式,做好相关技术、数据和人才储备,支持金融机构设立金融科技专业机构。鼓励金融机构加快物联网、区块链、云计算、大数据、人工智能等科技手段应用,完善重点领域的信贷流程和信用评价模型。支持金融机构接入智慧交通、智慧社区、公共信息等数字平台。引导金融科技研发创新企业加强与本地法人金融机构合作,共同开发金融科技应用创新项目。

3. 探索金融科技监管创新。建立金融科技监管创新试点项目常态化申报渠道,对具有创新引领性的项目,优先推荐纳入人民银行试点项目范围。建立金融科技监管创新项目风险控制、监测、处置机制,指导和督促金融机构、金融科技企业金融创新行为。以金融科技创新监管试点为契机,加快建设金融科技风险防控、金融科技应用集市和数据能力开放平台。

17.7　强化金融人才环境优化,打造西部金融人才集聚高地

以金融人才引进、培育、服务为主线,构建一流的金融人才发展环境,充分发挥金融人才在西部金融中心建设中的智力支撑作用,把重庆建设成为西部金融人才聚集高地。

1. 优化金融人才引进集聚机制。加快构建重庆金融人才队伍建设的长效机制,争取国际人才管理改革试点。创新高端金融人才柔性引进机制,创新运用顾问指导、短期兼职、候鸟服务、退休返聘、特聘岗位等形式吸引国内外高端金融人才为渝服务。突出金融机构人才引进的主体作用,引导本地金融机构分层次引进金融高端人才,确保“待遇留人、事业留人”。拓宽人才招引途径,以本地和国内外知名经济金融会议为平台,广泛开展“猎头”行动,促进金融人才“引进来”“走出去”。

2. 完善金融人才培训培育体系。依托重庆强大高校资源优势,确立建设全球领先金融教育高地目标,加强经济金融类及金融中介类专业学科建设。推动本地高等院校与金融机构共建金融研究院、实验室、实习实训基地,订制化培养实践型金融人才。推动与新加坡及东盟地区金融教育培训业务合作,共建一批国际化的金融研究院、金融高等职业学院、金融商学院等高端金融教育与培训机构,建立国际化金融人才教育培训体系。推动设立由高端金融智库、研究机构、政府共同发起的中国—新加坡金融智库联盟、中国—东盟金融智库联盟,打造金融产业发展决策咨询机构和智囊团。

3. 优化金融人才政策服务环境。依托江北嘴、解放碑、长嘉汇等核心金融集聚区建设,打造国际化、高端化、生态化的人居环境,形成高端金融人才

集聚区。持续推行重庆英才计划金融类人才评选、重庆英才集聚工程等市级重点人才项目,完善金融人才评价标准,健全人才服务保障机制,进一步提升人才服务水平。针对高端金融人才需求,优化住房保障、子女入学、医疗健康等方面的绿色通道服务。依托自贸区政策优势,完善国际金融人才就业通关政策,为外籍金融人才在渝工作创造便利条件。

附录一　中国金融中心指数评价方法

中国金融中心指数(简称 CFCI)是在前人研究的结论基础上,综合运用产业发展、金融发展和城市发展等方面理论,充分考虑我国城市统计数据特征,并听取、借鉴大量来自政府部门和金融机构专业人士的意见后,形成的一个适用于目前中国境内金融中心竞争力评价的动态评估指标体系。

一、研究框架:"钱才"集聚论

金融中心实际上是金融资源相对集聚的场所,其中金融资源包括金融资本、金融机构、金融市场、金融人才、金融信息等方面。因而,金融中心的建设机理很大程度上也就是金融资源的集聚机理。

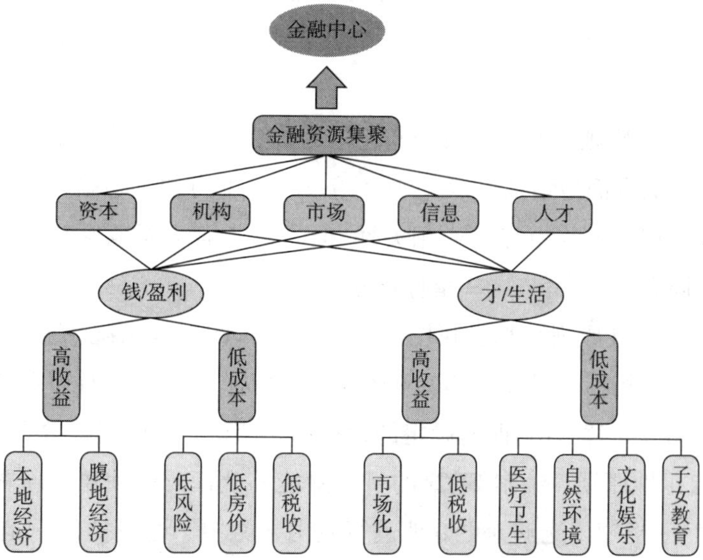

附图 1.1　金融中心的"钱才"集聚论

关于金融资源的集聚机理,我们在第3期指数报告提出了"钱才"集聚论(附图1.1所示):从本质上来说,金融中心的形成和发展可以归结为"钱才"集聚,"钱"指的是金融资本,"才"指的是金融人才。

"钱才"集聚可以全面地体现各类金融资源的集聚,"钱才"本身是最重要的两类金融资源,其他资源如金融机构、金融市场、金融信息、金融产品等都是"钱""才"的结合。

金融中心的"钱才"集聚论可以较好地解释金融中心形成和发展的客观规律。

"钱"即金融资本的集聚方向是什么。资本有着逐利的本性,"钱"往高处流,即资本流向能够带来高盈利的地方。

"才"即金融人才的集聚方向是什么。"才"往"两高"流,即人才流向高收入和高生活质量的地方。

二、指标设计原则

设计科学合理的指标体系是开展金融中心竞争力评价的基础。在设计指标体系时,既要考虑金融竞争力构成的理论要素,评价指标对金融中心竞争力的代表性,也要考虑所选指标原始数据的可得性。CFCI指标体系设计遵循以下原则:

1. 全面性原则。基于金融中心竞争力构成因素的复杂性,CFCI指标体系设计尽可能全面地囊括可以反映金融中心竞争力的一切指标。一些指标之间也许存在一定的相容性或相关性,但为了能够全面地反映城市金融竞争力的不同方面,并不将这些指标排除。

2. 可操作性原则。基于我国城市统计工作的实际情况,有些理想的或理论上的评价指标很难获得有效的数据,在指标体系设计时需要考虑用其他指标来加以代替,以确保所确定的指标都能获得相应的统计数据。

3. 启示性原则。编制CFCI的目的除能够全面反映我国各金融中心发展概况之外,也期望能够为更好地进行我国金融中心建设提供一定的启示,因此指标体系设计也围绕这一基本目的而展开。

4. 层次性原则。为了能够更好地发现和分析各金融中心城市金融业发展的优势和差距，在设计指标体系时需要对众多的指标进行归类，建立起分级、分层次的指标体系。

三、指标框架体系

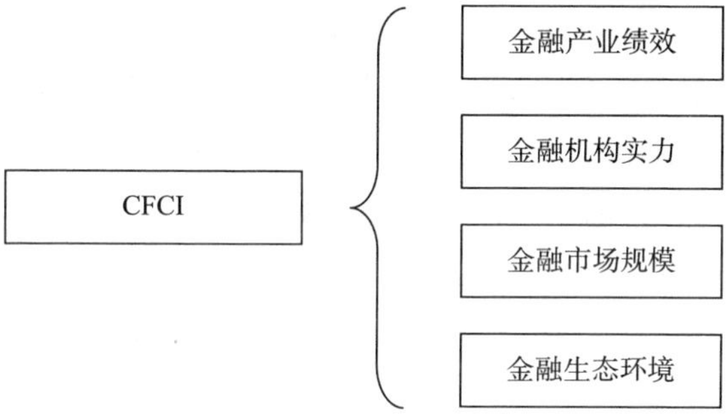

附图 1.2　CFCI 指标框架

基于"钱才"集聚论的框架模型，我们建立了中国金融中心竞争力评价体系。CFCI 一级指标体系有 4 个：金融产业绩效、金融机构实力、金融市场规模和金融生态环境，前 3 个为显示性指标，最后 1 个为解释性指标。"金融产业绩效"是金融产业发展的直接结果体现，也反映了一个城市进行金融中心建设给城市发展带来的利益；"金融机构实力"体现了一个金融中心金融市场主体发展概况及其金融业务开展的状况；"金融市场规模"体现了一个金融中心在国家或区域金融集中交易市场中的地位；"金融生态环境"则反映金融中心发展的基础和潜力。在本指数的 4 个一级指标中，"金融产业绩效""金融机构实力"和"金融市场规模"是"钱才"集聚的面相，而"金融生态环境"是"钱才"集聚的背影，从而可以较全面地反映一个城市的金融产业发展水平和发展趋势。

1. 金融产业绩效。金融产业对一个城市的社会经济发展有着重要的推动力作用，根据产业经济的乘数理论，这一推动力的大小依赖于金融产业的直接产出，以及金融产业所控制的金融资源。本期我们从产出带动水平和业务发展水平两个评价维度来评价金融产业绩效，三级指标包括金融产业增加值、金融业从业人员、金融业务规模、业务相对水平等，是金融竞争力的直接和综合体现。

2. 金融机构实力。金融机构通常包括银行、保险、证券3类,是城市金融产业的主体。有影响力的金融机构的集聚对于推动金融创新和城市金融业的发展能够起到支撑作用,一个城市金融机构的综合实力很大程度上反映了城市金融竞争力。此外,金融机构实力还反映了一个城市金融业务量的大小,如人民币存款、贷款等。

3. 金融市场规模。金融市场是金融工具交易的场所,也是金融创新的重要场所,主要包括货币市场、股票市场、债券市场、黄金市场、外汇市场、衍生品市场和产权交易市场等。金融市场的规模和交易活跃程度是吸引和汇聚金融交易者、金融机构和金融人才的重要因素,对于提升城市金融辐射力起着至关重要的作用。

4. 金融生态环境。城市金融业发展不仅仅有赖于金融产业本身,更与城市社会经济发展的各个方面息息相关。城市金融业发展的外部环境统称为金融生态环境,是城市金融竞争力的解释性因素。在CFCI评价体系中,金融生态环境是构成综合竞争力的4大一级指标之一,主要通过衡量金融人才环境、商业环境以及国际化环境来反映金融业发展所需的外部环境优良度。

四、具体指标设计

第14期CFCI对指标体系进行了小幅的优化和调整,将“FDI总额”调整为“实际利用外资”,指标总量与上期一致,目前指标体系的2、3和4级指标如附表1.1所示,共有4级指标95个。

表1.1 CFCI四级指标体系

一级	二级	三级(四级)
金融产业绩效	产出带动水平	金融业增加值(金融业增加值及其近3年平均增长率、金融业增加值占当地GDP比例)
		金融从业人员(金融业从业人员数及其近3年平均增长率、从业人数占常住人口比例)

续表

一级	二级	三级(四级)
金融产业绩效	业务发展水平	金融业务规模(金融机构本外币存款余额、贷款余额,本地证券交易量,保费收入)
		业务相对水平(存、贷款余额与 GDP 之比,本地证券交易量与 GDP 之比,保险深度,保险密度)
金融机构实力	银行类机构	商业银行(本地法人商业银行数量、法人商业银行资产总规模、商业银行支行数)
		其他非银信贷类机构(法人信托公司、法人财务公司、汽车金融公司、消费金融公司)
	证券类机构	证券公司(本地法人机构数量、资产规模、证券营业部家数、证券公司专项业务子公司数)
		公募基金管理公司(本地法人机构数量、资产管理规模)
		期货公司(本地法人机构数量、资产规模)
		私募基金(管理人数、基金产品数)
	保险类机构	本地法人保险机构(法人保险公司数量、资产规模、保险类资管公司)
	地方金融组织	小额贷款机构数
		融资租赁机构数
		融资担保机构数
		商业保理机构数
金融市场规模	货币市场	同业拆借市场(成交金额)、回购市场(交易额)、票据市场(贴现总额)
	股票市场	市场规模(上市公司数、上市公司总市值、成交金额)、市场融资能力(股票发行额)
	债券市场	银行间债券市场(现券交易额)、交易所债券市场(现券交易额)
	黄金、外汇及衍生品市场	黄金市场(黄金交易额)、外汇市场(日均成交额)、金融衍生品市场(股指期货成交额)、商品衍生品市场(商品期货交易额)
	资本市场利用	上市水平(A 股上市公司数、新三板挂牌公司数、新增 IPO 数)
		直接融资水平(本地 A 股市场累计融资额、年度新增融资规模)
	区域要素市场	区域股权(挂牌企业数量、市场筹资规模)

续表

一级	二级	三级(四级)
金融生态环境	人才环境	教育环境(普通高等学校在校学生数、普通高等学校数、"双一流"高校数、每一普通中学专任教师负担学生数、每一小学专任教师负担学生数)
		医疗卫生(具备器官移植资质的医院数、每万人拥有医院病床数、每万人拥有的执业医师资格数)
		城市环境(人均公园绿地面积、空气质量优良率、城市交通健康指数,每百万人城市轨道交通里程)
		生活质量(金融从业人员年均收入,城镇居民家庭人均消费支出,住宅房价收入比)
	商业环境	经济基础(地区生产总值、人均地区生产总值、GDP 增速)
		专业服务(执业律师数、注册会计师数、专业保险中介机构数量)
		政策环境(金融业发展促进政策支持力度,产业政策友好度)
		地方风险控制(地方政府负债率、地方政府债务率、近 3 年违约债券余额占比、银行业不良贷款率)
	国际化程度	机构国际化(外资金融营业性机构数、外资金融机构代表处数)
		经济外向度(实际利用外资总额、进出口总额、国际旅游收入)
		国际影响力(入境游客接待数、国际航班起降架次、金融中心国际知名度)

五、数据处理方法

确定指标体系后,我们通过多种渠道收集城市数据,并对数据进行标准化和指标赋权,最终计算出 CFCI 指数。

1. 数据来源。CFCI 所采用的客观数据,以各城市公布的统计年鉴数据为基础,结合使用金融监管机构和金融机构的统计数据。

2. 数据标准化。CFCI 对各项指标"锚定"一个基准值,各城市在该项所获标准化得分取决于城市指标原始值与锚定基准值之间的比例关系。也即:

对于正指标(即数值越大越好的指标),

标准化得分=指标原始值/锚定基准值;

对于逆指标(即数值越小越好的指标),

标准化得分=锚定基准值/指标原始值。

3. 指标赋权。各指标对上级指标的贡献权重由众多专家打分确定。给CFCI各指标赋权的专家包括各地政府金融办人员、金融监管机构人员、金融机构从业人士、金融业知名专家以及CDI课题组成员。

4. 计算指数。将各城市相关指标的标准化得分与指标权重相乘并加总,即可得CFCI指数,包括综合竞争力指数和分项竞争力指数。

5. 指数更新。CFCI研究秉持客观公正原则以及可持续、包容性理念,在计量分析模型总体保持不变的基础上,每期对相关评价指标的统计方法和权重进行优化调整,保持评价结果的科学性、连续性和一致性。

六、样本城市

本期CFCI样本城市共有36个,新增海口、太原、呼和浩特、贵阳和兰州等5个城市,布局情况如下所示①。

- 全国性金融中心有3个,分别是上海、北京和深圳;
- 东北地区,主要包括辽宁、吉林和黑龙江3省,有4个样本城市,分别是大连、沈阳、长春和哈尔滨;
- 北部沿海地区,包括北京、天津、河北、山东2市2省,有4个样本城市,分别是天津、济南、青岛和石家庄;
- 东部沿海地区,包括上海、江苏、浙江1市2省,有6个样本城市,分别是杭州、南京、苏州、宁波、无锡和温州;
- 南部沿海地区,包括福建、广东、海南3省,有4个样本城市,分别是广州、厦门、福州和海口;
- 中部地区,主要覆盖黄河中游和长江中游的地区,包括山西、河南、内蒙古、湖北、湖南、江西、安徽6省1区,有7个样本城市,分别是武汉、长沙、郑州、合肥、南昌、太原和呼和浩特;
- 西部地区,包括云南、贵州、四川、重庆、广西、甘肃、青海、宁夏、陕西、西藏、新疆共6省1市4区,有8个样本城市,分别是成都、重庆、西安、昆明、南宁、乌鲁木齐、贵阳和兰州。

---

① 根据国务院发展研究中心发展战略和区域经济研究部的课题报告《中国(大陆)区域社会经济发展特征分析》提出的划分中国(大陆)区域新方法,分为6大区域。

附录二 主要指标说明

金融从业人员:本指标体系采用单位从业人员统计口径,即指在各级国家机关、政党机关、社会团体及企业、事业单位中工作,取得工资或其他形式的劳动报酬的全部人员。包括在岗职工、再就业的离退休人员、民办教师以及在各单位中工作的外方人员和港澳台方人员、兼职人员、借用的外单位人员和第二职业者。不包括离开本单位仍保留劳动关系的职工。

金融业增加值3年平均增长率:该指标选用最近3年的金融业增加值同比增长率(按照可比价格计算),按照算术平均法计算。

本地证券交易量与GDP之比:本地证券交易量指地区所在的所有证券营业部当年证券交易量之和。

境内股票累计融资量与GDP之比:境内股票市场主要指沪、深A股市场,累计融资量包括公开发行和后续增发的部分,数据来源于上交所和深交所公示的历年股票筹资发行信息。

商业银行:包括大型商业银行、股份制商业银行、城市商业银行、农村商业银行和外资银行。

商业银行支行数量:数据来自银保监会金融许可证查询系统。

商业银行不良贷款率:除直辖市及个别计划单列市有该项统计数据外,其他自身无该项统计数据的城市皆以当年银监会年报公布的全省数据替代。

外资银行在本地的营业性机构:统计口径为当地外资银行分行数加上支行数的总和。

本地法人证券公司:指总部注册地在本地的证券公司,信息来自证券业协会官方网站公示。

基金管理公司资产管理规模:指基金资产净值,数据来自中国证券投资基金业协会。

保险深度：指当地保费收入在该地区生产总值（GDP）中的比重，计算公式为：

保险深度=保费收入/地区生产总值

保险密度：指按当地人口计算的人均保险费额，本文计算公式为

保险密度=保费收入/常住人口

黄金交易额：仅为黄金成交金额，不包括铂金和白银。

普通高等学校：以当年教育部公布的数据为准。

人均公园绿地面积：以当地常住人口数量为统计口径。

住宅房价收入比：计算公式为：

住宅房价收入比=住宅销售均价 * 100/（3 * 在岗职工平均工资）

人均地区生产总值：以常住人口统计口径计算。

本地上市公司数量：包括境内和境外可查询得到的上市公司数量。

城市交通健康指数：引用来自高德地图《中国主要城市交通分析报告2019》关于城市道路交通健康指数的计算结果。

金融中心国际知名度：直接引用全球金融中心指数（GFCI 27）的最新评价结果。

附录三　CFCI 14 原始数据

序号	4 级指标	时间	全国性金融中心			东北地区金融中心				北部沿海地区金融中心			
			北京	上海	深圳	长春	大连	哈尔滨	沈阳	济南	青岛	石家庄	天津
1	金融业增加值数额/亿元	2021	7603.7	7973.3	4738.8	555.3	669.9	682.9	513.3	991.0	933.0	759.0	2153.2
2	金融业增加值 3 年平均增长率/%	2021	6.5	9.2	8.6	6.2	1.8	3.7	3.2	7.9	7.8	7.4	3.7
3	金融业增加值占当地 GDP 的比例/%	2021	18.9	18.5	15.5	7.8	8.6	12.8	7.1	8.7	6.6	11.7	13.7
4	金融从业人员总数/万人	2020	66.1	43.7	26.4	6.9	8.5	7.7	7.0	9.3	11.4	9.1	18.0
5	金融从业人员 3 年平均增长率/%	2020	5.2	7.1	32.0	11.6	6.3	−1.9	0.7	2.8	12.5	19.3	−9.0
6	金融从业人员占常住人口比重/%	2020	3.02	1.76	1.49	0.76	1.14	0.77	0.77	0.99	1.11	0.81	1.31
7	金融机构本外币存款余额/亿元	2021	199742	175831	112545	15467	17082	14655	19375	23437	22375	17952	35903
8	金融机构本外币贷款余额/亿元	2021	89033	96032	77241	15908	13540	13840	19230	23313	24089	14657	41054
9	本地证券交易量/亿元	2021	180.10	51.74	69.10	1.91	3.84	3.31	3.91	5.60	7.09	1.36	6.68
10	保费收入/亿元	2021	2527	1971	1427	314	378	382	357	599	462	560	660

续表

序号	4级指标	时间	全国性金融中心			东北地区金融中心				北部沿海地区金融中心			
			北京	上海	深圳	长春	大连	哈尔滨	沈阳	济南	青岛	石家庄	天津
11	存款余额与 GDP 之比/%	2021	496.0	406.9	367.0	217.8	218.3	273.8	267.3	205.0	158.3	276.6	228.8
12	贷款余额与 GDP 之比/%	2021	221.1	222.2	251.9	224.0	173.0	258.6	265.3	203.9	170.4	225.8	261.6
13	本地证券交易量与 GDP 之比/%	2021	4472.4	1197.3	2253.4	268.9	490.7	618.5	539.3	489.8	501.5	209.5	425.6
14	保险深度/%	2021	6.3	4.6	4.7	4.4	4.8	7.1	4.9	5.2	3.3	8.6	4.2
15	保险密度/元每人	2021	11546	7917	8068	3459	5088	3859	3912	6411	4503	4998	4810
16	本地法人商业银行数量/个	2021	22	26	9	11	2	12	5	9	2	9	7
17	本地法人商业银行资产总规模/亿元	2021	1629601	261988	153776	8922	5838	10005	13344	19563	9527	4711	29883
18	商业银行支行数量/家	2021	3342	3295	1772	1180	1177	1203	1172	1092	1145	1229	2145
19	本地法人信托公司数/家	2021	11	7	2	2	1	1	0	1	1	1	2
20	本地法人财务公司数/家	2021	74	22	9	2	1	3	0	11	5	4	7
21	汽车金融公司数/家	2021	7	7	0	1	0	0	0	1	0	0	2
22	消费金融公司数/家	2021	3	3	1	0	0	1	1	0	1	1	1
23	本地法人证券公司数量/个	2021	16	18	17	2	1	1	2	1	2	1	1
24	本地法人证券公司资产总规模/亿元	2021	20818	29322	31400	809	92	301	119	2047	518	453	637
25	证券营业部家数/个	2021	526	789	464	69	87	78	98	89	125	73	150
26	证券公司专项业务子公司数/家	2021	2	13	5	0	0	0	0	0	0	0	0
27	本地法人公募基金数量/个	2021	21	61	32	0	0	0	0	0	1	0	1
28	公募基金资产管理规模/亿元	2021	31816	97343	66930	0	0	0	0	0	24	0	11274

续表

序号	4级指标	时间	全国性金融中心			东北地区金融中心				北部沿海地区金融中心			
			北京	上海	深圳	长春	大连	哈尔滨	沈阳	济南	青岛	石家庄	天津
29	本地法人期货机构数量/个	2021	19	35	14	2	1	2	0	2	1	1	6
30	法人期货机构资产规模/亿元	2021	1633	4773	2159	11	13	3	0	214	10	12	246
31	私募基金管理人数量/家	2021	4220	4506	4223	57	73	53	55	211	437	77	438
32	私募基金数量/只	2021	20998	37344	20915	118	266	96	117	644	1923	155	2136
33	本地法人保险公司数量/个	2021	51	40	20	2	3	1	2	3	1	0	7
34	本地法人保险公司资产规模/亿元	2021	114048	42965	52906	89	2751	55	45	195	24	0	7522
35	保险类资产管理公司数/家	2021	16	9	5	0	1	0	0	0	0	0	1
36	小额贷款机构数量/家	2022H1	131	116	45	55	64	86	74	35	38	55	75
37	融资租赁机构数量/家	2022H1	128	1474	1741	35	145	7	89	182	217	10	1243
38	融资担保机构数量/家	2022H1	56	31	59	64	53	27	24	35	35	66	51
39	商业保理机构数量/家	2022H1	60	398	2290	23	23	1	82	181	118	—	585
40	同业拆借成交金额/万亿元	2021	0	118.80	0	0	0	0	0	0	0	0	0
41	回购交易额/万亿元	2021	0	1040.50	0	0	0	0	0	0	0	0	0
42	商业票据贴现总额/万亿元	2021	0	15.02	0	0	0	0	0	0	0	0	0
43	交易所上市公司家数/家	2021	82	2037	2578	0	0	0	0	0	0	0	0
44	交易所上市公司总市值/亿元	2021	2723	519698	396390	0	0	0	0	0	0	0	0
45	股票市场成交金额/亿元	2021	1610	1140007	1439728	0	0	0	0	0	0	0	0
46	股票发行筹资额/亿元	2021	75	8335.93	7756	0	0	0	0	0	0	0	0

续表

序号	4 级指标	时间	全国性金融中心			东北地区金融中心				北部沿海地区金融中心			
			北京	上海	深圳	长春	大连	哈尔滨	沈阳	济南	青岛	石家庄	天津
47	银行间债券市场现券交易额/万亿元	2021	0	214.5	0	0	0	0	0	0	0	0	0
48	交易所债券市场现券交易额/亿元	2021	0	16.96	11.94	0	0	0	0	0	0	0	0
49	黄金交易额/亿元	2021	0	130813	0	0	0	0	0	0	0	0	0
50	外汇市场日均成交额/亿美元	2021	0	1010	0	0	0	0	0	0	0	0	0
51	股指期货市场成交额/万亿元	2021	0	117.92	0	0	0	0	0	0	0	0	0
52	商品期货市场成交额/万亿元	2021	0	577.28	0	0	140.35	0	0	0	0	0	0
53	本地 A 股上市公司数/家	2021	424	385	372	30	30	29	25	42	57	20	63
54	新三板挂牌公司数/家	2021	898	516	347	25	55	40	46	112	65	60	132
55	年度新增 IPO 公司数/家	2021	40	48	41	4	3	1	1	7	11	2	3
56	本地 A 股市场累计融资额/亿元	2021	25099.1	15424.0	9557.4	974.0	1577.6	793.7	509.9	1086.7	675.1	1403.9	1801.4
57	年度新增股票融资规模/亿元	2021	2752.0	1444.4	1015.5	56.2	65.6	20.0	48.8	125.4	108.4	66.5	225.7
58	区域股权市场拥有的挂牌公司数/家	2021	391	848	0	63	647	1204	2338	0	1908	4056	4835
59	市场筹资金额/亿元	2019	65.6	279.4	206.1	0.0	0.0	40.4	49.3	0.0	86.1	153.9	46.2
60	普通高等学校在校学生数/万人	2021	100.9	74.0	14.5	55.3	38.2	59.2	50.9	89.9	45.7	55.2	67.0
61	普通高等学校数/所	2021	92	64	8	41	31	49	45	43	24	44	57
62	“双一流”高校数/所	2021	34	15	1	2	2	4	2	1	2	0	6
63	每一普通中学专任教师负担学生数/人	2020	8.3	10.0	12.5	10.4	10.9	11.5	11.3	11.4	10.4	12.7	10.7
64	每一小学专任教师负担学生数/人	2020	14.0	14.0	17.9	18.9	18.2	14.2	17.2	15.3	17.0	17.9	15.4

续表

序号	4级指标	时间	全国性金融中心			东北地区金融中心				北部沿海地区金融中心			
			北京	上海	深圳	长春	大连	哈尔滨	沈阳	济南	青岛	石家庄	天津
65	具备器官移植资质的医院数/个	2022H1	17	12	2	1	2	2	3	6	2	2	4
66	每万人拥有医院病床数/张	2021	55.7	57.7	33.3	64.9	61.1	77.8	74.6	63.0	60.9	49.1	44.8
67	每万人拥有的执业医师数/人	2021	56.7	33.4	24.1	35.1	31.3	30.2	36.9	45.0	38.8	32.1	35.9
68	人均公园绿地面积/平方米	2020	16.2	8.4	11.5	5.8	5.9	5.1	9.0	8.5	10.4	4.7	8.7
69	空气质量优良率/%	2021	78.9	91.8	96.2	90.4	87.9	84.9	86.3	62.7	84.9	65.8	72.3
70	城市交通健康指数/%	2021	52.7	55.2	56.7	51.7	58.2	57.1	58.2	56.2	58.9	65.2	64.0
71	每百万人城市轨道交通里程/公里	2021	39.1	37.6	24.4	13.7	30.2	7.9	23.8	9.0	28.6	6.6	19.8
72	日航班次数/个	2021	1396	1591	871	245	253	298	310	309	383	147	343
73	金融业从业人员年均薪酬/元	2020	260508	330125	279904	108167	102199	88012	109273	130997	121019	95448	149568
74	城镇居民家庭人均消费支出/元	2021	46776	51295	46286	32336	34678	29922	36834	36866	38574	26906	33188
75	住宅房价收入比	2021	12.02	12.91	17.02	3.50	5.77	4.10	4.36	5.07	6.24	5.69	7.38
76	地区生产总值/亿元	2021	40270	43215	30665	7103	7826	5352	7250	11432	14136	6490	15695
77	人均地区生产总值/元	2021	183997	173593	173428	78166	105292	54140	79510	122453	137827	57925	114312
78	GDP 增速/%	2021	8.5	8.1	6.7	6.2	8.2	5.5	7.0	7.2	8.3	6.6	6.6
79	执业律师数/人	2022H1	41396	33003	19996	2927	4662	2972	6484	7321	7120	3951	8385
80	注册会计师(CPA)数/人	2020	13042	6713	3542	1306	1049	1539	1291	2078	1159	1507	2052
81	专业保险中介机构数量/家	2022H1	838	507	430	445	68	306	535	497	484	441	267
82	金融业发展促进政策支持力度/分	2020	5.9	4.6	7.0	3.0	3.8	1.5	3.7	6.1	4.1	1.5	2.2

续表

序号	4级指标	时间	全国性金融中心			东北地区金融中心				北部沿海地区金融中心			
			北京	上海	深圳	长春	大连	哈尔滨	沈阳	济南	青岛	石家庄	天津
83	产业政策友好度/分	2020	6.5	6.1	10.0	2.4	7.6	2.7	4.3	9.3	5.6	1.9	5.1
84	地方政府负债率/%	2021	25.9	21.5	8.5	100.4	31.3	121.2	109.0	176.3	39.6	209.5	72.9
85	地方政府债务率/%	2021	176	119	61	1156	332	1773	1022	2000	410	2078	534
86	近三年违约债券余额占比/%	2021	0.94	0.45	0.17	0.53	8.47	4.05	60.02	0.00	0.00	14.36	1.82
87	银行业不良贷款率/%	2019	0.55	0.93	1.26	3.86	4.60	2.79	4.60	2.88	1.40	2.21	2.29
88	外资金融机构营业性机构数/家	2021	123	185	69	3	21	12	29	28	30	14	46
89	外资金融机构驻华代表处数/家	2020	140	88	16	0	5	0	1	1	3	0	2
90	当年实际利用外资总额/亿美元	2021	155.6	225.5	109.7	4.7	16.7	3.8	8.2	26.6	61.7	19.1	53.9
91	当年进出口总额/亿美元	2021	4718.3	6295.0	5492.9	182.9	658.6	53.4	219.5	301.4	1317.3	229.6	1328.0
92	当年国际旅游(外汇)收入/亿美元	2021	4.3	35.9	10.2	0.5	0.6	0.3	0.3	0.3	1.6	0.0	3.3
93	接待入境旅游者人数/万人次	2021	24.5	103.3	131.5	15.7	12.1	3.6	3.4	10.9	17.0	0.9	17.1
94	国际航班连通城市数量/个	2022	55	41	15	5	11	8	11	5	13	0	14
95	金融中心国际知名度/分	2022	721	723	720		607				693	0	600

序号	4 级指标	时间	东部沿海地区金融中心						中部地区金融中心						
			杭州	南京	宁波	苏州	温州	无锡	长沙	合肥	南昌	武汉	郑州	太原	呼和浩特
1	金融业增加值数额/亿元	2021	2189.0	2044.4	1062.7	1970.9	544.0	1183.5	973.5	1065.9	676.2	1862.2	1379.2	488.8	248.6
2	金融业增加值 3 年平均增长率/%	2021	8.7	6.9	7.9	8.3	8.5	6.7	7.8	7.0	5.2	7.2	5.2	4.0	1.3
3	金融业增加值占当地 GDP 的比重/%	2021	12.1	12.5	7.3	8.7	7.2	8.5	7.3	9.3	10.2	10.5	10.9	9.5	8.0
4	金融从业人员总数/万人	2020	11.6	7.4	8.5	8.9	6.4	4.9	9.5	12.5	5.5	5.7	7.9	7.7	2.3
5	金融从业人员 3 年平均增长率/%	2020	0.0	8.9	0.0	12.5	0.0	5.2	10.5	11.2	17.7	−10.3	−2.8	31.2	6.3
6	金融从业人员占常住人口比重/%	2020	0.95	0.79	0.89	0.69	0.66	0.65	0.93	1.32	0.86	0.42	0.62	1.43	0.67
7	金融机构本外币存款余额/亿元	2021	61044	44709	27229	41600	16536	21345	25349	20606	14757	33776	26282	15924	6640
8	金融机构本外币贷款余额/亿元	2021	56275	43305	29046	40800	15825	17460	27235	20322	17621	40825	31367	16589	9569
9	本地证券交易量/亿元	2021	32.47	37.08	12.30	8.46	4.38	9.11	3.83	1.70	3.26	0.98	5.54	1.52	1.89
10	保费收入/亿元	2021	969	895	375	780	309	458	523	418	252	839	729	290	147
11	存款余额与 GDP 之比/%	2021	337.1	273.4	186.6	183.1	218.0	152.4	191.0	180.5	221.9	190.6	207.1	310.9	212.7
12	贷款余额与 GDP 之比/%	2021	310.8	264.8	199.0	179.6	208.6	124.7	205.2	178.1	265.0	230.4	247.2	323.9	306.6
13	本地证券交易量与 GDP 之比/%	2021	1793.0	2267.2	842.8	372.4	577.5	650.6	288.6	149.0	490.2	55.3	436.5	296.8	605.5
14	保险深度/%	2021	5.4	5.5	2.6	3.4	4.1	3.3	3.9	3.7	3.8	4.7	5.7	5.7	4.7
15	保险密度/元每人	2021	7940	9502	3930	6070	3201	6125	5105	4412	3918	6148	5722	5382	4202
16	本地法人商业银行数量/个	2021	11	9	11	6	14	4	8	7	8	4	9	7	3
17	本地法人商业银行资产总规模/亿元	2021	50371	47411	26956	12166	9196	4588	16122	16168	6640	12798	15828	6198	1380
18	商业银行支行数量/家	2021	1639	1521	1432	1521	1089	1023	1281	867	942	1611	1396	927	495

续表

序号	4 级指标	时间	东部沿海地区金融中心						中部地区金融中心						
			杭州	南京	宁波	苏州	温州	无锡	长沙	合肥	南昌	武汉	郑州	太原	呼和浩特
19	本地法人信托公司数/家	2021	4	2	1	1	0	1	1	2	2	2	2	1	1
20	本地法人财务公司数/家	2021	7	3	1	4	1	4	4	1	3	5	3	2	3
21	汽车金融公司数/家	2021	1	0	0	0	0	0	1	1	0	0	0	0	0
22	消费金融公司数/家	2021	1	1	0	1	0	0	1	1	0	1	1	1	0
23	本地法人证券公司数量/个	2021	3	2	1	1	0	2	3	2	2	2	1	1	2
24	本地法人证券公司资产总规模/亿元	2021	2358	8584	48	1243	0	667	2689	1883	537	2562	537	763	531
25	证券营业部家数/个	2021	283	157	174	210	114	155	139	98	94	200	115	66	28
26	证券公司专项业务子公司数/家	2021	2	0	0	0	0	0	0	0	0	0	0	0	0
27	本地法人公募基金数量/个	2021	1	0	1	0	0	0	0	0	0	0	0	0	0
28	公募基金资产管理规模/亿元	2021	450	0	2400	0	0	0	0	0	0	0	0	0	0
29	本地法人期货机构数量/个	2021	10	5	1	1	0	1	2	3	1	2	2	2	0
30	法人期货机构资产规模/亿元	2021	1421	137	110	57	0	57	82	179	19	111	71	31	0
31	私募基金管理人数量/家	2021	1510	384	791	442	52	154	260	138	60	355	136	42	29
32	私募基金数量/只	2021	8980	1606	5023	1913	369	436	954	461	198	986	499	119	75
33	本地法人保险公司数量/个	2021	3	3	1	1	0	1	1	1	1	4	1	1	0
34	本地法人保险公司资产规模/亿元	2021	1577	875	17	262	0	111	287	104	40	4262	54	35	0
35	保险类资产管理公司数/家	2021	0	0	1	0	0	0	0	0	0	0	0	0	0

续表

序号	4级指标	时间	东部沿海地区金融中心						中部地区金融中心						
			杭州	南京	宁波	苏州	温州	无锡	长沙	合肥	南昌	武汉	郑州	太原	呼和浩特
36	小额贷款机构数量/家	2022H1	60	30	43	24	46	13	53	46	35	110	52	12	45
37	融资租赁机构数量/家	2022H1	203	40	86	67	4	18	13	28	10	86	72	2	4
38	融资担保机构数量/家	2022H1	82	29	33	41	24	26	51	37	27	71	56	20	14
39	商业保理机构数量/家	2022H1	1	31	4	36	4	11	4	7	9	8	6	—	—
40	同业拆借成交金额/万亿元	2021	0	0	0	0	0	0	0	0	0	0	0	0	0
41	回购交易额/万亿元	2021	0	0	0	0	0	0	0	0	0	0	0	0	0
42	商业票据贴现总额/万亿元	2021	0	0	0	0	0	0	0	0	0	0	0	0	0
43	交易所上市公司家数/家	2021	0	0	0	0	0	0	0	0	0	0	0	0	0
44	交易所上市公司总市值/亿元	2021	0	0	0	0	0	0	0	0	0	0	0	0	0
45	股票市场成交金额/亿元	2021	0	0	0	0	0	0	0	0	0	0	0	0	0
46	股票发行筹资额/亿元	2021	0	0	0	0	0	0	0	0	0	0	0	0	0
47	银行间债券市场现券交易额/万亿元	2021	0	0	0	0	0	0	0	0	0	0	0	0	0
48	交易所债券市场现券交易额/亿元	2021	0	0	0	0	0	0	0	0	0	0	0	0	0
49	黄金交易额/亿元	2021	0	0	0	0	0	0	0	0	0	0	0	0	0
50	外汇市场日均成交额/亿美元	2021	0	0	0	0	0	0	0	0	0	0	0	0	0
51	股指期货市场成交额/万亿元	2021	0	0	0	0	0	0	0	0	0	0	0	0	0
52	商品期货市场成交额/万亿元	2021	0	0	0	0	0	0	0	0	0	0	107. 95	0	0

续表

序号	4 级指标	时间	东部沿海地区金融中心						中部地区金融中心						
			杭州	南京	宁波	苏州	温州	无锡	长沙	合肥	南昌	武汉	郑州	太原	呼和浩特
53	本地 A 股上市公司数/家	2021	199	105	107	175	28	103	78	68	26	72	32	18	7
54	新三板挂牌公司数/家	2021	188	129	86	267	57	134	82	65	23	166	110	46	13
55	年度新增 IPO 公司数/家	2021	38	11	13	32	2	13	8	8	2	6	2	1	1
56	本地 A 股市场累计融资额/亿元	2021	3562. 6	3918. 1	2093. 2	2522. 4	345. 4	1496. 8	2461. 6	1198. 8	690. 5	2180. 7	705. 1	228. 7	132. 2
57	年度新增股票融资规模/亿元	2021	549. 2	163. 9	297. 3	439. 3	10. 9	442. 4	497. 6	265. 5	87. 8	262. 3	33. 2	90. 9	138. 5
58	区域股权市场拥有的挂牌公司数/家	2021	1369	9551	2852	0	0	0	3655	7598	85	5898	585	2351	2142
59	市场筹资金额/亿元	2019	8. 5	48. 3	3. 2	0. 0	0. 0	0. 0	90. 2	153. 9	228. 8	185. 5	21. 2	0. 0	0. 0
60	普通高等学校在校学生数/万人	2021	58. 5	95. 6	18. 4	26. 3	13. 6	15. 3	81. 0	72. 1	75. 5	128. 8	133. 2	50. 6	25. 5
61	普通高等学校数/所	2021	47	51	14	25	11	13	57	54	54	83	67	38	24
62	“双一流”高校数/所	2021	2	13	1	1	0	1	4	3	1	7	1	2	1
63	每一普通中学专任教师负担学生数/人	2020	10. 9	10. 2	12. 1	11. 4	11. 9	11. 3	12. 8	12. 8	10. 6	10. 9	12. 2	10. 4	11. 4
64	每一小学专任教师负担学生数/人	2020	16. 4	14. 6	17. 6	17. 8	16. 9	17. 6	18. 2	17. 6	24. 8	18. 6	21. 0	16. 8	20. 4
65	具备器官移植资质的医院数/个	2022H1	7	3	2	1	1	1	5	3	3	7	6	5	1
66	每万人拥有医院病床数/张	2021	69. 0	63. 4	40. 3	51. 8	47. 5	66. 3	77. 0	63. 4	62. 4	59. 5	72. 4	84. 6	56. 7
67	每万人拥有的执业医师数/人	2021	41. 9	41. 7	35. 6	30. 7	34. 6	33. 8	34. 6	32. 5	29. 7	34. 4	40. 5	48. 8	35. 7
68	人均公园绿地面积/平方米	2020	8. 3	11. 8	5. 1	4. 1	3. 1	5. 5	5. 2	6. 4	6. 1	10. 2	8. 4	8. 9	12. 0
69	空气质量优良率/%	2021	87. 9	82. 2	95. 9	85. 5	98. 9	82. 2	83. 3	86. 0	91. 5	79. 2	64. 9	61. 4	87. 1

续表

序号	4级指标	时间	东部沿海地区金融中心						中部地区金融中心						
			杭州	南京	宁波	苏州	温州	无锡	长沙	合肥	南昌	武汉	郑州	太原	呼和浩特
70	城市交通健康指数/%	2021	63.1	61.2	66.8	67.7	65.1	67.8	56.7	64.9	66.5	61.4	62.3	65.7	63.6
71	每百万人城市轨道交通里程/公里	2021	28.0	47.0	19.1	19.8	5.5	14.8	15.8	16.2	20.0	35.5	19.5	4.3	14.0
72	日航班次数/个	2021	653	444	213	180	221	180	447	212	249	478	442	244	231
73	金融业从业人员年均薪酬/元	2020	145804	160386	145804	230522	145804	128216	150223	96286	113374	170733	200535	123171	131683
74	城镇居民家庭人均消费支出/元	2021	48629	42487	45362	46566	46147	43873	41324	32445	31038	36684	28710	23748	32437
75	住宅房价收入比	2021	9.37	8.26	7.73	6.64	7.78	5.48	3.64	6.51	4.69	6.15	5.43	4.36	4.36
76	地区生产总值/亿元	2021	18109	16355	14595	22718	7585	14003	13271	11413	6651	17717	12691	5122	3121
77	人均地区生产总值/元	2021	148386	173561	152922	176826	78642	187222	129606	120579	103309	129804	99600	95003	89295
78	GDP 增速/%	2021	8.5	7.5	8.2	8.7	7.7	8.8	7.5	9.2	8.7	12.2	4.7	9.2	6.5
79	执业律师数/人	2022H1	11912	9795	3618	6368	2833	3436	10457	6625	3385	9376	13982	4034	1813
80	注册会计师(CPA)数/人	2020	3771	3454	797	1191	362	758	2631	1467	917	3184	2917		
81	专业保险中介机构数量/家	2022H1	448	460	121	223	128	177	303	268	154	408	403	155	94
82	金融业发展促进政策支持力度/分	2020	4.9	3.0	3.0	3.9	1.5	1.3	3.0	1.8	2.9	5.6	2.3	3.4	3.4
83	产业政策友好度/分	2020	7.6	8.1	6.9	7.1	4.6	7.4	6.9	7.9	6.4	6.8	3.6	5.7	5.7
84	地方政府负债率/%	2021	100.1	145.7	30.7	9.3	9.5	11.6	121.2	106.1	157.0	83.0	110.5	117.6	288.9
85	地方政府债务率/%	2021	759	1378	260	84	110	135	1354	1435	2153	931	1146	1422	3939
86	近3年违约债券余额占比/%	2021	0.00	1.22	0.00	1.48	0.00	0.44	0.00	3.30	0.00	0.67	0.45	0.00	3.74

续表

序号	4级指标	时间	东部沿海地区金融中心						中部地区金融中心						
			杭州	南京	宁波	苏州	温州	无锡	长沙	合肥	南昌	武汉	郑州	太原	呼和浩特
87	银行业不良贷款率/%	2019	0.91	1.04	1.60	0.65	0.94	1.00	1.56	1.77	1.90	1.30	2.82	0.00	0.00
88	外资金融机构营业性机构数/家	2021	39	50	14	31	0	9	16	19	9	31	21	29	13
89	外资金融机构驻华代表处数/家	2020	2	1	0	5	0	0	0	0	0	0	0	0	0
90	当年实际利用外资总额/亿美元	2021	81.7	50.1	32.7	69.9	5.5	38.1	20.1	37.5	44.0	125.7	48.6	1.8	3.9
91	当年进出口总额/亿美元	2021	1142.3	986.9	1848.7	3926.7	373.8	1057.0	430.4	514.6	200.5	520.7	835.4	287.1	24.8
92	当年国际旅游(外汇)收入/亿美元	2021	0.7	2.6	0.1	2.5	0.0	0.5	0.6	0.1	0.1	2.2	0.2	0.1	0.2
93	接待入境旅游者人数/万人次	2021	18.2	13.4	4.8	17.4	1.2	9.1	13.0	1.4	3.3	31.2	5.5	0.5	1.4
94	国际航班连通城市数/个	2022	29	11	3	0	0	0	8	2	4	11	12	4	5
95	金融中心国际知名度/分	2022	602	604											

序号	4级指标	时间	南部沿海地区金融中心				西部地区金融中心							
			广州	福州	厦门	海口	成都	重庆	昆明	西安	南宁	乌鲁木齐	贵阳	兰州
1	金融业增加值数额/亿元	2021	2467.9	1189.9	865.5	238.6	2271.6	2459.8	828.6	1174.5	593.5	586.1	528.6	433.0
2	金融业增加值3年平均增长率/%	2021	7.3	5.0	6.8	3.9	6.3	5.3	3.7	6.9	5.4	3.3	4.8	4.2
3	金融业增加值占当地GDP的比例/%	2021	8.7	10.5	12.3	11.6	11.4	8.8	11.5	11.0	11.6	15.9	11.2	13.4
4	金融从业人员总数/万人	2020	22.3	6.8	6.1	6.5	15.0	28.9	4.1	15.1	8.5	4.8	4.0	5.2
5	金融从业人员3年平均增长率/%	2020	22.8	6.2	17.1	19.3	5.8	11.2	4.2	9.6	13.8	17.6	12.6	15.7
6	金融从业人员占常住人口比重/%	2020	1.18	0.80	1.16	2.25	0.71	0.90	0.48	1.14	0.96	1.19	0.66	1.17
7	金融机构本外币存款余额/亿元	2021	74989	19117	14767	5840	47968	45908	16161	28510	12000	10277	13441	9578
8	金融机构本外币贷款余额/亿元	2021	61400	21484	15317	6839	46425	46928	21857	29411	18100	9802	17284	14232
9	本地证券交易量/亿元	2021	26.93	11.69	8.25	3.89	15.60	14.21	2.80	7.25	3.57	0.80	2.32	0.70
10	保费收入/亿元	2021	1463	380	243	134	1005	970	269	583	269	222	180	147
11	存款余额与GDP之比/%	2021	265.6	168.8	209.9	283.9	240.8	164.6	223.8	266.7	234.3	278.4	285.3	296.4
12	贷款余额与GDP之比/%	2021	217.5	189.7	217.8	332.5	233.1	168.2	302.6	275.2	353.5	265.5	366.9	440.4
13	本地证券交易量与GDP之比/%	2021	953.9	1032.3	1172.9	1891.0	783.3	509.4	387.7	678.3	697.1	216.7	492.5	216.6
14	保险深度/%	2021	5.2	3.4	3.5	6.5	5.0	3.5	3.7	5.5	5.2	6.0	3.8	4.6
15	保险密度/元每人	2021	7779	4512	4597	4610	4740	3018	3164	4431	3043	5467	2953	3357
16	本地法人商业银行数量/个	2021	3	8	4	3	4	4	3	6	5	4	8	3
17	本地法人商业银行资产总规模/亿元	2021	52417	89819	14712	1801	14889	21773	3319	10626	3796	3561	12438	8588
18	商业银行支行数量/家	2021	2230	1154	581	352	2000	2419	906	1886	836	657	837	688

续表

序号	4 级指标	时间	南部沿海地区金融中心				西部地区金融中心							
			广州	福州	厦门	海口	成都	重庆	昆明	西安	南宁	乌鲁木齐	贵阳	兰州
19	本地法人信托公司数/家	2021	3	1	1	0	2	2	1	3	0	3	1	1
20	本地法人财务公司数/家	2021	10	2	2	2	2	4	3	4	1	1	2	3
21	汽车金融公司数/家	2021	1	0	0	0	0	1	0	1	0	0	0	0
22	消费金融公司数/家	2021	1	0	1	0	2	3	0	1	0	0	0	0
23	本地法人证券公司数量/个	2021	3	2	2	2	4	1	2	3	1	1	1	1
24	本地法人证券公司资产总规模/亿元	2021	5962	2950	140	393	1963	823	642	1408	759	189	527	302
25	证券营业部家数/个	2021	293	144	112	30	217	211	74	144	61	41	53	45
26	证券公司专项业务子公司数/家	2021	0	1	0	0	0	0	0	0	0	1	0	0
27	本地法人公募基金数量/个	2021	3	2	1	0	0	2	0	1	1	1	0	0
28	公募基金资产管理规模/亿元	2021	908	3168	434	0	0	732	0	294	718	297	0	0
29	本地法人期货机构数量/个	2021	6	3	2	2	3	4	2	3	0	2	0	1
30	法人期货机构资产规模/亿元	2021	979	286	251	44	96	321	42	95	0	26	0	11
31	私募基金管理人数量/家	2021	893	172	355	97	406	188	64	233	61	49	64	36
32	私募基金数量/只	2021	4938	1282	1853	339	1259	566	149	814	237	192	208	56
33	本地法人保险公司数量/个	2021	5	1	2	1	4	5	1	2	2	1	1	1
34	本地法人保险公司资产规模/亿元	2021	1209	19	64	52	3238	2578	104	175	125	23	74	42
35	保险类资产管理公司数/家	2021	0	0	0	0	0	0	0	0	0	0	0	0

续表

序号	4级指标	时间	南部沿海地区金融中心				西部地区金融中心							
			广州	福州	厦门	海口	成都	重庆	昆明	西安	南宁	乌鲁木齐	贵阳	兰州
36	小额贷款机构数量/家	2022H1	111	12	17	49	75	245	33	32	128	18	27	19
37	融资租赁机构数量/家	2022H1	1,116	352	125	10	42	66	95	156	14	9	11	6
38	融资担保机构数量/家	2022H1	44	45	22	31	70	103	40	8	28	15	51	16
39	商业保理机构数量/家	2022H1	383	91	119	17	10	47	—	173	10	6	1	—
40	同业拆借成交金额/万亿元	2021	0	0	0	0	0	0	0	0	0	0	0	0
41	回购交易额/万亿元	2021	0	0	0	0	0	0	0	0	0	0	0	0
42	商业票据贴现总额/万亿元	2021	0	0	0	0	0	0	0	0	0	0	0	0
43	交易所上市公司家数/家	2021	0	0	0	0	0	0	0	0	0	0	0	0
44	交易所上市公司总市值/亿元	2021	0	0	0	0	0	0	0	0	0	0	0	0
45	股票市场成交金额/亿元	2021	0	0	0	0	0	0	0	0	0	0	0	0
46	股票发行筹资额/亿元	2021	0	0	0	0	0	0	0	0	0	0	0	0
47	银行间债券市场现券交易额/万亿元	2021	0	0	0	0	0	0	0	0	0	0	0	0
48	交易所债券市场现券交易额/亿元	2021	0	0	0	0	0	0	0	0	0	0	0	0
49	黄金交易额/亿元	2021	0	0	0	0	0	0	0	0	0	0	0	0
50	外汇市场日均成交额/亿美元	2021	0	0	0	0	0	0	0	0	0	0	0	0
51	股指期货市场成交额/万亿元	2021	0	0	0	0	0	0	0	0	0	0	0	0
52	商品期货市场成交额/万亿元	2021	0	0	0	0	0	0	0	0	0	0	0	0

续表

序号	4 级指标	时间	南部沿海地区金融中心				西部地区金融中心							
			广州	福州	厦门	海口	成都	重庆	昆明	西安	南宁	乌鲁木齐	贵阳	兰州
53	本地 A 股上市公司数/家	2021	131	50	61	26	99	62	31	48	15	30	22	19
54	新三板挂牌公司数/家	2021	239	69	94	21	145	84	44	111	26	20	25	15
55	年度新增 IPO 公司数/家	2021	16	2	4	1	14	5	2	5	1	0	2	0
56	本地 A 股市场累计融资额/亿元	2021	3422. 6	3123. 0	766. 9	1270. 1	2007. 0	2092. 5	1007. 9	2052. 4	334. 8	2027. 3	601. 4	490. 3
57	年度新增股票融资规模/亿元	2021	256. 5	53. 4	58. 3	4. 3	181. 6	172. 8	181. 0	163. 6	17. 8	1037. 5	117. 9	13. 3
58	区域股权市场拥有的挂牌公司数/家	2021	17524	252	223	1754	5536	1907	141	2249	2879	727	2657	2524
59	市场筹资金额/亿元	2019	23. 4	5. 6	1. 3	0. 0	4. 1	102. 3	0. 0	23. 9	127. 4	2. 7	0. 0	0. 0
60	普通高等学校在校学生数/万人	2021	155. 8	47. 0	20. 0	18. 0	110. 2	110. 0	75. 0	97. 9	56. 9	24. 7	57. 2	59. 0
61	普通高等学校数/所	2021	83	35	16	13	58	70	52	63	35	24	35	28
62	“双一流”高校数/所	2021	7	1	1	1	7	2	1	7	1	1	1	1
63	每一普通中学专任教师负担学生数/人	2020	12. 0	14. 3	13. 7	10. 3	11. 9	14. 3	12. 2	11. 1	14. 5	13. 1	12. 5	9. 6
64	每一小学专任教师负担学生数/人	2020	18. 0	19. 3	19. 2	23. 4	17. 2	15. 5	16. 5	20. 1	17. 9	20. 7	19. 3	16. 6
65	具备器官移植资质的医院数/个	2022H1	15	5	4	2	4	6	5	3	6	3	2	4
66	每万人拥有医院病床数/张	2021	51. 6	43. 4	36. 2	60. 9	65. 1	55. 4	76. 6	56. 1	52. 0	71. 7	59. 9	67. 5
67	每万人拥有的执业医师数/人	2021	35. 2	31. 9	31. 9	39. 0	37. 8	28. 5	40. 2	32. 9	35. 0	41. 3	37. 7	36. 5
68	人均公园绿地面积/平方米	2020	17. 3	6. 3	10. 4	8. 6	6. 0	9. 2	5. 8	6. 1	5. 3	10. 8	7. 5	6. 7
69	空气质量优良率/%	2021	88. 5	100. 0	99. 7	98. 4	81. 9	89. 3	98. 6	72. 6	97. 0	80. 8	98. 9	81. 1

续表

序号	4级指标	时间	南部沿海地区金融中心				西部地区金融中心							
			广州	福州	厦门	海口	成都	重庆	昆明	西安	南宁	乌鲁木齐	贵阳	兰州
70	城市交通健康指数	2021	53.4%	62.7%	63.4%	53.6%	56.5%	51.8%	59.2%	53.5%	67.9%	56.5%	57.6%	57.3%
71	每百万人城市轨道交通里程/公里	2021	31.4	6.9	18.6	0.0	30.8	12.0	16.4	19.2	14.5	6.6	12.2	19.7
72	日航班次数/个	2021	993	223	351	381	926	769	766	704	254	380	369	281
73	金融业从业人员年均薪酬/元	2020	289767	144855	145888	107735	196160	125400	182110	108142	101962	148762	198013	105183
74	城镇居民家庭人均消费支出/元	2021	47162	35664	43010	27565	31581	29850	41444	28810	22555	35087	26433	28376
75	住宅房价收入比	2021	10.89	9.19	15.53	6.51	5.81	4.56	4.71	5.80	4.65	3.00	3.10	4.66
76	地区生产总值/亿元	2021	28232	11324	7034	2057	19917	27894	7223	10688	5121	3692	4711	3231
77	人均地区生产总值/元	2021	150085	134495	133218	70738	93984	86832	84951	81199	57976	90702	77201	73701
78	GDP 增速/%	2021	8.1	8.4	8.1	11.3	8.6	8.3	3.7	4.1	6.1	6.1	6.6	6.1
79	执业律师数/人	2022H1	18512	4859	4371	2416	18249	14580	7023	6712	3036	1978	5253	2395
80	注册会计师（CPA）数/人	2020	4088	1187	1172		4738	5908	1608	2054	1179	681		
81	专业保险中介机构数量/家	2022H1	747	162	126	102	686	410	303	459	140	114	71	46
82	金融业发展促进政策支持力度/分	2020	6.6	3.6	6.4	3.4	5.8	4.2	2.8	4.6	3.3	0.4	3.4	3.4
83	产业政策友好度/分	2020	7.0	2.4	9.8	5.7	9.1	4.6	4.6	6.1	5.6	0.7	5.7	5.7
84	地方政府负债率/%	2021	72.7	85.0	25.6	149.2	102.8	51.7	165.6	100.0	181.5	223.2	281.9	176.2
85	地方政府债务率/%	2021	1090	1284	204	1473	1206	631	1736	1248	2372	2180	3112	2058
86	近3年违约债券余额占比/%	2021	0.23	0.27	0.00	36.92	1.27	0.33	0.22	0.00	0.00	0.00	0.00	1.31

续表

序号	4级指标	时间	南部沿海地区金融中心				西部地区金融中心							
			广州	福州	厦门	海口	成都	重庆	昆明	西安	南宁	乌鲁木齐	贵阳	兰州
87	银行业不良贷款率/%	2019	0.88	1.27	1.10	0.00	2.10	1.12	2.20	0.96	2.23	1.60	0.00	0.00
88	外资金融机构营业性机构数/家	2021	70	28	22	12	43	29	10	23	10	2	1	0
89	外资金融机构驻华代表处数/家	2020	8	2	3	0	4	1	0	0	0	0	0	0
90	当年实际利用外资总额/亿美元	2021	84.2	12.3	28.9	25.7	78.2	106.7	7.2	87.1	5.8	0.5	1.7	0.7
91	当年进出口总额/亿美元	2021	1678.1	514.9	1375.9	73.8	1274.5	1238.3	266.0	682.0	191.0	59.7	74.1	22.0
92	当年国际旅游(外汇)收入/亿美元	2021	10.8	0.9	2.3	0.1	1.6	1.1	0.2	1.0	0.1	0.0	0.2	0.0
93	接待入境旅游者人数/万人次	2021	35.1	8.8	30.4	3.8	38.1	14.6	3.9	15.2	4.3	0.9	2.5	0.6
94	国际航班连通城市数量/个	2022	48	13	18	3	27	9	12	17	4	4	2	2
95	金融中心国际知名度/分	2022	704				695							

后　记

本期 CFCI 有关重庆金融中心的数据资料得到了重庆市地方金融监督管理局的大力支持，中国（深圳）综合开发研究院的相关同事给予了研究支持，香港理工大学成家威同学、澳门科技大学胡诗雨同学参与了本期数据收集整理工作，在此一并致以衷心感谢！

本期参与主体报告编制工作的研究人员还包括：刘国宏、张建森、余凌曲、胡彩梅、余鹏、张佩、肖钦、梁姣姣、彭晓钊、余洋、陈珂等。

在 CFCI 评价过程中，各城市统计数据的准确获得是编制工作中遇到的最大困难，一些城市统计年鉴出版时间滞后，也直接影响本指数发布时间的及时性。为了更及时地获取数据并听取社会各界对本指数的意见，CDI 特别建立了中国金融中心信息网（http://www.cfci.org.cn），衷心希望各城市的统计部门和金融主管部门能够积极参与指数评价工作，提供更及时准确的数据，并提出完善修正意见，同时也欢迎相关专业人士加入本指数的编委会，直接参与指数编制工作。

CFCI 课题组联系方式如下：

网站：http://www.cfci.org.cn

联系人：张祥

电话：0755-82470464

传真：0755-82470202

Email：zx@cdi.org.cn